主编简介

张卫平,男,山东人,1979年考入原西南政法学院法律系,1983年本科毕业。1986年研究生毕业留校执教。1993年从讲师直接破格晋升为教授。同年赴日本留学,先后在东京大学法学部和一桥大学法学部学习。1996年获得博士生导师资格,同年任《现代法学》主编。1999年初调清华大学法学院任教至今。现为清华大学法学院教授、博士生导师,中国民事诉讼法学研究会会长。代表著作:《程序公正实现中的冲突与衡平》(1992)、《破产程序导论》(1993)、《诉讼构架与程式》(2000)、《探究与构想:民事司法改革引论》(2004)、《民事诉讼:关键词展开》(2005)。在《法学研究》、《中国法学》等杂志上公开发表学术论文百余篇。

齐树洁,男,河北武安人,1954年8月生。1972年12月自福建泉州一中应征入伍,1978年4月从新疆军区39487部队退役。1982年7月毕业于北京大学法律系,获法学学士学位。1990年8月毕业于厦门大学民商法专业,获法学硕士学位。2003年11月毕业于西南政法大学诉讼法专业,获法学博士学位。曾在西南政法学院、中国人民大学、香港大学、澳门大学、台湾政治大学、菲律宾Ateneo大学、英国伦敦大学、德国Freiburg大学、法国巴黎第二大学、美国佛罗里达大学研修和访问。现为中国民事诉讼法学研究会副会长,厦门大学法学院教授、博士生导师、司法改革研究中心主任。

Access to Justice

第十七辑

Judicial Reform Review
司法改革论评

张卫平　齐树洁　主编
邹郁卓　执行主编

厦门大学出版社　国家一级出版社
XIAMEN UNIVERSITY PRESS　全国百佳图书出版单位

司法改革任重而道远

齐树洁

20世纪80年代以来,全球范围内的司法改革运动蓬勃兴起,波澜壮阔。在中国,肇始于20世纪80年代末的审判方式改革经过司法系统多年的经营和民间话语的推动,已经由单纯的诉讼制度改革发展成为牵涉广泛的司法体制改革,并在全国致力于建设法治国家的伟大实践中被赋予新的政治内涵。1997年9月,党的十五大不仅提出了"依法治国"的基本方略,而且明确提出必须"推进司法改革,从制度上保证司法机关依法独立公正地行使审判权和检察权"。这是自我国实行改革开放政策以来,执政党首次在正式工作报告中提出司法改革的要求,其意义十分重大。2013年11月,中共十八届三中全会通过《关于全面深化改革若干重大问题的决定》(以下简称《决定》),进一步将深化司法体制改革作为推进法治中国建设的重要内容。司法改革包含着从观念到制度、从理论到实践各方面的变革与创新。基于经济的发展、社会的变迁,在世界司法改革潮流的冲击和国际人权公约的推动下,我国司法改革正朝着优化司法职权配置、加强人权保障、提高司法能力、满足人民司法需求等方面进行努力。

以党的十一届三中全会的召开为标志,我国拉开了改革开放的帷幕,当代中国法制与司法由此进入了一个恢复与重建的新时期。从2004年开始,我国启动了统一规划部署和组织实施的司法改革,着力完善司法机关的机构设置、职权划分和管理制度。2008年以来,以中共中央转发《中央政法委员会关于深化司法体制和工作机制改革若干问题的意见》为标志,我国启动了新一轮司法改革,从优化司法职权配置、落实宽严相济刑事政策、加强司法队伍建设、加强司法经费保障等四个方面提出具体改革任务。① 2012年10月9日,国务院新闻办公室发表《中国的司法改革》白皮书。白皮书称:"本轮司法改革的任务已基本完成,并体现在修订完善的相关法律中。"白皮书发布1个月之后,中共十八大报告指出:"进一步深化司法体制改革,坚持和完善中国特色社会主义司法制度,确保审判机关、检察机关依法独立公正行使审判权、检察权。"党的十八大对司法体制改革的表述,被视为中国启动新一轮司法体制改革的发轫。根据十八大的要求,十八届三中全会对司法体制改革作出全面部署,着力解决司法权地方化、司法行政化以及司法领域的人权保障问题。

地方人民法院、检察院作为地方司法机关,依法独立地享有司法权,不受行政机关、社会团体及个人的干涉。《宪法》第126条、第131条以及刑事诉讼法、民事诉讼法、行政诉讼法对此均予以明确规定。但从司法权的实际运行情况来看,由于我国司法辖区与行政辖区的高度重合,人财物高度依赖于地方,审判权与检察权难免受到当地政府的影响与干预。司法权地方化问题较为严重,已成为司法改革亟须解决的问题。《决定》指出:"推动省以下地方人民法院、检察院人财物统一管理,探索建立与行政区划适当分离的司法管辖制度,保证国家法律统一正确实施。"具体而言,可从人财物保障及案件管辖方面逐步改革司法管理体制:将省以下地方人民法院、检察院的人财物交由省一级统一管理,地方各级人民法院、检察院和专门法院、检察院的经费由省级财政统筹,中央财政保障部分经费;在现行宪法框架内,探索与行政区划适当分离的司法管辖制度,通过提级管辖、集中管辖,审理行政案件及跨地区民商事案件。在此基础上,加大最高人民法院及高级人民法院的监督力度,探索设立巡回法庭,充分运用再审之诉,统一法律的适用标准。②

法院、检察院依法独立行使职权,不仅需要挣脱地方利益的掣肘,亦应祛除司法行政化的影响。以法院为例,由于法院内部的层级管理和呈报审批制度,导致司法裁判责任不清、效率不高等问题,也引发了外界对"审者不判、判者不审"模式的质疑。行政化的司法模式,违背了司法的亲历性、独立性原则的双重要求,"去行政化"成为司法体制改革的关键。《决定》指出:"应当改革审判委员会制度,完善主审法官、合议庭办案责任制,推行法院内部人员分类管理改革。"此前,最高人民法院已于2013年10月下发《关于深化司法公开、审判权运行机制改革的试点方案》,要求在上海、江苏、浙江、广东、陕西等省市部分法院开展上述改革的试点工作。试点于2013年12月正式启动,为期两年,旨在建立符合司法规律的审判权运行机制,优化配置审判资源,严格落实独任法官、合议庭、审判委

---

① 中华人民共和国国务院新闻办公室:《中国的司法改革》(2012年10月)。
② 孟建柱:《深化司法体制改革》,载《人民日报》2013年11月25日第6版。

员会办案责任。① 为达致司法"去行政化"的目标,应当改革审委会制度,严格缩限审委会讨论案件的范围,建立审委会讨论案件的过滤和分流机制;② 探索审判组织新模式,择优运作,不断提高审委会委员、法院庭长参加合议庭审理案件的比例;着力推进司法人员分类管理改革,完善法官、检察官、人民警察选任招录及任免、惩戒制度,强化司法人员的职业保障制度。同时,应当落实办案责任,建立并完善科学合理的法官审判实绩考核制度,推进审判流程公开平台及裁判文书公开平台建设,督促法官职业技能的提高。此外,还应不断完善裁判文书签发制,规范院长、庭长审批案件的范围和程序,充分尊重独任法官与合议庭的意见。要言之,就是从审判的组织形式与工作机制两个层面进行重点改革,双管齐下,最终实现"让审理者裁判、由裁判者负责"。具体到操作层面,不仅应将司法机关与一般行政管理机关区别管理,而且应当严格区分司法机关内部的审判、检察工作岗位与行政管理岗位、后勤服务岗位,落实法官法、检察官法规定的不同于公务员序列的职务级别要求,提高法官职级、工资和福利待遇,确保法官享有任期保障、人身安全保障及职务行为豁免保障,建立法官、检察官单独序列制度及身份保障制度。法官、检察官非因法定原因、非依法定程序,不得被免去职务,不得被调离岗位或者剥夺其审判权和检察权,以保障其依法独立行使审判权和检察权。③

我国司法改革的内发性动力来自正义对司法运行的要求。该动力不仅源于影响当事人诉权行使,并与公正、效率相违背的诉讼迟延、诉讼成本过高、执行难等问题,而且更主要地源起于旧的司法体制及其运行过程中暴露出来的种种弊端,包括司法活动中地方保护主义的产生、蔓延;现行法官管理机制导致法官整体素质难以适应审判工作专业化的要求;审判、检察工作的行政管理模式,不适应审判、检察工作的特点和规律;等等。因而,司法权地方化与司法行政化已经成为目前司法改革面临的主要问题。法院、检察院要确保其职权行使的独立性,既要寄希望于外部司法环境的改善,又要大力开展内部改革创新,提升司法人员的职业化、专业化水平。在我国司法改革的进程中,官方的决策不仅是推动改革的重要动力,也是关系改革方向及成效的决定性力量。④ 为此,必须确保司法机关依法独立公正行使审判权、检察权,健全司法权力运行机制,完善人权司法保

---

① 袁定波:《最高法审判权运行改革试点12月将启动》,载《法制日报》2013年11月15日第5版。

② 龙飞:《"去行政化"是审判权运行机制改革的核心与关键》,载《人民法院报》2013年11月19日第1版。

③ 王利民:《深化司法体制改革 确保依法独立公正》,载《人民法院报》2013年11月19日第2版。

④ 左卫民:《十字路口的中国司法改革:反思与前瞻》,载《现代法学》2008年第6期。

障制度。十八届三中全会为建设法治中国勾勒了改革的整体框架,加强人权的司法保障成为此次改革的另一项重要内容。

2004年,我国将"国家尊重和保障人权"写入宪法。2010年9月26日,国务院新闻办公室发布《2009年中国人权事业的进展》白皮书,强调"完善人权的司法保障体系"。2012年6月11日,国务院新闻办公室发布《国家人权行动计划(2012—2015年)》,将民众获得公正审判的权利作为人权的重要内容纳入宪法保护的范畴。[①] 在此背景下,尊重和保障人权必然成为司法改革的题中之意。围绕这一改革目标,司法机关依法采取有效措施,防范和遏制刑讯逼供,保障犯罪嫌疑人和被告人的辩护权,严格控制和慎用死刑,完善国家赔偿制度。"人权保障"理念贯彻改革始终。《决定》从司法程序、责任追究机制、犯罪嫌疑人和被告人保障机制、证据采纳以及死刑适用等方面作出了具体安排,并强调发挥律师的重要作用,进一步完善司法救助及法律援助制度。值得一提的是,为避免个人自由因行政权的滥用而受到损害,十八届三中全会还正式作出了废除劳动教养制度的重大决定。

司法体制改革必须统筹协调中央和地方、司法机关和其他部门的关系,统筹司法机关上下级之间、司法机关内部各部门之间的关系,确保改革积极稳妥推进。为此,《决定》提出中央成立全面深化改革领导小组,负责改革总体设计、统筹协调、整体推进、督促落实。这意味着本轮司法改革不仅具有明确的路线图,更具有使改革措施得以落实的保障。

党的十八大报告提出要将法治作为治国理政的基本方式,强调用法治思维和法治方式深化改革、化解矛盾。《决定》指出,改革的总目标是发展中国特色社会主义制度,推进国家治理体系和治理能力现代化。国家治理体系和治理能力的建设与法治中国建设一脉相承,法治既是目标与保证,也是其重要内容。只有建立符合社会经济发展要求的司法制度,法治中国之梦才有可能实现。从司法能力来说,满足人民日益增长的公平正义需求,不仅仅是司法自身的发展要求,也是衡量国家治理能力的重要标尺。本轮司法改革涉及司法理念的调整、司法功能与作用的重新定位、司法管理模式与运行方式的变革以及司法制度的现代化等重大问题,从一定意义上而言是对我国的司法体制的重构。推行如此全面的司法改革也从侧面说明了当前中国司法领域存在的问题的深度与广度。

回顾司法改革之路,我们不仅要看到改革取得的阶段性成果,总结实践经验,还应看到影响司法公正、制约司法能力的机制性、保障性障碍。随着改革步伐的不断加快和改革程度的逐步深化,我国的司法改革将步入新的历史阶段并

---

① 中华人民共和国国务院新闻办公室:《国家人权行动计划》(2012年6月)。

迎接更多更难的挑战。司法制度是一个整体,其改革与完善的任务艰巨,道路曲折而漫长,不可能一蹴而就,毕其功于一役。实践证明,只有目标坚定、锲而不舍地坚持改革,深化改革,全面改革,才能实现改革的目标——建设公正高效权威的社会主义司法制度,维护人民权益,让人民群众在每一起司法案件中都真实地感受到公平正义。

目录

卷首语
司法改革任重而道远 　　　　　　　　　　　　　　　　　齐树洁(1)

理论纵横
我国家事案件调解制度之发展 　　　　　　　　　张 榕　林毅坚(1)
追求表面的公正还是实质的认同
　　——论刑事事实认定疑案的解决路径选择 　　　　　崔 凯(12)
新民事诉讼法的理解与适用
　　——中国民事诉讼法学研究会2013年年会综述 　韩 宝　陈利红(24)
凝练东亚法律文化,共建区域司法共识
　　——东亚司法改革国际学术研讨会综述 　陈慰星　丁 超　丁小敬(40)
替代性纠纷解决机制在澳门的发展 　　　　　　　　　　　蔡肖文(47)
简论台湾地区"民事诉讼法"修法的指导理论 　　　　　　熊云辉(57)
违法性认识的内容及其判断规则 　　　　　　　　　　　　张兴慧(69)

诉讼制度
新刑事诉讼法实施背景下职务犯罪侦查面临的问题及其对策 　刘莉芬(81)
如何确保法律的执行力
　　——民事诉讼法修改后社会热点问题的思考 　　孙 山　易利娟(94)
检察立案监督权面临的机遇与挑战
　　——以龙岩市新罗区检察院为考察对象 　　　　段 炼　林 昇(102)
通过判决说理促进司法公正
　　——以新民事诉讼法第152条的规定为背景 　　　　　陈邕凌(113)
未成年人民事诉讼特别程序初探 　　　　　　　　　　　　乐宇歆(122)
刑事庭前会议实务探析 　　　　　　　　　　　　　　　　季俊强(133)

《《 审判实务

两岸投资争端解决的司法公正性探讨
——以《海峡两岸投资保护和促进协议》为视角　　李桦　李婧(143)
交通肇事案件适用和解程序的实践与难题
——以兵团五家渠法院为样本　　渠底模(154)
案件事实真伪不明时法官如何裁判　　崔拓寰(167)
司法公正与既判力之衡平
——以完善案外人申请再审制度为视角　　李云　方晋晔(179)
论行政裁决案件中的司法变更权　　张世民(191)
博饼民俗商业化运作中的法律规制
——解读一起博饼合同纠纷案　　林蕾(201)

《《 实证研究

厦门法院涉台民商事案件司法互助的
　　调研报告　　厦门市中级人民法院课题组(209)
南沙新区建设中的若干法律问题　　广州市南沙区人民法院课题组(222)
关于行政诉讼简易程序试点运行情况的
　　调研报告　　厦门市思明区人民法院课题组(231)
关于龙岩市生态资源司法保护的
　　调研报告　　龙岩市中级人民法院课题组(243)
社会转型时期替代性纠纷解决机制的创新
——以厦门市无讼社区的实践为基础
　　厦门大学法学院"无讼社区"课题组(253)

《《 东莞调研

基层司法如何实现案件的分流与集约
——"东莞一院"快速处理中心的启示　　厦门大学法学院课题组(267)
物业服务纠纷案件调解难之对策　　方敬萍　许林波(281)
东莞第一法院适用小额诉讼程序的调研报告　　陈冰(290)
石龙法庭民事案件结案方式探析　　罗学林　杨涛(299)
石龙法庭推行社区法官助理制度的调研报告　　魏玲　陈闽珠(308)

⫷ 域外司法

葡萄牙仲裁司法监督机制述评 ……………………………… 谢广汉(319)
波兰调解制度的发展与启示 ………………………………… 欧　丹(329)
英国家事诉讼程序的发展及其借鉴意义 …………………… 黄丹翔(340)
俄罗斯调解制度新发展述评 ………………………………… 方　俊(352)
法国调解人制度探微 ………………………………………… 林芳雅(364)
瑞士调解制度新发展简述 …………………………………… 牛子文(375)

理论纵横

我国家事案件调解制度之发展

张 榕 林毅坚[*]

家事案件与多个术语联系密切,其中首先应提及的是家事诉讼的称谓和范围。所谓家事诉讼,一般涉及的主要是有关婚姻家庭或身份关系诉讼程序。各国和地区在具体的立法称谓和体例上则不尽相同,包括家事诉讼法、人事诉讼法、家事事件程序、婚姻与家事诉讼法等。[①] 家事诉讼范围的大小因此显现差异。与此相联系,各国对家事诉讼的对象——家事案件的界定也各不相同。在这种背景下,对于"家事"和"人事"的界限,虽然由于案件的复杂性而难以截然区分,但大致的区别还是有必要厘清的。正如有学者所指出的,从严格意义上讲,"人事"与"家事"是有区别的。"人事"主要指婚姻事件、收养事件、亲子事件等与自然人身份相关的特定事件。而"家事"则不限于身份事件,还包括身份事件之外的其他婚姻家庭事件。[②] 其次应提及家事事件程序。所谓家事事件程序,是指"法院(家事法院或家事法庭)为处理或预防夫妻、亲子及家属间纠纷所适用的程序。由此可见,家事事件程序是家事纠纷的司法解决和预防程序,其主要包括家事诉讼程序、家事非讼程序及家事调解程序"。"与家事事件程序相关的一个

---

[*] 张榕:厦门大学法学院教授,博士生导师;林毅坚:厦门大学法学院诉讼法博士生研究生。本文系张榕教授主持的 2010 年教育部人文社会科学研究规划基金项目"中国法院能动司法机制研究"(项目号:10YJA820131)的阶段性成果。

[①] 例如,德国在其《民事诉讼法》第六编规定了家事审判程序。日本于 1898 年和 1947 年分别制定和颁布了《人事诉讼程序法》和《家事审判法》。法国的家事案件的司法程序规定主要见于法国新民事诉讼法典第三卷"某些案件的特别规定"以及法国民法典第一卷第六编第二章关于"离婚的程序"之规定。英国则于 1973 年和 1984 年分别制定了《婚姻诉讼法》和《婚姻与家事诉讼法》。美国制定了《美国 1970 年统一婚姻及离婚法》。澳大利亚的家事裁判程序主要规定在《1959 年联邦婚姻案件程序法》和《1975 年家事法》。韩国则于 1990 年 12 月 31 日公布了《家事诉讼法》。我国台湾地区也于 2012 年 1 月 11 日颁布了"家事事件法"。

[②] 王礼仁:《家事案件审判体制改革之构想——以婚姻案件审判现状为背景》,载《法律适用》2008 年第 11 期。

概念是大陆法系的人事诉讼程序,人事诉讼的诉讼标的是身份法律关系,不涉及家庭财产关系,家事事件程序处理的事件既包括家事身份关系事件又包括家事财产关系事件,这是人事诉讼与家事诉讼的主要不同。"①

在我国,目前并不存在独立的家事纠纷解决程序,也没有独立、统一的"家事纠纷"概念。尽管如此,理论界及实务界对家事纠纷的研究兴趣并没有因此而消减。"家事诉讼程序"这一概念早已被广泛使用。从现有学者的观点以及既有法律的规定来看,家事诉讼程序主要指的是法院审理和解决与婚姻家庭有关的身份关系纠纷的程序和没有争议的非讼事件的程序,其中既包括身份关系诉讼程序也包括非讼程序。相应的,对于家事案件的界定业已形成了较为统一的认识:"家事案件系指与婚姻家庭相关的,以身份关系为核心的家庭纠纷,包括婚姻案件、亲子案件、监护案件、扶养案件、继承及遗嘱案件、与禁治产等相关的案件等。家事案件是一个复杂的纠纷体系,它既包括诉讼案件,也包括非讼案件;既包括身份关系案件,也包括由此关系所引发的财产纠纷案件。"②

一、家事案件调解制度概述

家事案件与一般民事案件不同,具有较强的利益主体牵连性、公益性和私密性。由于婚姻、血缘、亲属以及其他身份关系的存在,家事案件中利益主体牵连性较强,往往具有千丝万缕的联系;由于社会主要是以婚姻家庭作为细胞单元,因此家事案件的处理结果不仅涉及个人私益,还有可能涉及社会秩序的稳定等社会公益。此外,由于家事案件往往涉及人们的隐私,因而其私密性特点也很明显。针对如此特殊的案件,传统纠纷解决机制也难免出现力有不逮的窘境,因此很多国家采用了与一般民事案件不同的解决方法——大量的非讼手段。家事调解是其中比较出彩的一种方式。

家事纠纷对家事调解具有特殊的需求。在家事案件的处理中,家事调解凸显其独特的功能和地位。家事纠纷蕴含的情感、身份等因素,使得当事人提出的诉讼请求与纠纷事实本身的错位会更明显。例如,在离婚析产案件中,名义上仅仅只是对分割共有财产的争议,但实际中却存在一方对配偶不忠或无法过夫妻生活等诸如此类难以启齿的细节,且这些细节不欲为外人所知晓。或许双方在财产分割方面得以形成默示的合意,但见诸诉讼之中的诉请理由却往往掩盖了纠纷事实本身的面目,而假托于诸如夫妻性格不合、与子女共同生活需更多花费等理由。这种在法律范围内允许的错位,折射出家事案件的私密性和牵连性等特点,要求纠纷处理者必须具有较强的敏感度,能整体把握纷争实质,察觉一方

---

① 张晓茹:《我国应设立家事事件程序》,载《法律适用》2006 年第 4 期。
② 陈爱武:《家事调解:比较借鉴与制度重构》,载《法学》2007 年第 6 期。

做出的让步能够让另外一方获得不宜言明的补偿的情形，并给予及时的法律确认。如果不采取这种细微的谨慎处理法，家事纠纷中的当事人往往会觉得"面子与里子"都丢光了，并增生对纠纷处理结果的愤懑度，进而影响家事案件的处理实效。而调解这种纠纷解决方式契合了家事案件这种特殊需求，因此，许多国家将家事调解规定为必经的审前程序或以强制调解的方式来提升家事纠纷的处理效率。

调解对家事案件处理的独特功用并不意味着它是一种"放之四海而皆准"的处理方式，相反的，家事调解应该是一种"存在着禁区的能动调解"。① 考虑到婚姻家事诉讼中一方申请调解可能被视为示弱而情绪化地放弃调解，则调解的开始不应以当事人提出为限，法官可视情形主动调解，这对法官提出能动调解的要求。而对于婚姻的无效与撤销、收养关系的成立与解除等案件，由于承载着传统价值、社会公益以及身份关系的特性，不能进行调解。因此婚姻家事案件对法官调解的介入力度和界限把握上有很高的要求。由此可以说，婚姻家事案件的调解实际上是存在着禁区的能动性调解。

综上所述，家事调解的适用非常广泛但又是有界限的。一方面，家事纠纷涉及血缘、婚姻和伦理等因素，与感情、亲情和道德密切相关，不同于普通的民事法律关系。因此，纠纷解决的基本价值取向是尽力恢复当事人之间的亲情及和谐的关系，为此家事调解在家事案件的处理中占据了得天独厚的地位。但在另一方面，对于某些家事案件，②基于社会公益、案件性质等特殊因素的考虑，则不予适用调解。

二、我国家事事件调解制度的历史与现状

总体而言，在不同的时期，调解在家事纠纷解决中都发挥了重要的作用，而相关立法、司法实务都非常重视家事纠纷的调解。

（一）我国家事案件调解制度之历史③

1. 传统家事调解制度之描摹

调解是中国传统文化的重要内容，是纠纷解决的特色，甚至一度被称之为"东方经验"。但传统意义上的调解并不能等同于现代调解制度。传统的家事调

---

① 曾琼：《婚姻家事案件对诉讼程序的特殊需求》，载《湖北社会科学》2009年第6期。

② 例如，最高人民法院2004年8月18日通过的《关于人民法院民事调解工作若干问题的规定》第2条规定：对于有可能通过调解解决的民事案件，人民法院应当调解。但适用特别程序、督促程序、公示催告程序、破产还债程序的案件，婚姻关系、身份关系确认案件以及其他依案件性质不能进行调解的民事案件，人民法院不予调解。

③ 本部分的论述主要参考来文彬：《家事调解制度研究》，西南政法大学2010年博士学位论文，第7章。

解从本质上来说是民间调解,具有如下特征:其一,调解是小农经济基础上熟人社会的礼治产物;其二,调解是由具有社会自治权威的人士充当第三人,依据权威的社会规范(情理法交融,注重人情、义理考虑,法律为辅)促成当事人互谅互让,就纠纷达成协议之程序,是中国传统社会家事等民间纠纷自治性解决的根本或者说重要方式;其三,调解具有鲜明的实用主义色彩,通常是以"秩序、和谐、社会正义"为客观依据,以教化为目标,不仅要化解纠纷,而且要教育当事人并恢复秩序与和谐,因而具有"权威判断性"、"评价性"与"教化性"等特征。[1]

应当说,传统的家事调解制度与完全以当事人为中心、遵循形式公正的西方现代调解制度是不同的。虽然传统的家事调解制度也是以当事人为中心,以促成当事人和解为目的,但调解的依据并不是当事人的合意而是当时社会普遍认同的社会规则(无论该规则实质上是否合适),尽管从表象上看,当事人的确"合意"接受了该调解结果,但这种接受在很大程度上是基于调解人的劝解、说服而做出的让步,并非当事人真正心甘情愿的让步。由此引发的问题是,只有当事人的合意解决纠纷才是调解的核心本质,如果当事人的"合意让步"遭到扭曲,那么即使当事人接受了调解的结果,也不能称之为完整意义上的"当事人意思自治"。因此,严格说来,传统的家事调解并不能归属于现代意义上的家事案件调解制度的范畴。

2. 现代家事调解制度之描摹

"现代家事调解"是相对于传统家事调解而言的。考究现代家事调解制度肯定离不开对社会环境(如意识形态、组织结构、社会规范等)的宏观描绘。本文仅就各个时期的家事调解简况及其大致的特点作简要概括。

其一,现代家事调解制度起源时期。20 世纪三四十年代,中国现代家事纠纷调解制度的相关内容(家事的法律规范、家事纠纷解决机制、调解的具体类型、特点)在很大程度上均起源于这一时期,其可以看作是中国传统调解与现代调解的分水岭。这一时期里,体现革命精神的人民调解制度与人民司法制度成为社会纠纷解决的主要机制,调解主要采取人民内部矛盾的"批评、教育、帮助"等方式。身份等级制度、"三从"制度、妾制、童养媳、包办、买卖婚姻等封建礼治下的家事自治制度被清除。家事纠纷解决逐渐"司法化",大力弘扬人民调解与审判相结合,典型模式为著名的"马锡五审判方式"。

其二,1950 年婚姻法实施期间(1950—1979 年)。新中国第一部婚姻法——《中华人民共和国婚姻法》颁布实施,其第 17 条明确规定,离婚案件应先进行调解,调解无效时即行判决。这一时期有关家事纠纷调解的立法和司法政策的基

---

[1] 来文彬:《家事调解制度研究》,西南政法大学 2010 年博士学位论文,第 174~177 页。

本特点主要是：调解为离婚的必经程序；以调解为主，调解确实无效的，方予以判决；必经调解的对象仅限于一方坚决要求离婚的案件，若双方均同意离婚的案件不受"必经调解"的限制；以调解和好为特色，调解尽量就地进行，并且几乎可以随时进行；调解以党和国家的政策、法律为依据。这一时期家事诉讼案件主要是离婚案件，调解也主要是法官对离婚案件的调解。人民调解以家事纠纷为主要调解对象，但并没有对家事调解作出具体的规定。

其三，1980年婚姻法实施期间（1980年至今）。这一时期处于改革开放之后，随着社会组织结构的变化、经济文化的发展以及人们婚姻家庭观念的变化，家事纠纷以及家事纠纷的调解经历了不同阶段的发展，但从本质上看是一直在随着不同时期的司法、行政工作方针的"波浪"逐流之后的结果。这个时期可细分为：（1）"着重调解"阶段（1980—1990年）。这个阶段规定调解为离婚的必经程序；在调解与判决的关系上，着重调解；比照审判程序具体规范了调解制度，如"调解生效后发现错误的，按照审判监督程序处理"等；明文规定了协助调解制度。这一时期人民调解的案件主要仍是离婚案件，但1985年继承法颁布后，继承案件逐渐增多，年均在10万件以上。（2）"自愿、合法调解"阶段（1991—2001年）。这一阶段由于司法理念发生转变，法院调解进入"自愿与合法"阶段。在法院，调解不再优先于审判或者说不如从前那么优先于审判。调解率包括家事调解率呈逐年下降趋势。家事纠纷人民调解工作也相应弱化。（3）"调判结合"时期（"能调则调、当判则判、调判结合、案结事了"、"调判结合、调解优先"——2002年以来）。这一时期家事纠纷调解之对象或范围得以细化，并规定了一些不适用调解的案件类型，此外还规定了婚姻家庭继承纠纷之先行调解制度。自2002年开始，诉讼调解重新开始受到高度重视，政府与有关部门强调其对于促进社会和谐之意义，并通过司法解释规范调解行为、增强调解协议效力；通过委托调解与协助调解实现调解主体的社会化。这一时期的人民调解制度也有了长足发展。先是从中央到地方政府的重视，后是人民调解的不断法制化，再是符合条件的人民调解协议被界定为合同性质，最后是通过法律（如2011年施行的《人民调解法》中规定调解协议的司法确认）和司法解释（2009年的最高人民法院《关于建立健全诉讼与非诉讼相衔接的矛盾纠纷解决机制的若干意见》）为诉调对接提供了保障。从数据上来看，这一时期自2004年开始家事纠纷诉讼案件逐步缓慢回升，例如，2004年到2008年，全国婚姻家庭一审案件由116万多件增至132万多件，调解占全部结案量的比例从34.6%增加到46.47%；而家事纠纷人民调解的案件量则呈逐年下降趋势，例如，调解量上，2001年，为186万多件，到2008年，已降到102万件左右；家事案件占全部民间纠纷的比例从2001年38.30%

下降到 2008 年的 20.46%。①

(二)我国家事案件调解制度之现状

1. 当前家事案件调解制度的适用情势

如前文所述,家事调解满足了家事案件的特殊需求,因而在家事纠纷解决中占有极为重要的地位,其已经成为解决家事纠纷最重要和主要的方法之一。从司法实践看,自 20 世纪 90 年代以来,我国的家事纠纷逐年增长,案件涉及面广且量大,仅诉诸法院的家事纠纷每年就多达 100 万件以上,占整个民事案件的 1/3～1/4。例如,2009 年,全国法院审结的家事案件总数为 1380762 件,占民事案件总数的 23.8%;2010 年审结的家事案件达 1428340 件,同比上升 3.45%。2011 年,全国法院共审结家事纠纷案件 1609801 件,同比上升 12.7%。其中,离婚纠纷案件 1202007 件,同比上升 2.84%;赡养、抚养和扶养纠纷案件 72542 件,同比下降 6.1%;继承纠纷案件 131840 件,同比增加 1.7 倍。②

2. 家事案件的范围

我国没有审理家事案件的专门程序,所以对家事案件的范围也没有明确规定。但从最高人民法院的相关司法解释和司法公报中,至少已从形式上将"婚姻家庭继承案件"与其他民事案件区分开来,只不过没有单独冠以"家事案件"的称谓罢了。例如,依据最高人民法院每年发布的年度全国法院司法统计公报,在"全国法院审理民事一审案件情况统计表"中,均将"婚姻家庭、继承纠纷"作为一项单独的统计指标,与"合同纠纷"、"权属、侵权纠纷"分别统计,这至少在形式上做到了将"婚姻家庭继承纠纷"单独统计,以示区别。再比如,最高人民法院 2007 年通过的《民事案件案由规定》也将"婚姻家庭继承"作为独立的一项第一级案由。根据最高人民法院的这些规定,以及修改后的《婚姻法》(包括最高人民法院的相关司法解释)、《收养法》及《继承法》的相关规定和有关的家事案件原理,我国的家事案件范围包括但不限于如下类型:③

第一,婚姻关系案件。包括婚姻无效之诉、撤销婚姻之诉、给付扶养费之诉、给付抚育费或赡养费之诉、离婚之诉、子女抚养之诉、变更抚养费之诉、探望子女之诉、离婚财产分割之诉、再次分割夫妻共有财产之诉。此外,还包括最高人民法院在 2011 年 8 月 9 日公布的《关于适用〈中华人民共和国婚姻法〉若干问题的解释(三)》[以下简称《婚姻法解释(三)》]关于婚内抚养费的请求支付和婚内分割共同财产、离婚后尚未处理的夫妻共同财产的分割等案件。

第二,收养关系案件。包括确认收养关系是否成立之诉;送养人要求收养人

---

① 根据历年《中国法律年鉴》整理所得出的数据。
② 数据来源:《最高人民法院公报》2010 年第 4 期、2011 年第 4 期。
③ 吴志刚:《家事诉讼制度基本范畴研究》,载《温州大学学报》2008 年第 6 期。

解除收养关系之诉;养父母或被收养人要求解除收养关系之诉等。

第三,亲子关系案件。尽管从立法方面来看,我国的亲子关系制度很不健全,但近年来,随着市场经济的发展和人民生活水平的提高,婚姻家庭中确认亲子关系案件却呈现不断上升态势。司法实践对此给予一定的回应,例如,《婚姻法解释(三)》第2条规定了亲子关系确认的举证责任问题。亲子关系案件一般包括:确认亲子关系之诉;确认亲子关系不存在之诉;撤销亲子关系之诉;恢复亲权关系之诉等。同时也应包括确认非婚生子女认领关系是否有效之诉及撤销非婚生子女认领关系之诉。

第四,继承关系案件。包括确认是否丧失继承权之诉;法定继承遗产分割之诉;确认遗嘱是否有效之诉;确认是否放弃继承之诉;夫妻相互继承遗产之诉;等。

第五,监护关系案件。包括我国《民法通则》第16条和第17条所规定的指定监护人之诉;第18条规定的撤销监护之诉。

第六,其他家事案件。

综上,家事案件应包括如上所述的婚姻关系、收养关系、亲子关系、继承关系、监护关系等身份关系的案件,还应包括以亲属身份为依据所发生的财产争议案件,以及适用特殊程序审理的大多数案件,①如申请宣告公民无民事行为能力或限制民事行为能力、申请宣告公民恢复完全或限制民事行为能力、申请确认监护人或申请撤销监护人资格、申请宣告公民失踪或申请撤销宣告公民失踪等诸多案件。

3.家事事件调解制度的现行相关立法规定

如前所述,我国目前并没有家事事件过程的特别规定,关于家事调解的规定主要散见于《婚姻法》、《民事诉讼法》等法律和相关司法解释中。

(1)《婚姻法》及相关司法解释。例如,《婚姻法》第32条规定:"人民法院审理离婚案件,应当进行调解;如感情确已破裂,调解无效,应准予离婚。"第33条规定:"现役军人的配偶要求离婚,须得军人同意,但军人一方有重大过错的除外。"第34条规定:"女方在怀孕期间、分娩后一年内或中止妊娠后六个月内,男方不得提出离婚。女方提出离婚的,或人民法院认为确有必要受理男方离婚请求的,不在此限。"2001年12月27日起施行的最高人民法院《关于适用〈中华人民共和国婚姻法〉若干问题的解释(一)》第7条规定了有权依据《婚姻法》第10条规定向人民法院就已办理结婚登记的婚姻申请宣告婚姻无效的主体,包括婚姻当事人及利害关系人。第9条规定,人民法院审理宣告婚姻无效案件,对婚姻

---

① 严军、刘琳:《我国家事案件发展现状及诉讼程序的独立构建》,载《兰州大学学报》2011年第2期。

效力的审理不适用调解,应当依法作出判决;有关婚姻效力的判决一经作出,即发生法律效力。涉及财产分割和子女抚养的,可以调解。调解达成协定的,另行制作调解书。对财产分割和子女抚养问题的判决不服的,当事人可以上诉。2004年4月1日起施行的最高人民法院《关于适用〈中华人民共和国婚姻法〉若干问题的解释(二)》第5条规定,夫妻一方或者双方死亡后一年内,生存一方或者利害关系人依据婚姻法第10条的规定申请宣告婚姻无效的,人民法院应当受理。第6条规定,利害关系人依据婚姻法第10条的规定,申请人民法院宣告婚姻无效的,利害关系人为申请人,婚姻关系当事人双方为被申请人。夫妻一方死亡的,生存一方为被申请人。夫妻双方均已死亡的,不列被申请人。第7条规定,人民法院就同一婚姻关系分别受理了离婚和申请宣告婚姻无效案件的,对于离婚案件的审理,应当待申请宣告婚姻无效案件作出判决后进行。

(2)《民事诉讼法》及相关司法解释。例如,2013年1月1日起施行的新《民事诉讼法》第一编第八章专章规定了调解,第十五章第六节规定了确认调解协议案件。第124条和第202条分别就婚姻家事案件的起诉和再审作了规定。2002年4月1日起施行的最高人民法院《关于民事诉讼证据的若干规定》第8条规定,自认不适用于身份关系案件。2003年12月1日起施行的最高人民法院《关于适用简易程序审理民事案件的若干规定》第14条规定,"下列民事案件,人民法院在开庭审理时应当先行调解:(一)婚姻家庭纠纷和继承纠纷……"。2004年11月1日起施行的最高人民法院《关于人民法院民事调解工作若干问题的规定》第2条规定,对于有可能通过调解解决的民事案件,人民法院应当调解。但适用特别程序、督促程序、公示催告程序、破产还债程序的案件,婚姻关系、身份关系确认案件以及其他依案件性质不能进行调解的民事案件,人民法院不予调解。

(3)其他法律及司法解释。例如,《人民调解法》第18条规定了人民调解与行政调解、诉讼调解三种方式的衔接。最高人民法院《关于建立健全诉讼与非诉讼相衔接的矛盾纠纷解决机制的若干意见》、《关于进一步贯彻"调解优先、调判结合"工作原则的若干意见》等均对调解工作作了相关的细致规定。

(三)我国家事案件调解制度之反思

面对我国家事事件调解制度的立法实况,有学者指出,我国的家事诉讼程序立法还很不完善,[1]家事诉讼程序立法规定比较散乱不系统,尚未形成自己的程序法理,对家事诉讼程序的规定比较原则和抽象,家事诉讼程序的具体规定还相当缺乏,影响和阻碍了家事调解制度的发展。

还有的学者指出,从形式上看,现有规定似乎类似于国外普遍建立的家事调

---

[1] 刘敏:《论家事诉讼程序的构建》,载《南京大学法律评论》2009年秋季卷。

解制度,但从实质上看,二者在效果和理念上却有很大的差异。① 具体而言,我国的家事调解制度尚存在许多结构性缺陷。例如家事调解采用案件系属后的调解,这种调解时机缺乏科学性;家事调解的前置性或强制性缺乏制度性制约,虽有"应当进行调解"等字样的法条规定,但并没有具体的必要制度进行约束,因而流于空泛,仅是"非强制性的、倡导性的'应当',而不是强制性的'应当'";家事调解主体缺乏专业性,不像国外的家事调解员多数是由具有社会学、医学、教育学、心理学、行为学知识以及经过法律训练的专门人士担任或兼任;家事调解的有效调查机制缺乏,不利于法官进行有针对性的调解。

我国的非诉讼纠纷解决机制主要包括人民调解和仲裁。人民调解在缓解诉讼的压力以及分流纠纷方面具有较为积极的作用,但自1990年以来,通过人民调解调处的民间纠纷数量一度呈现逐年减少的趋势,未能发挥其应有的作用,其原因在于其自治与自觉选择因素的不足。就人民调解甚至法院调解而言,通过自上而下的命令推行调解制度显然是我国当前调解制度发展的直接动力,尽管创新良多,但如何将其纳入法律推入实践并予以制度化,则一直是个问题。有学者认为:"依赖强制的动力机制具有重大的缺陷,即掌权者往往不具备运用所有可用资源所必需的知识,而受强制的人们则在可能偷懒而不受惩罚的时候尽量敷衍塞责。"②因此,在多元化纠纷解决方式的布局上,尽管倡导和鼓励民众选择调解符合各国纠纷解决的共同趋向,但应逐步实现其自治性并使之内化为民众自觉的选择。有学者指出:"在社会转型、法律全球化和科技进步的大背景下,我们应重新认识和定位调解,以顺应由国家社会向市民社会的转变,而不是相反。因此,必须认真对待和落实反映现代调解本质的当事人自治、调解员中立、程序性导向等诸原则。"③同时,我们应正确认识国家和社会在调解方面的分工,在我国社会主体的自主性及自治性都不断强化的今日,适时地将一部分解纷资源从国家体制中剥离出来交给社会,对减轻司法压力和促进市民社会的发展都具有重要的意义。

当然,鉴于家事调解存在的问题,从根本上而言还是应着手考虑设置独立的家事案件程序,完善具体的程序设计和配套措施,以充分激发家事调解机制对于家事案件处理的优势。

---

① 陈爱武:《人事诉讼程序研究》,法律出版社2008年版,第228~230页。
② 柯武刚、史漫飞:《制度经济学——社会秩序与公共政策》,韩朝华译,商务印书馆2000年版,第76页。
③ [澳]娜嘉·亚历山大主编:《全球调解趋势》,王福华等译,中国法制出版社2011年版,第2~3页。

三、我国家事案件调解制度之展望

一般认为,我国未设立单独家事诉讼程序既包括实体法上的原因,①也包括程序法上的原因。② 但不管基于何种原因,一个迫切的问题是,社会的发展与纠纷的复杂化,促使人们逐渐认识到用普通民事诉讼程序处理家事案件在理论和实践上日益显露其间的矛盾和不协调。为更好地解决家事纠纷,有必要完善我国的家事调解制度,以期更好地应对家事案件的处理。具体可从以下几个方面加以考虑:

其一,可考虑在法院内部设立专门的家事法庭。③ 从国外家事审判机构的设立情况看有两种情形:一是设立单独的家事法院,二是在普通法院内设置家事法庭,二者都属于初级法院。综合国情及现有的司法资源情况,设立专门的家事法庭似乎更具有可行性,即在现有的法院内部设立家事审判庭,一方面满足了家事事件审判专业化的需求,实现了司法专业化的要求,提高了司法效率;另一方面避免了因设立家事法院而引起的法院系统的较大波动,便于法院机构的管理,也大大节约了人力、财力和物力。

其二,确立离婚等家事案件之强制调解或调解前置制度。对家事案件纠纷的处理,以强制性的调解前置程序予以处理,可有效缓解矛盾,收到良好的效果。为此,应规定家事纠纷必先经过调解程序才能进入诉讼。具体做法包括:当事人起诉时要求法院先行调解的,法院即依申请进行调解,调解不成再进入审判程序;当事人起诉时未要求法院调解的,即视为申请法院调解,法院此时可视案件情况,依职权进行强制调解。④ 当然,调解前置程序的优势在于使纠纷的解决更

---

① 有学者认为,传统的诉讼法律观念使家事诉讼程序失去了独立存在的土壤。先于民事诉讼制度建立的婚姻家庭制度,使得婚姻案件的审理程序代表和影响了整个民事诉讼程序。参见王强义:《民事诉讼特别程序研究》,中国政法大学出版社1993年版,第298页。

② 有学者认为,民事诉讼审判中长期遵循的超职权主义诉讼模式等构成了人事诉讼程序单独建立的障碍。参见陈爱武:《人事诉讼程序研究》,法律出版社2008年版,第3页。

③ 目前,有些地方的相关部门已联合组建了专门调解婚姻家庭纠纷的工作室,如2007年9月常州市钟楼区就成立了"婚姻家庭纠纷调解工作室"。这是该区人民调解委员会依托妇联,由婚姻家庭调解员、心理咨询员、律师、法官等专业人员组成,集婚姻调解、心理疏导、法律帮助为一体的专门组织。2009年10月,郑州市也成立了"女子调解工作室"。该调解工作室针对性强,其主要是解决问题家庭的婚姻矛盾。这是很有前瞻性的尝试。参见张伟:《家事纠纷解决机制的调查与研究》,载《河南财经政法大学学报》2012年第6期。

④ 翟志文:《论家事案件强制性调解程序的构造》,载《太原师范学院学报》2010年第4期。

加和谐与合理,①因此,对于不存在诉争的家事事件,不宜纳入调解前置程序的适用范围。

其三,规范家事调解的调解员并增设家事案件调查官制度。尽可能设立专门的、相对固定的家事调解法官制度,设立和培育相对固定的家事调解员专、兼职队伍。② 家事调解法官专司家事调解之职,不参与审判,但调解达成协议的,有权制作调解书,调解不成的转由审判法官审理;家事调解员应当从具有社会学、医学、教育学、心理学、行为学等专业知识背景以及经过法律训练的专门人士中聘任。

其四,科学把握家事调解的时机,完善庭前调解模式。③ 国外的家事调解大都是诉前调解,即进入审判程序之前的调解,他们认为在"法律阴影"之下的调解,效果可能不及在法律程序提起之前所作出的早期介入。④ 而庭前调解在调解人员与审判人员相分离的情况下,既能够有效避免审判权对调解的干扰,有利于保护当事人的合法权益,又能够保证调解于庭前证据已经得到充分开示的基础上展开,不仅可以使调解者依据双方的证据提出更为合理的纠纷解决意见供其参考,而且双方当事人也更容易在衡量了彼此证据力量的基础上接受调解者的意见或者达成和解。审前调解把调解作为一个可供当事人自由选择的辅助程序,当事人可根据"实体利益"和"诉讼利益"的均衡,选择是否进行调解,从而有利于节约诉讼成本。在实现法官职能分离的意义上,审判员与调解员并非同一人,可保障调解的公正性。当然,为保证庭前调解模式的顺利进行,应具体规定庭前调解的程序规则和操作流程。

此外,在家事调解制度构建中,应注意对于民间调解协议的司法确认问题。司法确认旨在分流不断涌向法院的案件,但《关于建立健全诉讼与非诉讼相衔接的矛盾纠纷解决机制的若干意见》和《人民调解法》均允许当事人就协议的变更和撤销提起没有附加任何限定条件的诉讼,这就可能发生"使案件从一个门出去了,又从另一个门进来了"的"旋转门现象",⑤从而导致案件分流的主旨落空。家事调解制度的建构要注意避免这样的恶性循环。与此同时,由于家事案件与民俗习惯具有某些方面的天然亲密性,故在家事调解制度的建构中,可酌情考虑如何将民俗习惯运用于家事案件的处理过程。

---

① 陈群峰:《我国应当建立家事诉讼纠纷调解前置程序》,载《人民司法》2008年第13期。
② 陈爱武:《人事诉讼程序研究》,法律出版社2008年版,第232页。
③ 张伟:《家事纠纷解决机制的调查与研究》,载《河南财经政法大学学报》2012年第6期。
④ 陈爱武:《人事诉讼程序研究》,法律出版社2008年版,第228页。
⑤ 傅郁林:《家事诉讼特别程序研究》,载《法律适用》2011年第8期。

追求表面的公正还是实质的认同
——论刑事事实认定疑案的解决路径选择

崔 凯[*]

近年来,媒体陆续追踪报道了河南赵作海案、浙江张高平叔侄案等刑事冤假错案。[①] 司法机关在案件处理时不断犯下严重错误,使得社会公众对我国刑事司法的公正性和权威性产生了动摇,这种现象不断发酵,甚至成为促成司法信任危机的重要原因之一。"相比较错案的纠正,我们必须要更加重视'防患于未然',要做'事前诸葛亮',使潜在的可能发生的冤假错案无法形成。"[②] 由于冤假错案在形成之初,大多在事实认定方面存在争议,属于疑案。从这一角度而言,为了减少刑事冤假错案,为了维护社会的稳定和谐,研究刑事疑案有着重要的意义。

"实践中如果有一千个事实问题,那么真正的法律问题还不到事实问题的千分之一。"[③] 与法律适用疑案相比较,事实疑案的数量更多,社会影响力也更大,但当前我国刑事疑案的大部分研究成果都集中在法律适用方面,对事实疑案的专门研究比较少见。事实疑案与法律适用疑案的产生原因并不相同,其解决机制也有较大差异。笔者拟从判决的社会公众可接受性的角度,为事实疑案问题

---

[*] 作者系湖北经济学院讲师,法学博士。本文系 2013 年教育部人文社会科学研究青年项目"刑事疑难案件处理的社会效果考察——从程序完善的角度"(批准号:13YJCZH023)的阶段性研究成果。

[①] 赵作海案:2002 年,赵作海因"故意杀人"被判处死刑,缓期二年执行。2010 年,该案中被"杀害"的被害人赵振堂突然回家,证实赵作海故意杀人一案为错案。赵作海通过再审程序被宣判无罪。浙江张高平叔侄案:2004 年,张高平、张辉叔侄因涉嫌一起强奸致死案分别被判处无期徒刑和死刑、缓期二年执行。其后,由于发现该案凶犯另有其人,两人于 2013 年 3 月通过再审程序被宣告无罪。这两起错案在审理时均出现了明显的事实认定存疑的情形。具体案情可参见邓红阳:《赵作海案再爆"留有余地"潜规则》,载《法制日报》2010 年 5 月 13 日第 4 版;余建华、孟焕良:《浙江高院再审宣告张辉、张高平无罪》,载《人民法院报》2013 年 3 月 27 日第 3 版。

[②] 沈德咏:《我们应当如何防范冤假错案》,载《人民法院报》2013 年 5 月 6 日第 2 版。

[③] [德]伯恩·魏德士:《法理学》,丁小春、吴越译,法律出版社 2003 年版,第 208 页。

的解决寻找到一种较优的研究思路。

一、事实疑案的成因及危害剖析

宏观而言,刑事疑案问题的产生原因其实不难概括。早在1992年,陈兴良教授就对此作过总结:"(1)法无明文规定及刑事诉讼立法本身的不完善,导致了国家的司法机关及其工作人员执行法律和具体操作的困难。(2)受历史遗留下来的'宁左勿右'、'宁严勿纵'等思想的影响。(3)在诉讼理论和实践中,对实事求是的证据制度及一些刑事证据的理论问题存在片面认识。(4)司法人员政策业务水平不高,执法不严也是造成疑案处理混乱性的根源之一。"[①]但以上的总结似乎缺乏针对性,这四点原因几乎可以适用于我国刑事证明方面的大多数研究课题。事实疑案有着特殊的成因,笔者认为,在促成事实疑案的诸多原因中,事实疑案产生的主要原因是诉讼主体对证明标准的理解不同,也正是因为这一点,事实疑案的处理方式往往会引起各方的较大争议,影响司法判决的公信力。

(一)主要原因——对证明标准的理解不一致

从裁判心理学的角度,法官认定案件事实过程的复杂和困难程度超乎我们的想象,林钰雄博士曾言:"我们好似全知全能的上帝,对于案件事实真相(也就是行为人的所作所为)了若指掌;我们只要解决那些'已知'事实在刑法上如何评价即可。然而刑事诉讼法必须处理的根本难题是:从何得知?"[②]长期以来,我们主动漠视了刑事诉讼中事实认定的不确定性。在不少案件中,即便是最无私的法官,最渊博的教授,也可能在案件事实认定问题上作出完全不同的判断。在2009年广州的梁丽拾金案中,对梁丽的行为是"捡"还是"偷"的定性上,深圳市公安局、深圳市检察院、深圳市宝安区检察院和梁丽的律师,面对同样的证据材料,各主体在本案的事实认定上出现了多种截然不同的理解。[③]至于对证据材料掌握并不充分的普通民众、法学专家,更是对案件事实发表了无数种不同看法。

类似于梁丽拾金案之类的事实疑案产生的主要原因是诉讼主体对个案的证明标准有着不同的理解。司法证明是一个自由心证的过程,虽然一再地强调心证的科学性和合理性,但是法官到底是"裁断"还是"擅断"之间的界限也许并不那么清晰,不同主体对同一案件事实认定有着不同的看法更是属于事实认定制

---

① 陈兴良:《刑事疑案研究》,中国检察出版社1992年版,第45~46页。
② 林钰雄:《刑事诉讼法》(上册总论篇),中国人民大学出版社2005年版,第5页。
③ 王纳:《女工"捡"获300万元金饰,可能被起诉盗窃罪》,载《广州日报》2009年5月11日A10版;王维永:《偷与捡、罪与错的论辩——从梁丽一案看司法与立法之契合》,载《人民法院报》2009年8月14日第7版。

度设计时无法避免的尴尬。这种分歧可能发生在多个场合,譬如,合议庭成员之间争议(如合议庭评议时意见不统一)、检察官和法官之间争议(如检察院对事实认定不服的抗诉)、当事人和法官之间争议(如当事人申诉、上访)、社会公众和法官之间争议(体现如网络等公共媒体对案件审判结果的强烈质疑)等。

(二)危害明显——司法公信力受到严重影响

基于诉讼利益或者认识角度的差异,不同主体对案件事实认定有不同看法客观上无法避免。"Schuyt 所作的研究显示是否认为判决正确主要取决于对当事人是否有利。在大多数情况下,判决的形成过程几乎对当事人是否接受判决毫无影响。"①事实疑案在刑事司法中给各国带来了很大的困扰。例如,美国大量的刑事案件中,在进行事实认定时陪审团成员难以达成一致意见,出现了"悬而未决的陪审团"(Hung Jury),为了解决这一问题,不得不确立饱受争议的"艾伦指示"(Allen Charge)规则,用法官引导陪审团采用近乎模糊的方式解决此类案件的事实认定问题。② 美国联邦上诉法院法官弗兰克也曾言:"初审法院认定部分事实是司法任务中最困难的内容。那里的工作最难令人满意,那里发生了大量的司法不公正,那里最需要改革。"③

事实疑案在破坏公众对司法信心方面的影响力不可小视。在我国,由于法治建设还不完善、司法公信力不高、司法权威有限,刑事疑案中的"不同看法"很难被诉讼程序消化和吸收,有些"不同看法"可能会扩大外化成对法官判决和社会秩序的巨大压力。梁丽案的后续讨论中就有观点认为,该案最后的处理结果是媒体与民意的"合谋"与"互动"的一种胜利,是对案件事实本身的一种歪曲。④

二、事实疑案解决机制的研究困境

对刑事疑案进行文献综述后可以发现,传统的事实疑案研究思路主要有两种,一是从各种外在的司法体制角度入手约束司法人员的主动违法;二是从完善事实认定证明标准的微观角度来弥补法律漏洞,让事实认定的依据更加具有可操作性。由于各种原因,这两种研究思路的实践效果都不甚理想。

第一种研究思路其实立意于解决刑事疑案中司法工作人员故意促成错案的情形。疑罪从无是我国刑事立法长期以来的明确要求。1996 年修订的《中华人

---

① [荷]Mick Laemers:《荷兰对法官和司法机关的投诉》,载怀效锋主编:《司法惩戒与保障》,法律出版社 2006 年版。

② 李学军主编:《美国刑事诉讼规则》,中国检察出版社 2003 年版,第 444 页。

③ Jerome Frank, *Courts on Trial Myth and Reality in American Justice*, Princeton University Press, 1970, p. 4.

④ 黎勇:《盲从与屈服:被非理性民意驱动的媒体——深圳机场清洁工梁丽案报道检讨》,载《新闻记者》2010 年第 3 期。

民共和国刑事诉讼法》(以下简称《刑事诉讼法》)第 162 条第 3 项指出:"证据不足,不能认定被告人有罪的,应当作出证据不足、指控的犯罪不能成立的无罪判决。"2012 年修订的《刑事诉讼法》第 195 条沿袭了这一条文。但不断曝出的刑事错案却提醒着我们,疑罪从无原则在实务中并没有得到完全的执行。最高人民法院沈德咏副院长要求,"当事实真伪出现不明之时,法律绝不模棱两可,而必须给出一个确定的、唯一的'交代'",①不过我们的司法却经常不能给社会公众这种"交代"。

司法工作人员主动促成的事实疑案、错案的情形并不是个别现象。2007 年 1—2 月,李玉华教授针对某省三级法院的法官就刑事证明标准问题进行大规模问卷调查。其中一题为:"对于证据达不到'案件事实清楚,证据确实充分'的重大案件如何裁判?A. 作出有罪判决,但是在量刑上从轻;B. 作出无罪判决;C. 如果您有其他答案请填写在这里。"调查结果显示,选择作出无罪判决的为 39 人,仅占参与调查总人数 51.32%,有近半法官并不支持疑罪从无。② 另外一个针对基层法院法官的调研结论大致相同。对于如下判断题,"一个人因涉嫌故意杀人被捕后,如果既不能证明他有罪也不能证明他无罪,应当宣判其无罪并立即释放",仅有 77.8% 的法官表示赞同。③

法律明文规定的事实疑案认定处理方式被明显歪曲,异化的案件处理方式却层出不穷,类似于佘祥林案件中的"留有余地"甚至已经成为半公开的秘密。④鉴于此,学者们提出了诸多改革方案,譬如改变司法理念,减少刑讯逼供,明确非法证据排除,加强三机关司法协助,改变考核机制等。⑤ 这种解决问题的思路出发点并没有偏差,但研究方法却过于简单。例如,如果让审判机关坚持证据规则,完全落实疑罪从无的疑案事实认定处理方式,审判机关是否有能力承担被害人和社会公众带来的压力?社会公众能否接受很可能会出现的大量放纵犯罪的

---

① 沈德咏:《论疑罪从无》,载《中国法学》2013 年第 5 期。
② 李玉华等:《关于刑事证明标准的调查与分析》,载陈光中主编:《刑事司法论坛》(第 1 辑),中国人民公安大学出版社 2007 年版。
③ 宋云涛:《疑罪从无问题研究》,西南政法大学 2007 年硕士学位论文,第 4 页。
④ 例如,2006 年湖南杨远征强奸杀人案中,被告人残忍奸杀幼女却只被判处了无期徒刑。对于该案明显量刑偏轻的判决,一位参与审理的法官解释说:"该案确有其证据上的瑕疵,缺少直接证据,如尸体上无精斑、指纹等直接物证,现场又缺少直接目击证人等。被告人出于不可知的动机而替他人顶罪的可能无法排除,可能导致错杀。"法官还提道,之所以给被告人暂留下一命,是相对审慎和负责的,也为以后其他可能的出现,留下了挽回错误的余地。参见柯学东、杨明伟:《半裸五岁女童被抛尸之谜》,载《广州日报》2007 年 1 月 5 日第 A9 版。
⑤ 葛玲:《疑罪从无原则在我国司法实践中的异化及其分析》,载《法律适用》2008 年第 8 期。

客观事实？实际上，司法机关出于部门利益的考虑，在运用证据领域虚与委蛇的情况至今仍然没有本质改变。①

第二种研究思路直指事实认定问题的核心——案件事实形成本身的模糊性。事实认定本身充满着不确定性，法官推理的过程几乎是一种典型的直觉式思维方式。在辩证唯物主义认识论的指导下，我国的证据法学历来特别强调证据制度要保证司法人员能够正确认识案件事实，保证他们主观符合客观，为了促进这种"主观符合客观"，学者们一向特别重视刑事推定、裁判思维方式等问题的研究，这些研究对提高司法判决的质量确有重要意义，但寄希望于通过加强证明本身的精确性来彻底解决事实认定的疑难却并不可行。

据前文所述，事实疑案主要成因是法官对证明标准的理解不能被其他诉讼主体认同。例如，法官认为达到证明标准，可以认定事实，进行定罪量刑，但其他诉讼主体认为没有达到证明标准，不能认定事实，应按疑罪从无处理。我们早已认识到，在疑难案件中，从界定事实认定的角度而言，证明标准能够起到的"标准"作用是非常有限的，是否达到了证明标准，更多的还是靠法官主观裁量而不是其他客观的标准。"在实证领域，不可能达到绝对的确定性，在这一领域所能达到的最高程度的确定性，传统上称之为'道德上的确定性'，一种没有理由怀疑的确定性。"②尽管西方有学者运用统计学等各种研究方法在不断地进行类似于证明标准量化的尝试，③但这种研究还很不成熟。张卫平教授的观点很具有代表性，他认为由于法官认识不可以捉摸，证明标准的量化和客观化只能是"乌托邦式"的设想。④ 比较典型的例证是，1795年法兰西国民议会制定的《罪行法典》第372条确立了"内心确信"的证明标准，尽管由于过于模糊而一直被学者所责难，但该证明标准至今仍然沿用。如果我们寄希望于通过明确证明标准来解决事实疑案问题，那么这条道路注定会非常艰难。我国立法者和司法者不得不承认，很多时候精确认定案件事实是一个非常困难的任务。譬如，当案件只能依靠间接证据定罪时，即便有各种规则进行限制，"相比于依靠直接证据定罪而言，依靠间接证据定案在可靠性程度上仍然略显不足，特别是容易受到具体适用过

---

① 在2013年10月召开的中国刑事诉讼法学研究会2013年年会上，笔者参与第二小组和第三小组分组讨论。多名学者表达了这一观点。

② [美]巴巴拉·J. 夏皮罗：《对英美"排除合理怀疑"主义之历史透视》，熊秋红译，载王敏远主编：《公法》（第四卷），法律出版社2003年版。

③ 王学棉：《证明标准研究——以民事诉讼为中心》，人民法院出版社2007年版，第96~97页。

④ 张卫平：《证明标准构建的乌托邦》，载《法学研究》2003年第4期。

程的人的主观因素的影响"。①

三、事实疑案解决机制突破——判决的公众认同

事实疑案的复杂程度超乎我们的想象。在法经济学家的眼里,"'疑罪从无'问题的复杂性反衬了经济学方法在追求简约的道路上所遇到的障碍","没有哪种进路——包括法律经济学——能够囊括疑案判决的复杂性"。② 传统的刑事疑案研究加深了我们对事实疑案的认识,但大多没有认识到事实疑案已经超越了单纯法律问题的事实,我们应当寻求社会因素层面的问题解决路径。笔者认为,换一个角度思考,用制度加强公众对刑事判决的可接受性会是解决刑事疑案事实认定问题较有意义的破局之路。

(一)西方经验的启发

西方国家也存在着大量的疑难案件,西方公众对于司法判决的认可并不是一种盲目的崇拜,判决的公正性同样也经常受到质疑。英国MORI市场研究公司③2003年的调研结果显示,只有43%的被调查者信任审判者能够作出正确判决,公众对法官这一职业持满意或者比较满意的总共有57%,远低于满意率在80%以上的护士、医生、教师和牙医,甚至还落后于警察(65%)。④

然而,西方国家事实认定体制本身却并没有受到公众的很大抨击,特别是自由心证的刑事证明过程仍然保持着极高的权威性。他们相信,也许良好的制度不能给出一个绝对正确的结果,但能给出最合理的结果。"我们很难说判决是对的还是错的,只要判决是依法作出的就是对的,即使你们对法律感到遗憾,也不能说它是错误的。法律的一个重要功能是在很难判明是非时作出判断……"⑤

当然,为了维护这种权威性,各国精心设计了完善的制度和规则,其中有一些是共性的做法,如独立的司法体系、法官中立和法官职业精英化等。还有一些是具有特色的措施,例如大陆法系国家的鉴定结论制度、英美的专家证人制度、法院之友制度等。从本质上看,西方国家在长期的法治建设中已经建立了完善的司法信任体系,该体制内的各项制度能够相互支撑,共同促成民众对疑罪判决

---

① 江必新主编:《最高人民法院关于适用〈中华人民共和国刑事诉讼法〉的解释理解与适用》,中国法制出版社2013年版,第15页。
② 桑本谦:《疑案判决的经济学原则分析》,载《中国社会科学》2008年第4期。
③ MORI市场研究公司的全称为"Market & Opinion Research International"。该公司是英国首屈一指的市场调查专业公司。
④ [英]朱利安·罗伯茨、麦克·豪夫:《解读社会公众对刑事司法的态度》,李明琪译,中国人民公安大学出版社2009年版,第86~89页。
⑤ [美]劳伦斯·M.弗里德曼:《法治、现代化和司法制度》,载宋冰编:《程序、正义与现代化》,中国政法大学出版社1998年版。

结果的高度认可,判决的接受程度很高。在这里,事实认定及案件判决的结果似乎只与道德、信任、品格有关。甚至有一位西方法官认为,对法官的任命首先考虑的并不是法律素养,"实际上我只要找到一个品德良好的绅士就可以了,当然,如果他正好懂得法律就更好了"。[1]

因而,我们可以认为,法治国家对司法判决的接受不仅是因为公众对判决认定事实的赞同,同时还包含了他们对判决过程的尊重。正是良好的制度设计吸纳了公众的质疑和法院的判决风险,虽然公众对案件事实认定结果的不同看法依旧存在,但是引发的后继纠纷却相对较少。

在西方国家疑案判决得到普遍尊重和接受的制度设计上,值得专门强调的是陪审团制度所起的作用。陪审团在追诉犯罪中能否发挥比职业法官更好的作用很值得怀疑。在刑事案件的事实认定方面,布莱恩·福斯特教授认为陪审团是司法错误产生的主要原因之一,他提出,"有关司法错误问题的相关证据已经显示出,陪审团容易犯错误。20世纪70年代中期以来,大约100起死刑案件的定罪裁决被法院撤销,几乎所有上述案件都涉及陪审团的裁决"[2]。芝加哥大学所作的针对3576个刑事案件的调研报告也显示,法官和陪审团对定罪或宣判无罪仅仅在75%的案件中意见一致。[3]有美国学者还发出感叹:"面对陪审团制造的如此多的惨败,很难为这一制度进行辩护。"[4]

不过以上这些错误并不重要,可以说,陪审团制度体现了司法民主,能够极大地吸收社会公众对案件事实认定的不满和质疑,从这个角度来看,陪审团制度即便不是最好也是较好的事实认定制度。正是因为如此,俄罗斯在20世纪90年代的刑事诉讼法修改中恢复了陪审法庭;日本2009年5月21日开始恢复实施陪审制度,此举被称为战后最大的司法改革措施。[5] 不同国家强调陪审制度的原因也许并不完全相同。但在实施效果上,既可以让社会公众参与司法,又卸下了事实认定这个"大包袱",维护了国家的司法公信力,这对司法机关而言毫无疑问是一举多得的好事情。我国司法界也逐渐认识到陪审制度的特殊功能。福建省漳州市在全国率先任命台湾同胞担任法院的涉台案件人民陪审员,给目前

---

[1] 转引自怀效锋主编:《法院与法官》,法律出版社2006年版,第5页。

[2] [美]布莱恩·福斯特:《司法错误论——性质、来源和救济》,刘静坤译,中国人民公安大学出版社2007年版,第188~191页。

[3] Michael Zander, *Cases and Materials on the English Legal System*, LexisNexis, 2003, p. 496.

[4] [美]亨利·J.亚伯拉罕:《司法的过程:美国、英国和法国法院评介》,泮伟江等译,北京大学出版社2009年版,第153页。

[5] 佚名:《日本实施陪审制度系战后最大司法改革》,载《南方日报》2009年5月22日第8版。

处境尴尬的我国陪审制度注入了新鲜血液,此举有着极为重要的现实意义。①

因此,西方国家利用完善的诉讼制度支撑起了公民对司法的信任,在这种体制之下,法官即便作出了错误判决也会被认为是不可避免,不会遭受到额外责难,化解了事实疑案带来的系列社会负面影响。

(二)我国司法改革的现实需要

加强刑事判决的可接受性也是我国司法改革的现实需要。我们不能妄自菲薄地主观认为西方刑事司法中的真相发现制度更加科学,在现有制度下,没有数据能够说明我国的事实认定的差错率高于西方法治发达国家。② 除了极少数明显的枉法裁判造成的事实认定错误之外,大部分的刑事疑案事实认定结果在法理上并没有明显瑕疵,但民众对裁判结果的认可程度却相当低。针对这一现象,有学者提出,裁判事实的可接受性是诉讼证明的核心问题,也是证据理论和证据规则所要解决的首要问题。③ 也许这种说法过于极端,毕竟发现案件真相仍然是刑事证明乃至刑事诉讼的主要目的,而且判决的可接受性本身作为司法实用主义的产物,将其作为刑事证明的落脚点在理论上还受到很多质疑。④ 但考虑当前我国的国情,在刑事疑案事实认定中加强判决可接受性建设确实有着特殊意义。

我国刑事疑案问题背后是审判机关司法权威的低下和司法公信力的不足。案件事实认定原本是审判机关权威的集中体现,但在流水作业、分工负责的现有诉讼体制中,审判程序并没有得到侦查机关和公诉机关的足够尊重。虽然历经十余年司法改革,但公安机关具有强势地位而且侦查权十分强大,我国刑事诉讼线性构造仍有强化,因此,侦查决定论的趋势未改且更为明显。⑤ 然后也正是因为审判机关实质上并不是国家司法体系中最具权重的代表,其对事实的认定经常得不到侦查机关和公诉机关的认可和尊重,最终自然难以得到当事人和公众的认可。这一系列先后承继的问题在西方发达国家几乎并不存在,但在我国却

---

① 齐树洁、康光熹:《"布衣法官"职能拓展探析——源于漳州台胞陪审员试点工作的启示与思考》,载《福建论坛》2013年第7期。

② 相反,从《美国证明无罪报告(1989—2003年)》中揭示的令人瞠目的错案数据来看,至少在死刑和强奸案件方面,美国的司法在发现案件真实方面是非常欠缺的。See Samuel R. Gross et al, Exonerations In the United States 1989 through 2003, *Criminal Law and Criminology*, 2005, Vol. 95, No. 2.

③ 易延友:《证据法学的理论基础——以裁判事实的可接受性为中心》,载《法学研究》2004年第1期。

④ 陈景辉:《裁判可接受性概念之反省》,载《法学研究》2009年第4期;张继成:《可能生活的证成与接受——司法判决可接受性的规范》,载《法学研究》2008年第5期。

⑤ 龙宗智:《论建立以一审庭审为中心的事实认定机制》,载《中国法学》2010年第2期。

是刑事疑案事实认定出现大量争议的主要原因之一。

提倡制度设计要加强公众对判决的接受程度并不突兀,我国现在已经具备将加强判决接受性作为解决刑事疑案事实认定争议问题的政策环境。当前,无论是中央倡导的"维稳"还是"司法为民",都是公检法诸机关的共同目标。而审判机关对疑难案件的事实认定一旦能够达成民众认同,能够"案结事了",上下级法院之间的事实认定争议与侦查机关、公诉机关针对审判机关的事实认定争议都必然会大幅度减少。因为任何理性的国家机关都不会排斥既符合法理,又能为民众接受的事实认定结果。

(三)判决可接受性的法律风险

从操作性来讲,刑事疑案事实认定考虑判决可接受性存在着一定的司法风险。一位最高人民法院法官认为,"刑事诉讼作为一个专业性很强,有独特运行规律(系统论称之'自组织性')的系统,任何外在的'干扰'只能破坏系统的正常运作,从而最终影响到公正的实现"。①

笔者认为,司法判决加强判决可接受性和简单地迎合民意有着明显的区别。大多数时候,司法中的民意只能是一种间接的民意、概括的民意和程序外的民意。

在法学理论上,让司法中直接体现民意,将"议行合一"中民主的原则、民主的程序套用到司法权运行中来,存在着一定的理论缺陷,违背了司法的本质特征。② 在公共政策理论上,间接民主论者不认为公众是理性、资讯充分、积极参政。"在资讯不充分且未经仔细思索下,为了给答案而表达意见所展现的民意,可能会产生另一种结果,那就是在轻率表意后对其意见有升高承诺、坚持下去的倾向……在这种情况下所形成或表现出来的民意,往往是坚持固执,却肤浅谬误的。"③

民意是自发的,易变的,甚至可以是不负责任的个人情感的宣泄,法官在审判时吸纳民意将会是一个艰难选择的过程,而且极易被歪曲的民意所误导。大陆法系国家的集中审理、英美法系国家的封闭式陪审团,都是为了保证裁判者审判不受外来的误导。即便司法迫切需要体现民意,也至多是用"法院之友"类的制度间接去影响审判,而且还必须经过法庭的质证。因此,我们强调用制度促成民意和司法对事实认定的一致性,来引导司法中的民意,加强判决的可接受性,

---

① 蔡金芳:《死刑裁判考虑社情民意不仅必要而且必须》,载《光明日报》2009年2月5日第9版。
② 张泽涛:《"议行合一"对司法权的负面影响》,载《法学》2003年第10期。
③ 余致力:《民意与公共政策——理论探讨与实证研究》,台湾五南图书出版股份有限公司2002年版,第67页。

而不是简单地去顺应各种媒体等渠道表现出的民意。

四、事实疑案解决机制的方法选择

刑事疑案中事实认定争议问题的全面解决须寄希望于我国司法独立和司法公开等全面改革,但这一过程比较漫长。当前我们可以采取若干措施来让刑事案件中的事实认定更能为民众接受,从而减少因为刑事疑案事实认定引发的各种社会问题,维护司法公信力,这是解决事实疑案问题的有效办法。

(一)直接手段——建立事实认定案例指导制度

笔者认为,构建案例指导制度是最迅速、最有效的加强判决可接受性的措施之一。因为它不仅可以实现同案同判,约束自由裁量权,而且可以引导民意,在稳定当事人及家属情绪,协调公检法关系方面有着重要意义。

实际上,面对着某一热点案件,社会公众的法律知识并不足以让他们仔细分析深层次的法理问题。公众会很自然地用相似案件来类比,以证明某些案件判决的不公平。广州许霆案后,各地不少因为自动取款机故障而入罪的类似案件被冠以"云南'许霆'案"、"南京'许霆'案"的称谓,就是既往判例在民意形成中发挥作用的明证。在笔者看来,审判有"模本"作为审判的参照,这不仅仅是准确定罪量刑的需要,更是合理引导舆论的一条捷径。①

日本学者在很早就认识到了疑案中的事实认定要服众,就需要有个案判例来进行引导。以1948年8月5日最高裁判所的一个判决为例:被告人在所住宿的旅馆中悄悄潜入邻室,在墙上挂着的他人衣物中拿走了内有现金的一个钱包。在审判中被告人主张他拿走钱包不是偷窃,而是为了"创造与住在邻室的人交际的机会"。法官认为,一般说来,在生活经验上这种可能性也并非绝对不存在,但如果没有具体的根据则只是一种抽象的纯理论上的怀疑,不足以动摇事实的证明度。法院最终判决被告人有罪。该案例是典型的事实认定不清的疑案,至今看来仍然存在可争议之处。为了解决此类复杂的疑案问题,日本法学界的一个构想就是逐步通过判例和判例研究按各种罪名或各种行为样态进行类型化的研究积累,逐渐达到在某种或某类行为的认定上建立"中范围"的客观判断标准。②此类案例在消除各方在事实认定方面争议的作用是非常明显的。

最高人民法院2005年发布的《人民法院第二个五年改革纲要》中明确提出:"建立和完善案例指导制度……最高人民法院制定关于案例指导制度的规范性文件,规定指导性案例的编选标准、编选程序、发布方式、指导规则等。"截至

---

① 崔凯:《论我国案例指导制度的建立——兼与西方判例制度的比较》,载《中南财经政法大学研究生学报》2006年第4期。

② 王亚新:《社会变革中的民事诉讼》,中国法制出版社2001年版,第331~332页。

2013年10月,最高人民法院已经发布了四批指导性案例,最高人民检察院也印发了三批指导性案例。可以说,我国在是否设立案例指导制度的问题上已经形成了合意,只是在具体的制度构建上,仍然还缺乏统一、周详的操作规则。更为重要的是,就《最高人民法院公报》《人民法院案例选》《刑事审判参考》《中国审判案例要览》等出版物中最高人民法院选编的各种案例来看,绝大多数刑事案例反映的是法律适用问题,事实认定方面的案例数量明显偏少。在当前最高人民法院和最高人民检察院已经发布的几十个指导性案例中,甚至没有一例专门针对刑事事实认定方面的案例。

从具体操作来看,对事实认定相关的案例进行选编并没有特别的难度。我国台湾地区"最高法院"1990年以后开始出版的裁判书汇编中就有很多对事实认定问题极具指导意义的判例,对台湾地区的司法实践和学术研究都有着重要意义。譬如,"1992年度台上字第5303号"判决书中,通过非法贩卖麻醉药品一案的审理,细化了自由心证的内容:"告诉人、证人之陈述有部分前后不符,或相互间有所歧义异时,究竟何者可采,仍得本自由心证予以斟酌,非谓已有不符或者矛盾,即应认其全部为不可采信。"该判例较好地解释了证人供述真假掺杂时的认定问题。①

当前案例指导制度的推行已经逐步展开。如果能够尽快推进事实认定案例指导制度的建设,那么将能较快地拉近民意和司法判决的距离,加强判决的可接受性。

(二)间接手段——加强公众程序参与

"与程序的结果有利害关系或者可能因该结果而蒙受不利影响的人,都有权参加该程序并得到提出有利于自己的主张和证据以及反驳对方提出之主张和证据的机会。这就是'正当程序'原则最基本的内容或要求,也是满足程序正义的最重要条件。"②程序参与是刑事案件当事人接近诉讼的基础,是当事人诉权得以实现的最基本前提,也是让程序发挥吸收不满功能的一个重要方法。

随着整个社会的民主法治意识觉醒,我国民众对各种社会事件越发关心,特别是对情节恶劣,后果严重或者是涉及主体特殊的刑事案件,媒体公众经常保持着高度的关注。距离产生隔阂,产生怀疑,我们的司法审判结果需要得到民众的认可,加强程序参与成为司法改革的必然选择。

从促进社会公众接受判决的角度,我们需要加强审判公开,加强我国人民陪审员制度的建设,改善判决书的说理性,正确处理媒体和司法的关系。这种类型

---

① 蔡墩铭:《刑事证据法判例百选》,台湾月旦出版公司1996年版,第57~60页。
② [日]谷口安平:《程序的正义与诉讼》,王亚新、刘荣军译,中国政法大学出版社1996年版,第12页。

的司法民主是学界历来研究的重点区域,有着丰硕的研究成果。我国立法也在不断改进,已经取得了一系列成果,例如 2010 年 1 月 14 日实施的最高人民法院《关于人民陪审员参加审判活动若干问题的规定》第 1 条要求,以下案件由人民陪审员和法官共同组成合议庭进行,"(一)涉及群体利益的;(二)涉及公共利益的;(三)人民群众广泛关注的;(四)其他社会影响较大的"。诉讼中出现事实认定争议情况的刑事案件往往符合上述的四个条件中的一项或几项,让人民陪审员参与审判,肯定了社会公众的力量,尊重了民意,这是一种非常有益的公众参与司法方式,"可以将普通公民带入法庭的专业世界,他们可以在司法程序的核心领域代表公众发出决定性的声音。这种参与会把对司法制度的信赖感在参加陪审团的人以及一般社会公众中逐渐传递"。[1]

从促进案件当事人接受判决的角度,要对刑事诉讼当事人的程序性权利进行落实。在我国,学者非常乐于进行追加当事人权利的对策性研究,但这没有抓住问题的根本。解决问题的出路在于真正落实当事人诉讼权利,让当事人对判决结果能真正的产生影响。这主要表现为当事人在诉讼中应当有充分的知情权、表达权,还应有完善的程序救济途径和详尽的程序性违法制裁措施。与构建案例指导制度相比,这样的变革是系统性的,并非一朝一夕可以进行。但是笔者相信,任何能够让当事人有效程序参与的制度变化都是一种进步。在当前,我国已经逐步开展了一些卓有成效的改革,譬如,完善庭审交叉询问制度、加大法律援助力度、增强判决书的说理性等。这些制度并非体制方面的重大变革,但都有助于在一定程度上化解当事人对诉讼结果的不信任,进而减少质疑,达到定分止争的社会效果。

---

[1] [英]麦高伟、杰弗里·威尔逊主编:《英国刑事司法程序》,姚永吉等译,法律出版社 2003 年版,第 347 页。

新民事诉讼法的理解与适用
——中国民事诉讼法学研究会2013年年会综述

韩 宝 陈利红[*]

2013年11月13日至15日,中国民事诉讼法研究会在海口市召开了2013年年会。230余名代表围绕"新民事诉讼法的理解与适用"展开了研讨。会议共收到研讨文章158篇,其中47篇文章的作者参与了四个小组共16个单元的讨论。在这些研讨之外,另有4场主旨发言。本文对此次年会的学术研讨情况从以下六个方面进行综述并稍作评析。[①]

一、诚实信用原则及其实施

本部分共收到18篇论文,除1篇实务界人士的文章外,其他均出自法学院校的学者(包括日本学者的论文1篇)。研讨的范围包括诚实信用原则概念的界定、立法理念与技术的检讨以及该原则同辩论原则、处分原则等其他民事诉讼基本原则的关系等。除此之外,有的文章还讨论了诚实信用原则今后如何在司法裁判中适用的问题。

(一)对新法的评论

对于新法有关诚实信用原则条款的安排,有学者认为,"诚信原则与处分原则作为两大民事诉讼基本原则不应当规定在一个条文中,诚信原则更不应该作为处分原则的前置条款"。[②] 有的学者担心,"作为一项道德色彩非常浓厚的法律原则,诚实信用原则作用的充分发挥有赖于具体制度的配合。否则,该原则要

---

[*] 韩宝:甘肃政法学院讲师,厦门大学法学院诉讼法博士研究生;陈利红:贵州师范大学法学院副教授,厦门大学法学院诉讼法博士研究生。本文的写作得到了齐树洁教授的指导和帮助,谨致谢意。

[①] 需要说明的事,由于篇幅所限,除了本文梳理的六个方面外,本届年会论文集中尚有"调解非讼"、"民诉法修改整体评价"、"民诉法其他制度"三个部分共计39篇作品我们没有进行分析,但这并不是说这些研究成果不重要。

[②] 王次宝:《质疑"诚信"与"处分"条款的结合——以新修〈民事诉讼法〉第13条为中心》,本届年会论文。

么沦为纯粹的装饰性法律条款,要么因其适用的欠规范化而存在被滥用的风险"。①

除了这些议论外,有论者认为现行法律规定的诚信原则还有进一步完善的空间,比如设立当事人自认规则和禁反言规则、完善证人强制出庭制度、明确规定鉴定人的真实义务等。②

(二)对民事诉讼诚实信用原则术语的理解

探寻历史,诚信原则可溯及罗马法。在罗马法中其可分为主观诚信和客观诚信,后者即诉讼法领域的诚信,它日渐发展为市民法上的诚信诉讼。此后,诚信原则在大陆法系、英美法系各自不同的背景下,呈现出颇为不同的发展路径。③ 可以肯定的一点是,绵长的历史及复杂的理论过程使得对这一概念的理解变得异常困难。这一点非常明显地体现在本次会议的相关文章中。大体而言,对这些内容可以抽象地从主体、客体及内容等范畴来理解。亦即由谁适用,适用于谁,如何适用。

基于一种跨学科研究的思路,有学者以为,"以商谈的视野观察,民事诉讼诚信原则所体现的是对主体言语行为陈述真实性和表达真诚性的要求"。④ 特别值得注意的是如下见解:"随着民事诉讼立法中诚实信用原则的确立,需要重新解读裁判视域中诚信原则的适用。法院应遵循统一诚信裁判观,既对各法律关系主体的行为进行诚信裁判与失信裁判,又应运用自由裁量权弥补法律'漏洞',并且应诚信刑事裁判权。"⑤

或许是受本次立法大背景的影响,相当多的论文涉及"虚假诉讼、恶意诉讼、欺诈诉讼"⑥。有一篇文章专门研究"民事诉权滥用";亦有学者提出"滥用民事诉权侵权"的思路,以区别于"民事侵权"这一理论。如果将诚实信用原则比作一棵大树,这棵树已生出许多枝丫。

(三)诚实信用原则与辩论原则、处分原则的关系

一位学者认为"此次修改再一次凸显了立法者对于处分原则的漠视和误读",这"不仅违背了两大原则的本意,而且容易引发'诚信'条款对'处分'条款的

---

① 于鹏:《诚实信用原则视角下的当事人真实义务研究》,本届年会论文。
② 刘艳芳等:《〈2012年民事诉讼法修正案〉之诚实信用原则评析》,本届年会论文。
③ 徐国栋:《民事基本原则解释:诚信原则的历史、实务、法理研究》,北京大学出版社2011年版,第3~5章。
④ 段厚省:《商谈视野下的民事诉讼诚信规则》,本届年会论文。
⑤ 曲昇霞:《论裁判境域中诚实信用原则之适用》,本届年会论文。
⑥ 例如,郝晶晶:《恶意诉讼应有的法律规制》;谢文哲:《抑制恶意诉讼制度的理解与适用》;王学棉:《欺诈案外人救济程序之整合》;丁武军:《虚假诉讼规制机制完善研究》;等。均为本届年会论文。

挤压"。① 而在诚信原则与辩论原则的关系方面,争议较小,大多认为诚信原则有助于克服辩论主义所带来的缺陷。

(四)诚实信用原则在司法裁判中的适用

民事诉讼法上的诚实信用原则究竟是仅适用于当事人之间,还是亦适用于法院与当事人之间? 对这一问题,有观点认为,"民事诉讼中的诚信原则立法,主要是针对当事人和其他诉讼参与人的"。该文还指出,大多数观点之所以将诚实信用原则的适用扩展至当事人、诉讼参与人与法院之间,是因为他们"将表示司法裁判的'法的适用',与日常生活中表示'适合使用'的适用混为一谈,使人分不出是在谈论民诉法诚信原则的裁判功能,还是在谈论它的理念或者伦理功能……因为法院和法官本身就是本案中的裁判者……它不可能也没有必要,被用来适用于法院和法官自身。真正司法意义上的'裁判裁判者',在民诉本案中是不可能实现的"。② 不过,除该文之外,至少在提交本次会议的其他相关论文中,作者多倾向于诚实信用原则应扩展适用于法院与当事人之间——"诚实信用原则由最初只规定当事人的真实义务开始向协调法院、当事人和其他诉讼参与人之间的整体关系演变,诉讼观的巨大变化使诉讼不再被理解为纯粹当事人辩论主义的'竞技场'"。③ 还有论者指出,"要从根本上遏制虚假诉讼,必须揭开掩盖在其上的神秘面纱——代理律师的技术支持"。无论这一观点是否偏激,至少提醒我们注意律师的诚信,特别是对法庭的忠诚和真实。④

诚信原则究竟要以怎样的方式在诉讼中展开,这也是本次会议关心的问题。据日本学者介绍,在该国,"对于在诉讼中要求以诚信方式进行诉讼的场合,通常都是在《民事诉讼法》中个别地进行规定。比如,攻击防御方式的适时提出主义(第 156 条)等"。⑤ 而对于我国,有学者列出了具体方案:"一是立法机关就诚实信用原则的具体内容制定相应的法律规范,通过民事诉讼法律规范来规范当事人的诉讼行为;一是立法机关不就诚实信用原则的有关内容制定法律规范,此时诚实信用原则作为当事人诉讼活动的一般行为指引,指导当事人进行诉讼活动。"⑥

---

① 王次宝:《质疑"诚信"与"处分"条款的结合——以新修〈民事诉讼法〉第 13 条为中心》,本届年会论文。
② 唐东楚:《民诉法诚信原则的适用实施问题研究》,本届年会论文。
③ 董少谋:《诚实信用原则在民事诉讼上的适用》,本届年会论文。
④ 索站超:《论律师真实义务与虚假诉讼的规制》,本届年会论文。
⑤ [日]本间靖规:《日本民事诉讼法上的诚信原则》,本届年会论文。
⑥ 刘敏:《论诚实信用原则对当事人的适用》,本届年会论文。

另外，研究者们对最高人民法院第 2 号指导性案例[①]以及其他一些案例的讨论，可以看作民事诉讼法学科内部"从立法学向解释学"研究方法的转向。

二、公益诉讼制度及其实施

公益诉讼制度与其他民事诉讼制度不尽相同，似乎更为依赖于司法机关同其他部门的"联动"。是故，在此次研讨会上，涉及公益诉讼的文章仅有 10 篇。其中所讨论的问题也相对比较分散，且并不全是围绕新法而展开的。

（一）基本理念及基础理论的明晰

这主要是探讨有关公益诉讼的基本理念及其展开问题。对于"公共利益"的界定依然是这次会议讨论的热点。尽管作者们认为现行立法不尽完善，但也未能达成一个关于"公共利益"概念的最低标准——有的只是各自不同的另一套同样抽象、模糊的话语。显然，这对于公共利益这一核心概念界定的贡献是很有限的。有学者不满足于既有研究"从利益主体的角度对利益进行分析"，试图"从利益客体性质的角度对公共利益进行分析和特征描述"。其也指出"公共利益和私人利益的区分与国家利益、多数人利益、集合性利益、个人利益的区分不是按同一标准划分出的利益，其关系是平行的"。但遗憾的是该文并没有能够完全证成这些内容。[②]

另有观点指出，"必须从那种为社会需求所统领的泛化理念中脱离出来，站在具体化、明确化乃至精确化的高度上，以技术化的眼光重新审视我国之民事公益诉讼制度的发展方向"。该文将民事诉讼所要承载的"公益"价值目标分为——"集合性公益"与"纯粹性公益"。对于前者，其认为应由传统的"群体性诉讼"制度来承载；而后者，则须由"公益侵害阻断程序"加以承载。[③]

（二）对立法规定的反思

在对 2012 年修法进行检讨时，最突出的问题是检察机关能不能作为民事公益诉讼主体的争论。有文章在对相关研究进行梳理后指出，"除目前法律认可的刑事附带民事诉讼类公益诉讼外，检察机关单独提起民事公益诉讼的法律依据并不直接和充分。从学理的角度来看，在进一步研究上，无新意的继续争论已无太大必要。应试图解决的是检察机关提起民事公益诉讼的障碍，对检察机关适

[①] 《吴梅诉四川省眉山西城纸业有限公司买卖合同纠纷案》，载《人民法院报》2011 年 12 月 21 日第 4 版。

[②] 何之慧：《民事公益诉讼基本问题研究》，本届年会论文。

[③] 丁宝同：《民事公益之基本类型与承载路径——以新〈民事诉讼法〉第 55 条为起点》，本届年会论文。

合提起的几类民事公益诉讼划定范围,并给出相应方案,为有关法律出台提供参考",①另有检察机关的观点直接指出,在法律未有明确规定的情形下,检察机关可以通过督促起诉、支持起诉等形式参与公益诉讼。② 与前述实务界谨慎、消极的态度相比,学界对检察机关参与公益诉讼还是寄予了很大期望。③

(三)司法实践的经验及期待

囿于立法规定的粗疏,加之公益诉讼审理的实际障碍与困难,这方面的案例还比较有限。因此,也很难看到新法实施以来的样本,倒是这之前的一些案例可给我们提供一些间接经验。毕竟今天的制度无法同过去完全割裂。一位研究者结合实务中的6件环境公益诉讼个案提出了一些有益的完善思路,包括探索"环境保护案件恢复性司法机制"、"环境保护临时禁令"、"加大职权主义的力度"、"设立公益诉讼转向资金"、"建立环境公益诉讼的规范体系"等。④

此外,有研究在对比了台湾地区和大陆的若干做法之后,呼吁在下一步的立法中建立环境行政公益诉讼。⑤

三、小额诉讼制度及其实施

尽管一年来,小额诉讼在司法实践中的具体适用(1%左右)同当初最高司法机关的估量(30%上下)⑥之间出现了不小的差距,但民事诉讼法本次修改所增加的这一新制度还是吸引了各方面的诸多研究。年会论文集共收入有关论文17篇,这些研究有理有据,实证特色鲜明。可以想见,今后一段时间内,这一制度仍将是研究的热点。

(一)立法检讨与反思

1. 对"一审终审"规定的省思

有论者认为,"新民事诉讼法规定小额诉讼实行一审终审,由此直接导致民诉法总则与分则之间的不协调,两审终审被虚置,在实践中也可能被泛化适用,可能对司法公正产生不良影响"。⑦

---

① 沈玉和等:《我国检察机关民事公益诉讼主体资格研究概述》,本届年会论文。
② 赵刚:《公益诉讼制度化及其实施——浅谈对〈民事诉讼法〉第55条的检察适用》,本届年会论文。
③ 孙记:《我国检察机关提起民事公益诉讼的语境分析》,本届年会论文。
④ 潘军峰:《环境公益诉讼的路径研究——基于江苏法院环境公益诉讼的实践与思考》,本届年会论文。
⑤ 陈铭聪:《两案环境公益诉讼比较研究》,本届年会论文。
⑥ 谢勇:《杜万华在宁夏调研时强调要认真做好小额诉讼实施准备工作》,载《人民法院报》2012年10月9日第1版。
⑦ 王杏飞:《问题与改进:小额案件一审终审之省思》,本届年会论文。

2. 立法解释抑或司法解释的疑问

对于"确立小额诉讼制度却没有小额诉讼的程序规定"这一立法现状,有学者再次发出质疑,"民诉法162条没有对小额诉讼程序作出规定,'巧妇难为无米之炊',最高司法机关如何来对没有的事项作出解释?这实际上需要对小额诉讼程序进行具体创设,而这已经超出了司法解释的范畴,最高司法机关没有能力完成此项具有法律创设意蕴的法解释"。①

3. 比较法研究的加深

2012年11月17日,西南政法大学举办了主题为"小额诉讼程序"的"民事诉讼法国际学术研讨会"。② 这次会议的一些研讨成果也体现在本届年会的相关论文中,比如其中关于中、日、韩三国相关制度的比较研究。③ 对台湾地区最新司法经验及研究成果的介绍及评析也是该领域研究的一个亮点。有学者通过对台湾地区1996－2006年11年间地方法院第一审审结案件的考察,分析了小额诉讼程序的实际运行情况。该文还以"消费借贷案件"为例作了具体的说明。2003年以来,前述案件的小额诉讼程序适用率保持在30%左右。作者认为,台湾的诉讼实践有力地证明了其小额程序"立法"达到了预期的目的。大陆一年来的小额诉讼实践之所以遭遇种种困难,与立法理念的不清晰和制度的空洞化有关。完善小额诉讼程序的关键是要从人民的立场和保护当事人的诉讼权出发,充实相关程序规则。④

4. 地方性规范文件的比较

从2012年年底到2013年上半年,全国各地多家高级人民法院在总结"小额速裁"试点法院试点工作的基础上,制定了适用小额诉讼程序的指导性意见,形成了多份具有地方民事审判特色的指导性文件。有学者通过对北京、天津、浙江、陕西、广西等五个地区相关文件的分析,指出"各地法院的制度设置存在着较大的差异,在适用小额诉讼程序审理的案件类型、程序的选择权、标的额的计算、选择适用程序的机构、对异议的处理、审判组织、程序的转化、判决文书要件、救济方式等诸多方面均存在着差异"。⑤

(二)一年来司法实践之回望

1. 来自实务的数据

---

① 陈爱武:《论小额诉讼程序的性质》,本届年会论文。
② 周欢、李梦颖:《国内外学者齐聚我校研讨民事诉讼法》,http://202.202.80.26/Article/ShowArticle.asp? ArticleID=16644,下载日期:2013年12月2日。
③ 陈磊、李昌超:《略论日韩小额诉讼程序》,本届年会论文。
④ 齐树洁、熊云辉:《台湾地区小额诉讼制度的发展及其借鉴意义》,本届年会论文。
⑤ 谢鹏远:《小额诉讼程序适用问题探析——以北京、天津、浙江、陕西、广西五地为研究对象》,本届年会论文。

(1)江苏省南京市下辖 11 家基层法院,目前已经开展小额诉讼审判工作的有 6 家。截至 2013 年 8 月,全市共受理小额诉讼案件 506 件,占该市法院基层民商事收案数的 1.2%。① (2)福建省漳州市两级人民法院 2013 年上半年共受理小额诉讼案件 2736 件,结案 2663 件,结案率 97.3%,其中调撤 2593 件,占 97.4%。② 但遗憾的是,我们无从得知小额诉讼案件数占其总收案数的比例。

2. 实践者的经验

立法质量的高低不仅在于立法者的智慧,还有赖于司法者的反馈。只有在二者之间进行充分沟通,我们才能更好地修改不充分的规则。有论文结合某市 20 个基层法院的数据,对小额诉讼案件的适用现状做了检讨。③ 不过,至少就近一年的实践来看,其效果很不理想,面临诸多困境,表现为"规则欠缺、程序适用率低;小而不简,不具有比较优势;认同偏低,各方存在抵触心理"。④ 有文章还指出,"部分法官还认为小额诉讼在基层法院大多能以调解尤其是诉前调解结案,适用小额诉讼并没有便利当事人、审判人员的审判活动,审判人员对于主动适用该程序的积极性并不高"。⑤

(三)小额诉讼程序今后的完善路径

1. 明确小额诉讼的定位,特别是小额诉讼与简易程序的关系;还要研究其同诉前调解、立案调解等程序如何衔接的问题。

2. 探讨小额诉讼程序适用的法理。⑥

3. 完善配套制度,包括法院考评机制、小额诉讼的救济等。

四、第三人撤销之诉

此部分共收有参会论文 18 篇。学界多认为作为一种特殊的事后救济程序,第三人撤销之诉是为了遏制虚假诉讼和恶意诉讼。因此,应根据目的解释的方法对"第三人"作扩大化理解。

(一)第三人撤销之诉的法理层次及其体例设置

概言之,目前理论界关于第三人撤销之诉制度的必要性尚有一定争议,基于不同的立场,学者论证的角度也不尽相同。

"肯定说"主要有程序法、实体法、比较法三个视角。

---

① 胡道才:《小额诉讼程序的现实反思与规制》,本届年会论文。
② 段思明、胡立峰:《新民事诉讼法小额诉讼程序规定对民事司法的影响》,本届年会论文。
③ 徐秉晖:《民事小额诉讼制度的实践分析与检讨》,本届年会论文。
④ 胡道才:《小额诉讼程序的现实反思与规制》,本届年会论文。
⑤ 高洪:《小额诉讼制度实施的现实困境与完善建议》,本届年会论文。
⑥ 孙永军:《论非讼法理在我国民事诉讼程序中的运用》,本届年会论文。

(1)程序法视角。有学者指出,既判力相对性的有限性,允许其在一定条件下可以向当事人以外的第三人扩张。这特别受"一次诉讼中尽可能彻底解决纠纷"的现代司法理念的影响。同时,既判力的反射效力必然会影响到案外民事主体,且赋予案外第三人救济是正当程序的必然要求。①

(2)实体法视角。有研究认为,"受诉讼诈害人享有实体撤销权而得以独立请求权第三人身份参加诉讼或者依法提起第三人撤销之诉"。②

(3)比较法视角。有论文提出疑问:"德国与我国具有较为相似的民事诉讼法律传统,在诉讼法律制度上也有相当的共通之处。然而,为什么德国……却没有第三人撤销诉讼制度?"透过文献分析,作者指出,德国的案外第三人权益保护制度有以下三个层次,即"既判力主体范围相对性对案外第三人权益的基本保障,在执行过程中的'执行内'救济措施和'执行外'救济措施以及另行起诉制度"。正是通过这三个层次的全面有效保护,德国法并没有引入该制度的强烈愿望。即便如此,我国出于应对日益严重的虚假诉讼问题,引入第三人撤销之诉还是有很大必要的。毕竟,无论是实体法还是程序法,我们和德国法还是有一定差异。亦即"德国法也并不存在类似我国虚假诉讼的风险,一方面,既判力被限定在诉讼当事人之间;另一方面,德国民事实体法也并不承认以法律文书变动物权关系的方式,因此虚假诉讼问题并非德国法重大的社会与法律问题"。③

而在"否定说",有学者认真地指出,我国立法设置第三人撤销之诉并不是循着"……判决效力相对性原理去强化第三人权益的保护,而是让第三人去提起所谓撤销诉讼以便撤销或变更对其本来就没有效力的裁判";而且,"就第三人权益的保护而言,判决效力相对性原则、案外人申请再审和第三人撤销之诉这三种程序机制中……第三人撤销之诉的保护力度最弱"。④ 究竟如何,还有待进一步的实践检验。总之,有不同的观点总是好的。

至于第三人撤销之诉的体例设置,目前大致有"独立立法模式说"、"肯定现有立法规定说"、"设置于再审程序说"等三种观点。⑤

(二)第三人撤销之诉的适格原告

基于上述分析,关于新民事诉讼法规定的第三人撤销之诉,目前争议还很大。因此,对于第三人撤销之诉的适格原告,尚无法笼统地予以回答。有论文基

---

① 张永泉:《我国第三人撤销之诉的价值基础与功能定位》,本届年会论文。
② 肖建国、黄忠顺:《论第三人撤销之诉的法理基础》,本届年会论文。
③ 任重:《案外第三人权益保护:德国制度与理论》,本届年会论文。
④ 刘学在:《第三人撤销之诉的几点思考》,本届年会论文。
⑤ 田平安、张妮:《试论第三人撤销之诉的完善》;崔玲玲:《第三人撤销之诉的性质与程序构建》;周艳波:《论案外第三人撤销之诉的程序定位》。均为本届年会论文。

于对前文"否定说"的回应,指出"在立法者已经作出选择且短期内恐怕很难重启立法进程的前提下","应当尽可能促进对第三人撤销之诉的适用"。由此,立足于解释论的角度及方法,该研究认为,"可把事后救济的必要性作为第三人撤销之诉解释适用的出发点,以原告与原诉讼当事人之间的实体法律关系作为类型化的基础,适度地扩大解释未参加诉讼的第三人范围,在支持立法者所设定的规范目的之前提下,对第三人撤销之诉的主体适格问题进行类型化的分析并作出具体判断"。同时,该文还特别强调新民事诉讼法将第三人参加诉讼制度与第三人撤销之诉"绑在一起"所带来的问题。①

或许同样是基于这种"绑在一起"的立法结构的考量,有观点以为,第三人撤销之诉中之"第三人"同诉讼第三人制度中的"第三人"是有区别的,不应混淆。现有制度下的有独立请求权第三人和无独立请求权第三人均可通过另行起诉的方式保护其权益,无须启动第三人撤销之诉。故而,宜将"第三人撤销诉讼的原告资格范围作以下扩张解释:(1)在诉讼中具有当事人地位相当的人(如任意诉讼担当的被担当人等)……或在法定诉讼担当中未获得充分程序保障的被担当人,若非因不可归责于己的事由未参与诉讼,也应具有第三人撤销诉讼的原告适格。(2)受判决效力所及的利害关系第三人"。②

有论者从判决影响案外人利益的情形入手,根据"既判力主观范围扩张影响到案外人利益"和"既判力主观范围不扩张,但判决仍影响到案外人利益"这两种情形,对第三人撤销之诉适格原告进行了类型化甄别。③

有学者以为,第三人撤销之诉的"起诉主体上不仅应包含各种第三人,而且更应包含第三人之外的其他案外人,但却被立法遗漏了"。④

(三)第三人撤销之诉与其他救济机制的关系

对于第三人撤销之诉与案外人申请再审的关系,主要有如下学说:"排斥说"、"并列但只能择一说"、"程序后置说"等。⑤

于第三人撤销之诉与案外人执行异议之诉的关系,有观点认为,"案外人申请再审仅限于在执行程序中……据此,在救济受错误裁判损害的案外人这一点上,形成'第三人撤销之诉'与'申请再审'的'一般条款'与'特别条款'结构关

---

① 王亚新、刘君博:《有关第三人撤销之诉的另一种思考》,本届年会论文。
② 陈贤贵:《第三人撤销诉讼制度比较研究》,本届年会论文。
③ 罗发兴:《第三人撤销之诉适格原告之辩——兼论第三人制度的完善》,本届年会论文。
④ 朱金高:《对第三人撤销之诉的异议》,本届年会论文。
⑤ 辛国清、赵敏燕:《我国第三人撤销之诉的反思》;唐力、谷佳杰:《论第三人撤销之诉制度的系统定位》;田海鑫:《第三人撤销之诉原告适格问题初探》。均为本届年会论文。

系".① 但持保留态度的学者认为二者并不排斥,只是需立法明确具体的适用规则。②

五、证据制度

本部分共收到论文 22 篇,主要集中在新法修改的相关内容上。其中既有对证据基本理论的探讨,也有针对具体制度、问题的分析。兹分述之。

(一)证据基本理论

事实与证据是证据法的两大基石。何谓"法律事实"? 有观点认为,"法律事实是一种可靠、可信的具体的共识性真理标准事实";③亦有观点主张"法官判案所依据的事实是法律事实,是根据证据以及自由心证再建起来的,与客观事实可能存在不一致。事实上的推定是法官再建案件事实的一种工具"。④

新《民事诉讼法》第 63 条将"当事人的陈述"这一类证据放在了证据顺序的第一位。不过有论者认为,这样的安排有违诉讼法理及逻辑规律,应将其置于证据种类排序的末位。⑤另有论文指出,尽管新法对于证人出庭作证费用的负担问题做了一定规定,但却"未考虑证人作证的具体情形,过于原则和笼统","分析证人出庭作证义务的性质是认定证人作证费用请求对象和负担主体的前提"。⑥

(二)司法鉴定制度的完善

有学者指出,尽管新民事诉讼法将"鉴定结论"改为"鉴定意见",其进步意义不言而喻。但现在的规定还是很单薄,结合一例实务案件,该作者针对新法第 78 条提出很多疑问,其中的一个即"鉴定人能否以是为上一个案件所作的鉴定为由而拒绝出庭"。⑦ 也有文章对鉴定人出庭作证的程序规则、保障机制及配套机制进行了研究。⑧ 面对日益严峻的医疗纠纷,有学者指出在这些纠纷的解决中,医疗鉴定制度起到了关键性的技术支撑作用。但鉴于我国目前医疗鉴定"二元化"结构(医学会鉴定专家组进行的医疗事故技术鉴定与司法鉴定部门进行的因果关系鉴定)的问题,有必要借鉴两大法系的做法,构建"由医学会组织医疗鉴定的一元化医疗鉴定模式"。具体而言,需要完善医疗事故鉴定书的内容和形

---

① 王亚新、刘君博:《有关第三人撤销之诉的另一种思考》,本届年会论文。
② 刘学在:《第三人撤销之诉的几点思考》,本届年会论文。
③ 陈文曲:《以证据为依据,尊重法律事实》,本届年会论文。
④ 张保红:《论民事诉讼中的事实重建》,本届年会论文。
⑤ 王晓利:《当事人的陈述证据排序论》,本届年会论文。
⑥ 孙莉:《论民事诉讼中证人出庭作证费用的负担》,本届年会论文。
⑦ 姜丽萍:《试论民事诉讼鉴定证据》,本届年会论文。
⑧ 李祖军、吕辉:《释解与商榷:新民事诉讼法鉴定人出庭作证制度研究》,本届年会论文。

式、建立鉴定组组长出庭质证制度,以及建立专门的医疗纠纷调解机构等一系列辅助性制度。①

与前述研究偏重于鉴定制度的法律面向不同,有学者从鉴定本身出发指出,基于司法鉴定自身的科学性和可靠性,其在揭示虚假证据、恶意诉讼、虚假陈述,促进诚信方面有其优势。不过,为使司法鉴定的这种效用发挥到最大,有必要在一定时间和范围内公开鉴定意见。同时,出于诉前鉴定可能带来恶意诉讼的现实,该学者建议要规范这类鉴定方式。另外,囿于立法的空白,可尝试建立报备制度以解决司法鉴定活动主体对鉴定中发现的虚假证据问题。对于新技术在司法鉴定领域的应用,应该采取较为谨慎的态度。②

对于如何理解专家辅助人意见的法律效力,学者的争议较大。大致有三种观点:一是"专家证人说"。此说认为专家辅助人意见具有证据能力,专家辅助人应归为专家证人。③ 有论者结合版权侵权诉讼④、知识产权诉讼等论述了构建专家证人制度的问题。⑤ 二是"有限适用说"。有学者认为,"赋予专家辅助人就专门问题的说明与鉴定意见同等效力,仅限于作为反证反驳适用时,不能替代鉴定意见直接作为认定专门问题的依据"。⑥ 三是"辩护意见说"。这一观点认为,专家辅助人意见应当是"控辩方或当事人辩论意见的延续,是具有专业技术含量的辩论意见"。⑦

(三)对举证时限的理解

有学者指出,新民事诉讼法尽管确立了举证期限制度的基本框架,但适用这一制度不可或缺的一些具体规则仍处于空白状态。首先,针对新法在确定举证期限方式上对《最高人民法院关于民事诉讼证据的若干规定》的修改,该学者认为同脱离具体案件的一刀切式的法院指定相比,协商确定在某些情形下有其优势。其次,结合我国司法实践在举证期限的初次确定与延长上只与法院适用的程序相关,而不关注案件类型和个案具体情形的实际,很有必要强调对当事人权利的同等保障。是故,应根据案件的难易程度和适用程序确定初次举证期限的时间,赋予当事人申请延期的权利。再次,对提出新的诉讼请求、增加和变更诉

---

① 马爱萍、张玉璟:《医疗鉴定制度研究》,本届年会论文。
② 潘溪:《诚信建设与司法鉴定保障机制》,本届年会论文。
③ 张榕、陈利红:《论民事诉讼中专家辅助人意见的证据能力》;刘金华:《论专家辅助人的诉讼地位》。均为本届年会论文。
④ 宫雪:《论版权侵权诉讼中的专家证人制度》,本届年会论文。
⑤ 季任天、陈乃新:《我国知识产权诉讼专家证人制度的构建》,本届年会论文。
⑥ 李祖军、吕辉:《释解与商榷:新民事诉讼法鉴定人出庭作证制度研究》,本届年会论文。
⑦ 赵杰:《民事诉讼有专门知识的人出庭质证制度的探讨》,本届年会论文。

讼请求、提起反诉等情形应不受制于举证期限。最后,对逾期举证,应以采纳该证据但予以训诫罚款为原则、证据失权为例外。① 也有论者从矫正证据失权的视角,认为"新证据必须对案件事实的认定具有一定的主导性——作为定案根据或者可以作为再审事由推翻原审认定的事实";在适用上"只要当事人提交新证据且该证据可能推翻原裁判就可以进行再审"。② 还有学者认为,举证时限制度"实际上也起到了明确划分在当事人与人民法院之间关于案件事实的探知和解明的权限的功能",即法院对证据提供进行释明的义务以及当事人负诉讼促进的义务。③

(四)证据调查制度

证据调查程序有利于保障当事人程序利益和发现真实。在借鉴大陆法系证据调查期日制度的基础上,有学者主张应明确我国法院实施证据调查的启动程序、实施证据调查的主体和场所、指定证据调查的期间等规定。④ 也有学者从"缓和严格证明中证据方法及证据调查程序的束缚和限制,以追求民事诉讼证明程序的灵活性与裁判的高效作出"的角度,主张我国应引入自由证明制度。⑤ 在证明责任的分配上,有学者以经济分析的方法,主张在举证责任倒置的情形,原告仍应负先提供证据的责任。⑥

六、检察监督制度

本部分共收有参会论文 30 篇,最大的特点是实务部门的论文比重较大。在实务部门提交的 23 篇(其中的 1 篇是法学院和检察院的作者合作撰写、2 篇的作者是高校学者,但兼为实务工作者)中,检察系统的文章达 21 篇。实务部门的重点是结合新增的检察监督内容,提出了一些细化的完善措施。⑦

(一)民事检察监督的范围

新民事诉讼法扩充了民事检察监督的范围:明确规定检察机关有权对民事执行活动实行法律监督;除判决和裁定外,还赋予检察机关对损害国家利益、社会公共利益的调解书提出抗诉或检察建议的权力。

1. 对民事执行检察监督的理解

---

① 李浩:《适用举证期限制度的几个问题》,本届年会论文。
② 李喜莲、彭朝霞:《民事诉讼法中"新证据"的理解与适用》,本届年会论文。
③ 张一博:《我国民诉法第 65 条人民法院与当事人的作用分担》,本届年会论文。
④ 李晓丽、赵敏燕:《民事诉讼证据调查期日制度》,本届年会论文。
⑤ 李潇潇:《论民事诉讼中的自由证明》,本届年会论文。
⑥ 谌宏伟:《民事诉讼举证责任的经济解释及启示》,本届年会论文。
⑦ 本届年会甫一结束,2013 年 11 月 19 日,最高人民检察院发布了《人民检察院民事诉讼监督规则(试行)》。该规则共 11 章 124 条,自发布之日起施行。

新《民事诉讼法》第 235 条将民事执行检察监督的范围界定为"民事执行活动"。尽管如此,但在具体的理解上还是有一定差异。有学者主张,"公权异议裁决权及执行实施权应纳入法律监督的范围";而对"私权纠纷裁决权不宜直接进行法律监督"。① 也有观点认为,民事执行检察监督应当着眼于法院执行活动的合法性问题,原则上不涉及妥当性和合理性问题;而对执行人员的职务廉洁性问题,应当移送相关部门处理。② 在启动程序上,大多数学者认为应坚持当事人申请启动为主、检察机关依职权主动启动为辅的原则。③ 就执行监督的方式,形成共识的有四种监督方式:抗诉、检察建议、纠正违法通知书、移送职务犯罪线索。而对现场监督、要求说明理由、督促、暂缓执行建议书等能否上升为监督方式还存在争议。④ 持保守观点的学者则认为,在民诉法没有明确规定之前,原则上只能通过检察建议的方式进行,对抗诉应持保留态度。⑤ 除此之外,还有论者从执行监督的管辖、受理审查、其与执行救济的关系、执行效果的保障及制约机制上提出了完善措施。⑥

2. 民事调解检察监督

有论者明确指出,新民事诉讼法规定的民事调解检察监督制度存在不足,比如监督启动模式不合实际、监督范围不够具体、监督程序不明确等。由此,该文认为应从如下几个方面入手以完善这一新制度:确立当事人的检察监督启动权、将监督范围扩大到"损害个人合法权益"、以司法解释细化监督权的行使等。⑦

(二)检察机关的民事调查权

对于检察机关因履行法律监督职责如何行使民事调查权这一问题,有论文认为应遵循以下原则:(1)当事人举证为主,检察机关调查为例外;(2)确有必要;(3)客观全面调查,谦抑行使等原则。⑧ 还有观点强调,检察机关调查权的行使应以"适度有限"为原则。亦即在检察机关调查权的范围、行使原则、手段和方法及具体程序等方面都应体现出调查权的"有限性"。⑨ 有论者指出,检察机关行

---

① 刘京蒙、宗栩晗:《民事执行活动法律监督的范围及方式》,本届年会论文。
② 杨楠、胡志超:《民事执行检察监督适用中的几个问题》,本届年会论文。
③ 陈长均:《民事执行检察监督的制约因素及对策》;陈凤贵:《论民事执行检察监督》。均为本届年会论文。
④ 韩索华、于伟香:《民事执行检察监督范围、方式研究》;程建玲:《民事执行检察监督之难点突破与制度构建》。均为本届年会论文。
⑤ 黄文艺:《民事执行检察监督背景及实施问题研究》,本届年会论文。
⑥ 戴萍、赵靖:《论民事执行检察监督程序的构建》,本届年会论文。
⑦ 吴丽芳:《论民事调解检察监督的完善》,本届年会论文。
⑧ 张璐璐:《修改后民事诉讼法视野下民事检察调查取证权探析》,本届年会论文。
⑨ 杨雅妮:《目的论视域中的检察机关调查权解读》,本届年会论文。

使调查权的方式,一般应采取询问、查验、鉴定、调取证据材料等不限制调查对象人身、财产权利的措施;范围则包括民事诉讼活动中的调查取证权和对民事诉讼中违法行为调查权。前者侧重调取相关证据,后者偏重审理、执行的法官是否有违法行为;于取得的证据材料,特别是调查笔录可以作为证据使用。①

对新《民事诉讼法》第 208 条第 3 款规定的检察机关对审判人员违法行为的调查,有论者阐述了"法官的诉讼活动是否存在严重违反法律的情形、对当事人的实体和诉讼权利是否有实质性影响、是否具备调查的条件和可能、是否具有纠正错误的法定程序"等四个调查的条件。② 还有观点认为,"调查范围包括在民事诉讼活动中违反法律、法规、司法解释等的违法行为,不包括违反纪律及法院内部的纪检监察、职务犯罪侦查权的界限"。③

(三)检察建议

对于检察建议的效力,有观点认为,尽管民事检察建议存在对象上的区别,但其效力状态是统一的。不过,就其效力内部的多层次而言,强弱程度有所不同。亦即,在审判权与法律监督权的对立统一关系中,检察建议权体现出程序性的"刚柔兼济"属性。④ 另有学者提出根据民事检察建议相对刚性和相对柔性的法律效力,需分别完善对应的实体制度和程序制度。⑤

有论文在对实务数据分析后发现,目前再审检察建议与抗诉之间的关系不清;与法院办理的民事案件总量相比,再审检察建议所占比例较小;再审检察建议缺乏实现监督的完整机制;法律修改和新的司法解释的出台对再审检察建议的影响明显。因此,在对新法相关规定进行完善时,应考虑如下方面:在更高位阶的法律,如《宪法》中规定民事再审检察建议;对再审检察建议的适用原则、程序、运行方式等作出明确规定;完善时限;完善其与抗诉的衔接;强化权威性;等。⑥

(四)民事监督权

一些论文还对检察监督的宏观定位作了研究。比如,有文章指出:"虽然新民事诉讼法极大地丰富了民事检察权的内容和手段,但仍然应当根据具体案件类型中的权力(利)运行状况来选择合适的监督模式。"即,检察权对审判权的单

---

① 林春艳、杨帅:《新〈民事诉讼法〉视角下的检察机关民事调查权》;王子涵:《民事检察调查核实权研究》。均为本届年会论文。
② 路志强:《民事诉讼法官违法行为调查机制研究》,本届年会论文。
③ 张艳凤、叶红:《民事诉讼中审判人员违法行为调查机制研究》,本届年会论文。
④ 吴岳翔:《论民事检察建议的两类四层八项性复合法律效力》,本届年会论文。
⑤ 奚玮、李润生:《民事检察建议适用研究》,本届年会论文。
⑥ 赵靖、王家鹏:《民事再审检察建议研究》,本届年会论文。

向监督模式、对私权利的多元监督模式,以及公益诉讼中检察权运行模式。① 也有学者认为,检察机关民事诉讼监督权肩负公权监督和私权利救济的双重使命,检察机关应运用多种监督方式调整二者的冲突。② 还有的学者结合第 7 号指导性案例③中"检、法"在发动再审程序上的冲突,主张应按照纠纷的公私益性把检察院抗诉分为救济型抗诉和主动型抗诉,以有效规避检法冲突。④

结　语

令人欣喜的是,学界近来愈加重视对整体民事诉讼法学发展的回顾与评价。《中外法学》杂志 2013 年第 3 期刊登了一篇有影响的文章。该文通过对 2010—2011 年发表的 600 余篇有关民事诉讼法学研究文章的分析,"力求真实完整地反映出这一时期本学科发展的进步和问题",直言不讳,引人深思。⑤ 无独有偶,有学者直言:"坦率说,目前民诉法学科已面临后继无人、后续乏力的严重困境。"⑥《中山大学法律评论》的编者在其最新的评论文章中,更是警醒学界注意法学学术领域中的两种现象,其中之一便是"警惕理论落后于实践"。⑦ 这些问题不同程度地存在于 2013 年年会的论文中。除此之外,我们尚有如下几点疑问和思考。

1. 怎样才能达成最低的研究共识

在对本届年会论文的阅读、学习中,我们发现不仅学术界与实务界在沟通上还要继续提高;而且即便是在学术界内部,同样缺乏沟通,这从不少重复性的、陈旧的研究成果中便可看出。

2. 我们需要怎样的立法后评估

对于新民事诉讼法增设的公益诉讼、小额诉讼、第三人撤销之诉等制度,大家普遍感觉立法不完善、实务操作困难;但由于缺乏有效的立法后评估、反馈思路,大家只是想当然地希望再次的修法与今后的司法解释。然而,这种修订法律

---

① 俞亮、张弛:《新民事诉讼法视野中的民事检察权》,本届年会论文。
② 宗栩晗:《民事诉讼权力监督与权利救济之冲突辨析》,本届年会论文。
③ 《牡丹江市宏阁建筑安装有限责任公司诉牡丹江市华隆房地产开发有限责任公司、张继增建设工程施工合同纠纷案》,载《人民法院报》2012 年 4 月 14 日第 4 版。
④ 郑世保:《第七号指导性案例与民事抗诉的类型化研究》,本届年会论文。
⑤ 《中国民事诉讼法学发展评价(2010—2011 年)——基于期刊论文的分析》,载《中外法学》2013 年第 3 期。
⑥ 陈杭平:《民诉法学研究的困境及其突破》,载首届"民事诉讼法学青年论坛"论文集》(2012 年河南大学法学院主办)。
⑦ 《关于法学学术研究的倡导(三):警惕两种"边缘"现象》,载谢进杰主编:《中山大学法律评论》(第 10 卷第 2 辑),法律出版社 2013 年版。

的逻辑只会让我们的法律不断变成一个个泥足巨人,进而寸步难行。另外,在超越"左与右"分歧、达致共识并不容易的今天,任何一次修法活动的启动都会越来越困难。①

3. 民事诉讼法研究是否也需要方法上的转向

大概是由于交稿时间及论文的限制,收在文集中的一些论文不够完整。由此,我们只能看到这些文章的一个大致思路和部分论证。此外,不少文章的研究方法相对单一,这其中较为突出的是比较研究的泛滥。除了前述《中外法学》文章已指出的,我们还发现一些作品在进行比较——比如援引他国或地区的法律条文时,不标注出处,这使读者难以了解作者所引法条及其所阐述制度是否还是该国或地区现行有效的法律和制度。而对于正在时兴的法社会学等研究方法,目前尚停留在最初的层面。这其中较为迫切的问题是如何在这一方法与规范方法之间进行对话。

---

① 支振锋:《司法独立制度实效的经验考察与理论再思》,载《财经》2013年第32期。

凝练东亚法律文化，共建区域司法共识
——东亚司法改革国际学术研讨会综述

陈慰星　丁　超　丁小敬[*]

东亚各国之间源远流长的经贸交往历史与文化同源性，为整个东亚区域的发展注入了强大的活力。作为东亚文化重要组成部分的法律文化，对东亚经济的迅速崛起和持续发展也起到了举足轻重的作用。如何建立全方位多层次的区域性司法文化合作，形成区域司法共识，越来越受到东亚各国的重视。本着加强文化联系、共建法律精神家园的原则，由中国华侨大学和日本桐荫横滨大学共同主办的"东亚司法改革"国际学术研讨会，于 2013 年 9 月 25 日在东亚文化之都泉州召开。来自中国和日本诉讼法学界、经济法学界 20 多位资深教授、学者参加了此次研讨会。两国学者重点围绕司法改革的原理、司法改革的具体制度以及反垄断法的域外适用等议题，分别介绍了本国经验与发展特点，并以此为基础进行了全面的交流。

一、司法改革的基本原理

研讨会的第一单元主要由中日双方围绕司法改革所应关注的发展脉络和基本原则等议题进行交流。该单元由厦门大学法学院齐树洁教授主持，主题发言人为桐荫横滨大学校长小岛武司教授、南京师范大学法学院李浩教授、中国社科院法学研究所支振锋副教授。评议人为中国人民大学法学院汤维建教授和南京师范大学法学院刘敏教授。

小岛武司教授以民事审判制度与律师制度的改革为核心，对 2001 年以来日本第三次司法改革进程予以阐述。他指出，首先，司法改革的目标在于使日本成为真正意义上的法治国家。而法治国家的建设，既需科学、完备的法律制度，也需要国民具备充分的法治意识。然而，现实中的日本国民深受传统文化影响，权利与法律意识淡薄，日常纠纷往往并不诉诸司法途径解决。为改变这一状况，"二战"后法制变革后的第三次根本性司法改革由此展开。2002 年以来，日本先

---

[*] 陈慰星：华侨大学法学院副教授，荷兰阿姆斯特丹大学荷中法律中心高级研究员，法学博士；丁超：华侨大学法学院民商法硕士研究生；丁小敬：华侨大学法学院诉讼法硕士研究生。

后就法律教育、审判效率、人事诉讼、仲裁、法律援助、诉讼外纠纷解决以及具体民事审判制度等方面的内容，进行一系列立法活动。其次，国民法治意识的提升，除改革完善民事审判制度外，亦有必要为其提供接近司法的途径、奠定接近司法的基础。作为接近司法基础的律师制度因此成为司法改革的重点。具体改革举措包括：加大律师覆盖率，消除某些地区无律师或缺乏律师的现象；扩大律师业务范围，改变律师收入较低的状况，提升律师工作积极性；设置法科大学院，培养律师、法曹等专业型人才。

李浩教授以我国2012年修订的民事诉讼法为对象，对诉讼经济原则进行了全面解读。他指出，所谓诉讼经济原则，即通过最为经济的方法，排除不合理因素，实现诉讼程序所预设的目的。具体而言，民事诉讼法中的诉讼经济原则主要体现于：其一，第13条确定的诚实信用原则，要求当事人实施民事诉讼应诚实守信，不得滥用诉讼权利；其二，第127条新增默示协议管辖的规定，以便当事人快速确定管辖权；其三，第122条明确规定先行调解制度，允许法院在案件受理前进行调解，节约诉讼成本；其四，第133条规定法院可依职权直接转入督促程序，使审判监督程序中无争议案件尽快得到解决；其五，第65条对当事人缺乏正当理由逾期提交证据的情况，规定了训诫、罚款、不予采纳等惩罚措施，有利于督促当事人及时提交举证；其六，第162条增设小额诉讼程序，对标的额较小的案件，适用一审终审的程序；其七，限制法院在二审程序中发回重审的权力，要求法院尽可能在二审程序中作出裁判；其八，第209条明确当事人申请再审的顺序，只在人民法院驳回再审申请、逾期未对再审申请作出裁定或再审判决、裁定有明显错误时，当事人才可向检察院申请检察建议或者抗诉，以避免法院、检察院对同一案件的重复审查。

支振锋副教授结合全球多个国家司法独立制度的实践状况，以问题意识、实践考察、理论解释为逻辑主线，深入剖析了司法独立制度的基础理论。通过对多国司法体制独立与否、独立程度、运行效果等具体问题的考察，他发现：第一，司法独立是有条件的，与一国的历史传统、社会环境、制度框架、机制保障息息相关，是复杂社会系统中的一部分。并且，司法独立需以坚实的财政基础为后盾，但大量的资金投入却无法保证该制度的质量与绩效。第二，西式的民主体制与高质量的司法独立之间虽存有正相关性，却无必然因果关系。一方面，许多第三世界国家，诸如印度、巴西、埃及等，虽引进了西式的民主制度，却未能建立起高质量的司法独立制度；另一方面，在非西式的民主体制国家，如新加坡、中国香港，却有着高质量的司法独立，这表明高质量的司法独立并非为西式民主制度的必然产物，非西式的民主体制也可建立起高质量的司法独立制度。第三，司法独立不是绝对的、非此即彼的，其在某种程度或类型上还存在一定差别。第四，司法独立并非司法终极的追求，司法制度运作的实际绩效更为重要。第五，司法独立是双向的,司法权在不受立法、行政、社会等因素干预的同时,也应保持司法克制、司法尊重、司法谦抑。在此基础之上,支教授进一步探讨了影响各个国家司法体制运作的其他因素。第一个因素主要是国家形成的历史传统。与同一型的大一统国家相比,合并型的契约国家更容易确立三权分立和司法独立。同时,应关注国家能力的悖论。一个国家能力的大小是司法独立的必要非充分条件,即国力的大小并不必然决定司法独立质量的高低。司法的公信与不满的吸纳机制亦是重要一维。西方国家公共参与、言论自由等民主制度很好地吸纳了社会的不满情绪。以美国的辛普森案为例,民众对判决虽有不满,但出于对司法的信任以及言论的自由,仍然尊重法院的判决。支教授还特别指出,该研究在一定程度上否认了司法独立与司法正义的必然因果关系,但是并不否认二者之间的正相关性。司法独立性在保障司法清廉与公正等方面都有最好的绩效表现。

在评议阶段,汤维建教授认为,各国司法改革虽在路径、目标、具体问题等方面存在差异,但在对强化国民的法律意识与强化司法的法治作用等问题的努力上存在着共性。我国司法改革主要围绕司法职能的纯化、司法职业化、司法责任制与司法监督制的强化、司法民主制的拓展等问题。相比较而言,日本司法改革则更注重于通过对民事审判制度、律师制度的改革以及法曹一元制建设,全面推进和提升全民的法律意识,使法治理念融入国民的日常生活,进而达致法治的目的。他还指出,各国司法改革的发展路径不同,也是法治选择不同,西方模式并不是唯一的理想法治模式。东亚各国基于相似的文化传统,通过对各国法律的比较研究,也可以建立一套独特的东亚司法模式。刘敏教授通过对比中、日两国小额诉讼制度,指出中、日以及世界各国皆以接近正义为司法改革的目标。两国司法改革的着力点虽有不同,但都主要围绕着完善诉讼制度与构建替代性纠纷解决机制这两方面展开。相较于日本的小额诉讼制度的选择性适用,中国的小额诉讼制度为强制适用,且一审终审。这就使得具体司法实践中有的法院对该制度采回避态度,不愿或者不敢适用;有的法院甚至是在案件审结之后,才将其登记为小额诉讼案件。

二、改革实践的中日经验

研讨会第二单元主要聚焦于中日两国各自的司法制度改革实践,以及由此形成的各自经验。该单元由小岛武司校长主持,主题发言人为桐荫横滨大学法学院河合幹雄教授,最高人民法院政治部教育培训处刘峥处长及中国人民大学法学院汤维建教授和华侨大学法学院许少波教授。评议人为南京师范大学法学院陈爱武教授和河南大学法学院吴泽勇教授。

河合幹雄教授以日本司法制度改革为背景,以刑事司法为视角进行了以下论述。首先,日本的刑事司法改革肇始于明治维新时期。为克服欧美在日本获取的治外法权等不平等待遇，日本先后于1881年借鉴法国刑法典制定了旧刑法；于1907年借鉴德国刑法典，制定了现行刑法。其次，在具体制度方面，日本以萨摩藩为中心的现代警视厅制度始建于明治维新时期。该制度虽借鉴于法国，但已完全日本化。具体表现为，警视厅的职权范围除维护社会的稳定之外，对选举活动亦能施加干预。日本的法院体系同样新建于明治维新时期。但早期的司法省最高领导层皆由检察官担任，造成检察官领导法官的不良局面。检察官所起诉的案件，法官无法独立审判，使刑事审判一审定罪率高达99.9%。在监狱制度方面，其管理模式却仍然延续江户幕府时期的特色。再次，日本第三次司法改革以裁判员制度与法科大学院制度为主要内容。此次改革的动因在于希望通过改革裁判员制度与法科大学院制度，为国民提供参与司法的机会，奠定接近司法的基础，促进国民法治理念的养成，进而改变以往对于司法活动漠视的态度。最后，日本并不完全依赖通过刑事审判的方式来防治犯罪，而是更多地借助社会风气的影响力，达到防治犯罪的目的。如对青少年犯罪处理，多通过社会矫正而非刑罚；轻微的犯罪可通过真诚悔改、道歉获得原谅；刑事审判中，可通过当庭反省、道歉，得以轻判或被判无罪。

  刘铮处长介绍了我国当前法官培养的一般流程，并指出我国法官职业培训仅仅是根据实践需要进行的，与大陆法系国家相比缺乏相应的法律化和制度化。与此同时，也暴露了我国现有法官培养制度的不足。比如，法学院的教学与司法实践相互脱节。法学院的毕业生虽然经过专门的法学教育，但在法律思维、庭审技能、法律文书写作上仍有所欠缺。同时，现有法官培养制度设计亦在实践之中存在着许多问题。如与大陆法系国家所采用的先培训后录用的模式不同，我国采用的是先录用后培训的方式，并无相应的职前培训制度，由此导致法官培训制度在效力方面的缺失，法官培养的针对性不强等问题。针对上述问题，他认为法官培养制度应当从整体入手进行全面深入改革：高等法学教育需进行转型，增加法律信仰、法律伦理、法律方法等方面的内容，加强法律实践的分量。从具体培训制度上看，通过整合现有的培训资源，建立国家统一的司法研修机构，并不断完善培训内容与培训方法。此外，还应当考虑对不同层级法官的不同要求，进行分层、分类培训。

  汤维建教授着重论述了我国民事司法改革中的陪审制度与执行制度。针对陪审制度，汤教授认为在司法实践中"陪而不审"的现象普遍存在，更为严重的是有的法院通过由陪审员充当法官来解决"案多人少"的问题，致使现有的陪审制度形同虚设，实践效果欠佳。结合如何完善这一制度，汤教授建议：第一，将陪审制度上升至宪法层面，明确规定于宪法之中，使其确实成为诉权保障制度，而非审判制度；第二，进行专门立法，制定《人民陪审员法》；第三，建立我国特色的二元化陪审制度，即建立人民陪审团制度与专家陪审员制度。执行制度方面，汤教授在评析了"执行难"的基础上,将主要的原因归结于不科学的执行制度:民事、刑事、行政案件执行机关的不同直接造成了我国执行权的分散问题,尤其是民事案件的执行,法院扮演审判者与执行者的双重角色,引发了执行能力不足、监督与制约机制欠缺等问题。针对"执行难",汤教授建议我国应当建立专门的执行机关,统一行使国家的执行权力。在时机尚未成熟时,也可先将执行权交由司法行政机关代为统一行使。

许少波教授结合新民事诉讼法修订内容,论证民事司法理念的变革问题发表了以下看法。他分析了我国以往司法改革,尤其是有关诉讼程序改革的历程时,指出"程序公正"是其一贯遵循的价值理念。而在 2012 年新修订的民事诉讼法中,新增的有关诚实信用原则、虚假诉讼、举证时限和先行调解的规定,一改过去司法改革对"程序公正"理念的诉求,重新回归于"实体公正"。许教授进而提出,新一轮民事司法改革的重点应关注于对"实体公正"价值理念回归的程度、回归的具体环节以及对待程序公正的态度等问题的思考。他在回顾自新中国成立以来的司法实践时提出,《民事诉讼法》第 122 条新增的先行调解制度并不是此次修法的创新之举,而是历史的轮回。其依据在于,第一,根据 1950 年 12 月中央人民政府法制委员会《诉讼程序试行通则(草案)》第 30 条第 2 款规定,对起诉的民事或轻微的刑事案件,法院应当视具体情况先行调解。调解不成立的,应当立即进行审判,但调解并非诉讼的必经程序。第二,1979 年 2 月最高人民法院《审判民事案件程序制度的规定》指出,处理民事案件应当坚持以调解为主,凡是可以调解解决纠纷的,就不再对其进行判决,而对于需要判决的案件也应当先行进行调解。另外,在先行调解制度的具体适用上,基于对当前立法政策的考量,先行调解制度应适用于各种案件类型,并贯穿于纠纷解决的各个环节。但在法学理论上,先行调解的具体适用应受到时间段落、当事人同意、案件类型等因素的制约。其中以具体案件类型确定先行调解是否适用、如何适用,相较于考虑时间段落、当事人同意等因素,更为客观中立。据此,许教授建议,先行调解的适用应当优先考虑案件的类型。对可判可调的案件类型应尊重当事人的选择;对由实践中得出的某些特别适合调解的案件类型,可将先行调解规定为必经程序;其余案件则未必需要强调适用先行调解制度。

陈爱武教授围绕日本刑事司法改革、人民陪审制度、先行调解制度等发言内容率先进行了评论。针对日本刑事司法改革,陈教授认为自明治维新以来,日本进行了大量的法律移植,而移植后的法律需要与本土资源相适应才能发挥最佳效能,这种与本土资源的融合需经历相当漫长的时间,因此,日本的司法改革依然任重而道远。刑事司法中引入司法裁判员制度的主要目的是鼓励市民积极参与司法活动。但是在引入此制度的同时,也应当充分考虑本国的具体国情。尤其需要注意的是,日本的低犯罪率的根本原因是较好的社会风气、科学的社会教育体制和可行的社区矫正制度共同作用的结果,并非完全归功于司法改革。就汤教授所谈到的陪审制度,陈教授根据担任人民陪审员的亲身经历提出不同看法:我国人民陪审制度中以往所普遍存在的问题已发生变化。如人民陪审员不再扮演"陪衬"角色,在合议庭中能独立发表意见,在法院的审判的活动中充分发挥陪审的作用;人民陪审员的选拔程序也更为公正、合理;在专业性的陪审中,专业人员的参与也对司法审判起到关键作用。在陪审团制度和专家陪审员制度建立的问题上,陈教授在表示基本赞同的同时,也指出陪审团制度的建立与运行需以相应配套制度的完善为要件,如陪审团对案件事实的认定需要反向的证据排除规则,而现行证据规则中则以正向的证据认定规则为主。在专家陪审制度之外,值得借鉴的还有日本的家事案件陪审制度,即日本人事诉讼法中新增的"参与员制度"。参与员的选拔不以专业知识为要件,更看中的是候选人的日常生活经验。最后,针对许教授先行调解制度历史的轮回观点,陈教授则持"创新论"的观点。她认为以往有关先行调解的规定应为诉讼调解,而新法中先行调解制度的适用时间为起诉后到受理前,填补了我国调解制度于该环节中的空白,故先行调解应属调解立法上的制度创新。

吴泽勇教授则在评议意见中阐明了司法改革的研讨的国情背景重视问题:首先,司法实践中广泛存在法院"案多人少"、司法权威性缺乏、司法裁判说理欠缺、由判决不满而产生信访等问题。这充分反映出程序保障充实性与法院资源有限性之间的矛盾与困境。而这一矛盾化解关键在于,庭审是否做到充分进行、当事人是否做到实质参与、判决是否做到详细说理。其次,根据对河南省各级法院对小额诉讼制度的适用情况的考察,吴教授发现,各级法院对适用小额诉讼多持消极态度的主要原因在于,小额诉讼为一审终审,若基层法院适用小额诉讼程序,则意味着必须单独承担各方的压力。故基层法院为减轻自身压力,更倾向于通过适用一审程序,将压力后推至二审法院。我国司法审级制度实质上成为各级法院压力分担的制度。吴教授还强调指出,法官的立场对未来的司法改革的顺利进行有着重要的意义。

三、反垄断法的比较之维

研讨会第三单元围绕中日两国反垄断立法的域外适用问题,展开了热烈的讨论。本单元由华侨大学法学院刘超副教授主持,桐荫横滨大学法学院铃木满教授和中国社会科学院法学研究所王晓晔教授分别从不同的角度分析了各国反垄断法域外适用的状况。华侨大学法学院骆旭旭副教授和张骏博士对上述内容进行了点评。

铃木满教授以日本立法上的管辖权、国际协定的域外适用、独占禁止法对域外适用的相关规定,介绍了与外国经营者有关的主要案例,并分析了日本反垄断法的域外适用的状况。首先,铃木教授重点探讨了立法上和程序上的管辖权问题,提出针对外国经营者按该国的手续执行的权利的"属地主义"和"效果主义"的学术之争;其次,介绍了日本反垄断法关于"域外适用"的规定,重点分析了文书传递和具体法条内容;最后,详细阐释了日本竞争法存在的"域外适用"的肇因,即在于各国的竞争当局对同一行为重复评价,造成行政成本的浪费,对经营者强加过重的负担和可能征收双重罚款的系列问题。在此基础上,铃木教授认为可以参考欧盟竞争法思路,制定亚洲联盟(ASEAN)的区级竞争法,并通过经济伙伴关系的协定,来统一各国"域外适用"的规定。

王晓晔教授则在详细介绍中国反垄断法的理论基础和历史沿革的基础上,围绕当前中国反垄断法域外适用的系列重大问题,对国际卡特尔、具有跨国影响的滥用行为、跨国并购等热点司法案件进行了评析。她进而指出,为避免和减少管辖权冲突和法律冲突,域外适用应考虑"重大、直接和可合理预期的影响"原则与国际礼让原则。王教授还从具体的中国实践经验出发,基于对透明度和法律稳定性的考虑,提出中国应当通过立法作出明确规定,并完善反垄断法,积极参与反垄断国际合作。不过,由于反垄断实质是为了保护本国市场竞争,最终目的在于维护本国利益,因此该领域的合作、协调、国际礼让乃至全球性合作在解决域外适用的冲突方面,均有不可克服的局限性。

骆旭旭副教授和张骏博士两位评议人结合美国、欧盟的经济理论与实务经验,指出以反垄断法适用存在的地域的福利效果复杂化问题。中日两国根据自身情况发展出的竞争法域外适用经验,在整体上会因为各自所暴露出的共性问题而具有共性经验。比如,铃木满教授提到日本竞争法的域外适用都会受到竞争政策的影响,故各国竞争法的适用都会出现冲突与矛盾。由此不仅增加了司法成本,还给各国判决的送达和执行带来了困难。两位评议人认为上述问题的彻底解决,最终需要各国相关竞争立法回到区际法律协同和各国竞争法司法秉承国际礼让的轨道上来。

替代性纠纷解决机制在澳门的发展

蔡肖文[*]

替代性纠纷解决方式(Alternative Dispute Resolution,简称ADR)是诉讼外纠纷解决方式的总称,大致可分为裁断型和调停型两类。前者有仲裁、裁定等形式,后者有调停、斡旋等形式。

1976年,著名的"庞德会议"在美国明尼苏达州召开。自此,一股发生在美国随后遍及其他西方国家的"接近正义运动浪潮"开始向全世界涌动开来。在这一浪潮中,ADR不仅被当作一项独特的纠纷解决制度,而且也被视为是与司法制度相互依存的一项制度。ADR与司法体制的相互依存关系已经在实践中得到充分印证。法院附设调解被认为是促进当事人接近、参与和认同法律纠纷解决机制的有效途径。有学者认为,这代表了一种"从诉讼到合意"的趋势。[①]在欧洲大陆,大陆法系国家在对ADR的价值认同上却表现出许多消极的一面。这实际上体现了一种对正式主义与非正式主义在价值取向上的不同认识[②]。不过,随着ADR在美国、澳大利亚、加拿大、英国的迅猛发展,德国、奥地利、丹麦、意大利、法国、瑞士、苏格兰等大陆法系国家也逐渐表现出对ADR的关注和重视。葡萄牙也受到"接近正义"运动的影响,开始了从观念到制度的检讨,进而逐步引入了符合时代潮流的新型纠纷解决手段。随着这种理念的传播和一些具体制度的延伸,澳门也或多或少地在一定程度上开始了自身ADR的实践。

一、法院附设调解机制的运用

按照澳门《民事诉讼法典》的规定,在普通宣告诉讼程序中,在当事人提交诉辩书状阶段结束后,如果就案件所涉及的事宜是双方当事人有处分权的,并且双方当事人共同声请试行调解该案件,或法官认为适合试行调解的情况下,法官可

---

[*] 作者系澳门科技大学法学院诉讼法博士研究生,广东省汕头市龙湖区人民法院法官。

[①] [日]小岛武司等编:《诉讼外纠纷解决法》,丁婕译,中国政法大学出版社2005年版,第213页。

[②] [英]罗伯茨、彭文浩:《纠纷解决过程:ADR与形成决定的主要形式》,刘哲玮、于春露译,北京大学出版社2011年版,第8~57页。

于提交诉辩书状的阶段结束后 15 日内,或在完成诉辩书状补正后 15 日内试行调解有关案件,也可以在程序中的其他时刻试行调解,但纯粹为调解而召唤当事人不得超过一次。

在简易程序中,如果当事人在场或由诉讼代理人代理,法官须试行调解。如调解不成,则应命令进行随后的法庭调查程序。

在劳动诉讼程序中,澳门法律注重调解优先。按照普通宣告诉讼程序进行的案件,法院收到并分发起诉状后,须将起诉状送交检察院,由检察院指定试行调解的日期,由检察院主持对当事人试行调解。该调解须在 20 日内进行,达成协议的,将协议制作笔录交由法官认可。在检察院试行调解不成后,法院继续审理程序,并将在听证中首先试行调解双方当事人,此时的调解属于强制性调解。除此之外,法院在诉讼程序中的其他时刻只要当事人共同提出声请或法院认为适宜,随时都可以进行调解。

从总体上看,澳门的民事诉讼体系虽然规定了法院调解,但仍然恪守了法院不过度干预的一贯做法。这主要是出于强调对当事人私权处分自由保障的考虑。除了劳动诉讼程序外,民事诉讼法并不从机制上鼓励法官主动调解,也未激励当事人选择调解方式,因此现实中法院调解能否发挥积极效果,尚待考察。回归十多年来,也未有令人确信的数据可供说明。相形之下,澳门民事诉讼法对于法院调解的态度过于保守。比如,在德国民事诉讼中,不论诉讼进行到何种程度,只要法院在作出判决前,法院和双方当事人都可以采用和解程序。在这里,法院有义务注意使诉讼和各个争点得到很好的解决。在原告无望取胜时,可以动员原告撤诉,以减少损失。法院还可以劝被告承认诉讼而实现和解。这种法院积极参与、推动下的和解就是实质上的法院调解,而且其干预的深度和广度都是令人侧目的。①

目前,在西方国家,调解制度的发展有个趋势,就是调解机构或调解人员的专业化。在诸如美国、德国、澳大利亚、新西兰等许多国家都对民间调解的程序、调解员的资格、调解员的操守等作出了法律规制或行业行规的限制。这体现了西方权利保障思想在两个不同发展方向上产生的悖论。从充分保障个人自由和私权的视角出发,应当相信每一个人的理性,相信每个人都具有为了自己的利益作出合理取舍的能力。在这种思想指导下,应当赋予当事人参与调解的全面自由空间而不加限制或少加限制。但是,同样基于充分保障个人自由和私权的视角出发,从另一个角度思考,人们就不得不对缺乏程序限制的调解表现出某些忧虑和不信任。那么,逻辑上就需要对调解施加一定的程序性限制,而这种限制若不加约束就又可能导致调解最终被官僚化、形式化。

---

① 何勤华主编:《德国法律发达史》,法律出版社 1999 年版,第 463 页。

澳门尚未形成属于自己的调解理论,而是囫囵吞枣地接受了葡萄牙的相关理论,而且接受理论时还存在着一定时间差距——葡萄牙相关理论已经发生了调整,但澳门却没有及时跟进。这一点在法院附设调解机制方面表现尤为显著。澳门《民事诉讼法典》对于法院附设调解的限制是比较严格的。比如,在普通宣告诉讼程序中,法官纯粹为调解而召唤当事人不得超过一次。这说明,法典的立法者对法院附设的调解机制可能造成对司法权威的减损和对当事人处分权的影响存在深深的忧虑,这也是传统的西方法治观点。21世纪初,当"接近正义"运动走入第三阶段后,西方普遍开始重视调解的价值,甚至引进或强化法院附设调解机制。正如学者娜嘉·亚历山大指出的:"纠纷处理制度不仅仅在于解决纠纷;它们向社会传达了一种纠纷是如何被理解和尊重的信息;它们令人满怀期望;它们推动并反映着纠纷文化。在法律改革的讨论集中于两大法系相互融合的趋势之际,调解象征着一种非正式的、消费者主导下的新形式主义的诞生,这维持着法律程序的一般性而非典型性……随着调解制度化的全球趋势不断走向深入,国家的法律和司法体制将继续对调解的实践发挥更大的影响。同时,朝向全球化、跨过规制以及无缝交易发展的反方向趋势,又需要灵活的超越国家制度的纠纷解决程序。"①从这一点看,澳门应当对法院附设调解,乃至对整个调解的制度和理论予以省思。究竟何种范围、何种方式的调解制度更符合澳门社会的传统,更有利于提高澳门司法效率和纠纷解决?这些问题都有待澳门未来民事诉讼改革的进一步探索。

二、澳门民商事仲裁制度的发展

澳门的仲裁法律制度源自葡萄牙法律。1962年《葡萄牙民事诉讼法典》第4卷中关于仲裁制度的规定就延伸适用于澳门地区。1986年8月29日,葡萄牙通过了第31/86号法律默示废止了上述《葡萄牙民事诉讼法典》中关于仲裁制度的规定,但该第31/86号法律并没有相应地延伸至澳门地区。随后,由于《中葡联合声明》的公布,澳门开始迈向了法律本地化的道路。

1991年8月29日,经第112/91号法律通过的澳门《司法组织纲要法》②第5条第2款规定:"得设立仲裁庭,并得设非司法性质之方法及方式,以排解冲突。"延至1996年6月11日,澳门当局正式颁布了第29/96/M号法令核准通过澳门地区的《仲裁制度》,并于1996年9月15日生效。同年7月22日,作为对前述法律的补充,澳门当局颁布了第40/96/M号法令《订定进行机构自愿仲裁

---

① [澳]娜嘉·亚历山大主编:《全球调解趋势》,王福华等译,中国法制出版社2011年版,第33~34页。
② 回归后,该法被废止,由澳门特别行政区制定的《司法组织纲要法》替代。

之条件》。这些法律参考了葡萄牙的仲裁制度,并从澳门实际出发加以规定,属于澳门地区内部的仲裁裁决制度。在涉外仲裁方面,1998年11月23日,澳门当局颁布了第55/98/M号法令《涉外商事仲裁专门制度》,并于公布后60日开始生效。该制度几乎是完全按照联合国国际贸易法委员会于1985年6月21日通过的并由同年12月11日联合国大会第40/72号决议采纳的《国际商事仲裁示范法》制定的,只是为适应澳门自身情况作了部分调整。这在制度上进一步完善了澳门的仲裁模式。澳门的仲裁模式大体可以分为两类:澳门地区内的仲裁和涉外商事仲裁。

(一)澳门地区内的仲裁

澳门地区内的仲裁方式分自愿仲裁和必要仲裁。自愿仲裁即遵循当事人意思自治原则,由争议的当事人通过协议将争议交由仲裁员解决。必要仲裁是由法律制度强行规定必须由仲裁员解决之争议。

自愿仲裁遵循当事人意思自治原则和公平公正原则。当事人不但可以约定解决争议的形式,还可以就仲裁过程中的许多事项进行事先协议约定,只在未有约定时,才按照法令的有关规定执行。在澳门地区的仲裁制度中,当事人享有很大的意志自由,程序灵活性大,甚至很多可以简化,对时限乃至法律适用方面也都有很大弹性。只要当事人在仲裁协议中加以明确,仲裁员就可以依照衡平原则裁决有关争议。

对于仲裁的范围,《核准仲裁制度》第2条第1款规定可以通过仲裁解决的争议应当符合两个消极要件:一是争议标的必须是不涉及不可处分的权利。涉及人身性质的权利,不可采用仲裁方式解决;二是没有特别法规定有关争议应提交司法法院或属必要仲裁处理的。

仲裁协议包括仲裁协定和仲裁条款。当事人通过仲裁协定,可以将已经发生的争议,包括法院正在审理的争议提交仲裁解决。这种仲裁协定通常是在侵权行为发生后,在双方一致认为使用仲裁裁决解决争议比法院更为适合的情况下签订的。此外,当事人既可以在争议发生之后约定通过仲裁解决争议,也可以在事先约定将某一法律关系所产生的争议交由仲裁处理。对于仲裁协定的形式,法律有明确要求,就是必须以书面形式作出,否则无效。澳门由于采纳"促使仲裁协议有效的解释原则",所以在仲裁协议有效性审查方面非常注重当事人的合意。仲裁协议可以单独的协议订明,也可以仲裁条款订明。对于订立仲裁协议的主体能力,《核准仲裁制度》第5条规定,凡具有行为能力之人均具有订立仲裁协议的能力,以及特别法允许或仲裁协议以涉及民事或商事性质的法律关系为争议标的时,澳门地区及其他公法人均有订立仲裁协议之能力。需要关注的是,为了防止公法人造成对当事人意思自治的妨碍,世界各国一般很少有允许公法人参与民商事仲裁,但澳门的上述规定却与之相反。

对于仲裁协议的效力,《核准仲裁制度》第 7 条根据仲裁协议的标的作出不同的规定:若仲裁协议以协定的形式作出,协定内就必须明确约定争议的标的并指定仲裁员,至少要约定指定仲裁员的方式;若仲裁协议以仲裁条款的形式作出,就应明确指出可能发生之争议所涉及的法律关系。当当事人对有关争议标的之意见不一致时,仲裁庭有权确定。仲裁协议的标的是仲裁协议生效的前提条件,如果不遵守法律关于仲裁协议标的的有关要件,将导致仲裁协议无效。对于何种情况下,仲裁协议失效,《核准仲裁制度》第 9 条规定了三种情况:一是仲裁员死亡、自行回避或长期不能担任职务,或仲裁员的指定无效而且又未作出替换;二是合议庭的决议未能获得规定所需的票数;三是仲裁庭未能在规定的时间内作出仲裁裁决。自然人的死亡或法人的消灭不会使其所订立的仲裁协议失效,也不会使仲裁程序终止,除非在仲裁协议中事先作出了相反的约定。

仲裁庭可以由一名仲裁员以独任的形式组成,也可以由数名仲裁员以合议庭的形式组成。当当事人在仲裁协议或随后的书面协议内无约定仲裁员人数时,仲裁庭则由三名仲裁员组成。为了确保仲裁协议有效,当当事人指定双数仲裁员时,由被指定的仲裁员协商再选一名仲裁员,若无法达成协议,则由普通管辖法院任命一名仲裁员,并由其出任仲裁庭的首席仲裁员。

对于仲裁员的资格要求,在世界范围内,存在严格规定仲裁员资格和不规定仲裁员资格的两种模式。对于严格规定仲裁员资格的国家和地区,通常都要求仲裁员一般应当具备专业资格,或是各个行业内的专家,如中国内地。但也有不少国家和地区将协议仲裁定位为私人之间的事务而不做过多的干预,因此对仲裁员的资格也不做太多的要求,如德国、奥地利、英国、美国等。澳门采纳了后一种模式。依照《核准仲裁制度》第 12 条第 1 款的规定,具有完全行为能力之人即可担任仲裁员。仲裁员有接受或拒绝被指定为仲裁员的权利,同时,应当按照澳门《民事诉讼法典》中关于回避、声请回避及自行回避的要求履行职务。

仲裁机构的设立分为需要政府批准或注册登记成立和不需要政府批准或注册登记两种模式。澳门采取的是前者。按照第 40/96/M 号法令,申请设立仲裁机构应向澳门行政长官提出声请,在获批准并公布于《政府公报》后才能设立。仲裁机构享有绝对的独立性,不受任何行政机关、社会团体或个人干预。仲裁机构之间也没有隶属关系。

仲裁裁决在大部分国家实行一裁终局制。但《核准仲裁制度》并没有采取这一制度。《核准仲裁制度》第 34 条规定可以"通过上诉争执":"一、仲裁协议或当事人随后签署之书面协议得订定一上诉仲裁审级,但必须订明提出上诉之条件及期间、上诉之方式及审理上诉之仲裁实体之组成,否则该上诉之订定无效;但当事人引用之仲裁机构规章对上述事宜已有规定者,不在此限。二、当事人亦得在仲裁协议或者在随后签署之书面协议内订定对仲裁裁决之上诉应向高等法院提出,且在程序上适用民事诉讼法之相应规定,而书面协议应在接受第一名仲裁员前订立。三、许可仲裁员按衡平原则审判时不得通过上诉争执,即使当事人约定上诉亦不得为之。"易言之,当事人除了约定适用衡平原则裁决的案件外,其他案件均可约定一个上诉仲裁机构进行仲裁上诉,并适用自行约定的程序;也可以直接约定向高等法院(作者注:回归后指中级法院)上诉,适用民事诉讼法的程序。在无相关约定的情况下,裁决的期限通常为 6 个月。

仲裁裁决一经确定,即具有与普通管辖法院判决相同的执行力。澳门仲裁制度要求执行仲裁裁决只能按照民事诉讼法的规定向普通管辖法院提起,仲裁庭对仲裁裁决的执行之诉不具有管辖权。此外,当仲裁裁决作出后,当事人可以自仲裁裁决送达日起 30 日内向法院声请撤销有关仲裁裁决。但是,待决的撤销仲裁裁决之诉并不妨碍依照仲裁庭的裁决提起执行之诉。

(二)涉外商事仲裁

澳门涉外商事仲裁的基本法律是《涉外商事仲裁专门制度》。该法基本采纳了 1985 年联合国《国际商事仲裁示范法》的内容,不失为一部相当现代的商事仲裁立法。与澳门地区内部自愿仲裁一样,涉外商事仲裁的依据也是仲裁协议。当事人可以通过仲裁协议将彼此之间的某项特定法律关系,不论是合同、非合同关系,还是已产生或可能产生的全部或个别争议提交仲裁。

《涉外商事仲裁专门制度》第 1 条第 2 款规定,所谓"商事",包括合同性质或非合同性质的任何商事性质关系所引起之问题。商事性质关系包括但不限于下列交易:供应或交换货物或服务之任何贸易交易、销售协议、商事代表或代理、代收账款、融资租赁、咨询、工程、许可证合同、投资、融资、银行业交易、保险、开发协议或特许协议、合营及其他形式之工业或商业合作、货物或旅客之空中、海上、铁路或公路之运载。

仲裁庭的人数可以是一人或数人,当事人没有约定的人数为三人。对于仲裁员的资格,除要求在当事人没有约定的情况下不得以国籍或居住地为由排除任何人出任仲裁员外,其余方面都没有明文规定。

澳门采纳"自我赋予权限"(Kompetenz-Konpetenz)理论,仲裁庭有权决定其是否对争议有管辖权,包括对仲裁协议是否存在或有效之任何抗辩作出决定。但这一理论的适用不是绝对的,即使仲裁庭宣布自己具有管辖权,任何一方当事人仍有权诉诸法院,请求撤销仲裁庭关于具有管辖权的中间裁决或最终裁决。

在仲裁程序的适用方面,澳门涉外商事仲裁适用当事人意思自治原则。当事人可以通过协议自由选定仲裁庭所遵循的程序,但不影响《涉外商事仲裁专门制度》的适用。如果未达成协议,仲裁庭也可在不影响该法适用的情况下,以其认为适当的方式进行仲裁。仲裁庭的权力包括有权确定所提出的任何证据的可采性、相关性及重要性。在仲裁程序中,实行当事人绝对平等原则,任何一方都有行使其权利的机会。在审理过程中,仲裁庭必须将听证的日期以及为检查货物、其他财产或文件而举行的会议的日期提前足够的时间通知当事人。仲裁庭的审理可以依据当事人提供的证据,也可以委任鉴定人就特定问题作出报告,并要求有关当事人向鉴定人提供所有资料,或让其接触任何有关的文件、货物与财产,以供检查之用。此外,仲裁庭同意或一方当事人同意,可以请求普通管辖法院协助取得证据。仲裁资料提交过程中,一方当事人向仲裁庭提供的陈述书、文件以及其他资料,都应送给另一方当事人,仲裁庭据以作出裁决的报告或作为证据呈交的文件也应送交当事人。

在法律适用上,涉外商事纠纷的仲裁庭应按当事人选定的实体法律对争议作出裁决。当事人指定的法律是适用于某一国家或地区的法律或法律制度的实体法律规则,而不包括法律冲突规则,但另有明确指定的不在此限。如当事人没有做出任何指定,仲裁庭应适用其认为可适用的法律冲突规则所指定的法律。在当事人明示准许的情况下,仲裁庭可以按照公允善良(Ex aequo et bono)和以友好调解人身份(Amiable Compositeur)作出裁决。在任何情况下,仲裁庭均按照合同之规定作出裁决,并考虑到适用于该具体案件之商业习惯。

在仲裁的过程中,当事人可以通过达成协议终止仲裁程序。涉外商事仲裁裁决必须以书面形式作出,由仲裁员签名。所作裁决还必须说明理由,注明作出裁决的日期、仲裁地点等,裁决书副本由仲裁员签名后送交各方当事人。

在涉外商事仲裁裁决的承认与执行方面,葡萄牙于1995年加入《纽约公约》,但该公约并没有扩展适用于澳门地区。中国于1986年加入《纽约公约》,澳门回归后,该公约适用于澳门地区。

在回归前的很长一段时期里,葡澳当局并没有充分注意到ADR的重要意义,只是下意识地跟进了葡萄牙和欧洲的法制趋势。回归后,随着澳门政治、经济和社会的蓬勃发展,各类民商事纠纷也随之大幅递增。为了缓解司法机关的积案压力,澳门特区政府开始采取积极措施,鼓励使用调解和仲裁机制解决纠纷的方式。到目前为止,澳门共设有五个仲裁机构:消费者争议自愿仲裁中心、保险及私人退休基金争议仲裁中心、楼宇管理仲裁中心、澳门律师公会自愿仲裁中心、澳门世界贸易中心自愿仲裁中心,前三个为官方的仲裁机构。各个仲裁机构在职能、处理争议的性质、仲裁员组成和收费等方面各有不同。不过,官方仲裁机构一般都是免费的。

从制度层面上看,澳门已经建立起比较完整的仲裁制度和调解体系,但该体系的实际运作一直不尽如人意。在上述各个机构中,消费者争议自愿仲裁中心在2009年、2010年两年里仅受理69宗个案,调解45宗。而澳门律师公会自愿仲裁中心、澳门世界贸易中心自愿仲裁中心、澳门保险及私人退休基金争议仲裁中心,在这两年没有调处任何个案。是什么原因造成澳门社会ADR体制一直处在"备而不用"状态,有澳门学者分析认为:一是社团管治传统根深蒂固。从葡萄牙政权管治时期到澳门特别行政区成立以来,四百多年来澳门居民一直非常依赖其所属的社团,每当居民之间或居民与政府之间发生任何纠纷,均通过其所属的社团或界别团体出面调停解决。在凡事以调解或协商方式解决的情况下,纠纷甚少通过司法途径解决,仲裁制度亦无法发挥作用。另外,私人工商业团体的传统力量也非常强大,在激烈的市场竞争中,为了垄断、分享澳门市场的工商业利益,当这些团体内部发生纠纷时,也是由行业有影响的人士出面调停,仲裁机构基本上无用武之地。二是来自既得利益集团的阻力。律师集团为了维护自身的利益,不但没有积极推进仲裁发展,反而设定种种关卡和障碍,阻挠仲裁制度的发展。三是政府的推广和宣传不足。官方的消费者争议自愿仲裁中心、保险及私人退休基金争议仲裁中心只能受理争议金额不超过 5 万澳门元的纠纷。以今日澳门居民的生活水平,5 万澳门元的争议是非常小的数目,再加上感觉上更具公信力的轻微民事案件法庭的设立,澳门居民对这些机构并没有需求。[①]

不过,社会对于 ADR 的需求总是会随着社会自身的发展而不断增加的。"伴随着现代国家法律体系功能的扩大,特别是政策指向型管理方法的增加,法律上的利害关系不一定是二元性的,而可能出现更复杂的对立交错,因此原来的诉讼判决程序很难作出恰当应对的新型法律纠纷产生了。另外,在法律的实现上,行政作用有飞跃性的增强,行政的所谓司法性控制作用越来越重要。"[②]这些新类型的纠纷解决起来愈加复杂,这都需要从纠纷的解决方式上去创造和更新。

三、ADR 未来在澳门的发展

ADR 在澳门发展的目的性似乎并不是非常清晰。导致澳门 ADR 迟缓发展的因素和其民事诉讼与社会疏离的现状是相类似的,均与澳门社会独特的秩序形成结构有关。造成这一现象的原因在于,澳门司法本身对于澳门民众的影响力并不显著。澳门市民在葡萄牙统治时期所形成的对官方、对法院、对各种公私仲裁机构的陌生感,以及澳门社会业已存在的依赖社团化解争端的传统,造成了 ADR 在澳门发展的迟滞。回归前,葡澳当局之所以确立仲裁、调解制度,并不是基于现实的需要,而是为了形式上完善法律体系而已。在这种状态下,ADR 在澳门长期没有得到应有的重视。澳门回归后,这一现状当然不会在短期

---

① 谢广汉:《澳门地区的仲裁机制为何停滞不前》,载《民事程序法研究》(第 8 辑),厦门大学出版社 2012 年版。

② [日]小岛武司等编:《诉讼外纠纷解决法》,丁婕译,中国政法大学出版社 2005 年版,第 223 页。

内予以改变,而且市民对于这些仲裁机构的信赖也尚待培养。由于市民各自所属的社区组织、同乡会等社会团体的先行调处,进入澳门司法程序的纠纷数量并不多。有学者认为,澳门街坊会通过社区自治、社区参与、社区服务和社区教育等形式在正式的强制性行政整合和法律整合之外为澳门社会提供了一种属非正式性和非强制性的社会整合机制。① 在这种情况下,澳门市民对于 ADR 的需求也不显著。

事实上,澳门的社会结构对于 ADR 的发展具有得天独厚的条件。澳门各类型的社会团体在社会完全可以发挥着化解民间纠纷的平台作用。这些团体主要包括社区团体、行会团体、专业协会、公益团体、同乡会等。如此花样繁多的社团几乎覆盖了澳门社会的各个角落和各类人群。在这些社团内部,形成了一个小型的熟人社会,各个成员之间往往彼此认识,甚至在工作上也彼此关联,借助社团调解的方式解决他们之间产生的纠纷,无论在效果上,还是效率上都是最佳的。比如,借助于遍布澳门大街小巷的街坊会,对于发生在社区的婚姻纠纷、家庭纠纷、抚养与赡养纠纷,通过长者、尊者的教育和劝导化解纠纷。如此发达的民间社团,不但是澳门的传统,更是澳门社会管理的优势所在。法律是社会的一面镜子,"每个国家的政治和民事法律……应适应其所服务的人民,如果一个国家的政治和民事法律能适用于其他民族,那将是极大的幸福"。② 澳门政府应当重视澳门社会传统上所具有的这一优势,制定专门的民间调解法,允许各个社团中的成员通过协商的方式在相关团体会员中选择调解员,进行调解。对于这些意定达成的调解协议,可以向法院申请确认,以赋予强制执行的效力。这样就可以以极低的成本,建立一个覆盖全社会的纠纷解决机制。实际上,澳门应当从自身的社会特点出发进行考虑,在已有的社团民间调处中寻求资源,建立符合自身社会传统的 ADR 模式。同时,澳门各类已有的仲裁机构也应多从自身的角度进行检讨,在程序的方便、处理的快捷、费用的节省以及在公正性、专业性和有效性等方面都应当进一步加强,以获取更多市民的信赖与支持。

在整个社会纠纷解决体系中,如何合理安排诉讼、仲裁、调解等措施的配合与分工,是一个至关重要的问题。总体而言,比较理想的分配模式应当是将社会中大量发生的民事、商事纠纷,特别是涉及家庭、婚姻、劳资等特殊类型的民事纠纷大部分分流到民间或官方的仲裁与调解组织中去,而只让少数对于社会至关重要的或仲裁、调解无法解决的纠纷进入诉讼。那么,这就面临一个诉讼与仲裁、调解衔接的问题。

---

① 娄胜华:《转型时期澳门社团研究——多元社会中法团主义体制解析》,广东人民出版社 2004 年版,第 221~222 页。

② [法]孟德斯鸠:《论法的精神》,严复译,上海三联书店 2009 年版,第 237 页。

多元化纠纷解决机制的有效运转有赖于诉讼制度与 ADR 制度之间的良好衔接。ADR 的模式有政府主导型、社会主导型和法院主导型三种。从 ADR 与诉讼相结合的角度看，法院主导型更有利于诉讼与 ADR 的无缝对接。通过 ADR 与诉讼的分工配合，任何纠纷在进入法院之前都存在一个替代性的渠道可供选择，以促使纠纷解决的繁简分流，化解大量案件集中于法院的困境。更为重要的是，在提高纠纷解决效率的同时，ADR 逐渐使人们认识到，具体正义的实现，其实往往并不取决于实体法律上权利义务的严格划分，而是取决于当事人之间彼此情感的修复、利益的妥协或后果上的可接受度。这就无疑使我们对于"接近正义"的理解更近了一步。

对于仲裁而言，在如下几个阶段将发生与诉讼衔接的问题：对仲裁协议效力的认定；当事人向仲裁庭申请保全措施；向法庭申请调取证据；对仲裁裁决上诉；申请对仲裁裁决强制执行。对于仲裁庭能否采取保全措施，如何采取保全措施的问题，澳门仲裁制度并没有对此作出具体规定。仲裁保全制度是民商事仲裁程序中一项不可或缺的临时性措施，旨在防止在仲裁程序进行中，当事人利用其所处的优势地位，转移或销毁证据或财产，致使仲裁裁决不能合理地作出，或者即使作出后也难以执行。旧葡萄牙仲裁法律制度中对此并没有作出规定。也许是由于当年起草澳门仲裁制度的学者均来自葡萄牙的原因，受本国既有制度的影响，他们对此也未作关注。不过，2012 年 3 月葡萄牙实施的《葡萄牙自愿仲裁法》已经注意并弥补了这一空白。应当特别指出的是，按照现行的澳门仲裁制度，当事人双方可以约定对仲裁裁决提起上诉。但从总体趋势上看，为了更好地体现仲裁方式的快捷特点，防止仲裁程序与诉讼程序的雷同化，裁决的不可上诉性已成为一个普遍的趋势。即使在葡萄牙，其新修订的仲裁法也开始逐步倾向于一裁终局的原则。

对于调解而言，在如下几个阶段将发生与诉讼衔接的问题：对于调解协议效力的确认；对于调解协议的强制执行；司法附设调解；行政调解与诉讼的对接。在这些方面，澳门的民事诉讼法及其他单行法规都作出了相对比较完善的规定。

从澳门对整个社会各种纠纷解决手段的制度安排来看，调解、仲裁、诉讼之间的分工与布局仍需要进一步改善。在制度设计上，现行制度忽略了社会群众基础与社会传统，未能重视和发挥具有澳门本土特色的社团力量，没有有意识地利用这些平台建立起各种符合其社会特点的调解制度、仲裁制度以及相关的机构。澳门现存几个仲裁机构的设置脱离了社会基础，仅仅依靠政府的扶持生存，未能发挥其应有的作用，造成了资源的浪费。实际上，澳门完全可以充分挖掘这些诉讼外的社会资源，将大量的民商事案件分流到非诉讼机制中去解决，通过借助社会力量解决民事纠纷，遏止众多"细故琐事"涌向法院。这样一来，就可以让"值得"进入司法程序的纠纷免受案件拥堵之困，以缓解澳门法院人少案多的问题。

简论台湾地区"民事诉讼法"修法的指导理论

熊云辉[*]

台湾地区"民事诉讼法"(以下简称"台湾民诉法")在迈向 21 世纪的过程中,进行了大规模修改。该法于 1999 年完成调解程序、简易程序的修改,并增设小额诉讼程序;2000 年完成集中审理和证据制度的修改;2003 年将剩下内容完成修改,"台湾民诉法"至此完成彻底翻修。2007 年和 2009 年又作了局部修改。由于 2012 年制定了独立的"家事事件法",2013 年调整了"民诉法"部分内容,主要是将人事诉讼程序予以删除。目前的"台湾民诉法"已经实现彻底转型,从体例结构到内容安排都根本不同于作为其前身的 20 世纪 30 年代民国时期的"民事诉讼法"。"台湾民诉法"之所以能完成根本性、全面性修改,根本原因在于有一套民事诉讼法学理论体系为指导。1980 年,台湾地区成立了由学者和实务界专家组成的民事诉讼法研究会,通过举办定期性、经常性的研讨会,逐渐对费用相当性原则、程序利益保护论、听审请求权、程序选择权等理论形成共识。[①] "司法院"民事诉讼法研究修正委员会负责草案的起草,而该委员会成员大多都来自民事诉讼法研究会,因此上述共识性理论也就成为民事诉讼法修正草案的指导理论。在这些理论的指导下,在不长的时间里台湾地区就完成了"民诉法"的全面修改。不仅如此,这些理论还成为评价、解释司法实务的先导理论。

---

[*] 作者系厦门大学法学院诉讼法博士研究生,台湾政治大学法学院访问学者。本文系齐树洁教授主持的 2011 年度国家社会科学基金项目"台港澳民事诉讼制度改革研究"(批准号:11BFX133)的阶段性成果。

[①] 1990 年,参加民事诉讼法研讨会的人士共同捐助基金,成立"财团法人民事诉讼法研究基金会";经报请"法务部"许可,于 1991 年正式成立财团法人,并经台北地方法院完成设立登记手续。参见陈重阳:《台湾民事诉讼法学之近代发展——从程序保障权谈家事事件法之制定》,载《海峡两岸法学研究——两岸法治经验回顾与前瞻》(第 1 辑),九州出版社 2013 年版。

一、费用相当性原则

(一)内涵

费用相当性原则是指在当事人利用诉讼程序或法官运作审判制度的过程中,不应使当事人或法院遭受难以预期之浪费或利益牺牲,否则受此牺牲者得拒绝使用此种制度。根据该原理,程序制度之运作应致力于谋求提升权利保护过程之效率,使制度使用者得仅支出与其权利相适应之费用。①

此原则旨在避免耗费过多之时间、劳费、金钱进行诉讼,立法如违反比例原则追求当事人实体利益,不仅延宕原告实体权利的实现或造成被告过度承受应诉负担,且因司法资源分配不合理,使其他私法纷争当事人畏惧使用法院,进而妨害他人接近法院以行使诉讼权利,有违平等原则。"台湾民诉法"中所设立的强制调解、限制审级并简化证据调查的简易诉讼程序、不同审理程序转换之容许与禁止、客观诉之合并、攻击防御方法之适时提出主义与失权效、第二审采取严格的续审制、职权宣告假执行等制度均为费用相当性原则的体现。

(二)表现条文

1. 调解程序。包括通过扩大简易程序事件适用范围以扩大起诉前强制调解之事件、删除调解不成立应再调解的规定、提高调解程序中当事人不到场之罚金、②可在法院以外其他处所调解、明文规定当事人于调解成立后可向法院提起调解无效或撤销之诉、③法官可于双方意思已接近时适当介入、④将调解不成立再起诉的诉讼系属时点明确为声请调解时。⑤

2. 小额程序。为保护人民财产权、诉讼权、平等权,使民众能够对其日常生活中发生的小额事件,通过迅速、简便、经济的诉讼程序解决,立法者认为简易程

---

① 邱联恭:《司法之现代化与程序法》,台湾三民书局1995年版,第272页。
② "台湾民诉法"第409条规定:"当事人无正当理由不于调解期日到场者,法院得以裁定处新台币三千元以下之罚锾;其有代理人到场而本人无正当理由不从前条之命者亦同。前项裁定得为抗告,抗告中应停止执行。"
③ "台湾民诉法"第416条第2项、第3项规定:"调解有无效或得撤销之原因者,当事人得向原法院提起宣告调解无效或撤销调解之诉。前项情形,原调解事件之声请人,得就原调解事件合并起诉或提起反诉,请求法院于宣告调解无效或撤销调解时合并裁判之。并视为自声请调解时,已经起诉。"
④ "台湾民诉法"第417条规定:"关于财产权争议之调解,当事人不能合意但已甚接近者,法官应斟酌一切情形,其有调解委员者,并应征询调解委员之意见,求两造利益之平衡,于不违反两造当事人之主要意思范围内,以职权提出解决事件之方案。"
⑤ "台湾民诉法"第419条第2项、第3项规定:"前项情形,视为调解之声请人自声请时已经起诉。当事人声请调解而不成立,如声请人于调解不成立证明书送达后十日之不变期间内起诉者,视为自声请调解时,已经起诉;其于送达前起诉者,亦同。"

序仍嫌繁复,故设立小额程序。适用小额程序的事件为诉讼标的金额或价额为新台币10万元以下的事件,超过此数额事件也可由当事人合意适用;立法明文禁止当事人将大额事件割裂为小额事件以适用小额程序,除非原告已说明就余额不再主张;限制诉之变更、追加之范围;就小额程序进行而言,包括限制附合契约中之合意管辖条款、允许表格化诉状、夜间或休息日开庭、实行当事人讯问等制度,以求迅速发现真实、实行衡平裁判。为了贯彻费用相当性原则,避免法院耗费过多时间、费用,规定法院经两造同意或调查证据的时间费用与当事人请求显不相当时,可不调查证据而公平裁判,鼓励和解与简化判决书记载;就小额程序救济部分,规定以地方法院合议庭为第二审,上诉或抗告须以裁判违反法令为由,限制当事人在第二审变更、追加之诉,原则上第二审应自己作出判决,审理可不经言词辩论。

3. 简易程序。简易程序运用费用相当性原则包括以下内容:将适用简易程序之诉讼标的金额或价额,修正为上诉第三审利益额以下,以配合第466条规定,并扩大适用简易程序之案件类型;同时增订法院认为适当时可裁定改用通常诉讼程序、①简易诉讼程序应以一次期日辩论为原则、简化简易程序言词辩论笔录;②为达速审速结目的,规定当事人一方言词辩论期日不到场即可作出一造辩论判决,简化简易事件判决书的记载;规定简易程序原则上二审审结,若因诉之合并、变更、追加或提起反诉,而使诉之全部或一部不适用简易程序,除当事人合意外,法院应改为通常程序。

二、程序利益保护论

(一)内涵

"台湾民诉法"向来被认为以保障私权为目的,不过基于"宪法"第16条保障人民诉讼权之基本权利,司法资源具有其有限性,从而无法对单一个案耗费过多时间。传统上诉讼权之保障,或保障人民享有使用诉讼制度、使用法院的机会,多是针对发现客观真实与达成慎重而正确的裁判而言。如果当事人在诉讼程序中耗费过多劳力、时间与费用,使其支出的程序费用超过通过诉讼实现的实体利益,则有损当事人所享有的程序利益。

---

① "台湾民诉法"第427条第5项规定:"第二项之诉讼,案情繁杂或其诉讼标的金额或价额逾第一项所定额数十倍以上者,法院得依当事人声请,以裁定改用通常诉讼程序,并由原法官继续审理。"

② "台湾民诉法"第433条之二规定:"言词辩论笔录,经法院之许可,得省略应记载之事项。但当事人有异议者,不在此限。前项规定,于言词辩论程序之遵守、舍弃、认诺、撤回、和解、自认及裁判之宣示,不适用之。"

程序利益为修法过程引进之法理,系指依"宪法"上保障自由权、诉讼权、财产权、平等权及生存权等基本权利规定,当事人及程序利害关系人应被赋予程序主体地位,享有程序主体权。基于程序主体性原则,立法者及程序制度运作者(法官),就关涉程序主体利益、地位、责任或权利义务之审判程序、纷争解决程序,应从实质上保障当事人适时参与该程序以影响裁判形成之机会。① 为此,就诉讼程序如何利用与运作而言,程序主体者除可请求受诉法院实现其系争实体利益以贯彻此利益所彰显之基本权外,亦可请求法院保护其衍生于该基本权且独立并存于上述实体利益之程序利益。通常此程序利益系指因简化程序之利用或避不使用烦琐、欠缺实益之程序所可节省之劳力、时间或费用而言,如果诉讼程序运作未能致力于此,或竟然反而造成劳力、时间或费用的浪费,即属于当事人遭受了程序上的不利益。发生此种不利益,不仅对于系争实体利益,也对系争标的外同受"宪法"保障的基本权造成减损、消耗、限制的后果。为此,立法者在设计诉讼制度时或法院在运作程序时,均应尽力使程序主体有平衡追求程序利益的机会。

(二)表现条文

程序利益论作为修法的指导原则,对诸多条文修正有影响。就择定审判对象范围部分,包括法官阐明义务之要求、金钱赔偿损害请求数额之嗣后补充、②自由心证定损害赔偿数额③等。就促成纷争解决方式选用部分,包括扩充诉讼前证据保全、保全证据期日争点协议之程序、程序转换之程序利益追求(如合意委任酌定调解条款和合意移付调解)、当事人可以合意将通常程序改用简易或小额程序等。小额事件之事实认定部分,包括两造合意或调查证据所需时间、费用与当事人之请求显不相当时,可由法院依公平原则作出裁判。此外,诉讼上请求

---

① 邱联恭:《程序利益保护原则(上)——阐释其如何成为前导民事诉讼法修正走向之法理》,载台湾《月旦法学教室》2002年第1期。
② "台湾民诉法"第244条第4项规定:"第一项第三款之声明,于请求金钱赔偿损害之诉,原告得在第一项第二款之原因事实范围内,仅表明其全部请求之最低金额,而于第一审言词辩论终结前补充其声明。其未补充者,审判长应告以得为补充。"
③ "台湾民诉法"第222条第2项规定:"当事人已证明受有损害而不能证明其数额或证明显有重大困难者,法院应审酌一切情况,依所得心证定其数额。"

范围、协议简化争点与促进诉讼义务、合并审判制度、①证据调查程序②等,亦按照诉讼经济及程序利益原则进行修正。

三、听审请求权

(一)内涵

听审请求权,又称合法听审权,是根源于人性尊严、法治原则的公民基本权与程序法原则。听审请求权是德国法上的概念,被作为公民的基本权之一规定在德国宪法中。该原则规定于宪法后,被广泛运用于司法实务中,实务界将其视为程序法上一般原则。台湾地区民事诉讼法学界引入德国听审请求权理论并加以发展,使之成为民事诉讼法修改的先导理论。保障听审请求权有利于确立当事人诉讼主体的地位。③ 其基本内容如下:

1.知悉权(又称受通知权)。知悉权包括以下三方面:一是诉讼系属的合法通知,指法院应依民事诉讼法有关送达规定通知当事人;二是对相对人陈述内容知悉的权利,即对于一方当事人的陈述,其他程序参与人应有知悉的权利,而法院就此负有通知义务;三是阅卷权,所有对判决有重要影响的相关资料,除法院内部文件外,皆应允许当事人阅视。

2.陈述权。陈述权可分为积极的陈述权和消极的陈述权。前者指当事人可以在法院前进行主张、说明和表示意见的权利,法院应保障程序参与者对有关攻击防御的重要事项进行陈述的权利;后者则指作为裁判依据的诉讼资料,法院必须确定当事人已获得听审请求权的保障,否则不能作为裁判的依据。也就是说在保障当事人听审请求权的前提下,所获得的诉讼资料才可以作为裁判的依据;若利用未经当事人主张的事实,就会产生违反听审请求权的后果。

3.法院审酌义务。听审请求权内容除前述两项原则外,还包括法院审酌义

---

① "台湾民诉法"第255条规定:"诉状送达后,原告不得将原诉变更或追加他诉。但有下列各款情形之一者,不在此限:一、被告同意者。二、请求之基础事实同一者。三、扩张或减缩应受判决事项之声明者。四、因情事变更而以他项声明代最初之声明者。五、该诉讼标的对于数人必须合一确定时,追加其原非当事人之人为当事人者。六、诉讼进行中,于某法律关系之成立与否有争执,而其裁判应以该法律关系为据,并求对于被告确定其法律关系之判决者。七、不甚碍被告之防御及诉讼之终结者。被告于诉之变更或追加无异议,而为本案之言词辩论者,视为同意变更或追加。"

② "台湾民诉法"第305条第2项、第3项规定:"证人须依据文书、资料为陈述,或依事件之性质、证人之状况,经法院认为适当者,得命两造同证人于公证人前作成陈述书状。经两造同意者,证人亦得于法院外以书状为陈述。"

③ 姜世明:《民事程序法之发展与宪法原则》,台湾元照出版有限公司2009年版,第71~89页。

务。其可细化为两点:其一,法院必须对当事人的陈述适时地评价和审酌。如果规定了书状提出期间,法院即不得在期间届满前进行裁判。若法院于期间届满前作出裁判,即意味着法院未审酌尚在时限内但未提出的书状,构成违反听审请求权。其二,附具理由义务。法院判决时,必须将所知悉的当事人陈述在判决中予以详细说明,以使当事人和上级法院有监督审查的基础。此乃法治社会下司法权行使的基本要求。

4. 突袭性裁判之防止。突袭性裁判是指法官违反有关事实上与法律上的阐明义务,而以当事人未受适当程序保障下所得的事实或法律见解为其裁判依据,"以致造成法院所为之裁判乃非当事人基于诉讼所存资料依通常情形所得预期裁判结果之意外效果"①。突袭性裁判包括事实性突袭性裁判与法律性突袭性裁判。两者均有损于当事人的程序基本权,应尽力避免之。法院在裁判相关诉讼资料时,应保障当事人的知悉权、阅览权、陈述权。对于法院裁判有重要性的事实、法律争议,当事人均应有机会影响之。听审请求权亦要求法院对于当事人所提出之攻击防御,需加以认识、审酌且须于判决中附具理由说明。

(二)修法条文

听审请求权体现于诸多修法条文。如有关知悉权的规定体现于送达规定、将诉讼系属事项通知诉讼标的之移转之第三人、②诉之言词撤回以笔录送达、③准备书状缮本通知被告等;有关陈述权规定体现于追加当事人赋予陈述意见机会、法官阐明权之完全行使、④法官阐明义务之扩充、⑤法院职权调查证据应给予当事人陈述意见的机会、证明妨碍致不利认定应给予当事人陈述意见的机会、⑥命

---

① 姜世明:《论合法听审权——以在民事程序法之实践为中心》,载台湾《法学丛刊》2002年第4期。

② "台湾民诉法"第254条第4项规定:"法院知悉诉讼标的有移转者,应即以书面将诉讼系属之事实通知第三人。"

③ "台湾民诉法"第262条第3项规定:"以言词所为诉之撤回,应记载于笔录,如他造不在场,应将笔录送达。"

④ "台湾民诉法"第199条规定:"审判长应注意令当事人就诉讼关系之事实及法律为适当完全之辩论。审判长应向当事人发问或晓谕,令其为事实上及法律上陈述、声明证据或为其他必要之声明及陈述;其所声明或陈述有不明了或不完足者,应令其叙明或补充。陪席法官告明审判长后,得向当事人发问或晓谕。"

⑤ "台湾民诉法"第199条之一规定:"依原告之声明及事实上之陈述,得主张数项法律关系,而其主张不明了或不完足者,审判长应晓谕其叙明或补充之。被告如主张有消灭或妨碍原告请求之事由,究为防御方法或提起反诉有疑义时,审判长应阐明之。"

⑥ "台湾民诉法"第282条之一规定:"当事人因妨碍他造使用,故意将证据灭失、隐匿或致碍难使用者,法院得审酌情形认他造关于该证据之主张或依该证据应证之事实为真实。前项情形,于裁判前应令当事人有辩论之机会。"

当事人退庭之讯问、当事人对违背文书提出义务的后果可辩论;①有关法院审酌义务的规定体现为法院心证之理由应记载于判决中。②

四、程序选择权论

(一)内涵

基于人性尊严与人民主体原则,以及"宪法"保障的自由权、诉讼权、财产权等基本权利,故在处分权主义之范围内,原则上承认当事人就各程序中所涉之实体利益与程序利益,有一定的自由处分权,从而可要求立法者及法院提供相当机会,使当事人用来平衡追求该两种利益,亦即强化当事人程序主体地位。③

为此,法院应使当事人有机会选择较有助于平衡追求实体利益与程序利益之程序制度,包括当事人一方可依不同利益衡量选择不同的纠纷解决程序,如诉讼制度、非讼制度或诉讼外纠纷解决机制,也可由当事人双方共同选择程序之进行方式,如合意选择适用或改用程序,以减少程序劳费之方式追求程序利益。此类以合意改变立法上之民事诉讼规范,乃与诉讼契约论的发展有关。④"今后应在认知上开法理对于立法论及解释论具指导原理性之前提下,以程序选择权论为据点,全面性检视向来民事程序理论及实务运作之利弊得失,进而重新定立相关之程序法理。"⑤

(二)表现条文

该理论运用于许多条文,如合意管辖、审判权争议时合意由普通法院审判、⑥合意不公开审判以保护隐私、争点简化协议、合意选定鉴定人等;再如承认证据契约、证据保全程序中的协议(包括诉讼前阶段的争点协议、诉讼标的协议、

---

① "台湾民诉法"第345条规定:"当事人无正当理由不从提出文书之命者,法院得审酌情形认他造关于该文书之主张或依该文书应证之事实为真实。前项情形,于裁判前应令当事人有辩论之机会。"
② "台湾民诉法"第222条第4项规定:"得心证之理由,应记明于判决。"
③ 邱联恭:《司法之现代化与程序法》,台湾三民书局1995年版,第113~114页。
④ 姜世明:《任意诉讼及部分程序争议问题》,台湾元照出版有限公司2009年版,第1~87页。
⑤ 邱联恭:《程序选择权论》,台湾三民书局2000年版,第54页。
⑥ "台湾民诉法"第182条之一第1项规定:"普通法院就其受理诉讼之权限,如与行政法院确定裁判之见解有异时,应以裁定停止诉讼程序,声请'司法院大法官'解释。但当事人合意愿由普通法院为裁判者,由普通法院裁判之。"

协议执行力的赋予①)的效力;明文规定了当事人有以下选择权,如声请酌定和解方案、②起诉前可合意调解、合意适用简易程序、合意适用小额程序、合意飞跃上诉③等等。

此外应当说明的是,台湾地区于 2003 年制定了"民事诉讼合意选定法官审判暂行条例",允许当事人在诉讼中合意选定法官。当事人以合意方式选定其信赖的法官,其功能在于减少上诉与增强对司法的信赖。合意选定法官制度的法理基础即为程序选择权。不过,由于该条例欠缺相关制度的配合,产生法定法官原则之背反的争议,且可能造成一地多制之法不安定性,因而施行不过数年即被废止。④ 废止的根本原因,在于论者执着于学术理想而将程序选择权过于美化,对实施时可能发生的困难缺乏清醒的认识,以至于与现实脱节。其实,在程序选择权提出之初便被学界批评为过于理想。⑤

五、武器平等原则

(一)内涵

武器平等原则的宪法基础在于法治原则、平等权原则等。法治原则、平等权原则要求法律应保障诉讼当事人间之武器平等,保障资力较低劣之诉讼当事人获得诉讼救助,以保障其平等接近法院的权利及保障其能获得司法救济的权利。

诉讼法意义上武器平等原则,是指诉讼当事人无论原告或被告,即使在诉讼外是高低阶层的社会关系,在诉讼中地位也一律平等,法官有义务通过客观公正程序,无成见地使用、评价当事人主张,无偏私地运用法律及履行程序上的义务,以确保当事人地位平等。如进一步分析,可将武器平等原则区分为形式意义上武器平等原则与实质意义上武器平等原则。前者是指当事人一方在法官面前不

---

① "台湾民诉法"第 376 条之一规定:"本案尚未系属者,于保全证据程序期日到场之两造,就诉讼标的、事实、证据或其他事项成立协议时,法院应将其协议记明笔录。前项协议系就诉讼标的成立者,法院并应将协议之法律关系及争议情形记明笔录。依其协议之内容,当事人应为一定之给付者,得为执行名义。"

② "台湾民诉法"第 377 条之一规定:"当事人和解之意思已甚接近者,两造得声请法院、受命法官或受托法官于当事人表明之范围内,定和解方案。前项声请,应以书状表明法院得定和解方案之范围及愿遵守所定之和解方案。"

③ "台湾民诉法"第 466 条之四规定:"当事人对于第一审法院依通常诉讼程序所为之终局判决,就其确定之事实认为无误者,得合意径向第三审法院上诉。前项合意,应以文书证之,并连同上诉状提出于原第一审法院。"

④ 相关质疑可参见姜世明:《任意诉讼及部分程序争议问题》,台湾元照出版有限公司 2009 年版,第 123 页。

⑤ 邱联恭等:《程序选择权之法理——民诉法研究会第 46 次研讨会记录》,载台湾《法学丛刊》1993 年第 3 期。

可有优于或劣于他造之地位,无论是原告还是被告均一律平等,不因身份、阶级、地位差异而不同,这是程序法建构应考量的原则。不过是否允许法官对具体个案干预以及采用何种方式干预以促进平等,仍有疑问。后者则强调当事人在法院前处于实质性程序地位之平等性,不仅强调在立法制度上当事人应获得同等地位,而且强调在程序上之机会平等性。① 据此,法院应注意调整当事人事实上的不平等性,保障当事人有同等运用程序的机会,即实质诉讼指挥权之强化。

(二)表现条文

武器平等是"台湾民诉法"的一项指导性原则。如2009年通过的"法律扶助法",是为了保障人民合法权益,对于无资力或因其他原因无法得到法律适当保护的人,提供必要之法律扶助。提供的法律扶助包括法律咨询、调解、和解、法律文件撰拟、诉讼或仲裁之代理或辩护、其他法律事务上必要之服务及费用之扶助等。"台湾民诉法"第107条规定:"当事人无资力支出诉讼费用者,法院应依声请,以裁定准予诉讼救助。但显无胜诉之望者,不在此限。法院认定前项资力时,应斟酌当事人及其共同生活亲属基本生活之需要。"第277条规定:"当事人主张有利于己之事实者,就其事实有举证之责任。但法律别有规定,或依其情形显失公平者,不在此限。"上述条文皆体现了武器平等原则的运用。

六、非讼法理之嵌入

(一)内涵

民事诉讼程序向来多采彻底的当事人主义的程序法理,如处分权主义、辩论主义等。不过第一次世界大战之后,情况有所变化,当事人主义的适用造成了诉讼拖延,减少或阻碍了其他人平等使用法院解决纷争的机会,从而产生了对当事人主义进行适度限制的需要。因此有必要让诉讼当事人负有某种程度的协力义务,以协助法院促进诉讼,并且扩大法官的裁量权限,以抑制浪费司法资源的诉讼。植基于诉讼经济原则的非讼化理论,可分为程序上非讼化与实体上非讼化。前者是指只利用裁定、抗告而非判决、上诉等方式解决纷争,同时采用间接主义、职权主义、书面主义、不公开主义等,这样有助于节省劳力、时间和费用;后者是指承认法官对权利义务存否及其范围之判断有裁量权,亦即将实体法上要件予以抽象化、概括化,而授予法官裁量权,由法官来决定权利的内容。②

(二)表现条文

本原则体现条文可分为三部分。其一体现于简式诉讼程序中。如调解程序

---

① 姜世明:《民事程序法之发展与宪法原则》,台湾元照出版有限公司2003年版,第167~172页。

② 邱联恭:《司法之现代化与程序法》,台湾三民书局1995年版,第326~327页。

中法官职权调查证据、①调解方案之提出、②简易程序中如一次期日辩论终结为原则、便宜通知证人到场程序,小额诉讼中衡平裁判③等;其二为实体法之非讼化,如确定判决因情势变更而被更行起诉请求变更原判决、④审酌事实、衡平定损害数额;⑤其三为程序法之非讼化,如保全证据程序两造协议笔录、法官提出和解方案,前者为第367条之一的规定,后者为第377条之二的规定。

七、集中审理原则

(一)内涵

集中审理原则,是指"诉讼之本案审理应尽可能使程序集中化,并以开一次言词辩论期日即可终结为理想"⑥。根据该原则所确立的审理方式,是以实现短时间内终结某一事件为目标,就该事件的辩论,或集中于一次言词辩论期日内完成,或连续召开数次言词辩论期日而没有时间上间隔,且该数次期日之间不审理其他事件。在这种情况下,法院对案件的审理必须连续不断地进行,一案审理终结后才可以审理其他案件,所以又称继续审理主义,这与台湾地区法院向来所用的并行审理主义、分割审理主义不同。为达到审理集中的目的,法院需要将诉讼中产生的事实、证据与法律上争点在短时间内加以整理,尽量缩短审理时间,减少开庭次数。

审理集中化的功能在于以下几方面:第一,有利于节省劳费,避免当事人遭受程序上的不利益。集中审理可避免重复审理、调查证据,法官和当事人毋庸重复阅览已有的案卷笔录或附卷材料,从而为当事人节省劳费,避免重复开庭的负担。集中审理可使当事人及其代理律师减少到庭的次数,且节省等候开庭的时

---

① "台湾民诉法"第413条规定:"行调解时,为审究事件关系及两造争议之所在,得听取当事人、具有专门知识经验或知悉事件始末之人或其他关系人之陈述,察看现场或调解标的物之状况;于必要时,得由法官调查证据。"
② "台湾民诉法"第417条规定:"关于财产权争议之调解,当事人不能合意但已甚接近者,法官应斟酌一切情形,其有调解委员者,并应征询调解委员之意见,求两造利益之平衡,于不违反两造当事人之主要意思范围内,以职权提出解决事件之方案。"
③ "台湾民诉法"第436条之十四规定:"有下列各款情形之一者,法院得不调查证据,而审酌一切情况,认定事实,为公平之裁判:一、经两造同意者。二、调查证据所需时间、费用与当事人之请求显不相当者。"
④ "台湾民诉法"第397条规定:"确定判决之内容如尚未实现,而因言词辩论终结后之情事变更,依其情形显失公平者,当事人得更行起诉,请求变更原判决之给付或其他原有效果。但以不得依其他法定程序请求救济者为限。"
⑤ "台湾民诉法"第222条第2项规定:"当事人已证明受有损害而不能证明其数额或证明显有重大困难者,法院应审酌一切情况,依所得心证定其数额。"
⑥ 邱联恭:《程序制度机能论》,台湾三民书局1996年版,第239页。

间。第二,有利于提升事实认定的正确性,从而提升裁判的品质。实现集中审理,法院可以对特定的争点事实集中讯问相关证人、调查相关证据,及时地形成心证,避免分割审理所造成遗忘、记忆模糊。通过集中审理,当事人与其他诉讼参与人在记忆保持新鲜的情况下共同开庭,法院比较容易化解他们彼此之间的误解,从而避免误判。第三,有利于赋予当事人平衡追求实体利益和程序利益的机会,提升当事人及其他诉讼参与人对裁判的信服度、接纳度。因为在集中审理的法庭上,所有的人都目睹了案件的审理过程,掌握了案件全貌,从而可以形成与法官相同或相近的心证、判断。这样法官的判决不太会被提起上诉。第四,有利于贯彻言词审理、直接审理主义。通过集中审理,法院可利用当事人和其他诉讼参与人都在场且记忆犹新的情形下,当场阐明相关争点或不明了之处,并使当事人能够陈述意见,从而充分发挥直接审理主义、言词审理主义的机能。

(二)表现条文

集中审理的三大支柱分别是失权制度、阐明制度和争点整理程序。通过多次修法,这三种制度已相继在"台湾民诉法"中确立。

1.失权制度。失权制度是2000年修法时确立,将自由顺序主义改采适时提出主义,以促进诉讼,防止诉讼延滞,其核心内容就是将当事人未于适当时机提出的攻击防御方法排除于诉讼之外。2003年修法时又对第二审程序的失权规定作了重要修改。失权制度的相关规定,如第196条关于失权的一般原则性规定、第276条关于准备程序失权的规定、第268条之一关于第一审程序失权的规定、第444条之一及第447条关于第二审程序的失权规定等等,上述规定构成了体系完整的民事诉讼失权制度。

2.阐明制度。为了使诉讼过程流畅且适当进行,应该赋予法院拥有诉讼指挥权,阐明权是法院行使诉讼指挥权的重要方式。为了防止发生突袭性裁判,法律赋予了法官阐明权。如"台湾民诉法"第199条规定:"审判长应注意令当事人就诉讼关系之事实及法律为适当完全之辩论。审判长应向当事人发问或晓谕,令其为事实上及法律上陈述、声明证据或为其他必要之声明及陈述;其所声明或陈述有不明了或不完足者,应令其叙明或补充之。"另外,为防止法律适用及促进诉讼的突袭,规定法官负有表明法律见解的义务,从而使阐明的性质由法官的权力转变为义务。如2000年新增第199条之一规定:"依原告之声明及事实上之陈述,得主张数项法律关系,而其主张不明了或不完足者,审判长应晓谕其叙明或补充之。被告如主张有消灭或妨碍原告请求之事由,究为防御方法或提起反诉有疑义时,审判长应阐明之。"

3.争点整理。所谓争点整理,是指对双方当事人争执的内容进行厘清的活动和过程,借此了解双方所主张的诉讼资料(包括事实和证据主张)内容为何、争执在哪,以便法院与诉讼当事人就此形成共识,从而使法院在证据调查、言词辩论期日得以聚焦于争点的审理,当事人也应就争点集中攻防。① 争点整理不仅包括事实、证据争点的整理,还包括法律争点的整理。相关条文如第296条之一第1项规定:"法院于调查证据前,应将诉讼有关之争点晓谕当事人。"该规定将诉讼程序分为争点整理程序与证据调查程序。第270条之一规定:"受命法官为阐明诉讼关系,得为下列各款事项,并得不用公开法庭之形式行之……三、整理并协议简化争点。"争点整理程序在于先行特定当事人的诉讼请求,确认哪些事实具有诉讼上待证的必要,以便在言词辩论阶段进行有效的攻击防御。证据调查程序,仍需决定何种证据需要调查,从而需根据证据调查情况再进行争点整理。最后在法律适用层面上,法院通过自由心证形成自己的法律见解,为避免造成法律适用的突袭,亦须就特定法律争点与当事人讨论并适时公开心证。

---

① 邱联恭:《争点整理方法论》,台湾三民书局2001年版,第23~26页。

违法性认识的内容及其判断规则

张兴慧[*]

一、问题的提出

违法性认识,或称违法性意识,是指行为人对其行为是否违反法律或为法律所禁止的认识。违法性认识与犯罪故意具有密切联系,对于违法性认识是否为犯罪故意的构成要素,我国刑法理论界存在着否定说与肯定说两种截然相反的观点。否定说认为,违法性认识不是故意的构成要素。该说认为成立犯罪故意,只要求行为人明知其行为及行为结果的危害性即可,而不要求行为人明知行为及结果的刑事违法性。[①] 否定说是我国刑法学界的通说。肯定说认为,违法性认识是故意的构成要素,而且将违法性认识作为犯罪故意的要素具有充足的法律根据。[②] 然而,经过仔细推敲,我们发现否定说和肯定说并不是根本对立的,二者区别的关键在于违法性认识的内容。具体而言,持否定说的学者将违法性认识的内容理解为"刑事法律规范",因而认为行为人不需要认识到其行为的"刑事违法性";[③]而持肯定说的学者则将违法性认识的内容理解为对一般法律规范或法律的意识,[④]因而认为行为人需要对违法性有认识。也就是说,否定说并不否认在成立犯罪故意的场合,行为人必须具有违法性的认识,只是不要求行为人达到刑事违法性的认识的程度而已。所以,否定说和肯定说的差异源于对违法性认识内容的不同理解。由此可见,正确界定违法性认识的内容,对于确定违法性认识与犯罪故意的关系具有重要意义。同时,确定刑法中的违法性认识内容,对于厘清违法性认识与社会危害性认识的关系具有重要的理论价值。然而,我国刑法理论界对于违法性认识的内容、刑事违法性认识与社会危害性认识的关

---

[*] 作者系清华大学法学院刑法学博士研究生。
[①] 冯军等编著:《刑法学》,清华大学出版社2013年版,第83页;周光权:《违法性认识不是故意的要素》,载《中国法学》2006年第1期。
[②] 陈兴良:《违法性认识研究》,载《中国法学》2005年第4期。
[③] 高铭暄、马克昌主编:《刑法学》,北京大学出版社、高等教育出版社2011年版,第107页。
[④] 刘明祥:《刑法中错误论》,中国检察出版社2003年版,第244页。

系的讨论并不深入,甚至刻意将之忽略。针对这一现状,本文对上述问题进行分析,以期抛砖引玉。

二、违法性认识内容的学说及评析

违法性认识的内容究竟是刑事法律规范还是民法、行政法等一般的法律规范,抑或是法律规范背后的道德、伦理秩序?针对这一问题,刑法学者之间存在着很大的争议,大致上形成了三种学说:违反前法律规范的认识说、一般违法性的认识说以及违反刑事法律的认识说。

违反前法律规范的认识说认为,犯罪行为所违反的并非刑法法规而是刑法法规之前提条件的道义责任。早前德国刑法学者将禁止或命令行为人为特定行为的规范认定为"行为规范",行为人对违反该行为规范的认识即是违法性认识。在这里,"行为规范"被解释为条理或国民道义,如德国学者 M. E. Mayer 曾提出,"行为规范"是指先于法律的社会规范上之"文化规范"(Kulturnorm)。① 这一观点当时得到许多学者的支持,但并未被德国联邦法院采纳。在深受德国刑法思想影响的日本,有学者从严格故意说的立场出发,认为行为人主观上必须认识行为的"反条理性"。② 例如,小野清一郎指出,行为人主观上必须认识到其行为违反"国民道义",这种观点得到日本不少学者的支持。③

一般违法性的认识说认为,违法性认识是指行为人对其行为在法律上不被允许或被禁止有认识。也就是说,只要行为人认识到自己的行为违反法律,就可以认定行为人具有违法性认识,而不要求行为人认识到其行为违反刑法规范,更不要求行为人认识到其行为是应受刑罚处罚的行为。日本学者大谷实教授认为,只要能够使人形成反对动机就足够了,不要求其具有会受到刑法处罚的"可罚的违反刑法意识"。④ 德国学者耶赛克、魏根特认为,不法意识的对象并非指对法律规范的认识或者对行为可罚性的认识;只要行为人知道,自己的行为与社会共同体的要求是相矛盾的,因而是被法律所禁止的就够了,即只要认识到实质的违法性即足矣。⑤ 在中国,该学说得到了一些学者的支持。例如,姜伟教授认为:"违法意识的含义指违反一切法律规范,即不仅包括刑事法规也包括其他法

---

① [德]M. E. Mayer, *Rechtsnorme und Kulturnorm*,转引自余振华:《刑事违法性理论》,台湾瑞兴图书有限公司 2010 年版,第 84 页。
② [日]泷川幸辰:《犯罪论序说》(修订版),转引自余振华:《刑法违法性理论》,台湾瑞兴图书有限公司 2010 年版,第 367 页。
③ 在日本还有庄子邦雄、大塚仁等学者支持此说。
④ [日]大谷实:《刑法总论》,黎宏译,中国人民大学出版社 2008 年版,第 309 页。
⑤ [德]汉斯·海因里希·耶塞克、托马斯·魏根特:《德国刑法教科书》,徐久生译,中国法制出版社 2001 年版,第 540 页。

规,如民事法规、行政法规等。"①

　　违反刑事法律的认识说起源于费尔巴哈的心理强制说,即人的心理都具有趋利避害的本能,刑罚是令人痛苦的,由此产生抑制违法行为的动机。因此,违法性认识是对刑事法律规范的认识。该说强调犯罪行为的违法性认识与一般违法行为的违法性认识的区别。当行为人只能认识到自己的行为违反民法、行政法而不能认识到自己的行为违反刑法时,刑法就不能过问。② 日本刑法学者野村稔支持此说,他认为:"仅仅认识到自己的行为不被一般法律所允许是不能称其为违法性认识的,还必须认识到自己的行为违反刑法规范或为刑法所不容许,但也不是指一定要意识到违反各条刑法规范。"③

　　在上述三种学说中,违反前法律规范的认识说的问题在于,它是以违法一元论为根据的,容易导致"违法性"的认识非常宽泛,禁止的内容不明确。④ 近代以来,随着道德与法律的严格区分以及制定法的不断丰富和完善,几乎没有学者支持这一学说。而一般违法性认识说的不足之处则在于:第一,违反罪刑法定原则。根据罪刑法定原则,何种行为是犯罪,对该行为应当予以何种处罚,不仅事先要在刑法中加以规定,而且还必须有明确的规定,以便于公民能够事先预测自己的行为后果。这反映到犯罪构成上,就是行为人主观上应该认识到与其行为的危害程度相当的刑事违法性。所以,根据一般违法性认识说,在行为人对刑事法律没有任何认识的情况下,即对其予以刑法上的处罚的做法显然违反了罪刑法定原则。第二,扩大刑法的处罚范围,因为只认识到其行为违反民法、行政法等非刑事法律的行为人也可能受到刑罚处罚。相对于上述两种学说的不足,刑事违法性认识说更具合理性。正如黎宏教授所指出的,行为符合犯罪构成是行为人承担刑事责任的唯一根据,刑法中的"违法性认识"应当是"刑事违法性的意识",而不是其他。⑤ 对此,下文将予以详细论述。

三、国外立法和判例对于违法性认识内容的基本态度

　　虽然各国刑法理论界对违法性认识的内容尚有争议,但当前各国立法和判例则大多倾向于刑事违法性认识说,即将违法性认识的内容限定为刑事法律规范。

---

　　① 姜伟:《故意犯罪与过失犯罪》,群众出版社 1992 年版,第 143 页。
　　② 张明楷:《刑法学》,法律出版社 2011 年第 4 版,第 296 页。
　　③ [日]野村稔:《刑法总论》,全理其、何力译,法律出版社 2001 年版,第 304 页。
　　④ 张明楷:《刑法学》,法律出版社 2011 年第 4 版,第 295 页。
　　⑤ 黎宏:《论违法性认识的内容及其认定》,载陈忠林主编:《违法性认识》,北京大学出版社 2006 年版。

(一)日本立法和判例的立场

现行《日本刑法典》第 38 条第 3 款规定:"不得因不知法律而认为没有犯罪的故意,但根据情节可以减轻刑罚。"日本刑法学者对于这一条款所规定的"法律"的具体含义,有以下几种见解:①(1)指法规,即刑罚法规;(2)指违法性;②(3)指刑罚法规或违法性。很明显,日本学者基本上将违法性认识的内容理解为刑罚法规。

日本比较重要的涉及违法性认识的判例大多采纳刑事违法性认识说的观点。最典型的如"仿造百元券事件"③,日本最高法院在该案判决中指出,被告人甲让照相馆的人制作了反面记载有自己经营的餐厅的广告的服务券,该服务券和日本银行发行的百元纸币在大小、图案、色彩方面都一样。在制作的时候,甲还曾向某警察署的熟人咨询。熟人拿出了《取缔仿造货币和证券的法律》,并告知甲制作和货币相似的东西是违法的,但如果将该服务券的尺寸比照实物放大,并写明"样品"或"服务券"字样,让一般人看到后不认为是真货币,这样会好一些。由于当时熟人的态度和善,甲以为上述劝告并非一定要遵循,于是,没有听从该劝告就制作了和百元纸币具有相似外观的服务券。其后,甲将该服务券的一部分拿给警察署的防卫科长看,也没有受到特别的警告。被告人乙也制作了同样的服务券。他在制作时听甲说过,该服务券尽管和百元纸币相似,但是警察说没有问题,而且是与最近几乎不使用的百元纸币类似的东西,所以乙没有感到特别的不安。但是,乙在这一问题上只是听信了甲的话,并没有亲自进行调查。对上述事件,一审以及上诉审判决认为,被告人的行为构成《取缔仿造货币和证券的法律》第 1 条规定的犯罪。被告人提起了上诉,但被最高法院驳回。法院认为,在这种事实关系之下,尽管被告人甲和乙认为自己在上述行为中没有违法性意识,但并没有相当的理由支持这一点,因此,原判决的判断是妥当的。这实际上等于承认,如果行为人有足够的理由说明其对该行为不具有违法性的认识,那么他就不具有犯罪的故意。

通过这个判例可以看出,审判法院认为违法性认识的内容是具体的法律规定,或者说是法律条文的界限,而不是超法规的法律秩序或道义。类似的判例还有著名的"黑雪事件"④,被告人所制作的电影《黑雪》经影视伦理管理委员会检查通过后,在收费公映会上进行了播放。尽管东京地方法院认为该电影是《刑法》第 175 条所说的"淫秽图画",但根据以下理由,认为被告人没有故意,即该电

---

① [日]大谷实:《刑法总论》,黎宏译,中国人民大学出版社 2008 年第 2 版,第 313 页。
② "违法性"在这里仍然是一个不明确的概念,有循环定义之嫌,可以忽略。
③ 日本《刑事审判集》第 41 卷第 5 号,第 237 页。
④ 日本《高刑集》第 22 卷第 4 号,第 595 页。

影通过了影视伦理管理委员会的检查,作为本片制作关系人的两名被告人完全想不到本片会是刑法上所规定的"淫秽图画",他们是在相信本片为社会所承认、为法律所认可后,才公开放映的。从建立影视伦理管理委员会制度的目的、社会对该制作的评价以及制作人等有关人员的心情等来看,被告人没有意识到本片具有"刑法上的"淫秽性。他们有足够的理由相信,本片是法律所允许的电影。因此,就本案而言,被告人不具有《刑法》第175条所规定的犯意。① 而从法院的表述②也可以看出,法律要求行为人认识的是刑法上的规定,而不仅仅是民法、行政法等一般法律的规定。

尽管不能根据一两个判例中的违法性认识对象是刑事法律规范,即认定日本在刑事审判中将违法性认识的内容界定为刑事法律规范,但是,这些判例作为日本涉及违法性认识问题的重要判例,足以表明日本的刑事审判倾向于将违法性认识的内容限定为刑事法律规范。

(二)美国立法及判例的立场

美国《模范刑法典》第204条第1项规定:"存在下列情形时,对于事实或者法律的不知或者错误,可作为抗辩事由:(a)不知或者错误否定了成立犯罪本体要件所必需的蓄意、明知、确信、轻率或者疏忽;(b)法律规定由不知或者错误所确定的心理状态可作为抗辩事由。"第204条第3项规定:"存在下列情形时,行为人确信其行为在法律上不构成犯罪,可作为追诉基于该行为的犯罪时的抗辩事由:(a)行为人不知道规定犯罪的制定法或者其他成文法,并且在实施被指控的行为以前,该法令尚未公布或者不能被合理地知悉;(b)基于对正式法律解释的合理信赖而实施行为,此后该法律解释被断定为失效或者错误。该法律包括:(1)制定法或者其他成文法;(2)法庭裁决、法官意见或者法庭判决;(3)行政命令或者许可;(4)对规定犯罪的法律负有解释、实施或者执行职责的公职官员或者公职机关所作的正式解释。"③由此可见,美国《模范刑法典》中所规定的法律认识的内容有两类:一是"规定犯罪的制定法或者其他成文法",二是对"规定犯罪的法律"的解释、行政命令或判例。不难看出,美国的法律认识内容是具体的刑事法律规定、行政命令或者对法律条文含义的解释,而行政命令等必然都是涉及犯罪或者与犯罪有关的。

在美国法律认识错误的重要判例中,行为人所涉及的法律认识错误通常都

---

① 黎宏:《日本刑法精义》,法律出版社2008年版,第190页。
② 日本法院在本案的用语中均强调行为人未认识到的是其作品属于"刑法上的淫秽图画",而非泛指"一般法律上的淫秽图画"。
③ 美国法学会编著:《美国模范刑法典及其评注》,刘仁文等译,法律出版社2005年版,第25~29页。

是对刑事法律规范的认识错误。其中最重要的是 States v. O'Neil 案,①该案确认行为人因信赖州最高法院的判决而实施的行为不可罚。美国艾奥瓦州最高法院于 1902 年和 1906 年两次判决认为,将贩卖、购入麻醉饮料的行为规定为犯罪的法律,违反了美国宪法因而无效。State v. O'Neil 案的被告人信赖上述判决,于 1908 年实施了贩卖、购入麻醉饮料的行为。但在 1909 年,艾奥瓦州最高法院变更了以前的判决,认为将上述行为规定为犯罪的法律符合美国宪法因而继续有效。于是,地方法院对上述被告人作出了有罪判决。但该有罪判决被艾奥瓦州最高法院撤销,理由是,信赖自己所属州的最高法院的判决而实施的行为,应作为"不知法律不免责"原则的例外而免除责任。因而被告人不构成犯罪。这样,在美国,当某种法律以前被法院判定为违宪后来又被判定合宪时,因信赖先前的违宪判决而实施的行为,就被认定为"不知法律不免责"原则的例外而不处罚。②

联邦最高法院在 Lambert v. California 案③中裁定,在少数情况下,一个人若不知道一部适时制定和颁布的刑法,他可以在犯罪指控中主张一项基于宪法的辩护理由。在 Lambert 案中,Lambert 是一名洛杉矶居民并且曾被判重罪。一个地方法规要求在该市居住 5 日以上的重罪犯到警察局进行登记。违反该项法规将会被判处高达 6 个月的监禁刑或 500 美元的罚款,或两者并罚。Lambert 没有到警察局登记,并因违反这条规定而被起诉。他所提出的"不知法"的辩护理由被驳回。联邦最高法院裁定,对他的定罪违反了宪法中的正当程序条款(罪刑法定),认为宪法的正当程序条款限制了"法律错误不能成为免责事由"的规则。"对登记义务的现实了解或者对知道登记义务的可能性的证明"应该是认定违反登记法规的前提。联邦法院采纳了被告人的"不知法"的抗辩理由,认定被告人无罪。美国学者在讲到这个案子时指出,每个人都被推定为"知法",这就意味着推定市民不仅知道法律,而且是最基本地知道每一部刑事法律的存在;但是,一些例外情况允许被告人以"不知法"作为抗辩事由,即指类似 Lambert 案的情况。④ 从该学者的表述可以看出,被告人的违法性认识内容应该是涉及犯罪的刑事法律,而不仅仅是一般性的法律。

通过对日本和美国立法及判例的考察,我们可以得出这样的结论,即在违法

---

① States v. O'Neil, 147 Iowa 513. 126 N. W. 454,33L. R. A.(N. S.) 788, Ann. Cas. 1913B, 691.

② Wayne R. LaFave, *Criminal Law*, St. Paul, Minn. : West/Thomson, 2010, p. 313.

③ Lambert v. California, 355 U. S. 225, 229, 78 S. Ct. 240, 2 L. Ed. 2d 228 (1957).

④ [美]约书亚·德雷斯勒:《美国刑法精解》,王秀梅译,北京大学出版社 2009 年版,第 157~158 页。

性认识的内容上,虽然两国的立法略有不同,但是在实务上都倾向于采纳刑事违法性认识说。

四、我国刑法视域下违法性认识的内容

(一)司法判例中对违法性认识内容的认定

我国刑法虽然没有对违法性认识作出明文规定,但是在司法实践中,只有行为人缺乏对刑事法律规范的认识时才会影响其定罪量刑,这种做法等于承认了违法性认识的内容为刑事法律规范。

在Aly Landoure(阿里·兰多尔)走私淫秽物品案中,①被告人阿里在中国广州购买一批DVD光碟,准备出口非洲马里销售牟利。阿里到仓库指挥装柜时,对受托代理出口事宜的广州粤非贸易发展有限公司员工隐瞒其中有部分淫秽光碟的事实,将该批光碟连同其他货物一起装柜。其后,华诚国际运输服务有限公司广州分公司代理报关出口该票货物时,仅向黄埔老港海关申报出口玻璃马赛克和塑料盒。经海关开柜查验,该货柜中除申报货物外,另藏匿有448张DVD光碟。经鉴定,该批光碟中有442张为淫秽物品。但是,阿里为马里籍人,他的国家并不禁止淫秽物品的出售,而他也不知道中国法律有这样的禁止规定。法院据此认为,阿里的行为是在对中国法律产生认识错误的情况下所实施的,其主观恶性较小,客观上尚未造成淫秽影碟出境得逞的后果,故阿里走私淫秽影碟出境的行为属于犯罪情节较轻的情形。在本案中,法院考虑了阿里对中国法律的认识错误这一因素,并将这一因素作为定罪情节予以采纳,最终影响了阿里的刑事责任。

在戴桂成等滥伐林木案②中,违法性认识错误阻却了犯罪故意的成立。2008年上半年,被告人戴桂成与李昌平、张书平购得铺口乡红旗村五组杨明清等四户人家的"窄急冲"山场。2008年8月,靖州县林业局对该山场进行了规划设计,并由铺口乡林业站从靖州县林业局代领了该"窄急冲"山场的358立方米的林木采伐许可证。在没有到铺口乡林业站领取林木采伐许可证且没有经过"拨交"的情况下,戴桂成与李昌平、张书平委托的张道荣便雇请民工对"窄急冲"山场进行砍伐,并对未进行规划设计且未领取林木采伐许可证的部分林木进行了砍伐。案发后,经林业技术鉴定,该"窄急冲"山场超出采伐许可证范围采伐活立木蓄积231.8745立方米。法院经审理认为,李昌平、张书平与被告人戴桂成

---

① 广东省广州市中级人民法院(2009)穗中法刑二初字第193号刑事判决书:Aly Landoure(阿里·兰多尔)走私淫秽物品案。

② 具体案情参见湖南省靖州苗族侗族自治县人民法院(2010)靖法刑初字第111号刑事判决书。

购买的是整个涉案山场,其主观意识是要对购买的全部山场申请采伐经营,而林业行政管理部门应当依据法定的、书面的程序告知采伐申请人允许采伐的范围,在采伐人实施采伐作业之前,管理机关依法应履行伐区拨交义务,以使采伐人充分知晓采伐区域的范围,这是管理机关必须履行的告知义务。若是因为这项义务没有切实履行,导致采伐人认识错误而违规采伐,[①]不能视为采伐人有犯罪故意,对此客观存在的违法后果,只能追究责任人的渎职责任。最终判决认为,被告人因为没有认识到其对超出区域没有采伐权限,进而没有认识到其行为的社会危害性即刑事违法性,所以没有犯罪故意。

透过上述案件可以看出,我国司法判例是根据行为人对社会危害性认识的程度来推定刑事违法性认识的有无及程度的。一般情况下,行为人认识到其行为具有刑罚处罚程度的社会危害性,即可推定其认识到了行为的刑事违法性。

(二)刑法理论上对违法性认识内容的规制

我国的犯罪构成体系不同于大陆法系三阶层的犯罪构成体系,有其自身的特点。我国刑法中没有关于违法性的规定,而犯罪论体系中也没有违法性这一犯罪阶层。在我国的犯罪构成体系中,与大陆法系刑法理论中的违法性认识概念相对应的是社会危害性认识,但二者又不完全相同。大陆法系的违法性存在形式违法性与实质违法性的分野,从形式违法性的角度看,违法性认识是对国家法律法规的认识,其与社会危害性认识存在明显的区别;而如果从实质违法性的角度出发,违法性认识与社会危害性认识则具有同一性。[②] 这一观点是值得赞同的,社会危害性是我国刑法明文规定的犯罪故意的认识内容,在通常情况下,行为人认识到其行为的社会危害性必然也就认识到了其刑事违法性,即具有了刑事违法性的认识;同时,在刑法对社会危害性作出了明文规定的情况下,要求行为人在主观上认识到其行为的刑事违法性也是罪刑法定原则的必然要求。

1. 与我国犯罪故意的认识内容相一致

我国刑法虽然没有明确规定违法性认识,但是该法第 14 条规定,明知自己的行为会发生危害社会的结果,并且希望或者放任这种结果发生,因而构成犯罪的,是故意犯罪,本规定明确了社会危害性认识是犯罪故意的重要认识内容。然而,也正是由于我国刑法规定了社会危害性的概念,一些学者由此认为违法性认识只是一种形式上的判断,而社会危害性认识则是一种实质上的判断,二者明显

---

① 本案中,由于行为人对山林采伐的具体界限发生了事实认识错误,进而导致其错误地认为其在无采伐权的区域有采伐权,导致法律认识错误,换句话说,行为人由于对事实的认识错误导致了法律认识错误(违法性的错误)。

② 唐稷尧:《域外刑法违法性认识辨析及其与社会危害性认识之比较》,载《现代法学》2006 年第 3 期。

不同。但是,如果对二者的异同进行深入分析则会发现,它们虽然存在形式上的差异,但实质内容却是一致的。我国刑法学者指出,犯罪行为的违法性,是以该行为具有社会危害性为依据的,也就是说,我国刑法是根据行为的社会危害性大小来规定犯罪的,对社会没有危害的行为,刑法不会将之规定为犯罪。所以,犯罪的违法性特征,是由其社会危害性所决定和派生的。① 就故意犯罪而言,行为人认识到其行为严重危害社会,应当受到刑罚处罚,必然也就认识到了其行为的刑事违法性,也就具有了违法性认识。反过来说,在犯罪故意要求行为人认识到其行为具有应受刑罚处罚的社会危害性的情况下,不可能只要求行为人认识到其行为是违反民法或者行政法等非刑事法律的。所以,行为构成故意犯罪,行为人在主观上就必然具有刑事违法性的认识。

实际上,当今德、日刑法越来越向实质的违法性靠拢,即强调违法性的本质是对法益的侵害,这恰恰与我国的犯罪故意的成立要求社会危害性的认识如出一辙。近年来,日本的刑法理论在如何认定犯罪的问题上,逐渐排除从中性的、无价值的立场出发来分析构成要件,而从合目的的、实质的角度出发来判断构成要件符合性。日本有学者认为,从现在的观点来看,刑法上的违法行为,不仅仅是形式上违反刑法规定的行为,还是客观上对刑法所保护的法益造成侵害或者危险,达到应当用刑罚进行惩罚的程度的行为。② 日本学者左伯千仞博士认为,正如盗窃他人的一盆花的行为一样,在没有可罚的违法性的场合,就可以否定构成要件符合性。③ 据此,黎宏教授认为,"这种思考方式的转变意味着,过去在违法性的阶段进行价值判断的内容,现在提到构成要件符合性的判断中来了";"在这种变化中,我们可以强烈地感受到:有关犯罪的形式判断(形式概念)和实质判断(实质概念)不能分开,二者是不可分割地结合在一起的;形式概念表面上看是一个简单的结论或判断,但这个结论的得出,本身就包含实质判断在内,而这种实质判断的内容,就体现为犯罪的实质概念"。④ 由此可见,对刑事违法性的判断离不开对社会危害性的判断。社会危害性作为实质的价值判断,是刑事违法性判断的基础和根据。对犯罪行为的认定是一个从客观到主观的认识过程,即判断行为人主观上对其行为的违法性是否具有认识,必然要通过其对事实的认识进行判断,而行为人对整体事实性质的认识恰恰是对社会危害性的认识。换句话说,行为人有社会危害性的认识,一般也就具有刑事违法性的认识。

---

① 杨春洗等:《刑法总论》,北京大学出版社1981年版,第90页。
② [日]曾根威彦:《刑法总论》(第4版),转引自黎宏:《刑法学》,法律出版社2012年版,第43页。
③ 洪福增:《刑法理论之基础》,刑事法杂志社1977年版,第184页。
④ 黎宏:《刑法学》,法律出版社2012年版,第43页。

2. 与罪刑法定原则的要求相一致

将刑法中的违法性认识界定为刑事违法性的认识是罪刑法定原则的基本要求。罪刑法定原则的一个基本含义就是法律的规定应该明确、具有可预测性,使公民能够在事先知道什么样的行为是违法的,什么样的行为是合法的。对于故意犯罪来说,行为人理应事先得知其行为是"刑法"所禁止的,而不仅仅是"不合法"这样一个笼统的印象。也正因为如此,在1997年刑法典对罪刑法定原则作出明确规定以后,很多学者指出,我国刑法将"社会危害性"作为故意的认识对象,与罪刑法定的基本原则是相冲突的。① 甚至有学者直接对社会危害性理论进行批判:"如果要处罚一个行为,社会危害性说就可以在任何时候为此提供超越法律规范的根据,因为,社会危害性说不仅通过其'犯罪本质'的外衣为突破罪刑法定原则的处罚提供一种貌似具有刑法色彩的理论根据,而且也在实践中对国家法治起着反作用。"②然而,持这种观点的学者并没有正确理解我国刑法中的"社会危害性"的含义。该观点是从大陆法系三段论式的犯罪构成体系的角度出发来审视我国的实质的犯罪构成理论而得出的结论,它忽视了我国犯罪构成理论的特殊性。从大陆法系刑法理论来看,行为符合构成要件只是一个中性的、无价值的判断,不应该有"社会危害性"的判断在里面,"社会危害性"的判断应该被放在违法性的阶段或者放在"犯罪构成之外"进行。然而,如前所述,在我国的犯罪构成体系下,犯罪构成是形式判断和实质判断的统一,即社会危害性的判断与刑事违法性的判断的统一。我国刑法所规定的故意犯罪是造成一定程度的社会危害性的行为,而非任何程度的具有社会危害性的行为,相应的,作为主观方面的故意认识内容也不应仅仅是对一般意义上的"社会危害性"或"违法性"的认识,而必须是符合刑法规定的达到故意犯罪程度、可能违反刑法的认识。所以,将违法性认识的内容界定为刑事法律规范恰恰能够对社会危害性的范围进行限定,使之符合罪刑法定原则的要求。

3. 与我国刑法中的罪量规定相一致

我国《刑法》第13条的但书规定,"情节显著轻微危害不大的"不是犯罪,相应地在刑法分则中大量出现了诸如"情节严重"、"情节恶劣"、"造成严重后果"、"数额较大"等罪量因素的规定。如盗窃罪要求"数额较大"才能构成犯罪,重大责任事故罪要求"造成严重后果"才可能构成犯罪。类似这种罪量因素的规定在德、日刑法中是不存在的,在德国和日本,哪怕是盗窃一张白纸的行为也可能构成盗窃罪,因为其刑法没有这种罪量规定,只要行为人具有违反整体法规范的意识,就可以说其具有违法性认识。但是,在我国刑法规定了大量的罪量因素的情

---

① 赵秉志主编:《刑法争议问题研究》(上卷),河南人民出版社1996年版,第289页。
② 李海东:《刑法原理入门(犯罪论基础)》,法律出版社1998年版,第224页。

况下,行为人对其行为的违法性认识不能仅仅是盗窃一张纸这样的一般违法性认识,他还必须认识到其行为是要受到刑罚处罚的,具有刑事违法性。例如"天价葡萄案",行为人只有盗窃普通葡萄的故意,实际上却盗窃了价值昂贵的用于科研的葡萄。如果按照普通葡萄的价格也就几百元,尚未达到盗窃罪对数额较大的要求,只是一般的违法行为,而行为人的违法性认识也只是违反一般法律的认识。在这种情况下,我们就不能说,行为人具有盗窃的故意,进而认为其行为构成盗窃罪。由此可见,要求行为人具有刑事违法性的认识是由我国刑法所规定的具体的犯罪构成所决定的,是严格贯彻罪刑法定原则的应有之义。

五、余论:违法性认识的判断规则

在确定了违法性认识的内容是刑事法律规范后,接下来的问题必然涉及违法性认识的判断问题,即如何判断行为人有无违法性认识。在违法性认识的判断上,有的学者主张借鉴大陆法系刑法中"自然犯、刑事犯与法定犯、行政犯区别说"的观点,认为在自然犯、刑事犯中,只要行为人具备对事实的认识,就可以推定其具有违法性的认识;而在法定犯、行政犯中,行为人具备对事实的认识,一般也可以推定其具有违法性认识,除非行为人提出推翻这种推定的充分证据。①以对事实的认识推定违法性的认识,这种做法是可取的,但是,在自然犯与法定犯的界限越来越模糊的情况下,将二者区分讨论的必要性并不大。

本文认为,原则上,对违法性认识的判断应该以对事实的判断为基础,凡是对犯罪事实有认识的,一般也可以推定其对刑事违法性有认识。就现实生活中多发的盗窃、抢劫、强奸、杀人、伤害等案件而言,凡具有刑事责任能力的公民都能够根据行为的事实情况判断出其行为的社会危害性,对于此类行为,行为人通常对行为的刑事违法性有认识。即使是其他诸如金融诈骗、侵犯商业秘密等类型的犯罪,行为人也可以根据行为的结果而知道行为的违法性。如侵犯商业秘密罪,在知识产权等无形资产越来越受到重视的现代社会,只要是进入公司任职的人,公司一般都会对员工进行入职教育,其中最为重要的就是要与员工签订保密协议,在这种情况下,行为人不知晓其行为的违法性的情况几乎是不存在的。

具体而言,下列标准可以作为判断的参考:

1. 行为人生活在不同的法域,有可能对行为地的法律没有认识。例如,长期居住在外国(包括长年远航海外),生活在港、澳、台地区的人,往往不知道中国内地的有关法律。

2. 由于有关行政机关怠于履行相关义务而导致行为人没有认识到其行为的违法性。最典型的是一些需要行政机关许可的行业或领域,例如余守仁非

---

① 贾宇:《论违法性认识应成为犯罪故意的必备要件》,载《法律科学》1997年第3期。

法行医案①。该案法院认为,卫生部门管理不严而未依法取缔其行医活动,致使乡镇卫生院错误地将该卫生室纳入管理范围,导致被告人对非法行医的性质及危害后果产生了模糊认识。最终,法院认定被告人的错误认识减轻了其主观恶性。

3. 对国家有权机关的法律解释的信赖也可以作为认定行为人没有违法性认识的依据。

---

① 江苏省连云港市中级人民法院(2002)连刑一终字第130号裁定书:余守仁非法行医案。

新刑事诉讼法实施背景下职务犯罪侦查面临的问题及其对策

刘莉芬[*]

2012年修订后的《刑事诉讼法》(以下简称新刑诉法)的实施是我国社会主义民主法制建设的重大成就,也是我国刑事司法改革取得突破性进展的重要标志。新法确立了尊重和保障人权的原则,增加了一系列新规定,在证据制度、辩护制度、强制措施、侦查措施与手段等方面都有重要完善,体现了重视程序公正的现代诉讼理念。这些新规定对检察机关职务犯罪案件侦查工作产生了重大影响,为查办职务犯罪案件、开展反腐败斗争提供了更为有力的法律武器,既有利于充分发挥法律监督和惩治贪污腐败的职能,也对检察机关查办职务犯罪案件提出了更多更高的要求。

一、新刑诉法侦查程序的修改利于侦查活动

新刑诉法对侦查程序作了重要修改和完善,从检察机关职务犯罪侦查的角度来看,主要包括以下内容:

(一)进一步规范了侦查讯问程序

新刑诉法对侦查程序的规定更加明确详细,有利于降低职务犯罪侦查工作办案风险。虽然原刑事诉讼法规定了"严禁刑讯逼供和以威胁、引诱、胁迫等非法方法收集证据",但在侦查讯问的程序规范上存在一定缺陷。根据新刑诉法的规定,人民检察院对不需要逮捕、拘留的犯罪嫌疑人,可以传唤到犯罪嫌疑人所在市、县内的指定地点或者到他的住处进行讯问,也可以根据案件情况采取拘传措施。采取传唤、拘传持续的时间不得超过12小时;案情特别重大、复杂,需要采取拘留、逮捕措施的,采取传唤、拘传持续的时间不得超过24小时。不得以连续传唤、拘传的形式变相拘禁犯罪嫌疑人。传唤、拘传犯罪嫌疑人,应当保证犯

---

[*] 作者系江西省南昌市人民检察院副检察长、全国首批检察业务专家。

罪嫌疑人的饮食和必要的休息时间。这里对超过12小时的拘传作出了明确的条件要求，不仅要求案情特别重大复杂，而且还应当是需要采取拘留、逮捕措施的。就是说，一般案件不得超过12小时。对于需要采取拘留、逮捕措施的，在拘留、逮捕后，应当立即将被拘留人或者被逮捕人送看守所羁押，拘留后送交看守所的时间至迟不得超过24小时。对于人民检察院决定逮捕、拘留犯罪嫌疑人的，必须在逮捕、拘留后的24小时以内进行讯问。讯问只能在看守所内进行，不得以任何理由将犯罪嫌疑人带出看守所进行讯问。对于可能判处无期徒刑、死刑的案件或者其他重大职务犯罪案件，人民检察院在讯问犯罪嫌疑人时，还应当对整个讯问过程进行全程、同步录音或者录像；讯问其他职务犯罪案件的犯罪嫌疑人，可以对讯问过程录音或者录像。以上规定，新刑诉法着重防止侦查讯问过程中发生刑讯逼供或者其他非法取证的现象，有利于切实保障犯罪嫌疑人的合法权利，在完善讯问犯罪嫌疑人的程序的同时，赋予了检察机关必要的侦查措施，同时强化了对侦查措施的规范和监督，其主要内容包括：根据侦查取证工作的实际需要，增加规定了口头传唤犯罪嫌疑人的程序，适当延长了特别重大复杂案件传唤、拘传的时间，增加规定询问证人的地点，完善人身检查的程序，在查询、冻结的范围中增加了对债券、股票、基金份额等财产的规定，并根据侦查犯罪的实际需要，增加了严格规范技术侦查措施的规定。这些都在一定程度上对职务犯罪侦查工作起到了促进作用，是新刑诉法对职务犯罪侦查的补强和保障。

（二）明确赋予检察机关的技术侦查权力

新刑诉法明确将检察机关定为技侦权的适用主体。这为检察机关的监督职能延伸至技侦活动提供了契机。① 为了提升检察机关侦办职务犯罪案件的业务能力，新刑诉法规定，人民检察院在立案后，对于重大的贪污、贿赂犯罪案件以及利用职权实施的严重侵犯公民人身权利的重大犯罪案件，根据侦查犯罪的需要，经过严格的批准手续，可以采取技术侦查措施；按照规定交有关机关执行。之所以赋予检察机关可以采取技术侦查措施的权力，一方面是基于打击职务犯罪活动的现实需要。职务犯罪嫌疑人在身份上的特殊性以及案件本身具有的隐蔽性，导致常规侦查手段往往无法有效地破获此类案件，有必要借助一定的技术侦查措施。另一方面也符合联合国有关公约的基本要求。《联合国反腐败公约》第50条第1项规定："为有效打击腐败，各缔约国均应当在其本国法律制度基本原则许可的范围内并根据本国法律规定的条件在其力所能及的情况下采取必要措施，允许其主管机关在其领域内酌情使用控制下交付和在其认为适当时使用诸如电子或者其他监视形式和特工行动等特殊侦查手段，并允许法庭采信由这些

---

① 田源、何方：《检察机关在技侦权配置格局中应承担起监督职能》，载《中国检察官》2013年第6期。

手段产生的证据。"新刑诉法赋予侦查机关技术侦查权,使检察机关职务犯罪侦查部门对职务犯罪的侦查力度和侦查水平大大提升。技术侦查权是目前制约检察机关职务犯罪侦查工作顺利开展的一个巨大瓶颈。随着社会的发展和科技水平的不断提高,职务犯罪案件亦不断呈现出智能化、复杂化和隐蔽化特点,在现阶段缺乏有效技术侦查手段的境况下,检察机关职务犯罪侦查工作必将受到一定阻碍。如当前社会网上银行的普遍运用,犯罪嫌疑人通过电脑或者手机就可以把涉案款转移或者隐藏,甚至通过网上银行的转账和支付就可完成贪污贿赂犯罪的全部过程。而检察机关通过查询银行支票的老办法去查询涉案款项,就很难获取案件线索并取得相应证据。在被赋予技术侦查权的情况下,办案部门自然可以运用先进的科技手段获取电子数据证据,相关调查取证难题迎刃而解。因此技术侦查权的赋予,既进一步丰富了检察机关职务犯罪侦查手段,又提升了检察机关职务犯罪侦查效率。

(三)明确了讯问过程全程同步录音录像的相关规定

长期以来,刑事侦查阶段因其特殊性质而披着一层神秘面纱,而讯问程序作为侦查阶段的中心环节,更是严格保密而不为外人所知。讯问录音录像制度的实行,能够在相当程度上增加讯问过程的透明性和公开性。[①] 对讯问过程全程录音录像的规定,既有利于防止犯罪嫌疑人的翻供情况的出现,又有利于保证职务犯罪嫌疑人的人身权利,还有利于降低职务犯罪侦查人员办案风险。职务犯罪案件讯问过程中,存在诸多安全隐患,甚至有时会出现被讯问犯罪嫌疑人自杀、自残的情况,这样的情况往往会使职务犯罪案件侦查讯问工作及侦查人员陷入极大的被动。而讯问全程的同步录音录像可以充实记录并还原审讯全过程,进而降低职务犯罪侦查人员的办案风险。同步录音录像,同时也是对职务犯罪案件合法办案过程的有效监督,对防止侦查人员在办案过程中出现违法、违纪情况,具有直接而有效的预防作用。同时,讯问全过程的录音录像也是对犯罪嫌疑人言辞证据的固定,有利于确定犯罪事实,防止犯罪嫌疑人在庭审过程中出现翻供情况和排除非法证据。

(四)适当延长了检察机关直接立案侦查案件的审查逮捕期限

原刑事诉讼法规定,人民检察院对直接立案侦查的案件,认为需要逮捕的,应当在10日内作出逮捕决定,特殊情况下可以延长1~4日。在实践中,由于受到最长不超过14日的决定逮捕期限的限制,检察机关对直接立案侦查案件的犯罪嫌疑人通常都会决定采取逮捕措施,既不利于切实保障犯罪嫌疑人的权利,也可能妨害直接立案侦查案件的正确办理。为了解决这一问题,保证检察机关准

[①] 林哲:《论我国侦查讯问录音录像制度的问题及完善》,载《安徽科技学院学报》2013年第2期。

确适用逮捕措施,更好地办理职务犯罪案件,保护犯罪嫌疑人的合法权利,新刑诉法对检察机关直接立案侦查案件的审查逮捕期限作了适当延长。根据规定,人民检察院对直接受理的案件中被拘留的人,认为需要逮捕的,应当在14日内作出决定。在特殊情况下,决定逮捕的时间可以延长1日至3日。

(五)建立了检察机关对继续羁押必要性进行审查的制度

原刑事诉讼法要求采取逮捕措施必须满足逮捕必要的条件,但没有规定对逮捕后的继续羁押必要性进行审查。实践中,大量犯罪嫌疑人以有逮捕必要为由予以羁押,并且逮捕后往往"一押到底",难以变更为其他强制措施,羁押率长期居高不下。为了解决这些问题,有的地方开展了人民检察院对羁押必要性进行审查的做法,对于强化检察机关的法律监督,保障犯罪嫌疑人、被告人合法权益,降低审前羁押率,防止超期羁押和不必要的羁押,维护社会和谐稳定,均有积极作用。

二、新刑诉法的修改对职务犯罪侦查工作的影响

(一)律师辩护方权利的扩大对侦查权力的制约

新刑诉法强化了辩护律师在侦查阶段享有的诉讼权利,保障了律师充分有效地行使辩护权。原刑事诉讼法并未明确律师参与侦查程序的辩护人地位,并且规定涉及国家秘密的案件犯罪嫌疑人聘请律师,或者律师会见在押的犯罪嫌疑人须经侦查机关批准;律师会见犯罪嫌疑人时,侦查机关根据案件情况和需要可以派员在场。新刑诉法对此作出了修改,这意味着刑事诉讼推进的过程实质上就是检察机关、辩护方双方力量博弈的过程,"辩护力量"的增强也更加充分地制约了侦查权。根据新刑诉法规定:在被检察机关第一次讯问或者采取强制措施之日起,犯罪嫌疑人即有权委托律师作为辩护人。检察机关在第一次讯问犯罪嫌疑人或者对犯罪嫌疑人采取强制措施的时候,应当告知犯罪嫌疑人有权委托辩护人。辩护律师在侦查阶段可以为犯罪嫌疑人提供法律帮助,代理申诉、控告,申请变更强制措施,向侦查机关了解犯罪嫌疑人涉嫌的罪名和案件有关情况并提出意见。辩护律师持律师执业证书、律师事务所证明和委托书或者法律援助公函要求会见在押的犯罪嫌疑人的,看守所应当及时安排会见,至迟不得超过48小时;检察机关和看守所都不能阻止和无故拖延辩护律师会见犯罪嫌疑人。除了特别重大的贿赂犯罪案件在侦查期间辩护律师会见在押的犯罪嫌疑人需要经过检察机关的许可,其他职务犯罪案件辩护律师会见在押的犯罪嫌疑人都无须经过检察机关的许可,持"三证"即可会见。不管是涉嫌何种犯罪,辩护律师在会见犯罪嫌疑人、被告人时都不被监听。此外,新刑诉法还规定,在人民检察院审查批准逮捕时,可以听取辩护律师的意见;在案件侦查终结前,辩护律师提出要求的,侦查机关应当听取辩护律师的意见,并记录在案。以上规定,都有利于

保障侦查程序中辩护律师的诉讼权利并有效发挥辩护职能。律师权力的扩大是侦查过程中面临的一个难题,辩护律师介入范围的扩大,无疑会给侦查工作带来一定的困难。新刑诉法规定,在侦查阶段,律师会见犯罪嫌疑人不需要侦查机关的批准,并且不允许侦查人员在场,会谈的过程也不被监听。这意味着会谈的内容不受限制,既可以讨论案情也可以讨论辩护策略,辩护的立场观点、辩护思路的形成均不受限制。尤其是自案件审查起诉之日起,律师会见在押嫌疑人、被告人的时候,可以向在押嫌疑人、被告人核实有关证据。这一条实际上是在审查起诉阶段赋予了在押嫌疑人阅卷权,律师可以将案卷带进看守所,让其阅读并了解案卷中证据的情况,并征求意见,为将来的法庭质证做准备。作为一种制度突破,这对辩护权是一种保障,但同时也会对侦查权行使造成一定的障碍。

律师在侦查阶段参与范围更加广泛,检察机关在侦查取证时若有不当行为或者证据本身存在瑕疵,就更容易被律师反制,大大增加了证据被排除的风险。新刑诉法更加强调法庭审判时控辩双方对事实和证据的辩论,随着证人出庭率增加,律师提出的证据会更容易被法庭接受。而且随着律师在刑事诉讼中有效行使辩护权的强化,法庭审判中被告人翻供现象也可能会随之增多,检察机关可能面临指控不能成立或者指控错误的巨大风险。所有这些表明,如果办案机关仍然局限于传统的侦查取证思维,可能面临许多无法应对的窘境。

对于侦查阶段律师是否拥有调查权的问题,过去认为侦查阶段律师没有调查权。宪法确认了律师的辩护人地位,而且允许律师介入侦查阶段,允许其在批捕阶段向检察官发表辩护意见,实际上已经默认了律师有权进行调查。律师只有进行必要的调查取证,才能向侦查人员发表辩护意见,以论证嫌疑人无罪或不符合批捕条件,这是辩护人地位所带来的必然结果。潜在的限制是律师不能向侦查人员掌握的证人和被害人调查取证。新刑诉法明文规定,律师调查控方的证人和被害人需征得检察机关同意。而至于检察机关未找过的证人,未收集的证据,则完全可以调查。这些无疑将会对今后的侦查工作和批捕工作带来较大的影响。

(二)"非法证据排除规则"的确立,强化了侦查人员的非法证据排除责任

新刑诉法确立了非法证据排除规则,增加规定不得强迫任何人证实自己有罪,进一步规范了侦查取证程序,具体内容包括两个方面:一是采用刑讯逼供等非法方法收集的犯罪嫌疑人、被告人供述和采用暴力、威胁等非法方法收集的证人证言、被害人陈述,应当予以排除;二是收集物证、书证不符合法定程序,可能严重影响司法公正的,应当予以补正或者作出合理解释;不能补正或者作出合理解释的,对该证据应当予以排除。为了从根本上杜绝刑讯逼供和其他非法方法收集证据的现象发生,维护司法公正和刑事诉讼参与人的合法权利,这一修改具有重要意义:其一,它具有重要的法律引领和指导作用,体现了我国刑事诉讼制

度对程序公正的重视,体现了社会主义法治理念,体现了现代诉讼理念。其二,它从原则和理念上进一步强化了对刑讯逼供的严格禁止。其三,它与国际公约的有关规定相衔接。非法证据排除规则是侦查工作面临的一个更大的难题,非法证据排除规则几乎把侦查、批捕、起诉乃至检察监督工作全都囊括进来。因为非法证据排除的本质是把侦查行为的合法性纳入法庭审查之中,被告人、侦查人员、公诉人的法律地位和性质发生了变化,法庭上审判的对象不再是被告人的刑事责任问题,因而由此便产生了侦查程序是否合法的如下问题:

1. 侦查人员出庭作证问题

在法律中明确规定侦查人员出庭作证的证人资格,并不意味着所有的案件都要侦查人员出庭作证。构建我国侦查人员出庭作证制度,应充分考虑我国现有的警力资源状况,侦查人员本身承担着繁重的侦查任务,若要其对所了解的一切情况履行作证义务,既不科学亦不现实,所以应对侦查人员出庭作证的范围和内容有所限制。[①] 笔者认为,侦查人员出庭作证的内容应包括:一是对证据和侦查行为的合法性提出异议时,出庭陈述证实没有刑讯逼供、非法取证等情形;二是侦查人员提取、保管的证据存在变质、损失时,需要出庭说明提取和保管过程的适当性;三是秘密侦查取得证据;四是对接受自首、立功情节和犯罪嫌疑人到案后的认罪悔罪表现等等。侦查人员在非法证据排除的程序中不仅是一个普通的证人,甚至还兼具程序上的被告性质,有一些类似行政诉讼的被告,而被告应出庭应诉,故侦查人员有责任出庭,也有责任维护检察机关的声誉,要通过证明没有违法行为,来反驳个别被告人、辩护人的不实控告,这为侦查工作带来了一项新的任务即出庭应诉。

2. 非法证据排除规则中的适用问题

根据新刑诉法的规定,侦查机关、公诉机关和法院都可以排除非法证据。笔者认为由公诉部门排除非法证据效果会更好,可以最大限度地避免一些类似公诉证据体系的削弱、庭审公诉困难等不必要的问题。要求侦查机关自我排除非法证据不具有现实意义,侦查的主要工作是要侦查破案,面临的压力极大。尤其是职务犯罪侦查,犯罪嫌疑人、被告人往往智商高、学历高,位高权重,具有一定的反侦查能力。而侦查机关的侦查手段又比较单一,法律对侦查的要求和限制也越来越严,所以说,刑事诉讼法只能是鼓励侦查机关排除非法证据,而完全依靠侦查机关排除非法证据则不现实。但是,如果到庭审阶段再排除非法证据,一旦口供等关键证据被排除,公诉方的证据体系将不可避免地受到削弱,对公诉造成不利的严重影响将无法挽回。所以,笔者认为最理想的方案就是由公诉部门

---

① 李静:《侦查人员出庭作证基本问题探析》,载《铁道警官高等专科学校学报》2012年第5期。

来排除非法证据,因为这个阶段的排除尚留有挽回余地,属于可逆状态。

3. 全程同步录音录像制度实施中的缺陷与不足

早在 2005 年,最高人民检察院颁布《人民检察院讯问职务犯罪嫌疑人实行全程同步录音录像的规定(试行)》,全国检察机关自此开始推行讯问职务犯罪嫌疑人的同步录音录像工作。问题的关键在于若没有全程同步,将来预审讯问程序的合法性发生争议的时候,特别是被告方申请调取全程同步录音录像的时候,就会发生一系列的争论。2010 年 7 月 1 日,"两高三部"颁布的两个证据规定实施以来,已经出现了很多非法证据排除的案例,其中关键问题之一就是没有全程同步录音录像。

在职务犯罪侦查活动中,大多数犯罪嫌疑人往往会千方百计对抗侦查,以遭受刑讯逼供等为借口翻供的现象日趋增多。据统计,在审查起诉或审判阶段,犯罪嫌疑人、被告人的翻供率达 60% 以上,而且基本上都把翻供原因归咎于侦查阶段侦查人员对他们实施了违法讯问。实行讯问全程同步录音录像,检察机关就可以通过向法庭提供同步录音录像资料,有力揭穿被告人的谎言,从而达到遏制翻供、证实犯罪、保护办案干警的目的。①

新《刑事诉讼法》第 121 条规定:"侦查人员讯问犯罪嫌疑人的时候,可以对讯问过程进行录音或者录像;对于可能判处无期徒刑,死刑的案件或者其他重大犯罪案件,应对讯问过程进行全程录音或者录像,保持其完整性。"从此在立法上正式确立了侦查讯问全程录音录像制度。在司法实践中,检察机关遇到了以下问题:

(1)审讯频率下降,审讯节奏受到影响。实行侦查讯问全程录音录像制度后,要在有视听监督的公开环境下开展讯问工作,部分办案人员因害怕语音出错、行为出格、程序出乱而心生紧张情绪,继而出现缩手缩脚,发问不到位等问题,加之全程同步录音录像对操作人员、审讯环境、技术设施等方面都有特殊要求,在各种因素影响下,审讯的频率和突破口供的机会减少,获取犯罪嫌疑人口供的难度加大。

(2)存在选择性同步录音录像现象。侦查讯问有选择进行"同步录音录像"而非真正"全程"、"同步"、"不间断"录音录像。由于检察机关在审讯中处于优势地位,实践中不少案件存在"先审后录"的情况,同步录音录像只能说明在录音录像的讯问当时不存在违法问题,但是对供述前是否发生违法情况,犯罪嫌疑人是否受到精神强制乃至刑讯逼供,讯问的录像资料都无法予以说明。

(3)审判阶段的示证程序及示证规则缺失。修改后的刑诉法扩大了人民法

---

① 张红梅:《检察机关讯问同步录音录像改革的回顾与展望》,载《国家检察官学院学报》2012 年第 5 期。

院依职权主动调查核实证据的职权。新《刑事诉讼法》第182条规定:开庭以前,审判人员可以召集公诉人、当事人和辩护人、诉讼代理人,对回避、出庭示证人名单、非法证据排除等与审判相关的问题,了解情况,听取意见。但是庭前会议,法庭审理阶段,待核实的证据材料应遵从何种程序举示,同步录音录像资料的举示决定权的归属,其示证方式与其他证据有何区别,刑事诉讼法并无进一步明确规定。

(三)"指定居所监视居住"对办案工作的影响

新刑诉法将监视居住定位为逮捕的替代措施,明确规定了监视居住的适用情形,同时规定了监视居住原则上应当在犯罪嫌疑人、被告人的住处执行,除非涉嫌危害国家安全犯罪、恐怖活动犯罪、特别重大贿赂犯罪,在住处执行可能有碍侦查的,经上一级人民检察院或者公安机关批准,可以在指定的居所执行。因此,对于检察机关办理的特别重大贿赂犯罪案件,在犯罪嫌疑人的住处执行可能有碍侦查的,经报请上一级人民检察院批准,可以在指定的居所执行监视居住。但是,不得在羁押场所、专门的办案场所执行。这一规定表明,检察机关可以决定采取指定居所监视居住的,只能是涉嫌特别重大贿赂犯罪的案件。对于检察机关负责立案侦查的国家工作人员实施的贪污犯罪、渎职侵权犯罪案件,除非同时涉及特别重大贿赂犯罪,否则,不能对犯罪嫌疑人指定居所监视居住。

1. "指定居所监视居住"的条件难以把握

依据新刑诉法的规定,"指定居所监视居住"适用于以下两类情形:一类是犯罪嫌疑人无固定住所的;另一类是涉嫌特别重大贿赂犯罪在住处执行可能有碍侦查的。

《人民检察院刑事诉讼规则(试行)》(以下简称新刑诉规则)规定,固定住所是指犯罪嫌疑人在办案机关所在地的市、县内工作、生活的合法居所。对于无固定住处,笔者认为不能以犯罪嫌疑人在办案机关所在地的市、县内是否有房产而认定是否有固定住处。如果犯罪嫌疑人没有自有房产,而其父母子女有房产的,可以视为犯罪嫌疑人有固定住处。同时犯罪嫌疑人可以确保监视居住期间住房安定性的,也应该视为有固定住所,如租住的房屋。这样既可避免大量出现流动人口、外来人口适用指定居所监视居住的情形,也可在一定程度上节约司法资源。监视居住相当于软禁,监视居住场所主要有两个:有固定住处的在自己的住处,无固定住处的在办案机关指定的居所。这是一种"法律规定的原则和例外的关系"。但在实际执行当中,有些办案机关不论犯罪嫌疑人、被告人有没有固定住处,一律在"指定的居所"进行监视居住;有的把指定监视居住的地点设在办案单位内部设立的"办案点"或者羁押场所,把指定监视居住变成了变相羁押,此类做法有违立法本意。①

对"特别重大贿赂犯罪",新刑诉规则第45条第2款对此作了列举式说明:(1)涉嫌犯罪数额在50万元以上,犯罪情节恶劣的。这项规定比较直观,实践操作上易把握。(2)有重大社会影响的。应是指要案,即身居要职的国家工作人员的贿赂犯罪案件,往往政治和社会影响都比较大。笔者认为,党委政府关注、群众联名举报、媒体报道披露、酿成严重后果、影响社会稳定的贿赂犯罪案件和县区院办理的科级领导干部贿赂犯罪案件也应包括在内。(3)涉及国家重大利益的。主要是指发生在一些重要领域或者涉及国家政治、军事、外交以及重点工程等关系国家重要利益的贿赂犯罪案件。有关"有碍侦查"的界定,主要是指需要采取监视居住措施进行更深入侦查,但是在住处执行可能引起同案犯警觉,导致同案犯潜逃或者转移、隐匿、销毁罪证等情形,这在新刑诉规则中的"六种情形"予以了明确。

2."指定居所监视居住"执行难以操作

(1)采取指定居所监视居住的审查问题

新刑诉法规定,采取指定居所监视居住需报上一级人民检察院侦查部门审查,但在新刑诉规则中未明确应由哪个内设部门审查。对此有两种意见,一种意见认为,鉴于立、结案备案审查、撤案审批均由反贪局综合指导处负责,采取指定居所监视居住审查也由综合指导处负责较为妥当。另一种意见认为,应由反贪局侦查指挥中心办公室负责审查。

(2)指定居所监视居住场所的选择和建设问题

为杜绝将指定的居所演化为羁押办案的专门场所,新刑诉规则就指定居所监视居住的执行场所条件作了三方面的规定(具备正常的生活、休息条件;便于监视、管理;能够保证办案安全),同时还采取了否定式列举的方法进行了限定(不得在看守所、拘留所、监狱等羁押、监管场所以及留置室、讯问室等专门的办案场所、办公区域执行)。笔者认为,普通的宾馆和民宅都是难以符合要求的,特别是达不到保证办案安全的要求,因为它们作为一般的民用建筑,不可能像办案场所一样对窗户、墙壁、卫生间等设施进行改造以防止犯罪嫌疑人自杀、逃跑等,这类场所一旦被指定,可能产生巨大的法律风险。借用纪检机关的"双规""双指"的场所作为指定居所,这样在安全、食宿等方面都有保障,但由于纪检机关的场所存在可以定性为办案场所的可能,为避免法律风险,纪检办案场所也应予以排除。因此,能够承担指定居所监视居住的场所应是专门按照办案机关的办案安全要求而建设的场所,如具有双重功能的办案机关建造的培训中心、预防基地、宾馆、招待所等。

---

① 黄保轩:《关于监视居住的几个问题》,载《赤峰学院学报》2012年第11期。

(3) 指定居所监视居住执行中的安全问题

指定监视居住的地点必须安全,主要是防止犯罪嫌疑人逃脱、自杀、自残。因此,居所必须按办案场所的安全要求建设和配置,如必须指定在一楼范围,墙面、家具等均软包装处理,安装无死角电子监控,生活用品要进行安全清理,以防止犯罪嫌疑人利用物品进行自残;针对犯罪嫌疑人的身体状况,配备家庭药箱,购买血压仪、血糖仪,做到每天一测,随时掌握犯罪嫌疑人的身体状况,同时积极与指定地点的当地医院联系,做好突发事件应急准备。另外,新刑诉法未明确规定执行人员是否可陪护,从办案安全出发,应允许执行人员24小时轮流陪护,以随时应急处置防止被监视居住人自杀或者逃跑,照顾好被监视居住人的起居生活。

(4) 指定居所监视居住带来的经济成本

指定居所监视居住要耗费大量的财力和人力,大批人员的住宿及餐饮等,基层检察院财力有限,这就涉及经济成本的问题。指定监视居住动辄在半个月以上,花费的成本很高,而且从执行修改后的刑诉法的趋势来看,将来采用指定居所监视居住的案件将增多,所以这方面的经济成本会给基层检察院带来较大的财政压力。

三、新刑诉法实施后职务犯罪侦查工作的应对之策

(一) 树立规范执法理念,理性、平和、文明执法

理念决定认识并指导实践。为做好新形势下的检察工作,我们必须更新执法理念,树立理性、平和、文明、规范执法的科学理念,这是提升法律监督能力的现实要求。[①] 新刑诉法的实施迈出了新的步伐,理念进一步更新,标志着我国的法律日益与国际接轨,日益重视保护人权。作为一部关涉公民基本人权的重要法律,其立法、修法的基本方向是通过程序正义限制公权,强化人权保障。刑诉法既有秩序维持的功能,也有人权保障的功能。我国正处于社会转型期,社会利益分配格局的变化带来大量的社会问题。绝大多数犯罪是非暴力的、较轻的普通刑事犯罪,大部分属于人民内部矛盾。作为法律监督部门的职务犯罪侦查人员,尤其要转变执法观念,树立规范执法、保障人权理念,做到理性、平和、文明执法。

(二) 树立程序意识,确保实体公正,实现司法公正

要坚持严格依照法定程序开展职务犯罪侦查活动,程序的合法也是充分保障人权和案件顺利办理的重要保障。职务犯罪侦查部门严格按照法定程序办

---

① 宋金玲:《理性、平和、文明、规范的执法理念在办案中的践行路径》,载《人民检察》2012年第7期。

案,一是要严格遵守提审讯问制度,规范办案工作区及看守所录音录像硬件配备及人员配置,对讯问实行全程同步录音录像,严格遵守看审分离和审录分离等规定;二是要大胆、灵活、合法地运用强制措施,不断提高职务犯罪侦查工作效率。对于发现犯罪嫌疑人有可能隐匿、灭失的犯罪证据要及时地采取查封、扣押措施,以固定证据。三是要敢于、善于运用新刑诉法赋予侦查机关的强制措施手段,对于发现侦查对象有可能逃逸的案件,要大胆地及时采取拘留等强制措施以防止逃逸。

(三)树立证据意识,全面提升综合取证能力

办案人员应当树立证据意识,转变传统的"口供中心主义"的侦查取证思维。一是提升收集证据的能力。反贪侦查人员不仅应注重收集书证、物证等传统法定证据,而且应注重通过熟练操作电子取证侦查设备、多功能侦查取证设备等高端侦查装备来积极发现、提取和固定电子数据等新型法定证据。[①] 不应过分依赖犯罪嫌疑人的口供,要注意收集与案件事实有关的其他证据,并且应当依照法定方式和程序收集证据,防止非法取证。职务犯罪案件的特殊性决定了这类犯罪通常是违反了行政管理方面的一些法律法规或者有关的规章制度,应当注重从这个角度来收集其他证据,不能盲目依赖口供。二是充分利用科技手段。这里所指的科技手段并不限于新刑诉法规定的技术侦查措施,而是在更广意义上借助现代科技发展的成果来收集相关证据,例如 DNA 技术、痕迹鉴定、字迹比对、录音录像复原技术等。三是利用刑事政策,采取适当的侦查谋略,分化、瓦解共同犯罪中的犯罪嫌疑人,对于其中不是主犯,犯罪情节较为轻微,或者初犯、偶犯的,通过感化教育来鼓励其供述罪行或者提供犯罪线索。四是注重运用经验和逻辑规则来收集证据。犯罪分子实施犯罪活动是一个动态过程,相应的,指向犯罪的各项证据的产生也是一个动态过程,不能机械片面地去看待每个证据,而应当将每个证据的生成看作是一个相互衔接、相互补充,共同指向和证明犯罪事实的完整过程,从一开始就要注意固定和保全各项证据,防止因证据毁损或者灭失而造成事后难以补证。

(四)树立时效意识,提高运用证据能力

要高度重视初查阶段的调查取证工作。由于侦查程序的严格及侦查期限的限制,职务犯罪案件初查阶段调查取证工作的重要性日益上升。一是要改变过去在初查过程中只注重对线索本身的分析和评估的传统模式,要以线索为突破口,积极开展全面、系统的初查活动;二是要改变过去在常规调查结束后,就草率立案,将案件突破的希望寄托在获取犯罪嫌疑人口供上的侦查观念,确保在初查

---

① 吴斌、张云宵:《反贪侦查工作面临的挑战和机遇——以修改后刑诉法的规定为视角》,载《人民检察》2013 年第 5 期。

阶段就开始全面收集、固定和完善证据,全力改变对犯罪嫌疑人供述的依赖性,逐步形成职务犯罪案件"零口供"侦查模式,实现由"侦查中心主义"向"审判中心主义"转变。三是要注重对相关案件线索的策略性处置。要避免对线索的过于急躁的处置,避免急于求成心态,避免急于接触犯罪嫌疑人的做法,注重策略性经营,以全面收集和掌握与案件有关的一切材料和信息,为立案和预审做好充分准备。

全面收集证据,认真做好后期取证工作,争取扩大战果。对犯罪嫌疑人口供成功突破,并不意味着案件已铁板钉钉,可以高枕无忧了,后期证据的收集固定工作也同等重要。一是快速收集和固定有利于指控犯罪的书证和物证。对一些关键证人的证言,要在突破犯罪嫌疑人口供后尽快提取,通过同步录音录像的方式予以固定;对一些比较重要的视听资料、电子数据、账单和凭证,如监控录像、视频聊天、通话记录、电脑主机内的电子表格和数据等,亦要尽快提取,防止证据灭失后无法提取;要充分利用法律赋予检察机关侦查部门的技术侦查措施,利用技术手段加强证据收集。二是不仅要收集指控犯罪的证据,还要收集无罪的证据。①

(五)树立信息意识,积极转变侦查办案模式

新刑诉法对规范侦查活动提出了许多新要求,彻底转变职务犯罪传统的"供—证"侦查模式势在必行。② 要充分运用法律赋予检察机关的技术侦查权。技术侦查权是新刑诉法赋予侦查机关的侦查手段,以确保侦查机关能够有效应对日益高科技化和高智能化的职务犯罪。在具体操作过程中,一是要认真用心学习先进科技侦查手段,不断更新必要的侦查技术设备,要积极加强与相关技术领域技术部门的沟通联系,切实加强技术侦查技能的培训和学习,确保侦查人员能够熟练掌握技术侦查技能,使技术侦查权得到充分合理的运用,并逐步将技术侦查手段作为今后职务犯罪案件侦查工作普遍运用的有效途径;二是要严格遵守技术侦查权运用的法定的程序和规范。要严格遵守保密制度和使用要求,全力确保依靠技术侦查手段收集的证据的合法性和证明力。新刑诉法规定了"电子证据"这一新的法定证据类型,这为反贪侦查工作提供了新的机遇,在使用先进的电子设备收集证据上,要确保电子数据的准确性,确保调取电子数据的程序合法,确保数据内容的真实性,确保相关数据与案件事实的关联性,并全力确保通过技术侦查权获取的证据不出现非法证据排除情形;三是要在侦查过程中充分利用先进的技术侦查手段,调取新刑诉法规定的各种电子证据,做到对电子证

---

① 侯任远等:《试论新刑诉法对反贪侦查工作的影响及对策》,载《山东行政学院学报》2013年第3期。

② 李伟泉:《职务犯罪侦查模式的转变》,载《人民检察》2013年第2期。

据等新证据形式全面掌握、准确运用，进而服务自侦办案工作。

（六）树立人权意识，主动接受侦查监督制约

要正确对待并积极应对律师介入。律师辩护制度是刑诉法对犯罪嫌疑人诉讼权利保障的途径之一，针对新刑诉法的规定，自侦部门必须以正确的态度，积极应对律师对案件的介入，确保侦查工作质量。一是要在思想上高度重视与律师关系的处理。要将律师的介入向有利于案件的办理方向去引导。在律师介入后，尽可能地积极听取律师对于案件办理提出的合理意见和建议。对律师提交的相关案件证据要认真对待、全面分析，试图从中找出案件办理过程中是否存在缺陷与不足；二是对律师执业行为进行合法有效的监督。对于律师有意帮助犯罪嫌疑人开脱罪责的行径，要坚决予以制止；对于律师帮助犯罪嫌疑人伪造、毁灭证据、妨害证人作证、串通他人作伪证等违法犯罪行为要坚决予以打击；对于律师教唆犯罪嫌疑人对抗检察机关的讯问等违反职业规范的行为要坚决向律师主管部门反应；三是要切实加强与律师的沟通与交流，善于借助律师的作用。职务犯罪案件侦查人员对犯罪嫌疑人的审讯，有可能会造成犯罪嫌疑人的抗拒心理，有的案件无论侦查人员如何做说服教育工作，都无济于事，但是律师与侦查人员不同，其出发点和落脚点均基于委托人即犯罪嫌疑人的利益考虑，犯罪嫌疑人自身亦明了这一点，犯罪嫌疑人与侦查部门的对抗或者认罪态度差，不会给犯罪嫌疑人造成不利影响，但却会严重影响侦查工作的顺利开展，而犯罪嫌疑人的认罪态度、是否能够主动交代犯罪事实、是否有悔罪表现等对量刑有一定影响，因此可以借助律师会见，通过律师对其进行说服教育工作和利益诉求的正面引导，促使犯罪嫌疑人转变态度，从而有助于反贪侦查工作的顺利进行。

如何确保法律的执行力
——民事诉讼法修改后社会热点问题的思考

孙 山 易利娟[*]

2013年1月1日,修改后的新民事诉讼法(以下简称民诉法)开始施行。从司法视角来看,这部新法律只作了机制性规范的改进而未能触及体制性规范的改革,只是对已有实践和规范的总结,改革不够彻底且缺少最高目标的设计。尽管如此,新法相对原有法律规定仍有明显的修正和补充,为司法增添了可供权益救济的手段和工具。作为司法实践者,我们更为关注的是新法的执行力问题,即如何在制度上真正保障法律的适用,如何遏制执法中的随意性?本文初稿完成之后,恰逢党的十八届三中全会通过了《中共中央关于全面深化改革若干重大问题的决定》(以下简称《决定》)。该《决定》关于司法去地方化、去行政化,确保审判独立的政治主张,对于保障法律的实施和执行,推进司法机制和体制改革,保障社会公平正义具有重要的意义,也给作者一些新的启示。

一、影响法律执行力的主要因素和障碍

(一)体制上的弊端使法院不能真正做到依法独立审判

所谓体制弊端,主要是指司法地缘化或曰司法权地方化对审判独立的影响,导致司法机关及其工作人员丧失应有的独立权力和公正地位,从而出现在个案审判中司法屈从于权力的异化现象。[①] 我国宪法、人民法院组织法和民诉法都规定:人民法院依法独立审判,不受行政机关、社会团体和个人的干涉。但在现实生活中人民法院很难做到独立审判,来自外界的地方干预主体多重、方式多样。其中,干预主体包括地方党委、地方政府、地方各级人大、政法委等;干预方式包括批文、指示、协调会、会议纪要、约谈、电话、信函或是地方性法规、规章以及规范性文件等;干预内容包括涉诉拆迁、征地征收、企业改制破产、国有资产执行、环境污染、社会保险工伤认定、计划生育、土地纠纷、政府行政行为等。当法

---

[*] 孙山:天津市第一中级人民法院法官,天津医科大学文法学院客座教授;易利娟:天津伟和律师事务所律师,法学硕士。

[①] 胡夏冰:《司法权:性质与构成的研究》,人民法院出版社2003年版,第281页。

律与权力碰撞时,由于终极裁判权并非握在行使审判权的人民法院和法官手里而是处于政府的掌控之下,司法者采取了一种放任权力的态度。人民法院和法官既然无法独立审判,也就意味着不能独立承担裁判责任,换言之,即不必对案件质量负责。这种机制势必导致对审判权制约的失灵或滥用权力,这种相互间无视规则的现象即是"混迹效应"。其间,人民法院扮演了一个屈从于权力的"木偶人"角色,人民法院和法官不能依据事实和法律作出独立的司法判断。司法地缘化是司法公正的结构性瓶颈,由此导致一定区域内"权大于法"的司法负面氛围的滋生。

(二)民诉法的缺陷使司法难以做到对民事权利的全面保护

尽管此次民诉法的修改朝着规制权力、救济私益的方向迈进,但立法对社会体制性问题关注不够,某些规定由于过于原则化而难以操作。新民诉法某些条款的形式意义大于实质意义,因此还不能称其为高质量的立法。民诉法学界在今后一定时期内尚需对如下问题进行深度思考:

其一,确立诉讼模式的指导性条款。现行民诉法虽然未写明当事人主义,但现实中诉讼模式已实现由职权主义向当事人主义的角色转换。诉讼中裁判公正与否似乎完全取决于当事人而与法院或法官无关,这有违我国法治文化背景下司法权的救济内涵,亦不利于司法实现公平正义的使命。在上述角色误导下,法律虽然规定人民法院可以依职权调查取证补强证据,但司法实践中人民法院却以坐堂问案的官僚者自居,消极对待当事人调取证据的申请权,职权主义形同虚设。司法中立是相对于偏私而言的,而非"见死不救";司法的天职在于救济弱者实现公正。我们认为,现阶段我国民事诉讼仍应强调职权主义模式,或以条文化的方式确定"当事人主导下的职权主义",以有效避免因盲目追求法律真实而攫升的错判率。①

其二,建立普适性的诉权保护原则。民诉法是有关民事权益争议诉讼的程序规则,具有普适性。而现行民诉法只对适用范围有所规定,缺乏对诉权、起诉权的普适性规定。在实践中,对于民事实体法没有明确规定享有起诉权的争议事项,人民法院往往不予受理,这无疑剥夺或限制了当事人的诉讼救济权。为此,建议增设诉权保护原则,即规定"当事人因民事权益受到侵害与他人发生争议的,有权向人民法院提起诉讼,人民法院应当及时受理"②。

其三,建立"以被就原"的管辖制度。传统的一般地域管辖实行"以原就被"

---

① 杨荣新主编:《民事诉讼法修改的若干基本问题》,中国法制出版社2002年版,第11页。

② 江伟主编:《民诉法修改建议稿(第三稿)及立法理由》,人民法院出版社2005年版,第3页。

的制度,但由于我国诉讼环境发生了根本性的改变,诉讼发起人先行承付诉讼成本后"劳师远行"到具有广泛地缘关系的被告住所地起诉,结果是起诉难、审判难、执行难,到头来可能分文难得。为此,在法律无法改变因地方保护主义给权利人造成损害的情况下,立法应当与时俱进地作出相应的管辖制度调整,不能让原告"损兵折将"而让被告"窃喜"。

其四,关于举证责任的分配。新民诉法未能达到对当事人、法官责任分配进行概括和指引的法律效果。证据是诉讼制度的核心。民诉法处于程序总汇的统领地位。民诉法的"证据"编除"谁主张,谁举证"的一般性规定外,理应通过列举和概括的方式,规定在哪些条件下分别适用举证责任倒置、举证责任转移、举证责任顺位以及法院依职权取证等情形。

其五,小额诉讼实行一审终审有违审级监督原则。新民诉法实施之后,最高人民法院于2013年5月27日通过《关于海事法院可否适用小额诉讼程序问题的批复》,确定海事法院可适用小额诉讼程序审理简单的海事、海商案件,进一步明确了小额诉讼一审终审制度。一审终审有利于提高诉讼效率,但没有公正就没有效率。小额诉讼所实行的一审终审制度不仅剥夺了当事人的上诉救济权,而且还可能导致自由裁量权的滥用,难以实现公平正义。确切地说,目前我国实行一审终审的条件尚不成熟,司法环境不足以实现普遍公正性。

其六,根据新民诉法的规定,公民个人不享有公益诉讼的起诉权。这一制度设计有舍本逐末之嫌,缺乏科学性和完整性。公益诉讼是有关公众利益的诉讼,从法治治理结构的社会参与角色上看,公民应当是最主要的民事权益主体。实践证明,缺少民众参与的改革必将一事无成,无论是环境被污染还是民众权益受损害,都与自然人有着千丝万缕的利益联系。[①] 将民众的公共利益参诉权排除在法律规定之外,是立法的一种非法治诉权垄断思维;检察机关和有关组织并非公众的法定代理人,公益诉讼也不能被完全视为"公家"诉讼。在市民社会里,公民理应享有参与公益事务诉讼的资格,特别是面对权力干预、检察机关不作为时,公民更应为维护公共利益挺身而出。

其七,关于执行权的问题。尽管学界对执行权性质的观点不一,有诸如"司法权说"、"行政权说"、"司法性行政权说"、"行政性司法权说"等学术之争,但可以肯定的是,为从根本上解决执行难问题,执行权必须脱离审判权而不再下辖于人民法院内部。实践证明,即便部分法院实行审执分离后成立执行局,也仅是平添几个官僚阶层,对执法的基本环境并无实质性改变。此外,人民法院可动用的资源也极为有限,如司法拘留的羁押应征得公安机关同意,执行力度和效率无法

[①] 黄亚宁:《生态环境公益诉讼起诉主体的多元性及序位安排——兼与李挚萍教授商榷》,载《法学研究》2013年第7期。

得到保障。以笔者之见,真正的审执分离是把执行机构从人民法院的母体中分离出去,彻底改变在司法权覆盖下的执行权审判化、执行人员法官化的局面。

其八,构建完整、有效的诉讼监督体系。应当看到,监督是中国法治建设的一个薄弱环节,没有监督就没有公正。依照现行法律规定,民诉法内在的有权监督可分为审级监督和检察监督,审级监督又可分为上诉审监督和再审监督;民诉法外在的有权监督为人大监督。目前审判监督制度面临的问题在于受司法地缘化体制的影响,分割司法权和选择性执法现象频发,主要表现为有法不依、执法不严、违法不纠,其实质反映的是以地方、部门、个人利己主义为核心的权力本位思想,即权大于法。显然,在此情形下检察监督难担重任,诉讼监督应另辟蹊径。

其九,现行民诉法关于诉讼费负担的规定不完善,限定当事人上诉提请权极不合理,未规定诉讼费负担原则以及对判决不服有权上诉的规定,最终导致"当事人不得单独对人民法院关于诉讼费用的决定提起上诉"①。我们认为,诉讼费具有诉讼法上的可诉性;诉讼费负担构成诉讼请求内容之一;裁决诉讼费的承担属于权力意志性分配;对一审裁决不服当事人享有上诉审级救济权,且标的上亿元的案件诉讼费数额巨大关乎当事人的切身利益,故而一审人民法院不应对此享有独断权。

(三)法官意志力不足难以支持裁判正义性的需求

毋庸讳言,法官意志力高低对案件审理的公正度及裁判质量的高低至关重要。但在当前中国司法体制下,鉴于主客观原因,法官难以完全根据事实和法律,依照自己的判断与内心确信力独立作出裁决,障碍通常来自于以下几个方面:

第一,人民法院内部司法行政权力的干预。譬如院长、庭长对案件的审批或授意以及审核或签发中的变相审查。

第二,法官抵制违法、坚持正义的意志力欠缺(特别是面对司法行政干预)。这主要因为法官在人、财、物等利益关系上对行政权力的依赖性。如若法官在执业过程中坚守独立、执意己见,轻者被剥夺办案权,重者影响自身的升迁。

然而,目前我国的司法职业尚属于一种谋生手段,法官不愿冒失去既得利益的风险而伸张他人正义。可喜的是,十八届三中全会的《决定》已明确提出,推动省以下司法机构人财物统一管理,探索建立与行政区划适当分离的司法管辖制度以遏制司法行政干预等体制弊端。②

第三,权力寻租。主要反映在办"关系案"、"人情案"、"金钱案"上,特别是在弹性执法的自由裁量权案件中更具寻租的空间,公然错判的案件相对较少,但仍

---

① 国务院2007年颁布实施的《诉讼费用交纳办法》第43条之规定。
② 秦旭东等:《遏制司法地方化》,载《新世纪》2013年第44期。

存在且多发生在一审程序中。

第四,法治信仰缺失。法律人应以遵从法律、实现正义为使命,然而受体制下的权力变异和司法环境的熏染,法官常迫于压力结案使司法审判趋于世俗化,法官一改信奉法理想主义转而采取实用主义的态度,为结案而结案,部分法院甚至以利益关联性为轴心而选择性执法。

第五,有权无责的制度安排弊端。司法实践中,法官常有因违纪被追究责任,但少见因错判被免职,至少未见因错判而被问责的,这便埋下了一个隐患,即暗示人们,只要腐败不被发现,即使错判也无须担责。

因此,应建立错案责任追究制以威慑滥用司法权制造"残次品"的行为人。错案责任追究制作用的发挥,其关键在于科学制定错案标准、程序、对象、定错权和执行力。当下的中国并不缺少规定,缺少的是保障规定执行的体制和机制,若不医治附着在体制上的司法地缘化、裁判权群体化和司法行政化等执法痼疾,错案责任追究难以真正落到实处。值得一提的是,最高人民法院已将"建立司法问责制度"作为2013年的重大课题。同时,中央政法委发布了《关于切实防止冤假错案的指导意见》,要求建立健全合议庭、独任法官、检察官和人民警察权责一致的终身办案责任制,并召开会议进行专门研究部署,以确保该意见不打折扣地被各执法部门落实到位。① 十八届三中全会的《决定》也明确指出要完善主审法官、合议庭办案责任制,让审理者裁判,由裁判者负责。

二、起诉难:应然与实然的焦虑

所谓起诉难,简言之就是开启诉讼程序之门难,即立案难。这是一个由来已久的司法顽疾,主要是指虽有法律、法规和司法解释等规定并且符合起诉条件,但人民法院不予以立案,或虽符合起诉条件但因对起诉合法性、有效性以及受案范围、案由等存有认知差异,人民法院不予受理或暂不受理的情形。究其根源是权力和利益支配的结果,是一种被潜规则覆盖后形成的法外之法。在国家权力的构架下,每一个参与者对此都心知肚明但却习以为常,最终被破坏的是承载公平正义的法和司法诚信。有权利就应当有救济,无救济则等于无权利。诉权既是当事人的一项宪法权利,亦是开启实体权利保护大门的钥匙,法律和司法应当尊重当事人的诉讼选择权。为此,新民诉法第123条作了专门规定:"人民法院应当保障当事人依照法律规定享有的起诉权。对符合本法第119条的起诉,必须受理。符合起诉条件的,应当在7日内立案,并通知当事人;不符合起诉条件的,应当在7日内作出裁定,不予受理;原告对裁定不服的,可以提起上诉。"

---

① 彭波:《中央政法委:将建立健全冤假错案责任追究制》,http://politics.people.com.cn,下载日期:2013年8月14日。

尽管有法律的明文规定,但我们仍然担心行政主导型社会的影响,"上有政策下有对策",起诉难无法真正得到解决。这不仅仅是一个法律问题,也是一个体制性问题。事实上,诉讼的基本环境没有改变。对一些敏感性案件,法院可能采取各种方式予以拖延,即先行收下诉状而不立案,告知当事人等候消息,随后又转入不予立案的拖延阶段,在法定立案审查期内既不作出立案的决定也不作出不立案的裁定,最终使起诉处于一种无尽等待之状态。

起诉难的原因有以下几点:(1)社会纠纷的复杂性和利益诉求的多样化导致法律规定的缺失,如一些新类型案件法律关系较为复杂难以掌握;(2)权力干预下的部门保护主义和地方保护主义,如拆迁、征地、劳资纠纷等皆具政策导向性;(3)为追求裁判结果进行实体审查,本应在立案后依职权调取的证据因当事人起诉时无法获得而在立案阶段苛求之;(4)可能引发群体性事件或有潜在的上访可能性,以至于受理后会导致判决难、执行难等;(5)考虑到裁判的社会效果,人民法院对某些敏感的案件唯恐避之不及;(6)鉴于利益关系考量的其他因素,如人情、关系等,有些人民法院在立案时甚至要事先征得相关审判庭、院长的同意后方可立案,即典型的未立先审。无疑,这是摆不上桌面的权力主导下的选择性司法,但它确确实实影响着法律所赋予当事人的诉权,这种做法不仅与法律规定背道而驰,同时也消磨了司法对社会的敏锐度,不利于法官精英化的培养。其间,虽有处于司法大环境下人民法院对自身利益保护的无奈,但更忽略了司法维护公平正义这一更为重要的使命。

如若当事人的诉请不能被立案受理时,人民法院能否于法定期间内对此作出裁定而不是通知?这是考验人民法院法律执行力的重要指标。对于这一问题,目前尚未见实质性改观。

三、再审难:面子与里子的尴尬

再审难一直是一项被社会广为关注的话题,它包括申诉难和提起再审难两个方面。如果说起诉是诉讼入口的话,那么再审则是案件终结后的安全出口,两者均对社会正义和司法公平起着至关重要的作用。法院纠正自己的错误就等于是在"革自己的命、出自己的丑",执法上的"难"亦在情理之中了。即便是提级再审,司法亦不能完全摆脱地缘关系,更难做到依事实和法律判断,这就是现实体制下的司法宿命论。若要彻底改变现状,保证再审程序的畅通和纠错效率,就必须考虑另设域外诉讼救济机制,如设立专门的再审法院等,否则在现行诉讼体制下再审难仍将是一个长期话题。尽管如此,其内涵将随着立法和社会的变迁而朝向科学、合理、日臻完善的方面发展。

1991年颁布实施的民诉法对再审事由和条件的规定较为宽泛,主要表现为再审难、再审乱,再审程序呈现出无期限、少标准、乱改动的鱼龙混杂局面。学界对此多有微词,故法律人开始为之求证,此举具有积极意义。

经多年探索,2007年修正实施的民诉法回应了社会普遍关注的热点问题,且对再审事由和条件规定得更为细致,对解决再审难有一些制度性的突破规定。然而实践证明,2007年修法只解决了"申诉难"而未解决"提起再审难"。为降低错案再审率,某些法院制定了严格限制再审改判的内部标准。此举增加了法院与当事人的对抗情绪,使本能通过诉讼程序解决的矛盾冲突被强行推到了涉法涉诉的上访途径,最终付出更大的风险和代价。①

相对于2007年民诉法规定的当事人越级申诉而言,2013年民诉法有关再审事由的规定则属于一种立法的倒退。其中的缘故在于,越级申诉致使最高人民法院承载了巨大的案件及信访压力。最终立法的妥协反映在新民诉法第199条规定上,即"当事人对已经发生法律效力的判决、裁定,认为有错误的,可以向上一级人民法院申请再审;当事人一方人数众多或当事人双方为公民的案件,也可以向原审人民法院申请再审"。该条第2款的规定导致的执法后果是各地方高级人民法院在最高人民法院的默示下借机纷纷制定辖区的细则,公然剥夺当事人提请再审选择权;强制进行原审人民法院承办人判后答疑,不仅导致再审受理的拖延也有悖于利害回避原则,重现受理难的局面,这无疑是立法的倒退。

新民诉法规定向本院提起再审或交由原审人民法院再审,这是制度设计的一个缺陷,有违利害关系回避和审级监督原则,建议今后修法时予以废除。法院对本院曾经审理的已生效案件无权再行审理,上级人民法院也不应指定原审人民法院进行再审。实践证明该做法因原审人民法院的抵触情绪而导致效果不佳,最终导致劳民伤财。

有限再审无异于是变相承认有些错案可以不再审、不纠错,加之受主观利益的驱动,司法容易产生多重再审标准的危害。该观点不仅有违马克思主义实事求是的法哲学思想,同时也违背有错必纠的法治精神,迎合了以权力压制再审实现裁决既判力的心态。事实证明,公正是法律和司法的生命,在公正面前任何为错案辩解的理由都是苍白无力的。"绝不能因为片面强调司法权威而拒绝纠错,面子是别人给的,脸是自己丢的……面对错案要不掩盖、不回避,只有这样群众才会信服,老百姓才会相信法律,法律也才有尊严,才能够真正树立司法权威。"②司法权威和既判力应以判决的公正为支撑,而不能靠权力的压制和攫取来维持。事不平则鸣。我们必须摒弃部门利益,认真检验初审裁判的公正度,减

---

① 江必新:《民事再审事由:问题与探索——对〈民事诉讼法〉有关再审事由规定的再思考》,载《法治研究》2012年第1期。

② 韩景玮:《河南高院院长:对错案敢于承认更能赢民心》,载《大河报》2012年7月5日A10版。

少错案的发生进而降低再审率,实现司法与法律和民众的良性互动。

四、执行难:公权与私益的困窘

起诉难、再审难和执行难共同构成当下中国三大司法顽疾,反映出公权对私益救济的阻却性,但各自的成因又有所不同。起诉难和再审难主要表现为司法权对私益权利的限制,其问题的对象分别是解决当事人诉讼选择权的程序正义性和解决法律上的公平对待性问题;而执行难则着重于解决当事人实体权利的正义需求。执行难的内涵十分复杂,大致可归为以下三种成因:

1.主观因素,主要是执行权的不作为,不主动查找可供执行的标的物。在此特别指出的是,执行权是司法代表国家的履职行为,而不能狭义地视之为私权,人民法院执行的对象是发生法律效力的裁决,执行过程是司法对法律裁决的承诺。换言之,是以国家强制力实现法律保护和司法确认的利益。相对审判权而言,执行权具有积极的权力属性,对此须有清醒的认识。

2.客观因素,包括:(1)可供执行的对象范围过于狭窄,经营权和劳动力等无形财产未被列为执行对象;(2)被执行人规避和隐匿被执行财产;(3)确实无可供执行的财产;(4)特殊保护阶层,如作为被执行对象的国家机关、国有企事业单位等特殊资产不得执行;(5)执行人员可供实施的强制手段匮乏,不能根据应急需要独立作出相应的决定。为解决该类问题,除深化修法外还应加大对民事权利的刑法保护措施,如拒执罪和不能给付罪,通过刑事责任倒逼隐匿财产之人自觉履行给付义务。

3.体制因素。鉴于执行难是一个长期存在的问题,只有通过司法体制改革才能最终予以解决。尽管新民诉法引入了检察监督机制,但仍于事无补。新民诉法第14条对此规定:"人民检察院有权对民事诉讼实行法律监督。"然而,在现行司法权地方化的体制下,检察监督虽有需求但难有作为,更不可能做到铁面无私。无论检察权介入正当与否,诉讼监督的形式多大于内容,同样面临着利益冲突中的选择性执法问题,如检察机关不作为等。因此,现行体制下的检察监督很大程度上是当下中国司法治理中"有病乱投医"的应景之作,其力度和作用的前景并不乐观。

综上所述,判断司法权的行使是否符合公平正义的标准唯有事实和法律。事实的真理在于揭示客观,法律的真谛在于维护正义。任何权力群体化的行使都可能导致责任规避、权责不清并滋生腐败。立法和司法并非孤立地存在,而是相互作用于国家权力结构中的子系统,政治体制改革才是提升司法执行力的唯一出路。

检察立案监督权面临的机遇与挑战
——以龙岩市新罗区检察院为考察对象

段 炼 林 昇[*]

检察机关是宪法规定的法律监督机关,立案监督权[①]是其核心权力之一。《中华人民共和国刑事诉讼法》(以下简称新刑诉法)第111条对此亦有明确规定。立案监督权的有效行使,能够有效避免侦查机关刑事立案权的不当行使、怠于行使,避免公民卷入刑事诉讼纷争或放纵犯罪分子逍遥法外,实现惩罚犯罪与保障人权的双重价值。近年来有关立案监督权的法律规定和司法解释不断颁布,为检察机关充分行使立案监督权提供了较为优越的法律平台和规范程序,然而立案监督刚性不足、监督信息来源不对称、立案监督后续效果难以保障等许多具体问题仍亟须解决。本文试图以龙岩市新罗区人民检察院(以下简称新罗区院)立案监督工作的现状和困境为考察样本,深入探讨检察机关立案监督权行使过程中存在的问题、成因及应对之策,以期对检察机关立案监督工作的开展有所裨益。

一、检察立案监督权的概念界定及功能价值

(一)检察立案监督权的概念

关于检察立案监督的概念,目前学界主要有以下四种观点:第一种观点:刑事立案监督是指检察机关对刑事立案主体受理、审查立案材料、调查、审批、决定立案等全过程是否合法进行的法律监督,它与侦查监督、审判监督和执行监督构成完整的刑事诉讼监督体系。[②] 第二种观点:刑事立案监督是指刑事诉讼过程中检察机关依法对刑事立案主体的立案活动是否合法所进行的专门性法律监

---

[*] 段炼:龙岩市新罗区人民检察院副检察长;林昇:龙岩市新罗区人民检察院侦查监督科科员。

[①] 本文所探讨的检察立案监督权,专指检察机关所享有的立案监督权,并不包含人大、公民等广义上的监督权。

[②] 彭志刚等:《刑事立案监督中的法律问题研究》,载《江西社会科学》2009年第12期。

督。① 第三种观点:刑事立案监督是指检察机关对公安等侦查机关和内部自侦部门的刑事立案活动的法律监督。② 第四种观点:刑事立案监督是指检察机关对公安机关、国家安全机关、海关、监狱、检察机关反贪反渎部门应当立案而不依法立案、不应当立案而乱立案以及刑事立案活动是否合法进行的法律监督。③

尽管学界关于刑事立案监督的概念各不相同,但都围绕刑事立案监督的主体、内容和对象进行定义。笔者认为,检察刑事立案监督权的概念应当包括以下几方面内容:第一,监督主体应当专指检察机关。第二,监督客体既包括对公安机关、检察机关管辖案件的监督,又包括对行政执法机关管辖案件的监督。第三,监督范围应当既包括对刑事立案主体应当立案侦查而不立案侦查的监督,也包括对不应立案侦查而立案侦查的违法行为的监督。第四,权力的性质既是法律赋予检察机关的一项重要职能,又是刑事诉讼法规定的一种特别程序。

(二)检察立案监督权的功能价值

在我国,立案被视为一项独立的办案程序,它具有特定的刑事诉讼功能。④立案权的滥用,意味着公民的人身权益可能会因为错误立案而受到非法追诉,自由和财产被非法剥夺;也意味着犯罪行为可能因错误不立案而被放纵,社会秩序和法治权威遭到破坏。检察机关立案监督权的功能价值可以概括为以下三个方面:

1.尊重和保障人权。检察立案监督权是一项"监督权力的权力"。它从正反两方面实现尊重和保障人权的功能和价值,一方面体现于通过刑事立案监督工作,使得公民的人身权益不因错误立案而不当卷入刑事诉讼程序;⑤另一方面,则体现为纠正侦查机关"将一般刑事案件降格为治安案件处理,大案化小,重罪

---

① 伦朝平等:《刑事诉讼监督论》,法律出版社2007年版,第30页。
② 雷建昌、薛培:《立案监督:现实困境与法律完善》,载《中国刑事法杂志》2009年第7期。
③ 赖结华:《论当前立案监督存在的问题及对策探讨——兼论〈刑事诉讼法修正案〉的不足》,载《法制与社会》2012年第8期。
④ 我国诉讼法学界一般认为,立案在刑事诉讼中有四个方面的重要意义:"第一,立案是刑事诉讼的开始和必经程序,没有立案程序,便没有刑事诉讼的整个过程;第二,正确、及时立案有利于迅速揭露犯罪、证实犯罪和惩罚犯罪;第三,正确、及时立案可以有效地保护公民的合法权益不受侵犯;第四,正确、及时立案有利于加强社会治安综合治理。"
⑤ 在我国,刑事立案程序的启动,往往意味着涉案当事人的财产可能被扣押或冻结,人身自由因刑事拘留或取保候审强制措施的适用而被剥夺或限制,名誉和声望也因社会公众的误解而受到贬损或歧视。

化轻,以罚代刑"①的行为,避免侦查权的懈怠行使导致被害人受到不法侵害而得不到法律及时、全面的保护和救济。

2. 促进立案程序的依法运行。立案权的正当行使关键在于将权力纳入确定的轨道,即在程序规定许可的范围内理性运行,一方面限制恣意、规制权力、保障权利,同时也使公民能够建立起对权力行使的合理预期和适当监督。

3. 树立法治权威,实现司法公正。刑事立案权的不当行使,其结果必然是抹杀了人们对法律的崇拜与遵从,也会使得社会在法律之外另寻他途以解决不公正的立案活动。检察机关行使立案监督权,对错误的侦查行为以及"错案"进行纠正,实现了司法公正。

二、检察立案监督权的实证分析

检察机关立案监督权在实际运行中,往往受到人文社情、民俗民风、经济发展程度,甚至是考核指标、领导者意志的影响,其实际效果并未完全达到制度设计者的初衷。为此,需要结合检察立案监督权实践状态加以分析。笔者选取新罗区院为样本,不仅因为基层检察机关是检察系统最为基础的构成元素,更因为该院独特的地缘性和典型性。龙岩市位于福建西部,地处闽粤赣三省交界,是海峡西岸经济区的重要交通枢纽,下辖七县(区),总人口约250万,近年来经济飞速发展已位居全省中游水平。新罗区作为唯一的市辖区,其人口和经济总量均占全市总量的20%左右,外来人口集中,刑事犯罪发案率高,年均刑事立案数近2000件。新罗区院目前共有在职检察人员108名,全年办理的各类刑事案件约占全市检察机关办理刑事案件的35%。龙岩市检察机关2008—2012年立案监督数量在福建省检察机关中名列第三名,而新罗区院在龙岩市检察机关立案监督数量中长期居首。因此,选取该院的立案监督工作作为考察样本具有一定的典型性。

(一)立案监督数量逐年增长

1. 2008年至2012年,新罗区院共办理刑事立案监督案件82件131人,分别为6件7人、7件7人、17件24人、18件34人、34件59人,总体上呈现逐年递增的趋势。其中2012年为峰值,全年新罗区院侦监部门共办理立案监督案件34件。其中,发出《要求说明不立案理由通知书》25份,公安机关主动立案28人;监督公安机关不应当立案而立案案件9件。

2. 立案监督数量背后的隐含因素:(1)新罗区院侦查监督部门办案人员数量的略增。2008年该院侦监部门共有在编人员8人,2012年增至10人;2008年

---

① 陈卫东主编:《刑事诉讼法实施问题调研报告》,中国方正出版社2001年版,第30页。

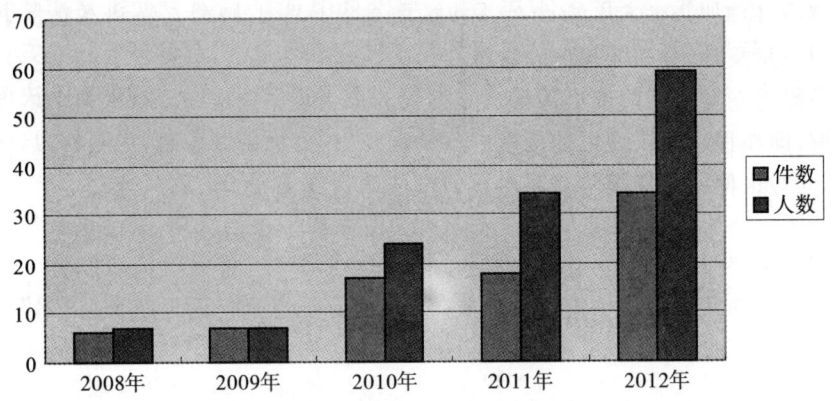

新罗区检察机关立案监督数量增长示意图

该院侦监部门人均年批准逮捕案件量74.9件,人均办理刑事立案监督案件为0.8件,2012年增至人均年批准逮捕案件量82.4件,人均办理刑事立案监督案件为3.4件。(2)2012年福建省基层院建设考核开始根据不同类区设定了立案监督案件数量基线,即每个地区办理的立案监督数量必须达到同类地区的平均水平,否则在考核中将予以扣分。从图表中可以看出,该院2012年立案监督数量比2011年增长了88.9%。(3)立案监督数量与审查逮捕案件数量的关系,新罗区院作为龙岩市中心城区,以2012年为例,全年办理的审查逮捕案件约占全市总量的40.1%,其立案监督的数量与审查逮捕案件数量的比例为16.7∶1,然而龙岩市其他区县检察机关的立案监督数量与审查逮捕案件数量最高比例达到了5.2∶1,可见立案监督数量并非与办案基数成正比,影响立案监督数量存在多种因素,监督的意愿、能力、水平,干部的数量、素质等都是影响立案监督数量的重要因素。

(二)专项监督活动成为立案监督线索来源的重要途径

2007年以来,新罗区院开展了多次立案监督专项检查活动,如2007年的交通肇事刑事案件专项检查活动,对2004—2006年以来发生的交通肇事刑事案件进行了重点检查;2008年的刑拘、逮捕后变更强制措施或撤案的案件专项检查活动,对公安机关办理的刑拘、逮捕后变更强制措施的刑事案件进行了逐案检查,重点检查是否存在应当立案而不立案、不应当立案而立案、以罚代刑的情况以及是否随意变更强制措施或撤案的情形。通过立案监督专项检查活动,极大地拓展了立案监督案件来源,取得了一定的效果。然而,在专项监督活动所带来的立案监督效果背后,也凸显了立案监督制度建设缺乏长期持续有效的成果及日常监督渠道不畅等问题。

(三)立案监督效果仍不明显

2008年至2012年,新罗区院办理的立案监督数量共82件,其中监督公安机关应当立案而未立案的案件66件,这些案件中只有18件已起诉至法院且已判决,仅占监督立案总量的27%,多数案件没有进入批捕、起诉环节。立案监督案件起诉率、判决率不高,表明立案监督案件侦查机关立而不侦、久拖不决问题严峻。

三、制约检察立案监督权发展的因素分析

(一)检察立案监督权立法与运行机制亟待完善

1.检察监督权的立法规定仍不完善。在我国,检察机关虽然拥有法律监督的宪法地位,但基于我国的刑事诉讼活动仍是以侦查权为中心主义的刑事诉讼模式,"公安机关完全主导了侦查程序,自己可以独自进行调查并采取强制措施,因此实质上是警主检辅的模式,完全以侦查为中心"①。过于强势的侦查权足以使公安机关在刑事诉讼中可与检察机关分庭抗礼。而我国现行法律规定对检察刑事立案监督权的规定"虎头蛇尾",没有形成相对完善的权力体系,检察机关对公安机关立案监督的手段缺少强制性规定,主要是采取发出纠正违法通知书或检察建议等软措施,一旦公安机关不予认可容易出现相互扯皮的情况。例如检察机关发出不予立案理由通知书后,如果对于公安机关立案后的侦查活动无法进行有效监督,极易导致案件处于立而不侦、久拖不决的状态,"据统计,每年检察机关立案监督案件能够进入批捕、起诉、审判环节的一般只有30%,近七成的立案监督案件没有得到最终处理"②。又如根据最高人民检察院、公安部《关于刑事立案监督有关问题的规定(试行)》第3条和第5条第3项的规定,确定检察机关是否能进行立案监督的前提是公安机关是否给控告人出具立案决定书或者不立案决定书,易言之,"如果公安机关没有出具或者拒不出具决定书,检察机关就无法进行实质性审查并要求公安机关说明不立案理由,只能移送公安机关处理",造成此类案件一直无法启动立案监督程序。③ 当公安机关发现即使他们没有立案或者消极应付,检察机关也没有任何反应和异议时,他们会很自然地轻视这种监督的权威,立案监督的效果也就在这种被轻视中遭到削弱。④ 因此,缺乏刚性的法律规定、监督措施和手段保障的检察立案监督权在实际运行中被弱化、

---

① 孙琴、邓勇:《刑事立案监督的困境及破解路径》,载《检察理论》2013年第5期。
② 元明等:《完善刑事立案监督工作机制的构想》,载《检察日报》2009年6月12日第3版。
③ 赖结华:《论当前立案监督存在的问题及对策探讨——兼论〈刑事诉讼法修正案〉的不足》,载《法制与社会》2012年第8期。
④ 常青等:《当前对公安机关立案活动开展监督面临的突出问题、原因和对策》,载《法制与经济》2013年第5期。

虚化,检察机关对公安机关的监督和制约作用显得苍白无力。①

2.检察立案监督权的运行制度存在缺陷。书面审查案卷卷宗是目前检察机关开展立案监督工作的主要方式,这种方式主要依赖于申诉人或侦查机关提交或固定的证据材料,检察机关侦查监督部门无论从自身的人力、物力和财力来看,都没有能力开展大规模的侦查取证工作。一旦侦查机关怠于行使侦查权,对某些涉及能否立案的关键证据能取证而未取证,则立案监督工作将陷于进退两难的困境。另外,检察机关内部刑事立案资源缺乏整合机制,对刑事立案监督权的内部线索转移机制的规定也不明确。侦查监督部门是检察机关内部担负刑事立案监督职责的主要部门,但民事行政检察、控告申诉检察、公诉部门亦能够在办案中发现立案监督线索。但是,目前除控告申诉检察部门已经形成一套完整的立案监督线索移送机制外,其余部门缺乏相关规定,线索移送完全依赖于案件经办人的个人素质,造成了大量立案监督线索的流失。因此,建立一套制度体系完备、责任分工明确的检察机关内部立案监督乃至是诉讼监督协作机制,能够有效提高检察机关立案监督权行使的效率和效果。

3.检察立案监督权启动的标准过高。立案作为刑事诉讼程序的开始,是侦查的前提,其证明标准最低,仅要求"有犯罪事实发生且需要追究刑事责任"即可,其不同于逮捕阶段"有证据证明有犯罪事实,可能判处有期徒刑以上刑罚"的证据要求,也不同于提起公诉和审判阶段"事实清楚、证据确实充分"的证据要求。从立案到侦查、批捕、起诉、审判等不同诉讼环节,证据要求层层深入。而在实践中,一些检察机关为了确保立案监督案件的"起诉率、判决率",无形中以"能够逮捕、起诉、判刑"的标准来衡量是否启动立案监督程序。这种做法违背人类认识事物的规律,因为"依据人类的认识规律,案件事实是随着诉讼程序的不断推进而逐步被查清的,某种行为是否构成犯罪,是否应当追究刑事责任,大多在立案前难以确定,而是要通过审判才能确定"②。同时,打击犯罪最重要的手段就是强调破案的及时性和惩罚的必然性,"惩罚犯罪的刑罚越是迅速和及时,就越是公正和有益",③定罪判刑只不过是犯罪的后果之一,非刑罚处罚甚至相对不起诉等都是对犯罪行为的一种否定评价。司法实践也表明一旦犯罪的后果不能与惩罚形成对应关系,就会助长犯罪。因此,以监督案件是否得到有罪判决作为唯一的评价标准,显然不够审慎科学,其结果是人为拔高了立案监督的门槛,

---

① 雷建昌、薛培:《立案监督:现实困境与法律完善——成都市检察机关2004—2008年立案监督案件调查》,载《中国刑事法杂志》2009年第7期。

② 宋英辉等:《刑事诉讼法修改问题研究》,中国人民公安大学出版社2007年版,第282页。

③ [意]贝卡利亚:《犯罪与刑罚》,黄风译,中国大百科全书出版社1993年版,第56页。

束缚了立案监督能力。

(二)对检察立案监督权的认识不足

鉴于目前我国刑事立案监督制度的不完善,实践中监督者和被监督者对于立案监督的看法和态度,往往是决定着立案监督工作能够顺利开展的关键因素。

就被监督者的观念因素而言,关系着被监督者能否主动和自觉接受监督,也决定着监督的效果。"监督"词义为"察看并加以管理",显然从字面上简单理解其预示着监督者与被监督者之间的权力对抗。处于被监督者地位的一些侦查人员,从观念上并不认同检察机关的立案监督权力,亦不相信检察机关的执法监督能力,认为检察机关是没事找事,影响侦查工作顺利开展,在实践中则表现为不予说明不立案理由、迟延立案、立而不侦或侦而不结等消极懈怠地对待刑事立案活动,实则是对检察机关刑事立案监督的潜在抵触和排斥。然而,从更高的层面而言,监督的背后其实又蕴含着配合和保护,检察机关刑事立案监督权的行使,不仅有利于保证司法权的正确行使,更有利于及早发现和预防侦查人员滥用权力,对侦查人员的队伍建设起着潜在的保护作用。如何引导侦查人员树立正确的观念,实际上也对检察立案监督权的实施效果有着重要的作用。

而监督者的观念因素则直接关系着检察刑事立案监督权的启动与执行效果。在中国熟人社会的大背景下,刑事立案监督工作无法超然于此。实践中,行使刑事立案监督权的检察机关与侦查机关,由于审查逮捕等办案关系建立了长效联系,甚至是一些密切的私人关系,检察机关在决定是否行使刑事立案监督权时必然会受到干扰和影响,特别是一些地区侦查机关和侦查人员的业绩考核和职级晋升会受到立案监督的影响时,侦查机关的领导往往会找到检察机关进行沟通协调,以免给侦查工作带来负面影响。由此可见,刑事立案监督权的行使,在某种意义上已经超越了法律制度自身,更在于对检察权所蕴含法律监督性质的认同,对检察机关与侦查机关之间固有的合作关系的协调等深层要素的理解和运用。

(三)检察立案监督的信息线索来源不畅

确保立案监督信息线索来源是保障检察机关发挥监督作用的基础,是拓展检察立案监督工作的前提条件。目前,检察机关获取侦查机关立案信息的渠道不通畅,立案监督的线索主要来源于当事人的控告,而实践中这种控告数量极少。此外,在审查批捕或审查起诉过程中,检察机关往往能主动发现应当立案而未立案的线索,但是对于立案后公安机关未移送批捕或起诉即又撤案的案件则缺乏发现途径。[①] 同时,时间上也过于滞后,检察机关内部对监督信息缺乏科学

---

① 常青等:《当前对公安机关立案活动开展监督面临的突出问题、原因和对策》,载《法制与经济》2013年第5期。

管理，这也成为影响检察立案监督权行使的严重障碍。目前，检察机关立案监督的线索来源绝大部分依靠在审查批捕、起诉案件以及涉案当事人的控告申诉时发现。检察机关与侦查机关因诸多因素至今尚未建立起信息共享的办案系统。检察机关对侦查机关日常案件的受理情况、刑事立案情况较难知悉或者历时良久后方能获悉，无形中极大消减了检察机关对刑事立案的监督能力。同时，检察机关内部尚未建立科学系统的监督信息筛查管理制度，检察机关一线办案人员数量有限，而要求批捕起诉的案件每年有好几百件，这些人员每天连案件都忙不过来，哪有时间和精力顾得上立案监督？在此种情形下，检察机关所拥有的立案监督权自然得不到具体的落实，更谈不上什么效果了。① 因此，要促进检察立案监督权的发展，必须从改革信息技术系统入手，改变目前检察机关与侦查机关立案信息不对称的局面，才能从源头上打破立案监督线索来源不畅的障碍，推动检察立案监督权的跨越式发展。

（四）对检察立案监督成效的评价机制不科学

刑事立案监督工作具有主动性和超前性的特点，其案件线索往往需要主动出击才能获得从而启动监督程序，因此监督者个人的能动性起着关键作用，而业绩考核作为上级检察机关考量下级工作成绩以及作为个人评先评优的重要指标，其具有不可替代的激励作用。在第二部分的实证分析中不难看出，福建省检察机关基层院建设考核作为基层检察机关每年一次的年终大考，其关于立案监督的考核内容无疑具有相当重要的导向意义，特别是近年来设立同一类型地区立案监督数量办案考核基数后，立案监督数量更是大幅度增长。然而业绩考核本身就是把双刃剑，一方面促使被考核机关严格执法，另一方面则由于不同部门考核指标的相互冲突等，为了各自的部门利益，各自权衡，以致为了完成考核指标而弄虚作假等。② 在一些地方，为了增加刑事立案监督数量，出现了检察机关积极与当地公安机关协调，对于一些构成刑事立案的案件，侦查机关先不立案，待检察机关发出立案通知书后再行立案，借此增加刑事立案监督案件量。这种做法在混淆我们对刑事立案现状真实判断的同时，也导致了批捕案件量与刑事立案监督案件量不成正比的尴尬局面。因此，有学者提出，应当建立更加科学的考核制度，如将通过发案数、治安环境改善、民众治安满意度等综合性指标评价一个地区的治安改善情况，而不单纯唯破案率、起诉率、劳教率为依据。对负有监督职责的检察机关而言，更不应将立案监督的数量作为考核重点，应将与立案有关的撤案、不起诉、重刑率等因素综合考量，科学地评价立案监督的效果。③

---

① 季美君、单民淞：《论刑事立案监督的困境与出路》，载《法学评论》2013年第2期。
② 刘红新：《刑事立案监督困境的非权力因素分析》，载《法治研究》2007年第8期。
③ 李斌：《立案监督困境之破解》，载《国家检察官学院学报》2010年第8期。

四、完善检察立案监督权的制度构想

（一）完善刑事立法，强化对刑事立案活动的程序控制权

西方法谚有云："迟来的正义非正义。"法律必须追求时效，否则当事人被损害的权益就无法得到及时救济，法律公正也就无法实现。然而，在刑事立案监督中，由于法律并无明确规定侦查机关从受案到立案的审查期限，导致了很多案件在立案前的阶段就久而不决，检察机关依法又不能行使刑事立案监督权的尴尬局面。而案件立而不侦、久拖不决，不仅使得当事人的权益无法得到及时救济，无形中也造成定案的关键证据因时过境迁而无法获取，影响了刑事立案监督的效率效果。因此，应当从完善刑事立案监督立法及相关制度入手，强化对刑事立案活动的程序控制权。

首先，应当建立刑事案件检察机关引导取证的工作制度。检察机关由于在普通刑事案件上并无侦查权，对侦查机关的侦查活动具有很大的依附性，侦查机关是否能够及时全面地收集证据往往决定了立案监督程序的启动及后续效果。因此，必须在侦查机关和检察机关之间建立有效地介入侦查引导取证的机制，扩大检察机关参与侦查的范围与程度，强化对侦查机关的立案活动特别是已经启动监督程序案件的程序控制力。对此，新罗区院已经作出了有益的尝试，其与同级公安机关联合制定的《提前介入侦查引导取证》制度细化了提前介入的案件类型、介入时间、程序，将侦查取证监督从事后监督变为过程指导。

其次，应当强化刑事立案监督案件办理的跟踪催办制度，给予侦查机关一定的办案压力以达到及时办结刑事立案监督案件的目的。如新罗区院要求立案监督案件承办人负责立案监督案件的后续跟踪，对公安机关已经立案的立案监督案件超过一个月未能侦查终结的，及时发出催办函予以催办；超过三个月未能侦查终结的，提请上级检察机关通报同级公安机关予以督办。

最后，应当赋予检察机关立案监督惩罚权，强化检察监督权的效力。目前检察机关针对立案监督中的违法行为所通用的纠正违法通知书和检察建议之所以被称为"软监督"，其原因也在于其缺乏对违法后果的惩罚性。因此，赋予检察机关对违法侦查人员行使惩戒权，对立案监督中的故意不履行职责的立案主体进行制裁，才能有效遏制立案监督工作中所存在的有案不立、不破不立以及违法立案等问题。一些学者提出，针对侦查机关在立案监督活动中的消极行为，应当制发《纠正违法情况建议书》，寄公安机关纪检部门，指出前述违法情况的存在及其严重性，要求予以内部处理，并督促在指定期限内及时回复，并视情况决定是否请求政法委协调处理或报上级检察机关，请求上级将该情况通报上级公安机关

纪检部门。① 诚然，这不失为彰显刚性监督的一种方法，但是过于烦琐的程序往往会影响检察机关的监督意愿，激化检察机关与侦查机关的对立情绪，不利于案件侦查工作的进一步开展。因此，在目前法律并没有赋予检察机关立案监督惩罚权的情况下，新罗区院出台的"建议更换经办人制度"，即对立案监督案件中不积极履行职责的侦查人员可以由检察机关发出检察建议，建议侦查机关更换办案人员的制度，也可以解读为寻求检察机关立案监督惩罚权的一种有益尝试，其无形中会对侦查人员造成一种心理压力，从而减少立案活动中的违法行为。综上所述，刑事立案监督更多依赖于检察机关的威信和与相关部门的融洽程度，缺乏刚性的处罚和惩戒权力，因此构建拥有知情权、②程序控制权和惩戒权为一体的监督权体系，才能根本保障监督的效果和质量。

（二）重视信息平台建设，保障刑事立案监督的知情权

刑事立案监督的知情权，是指检察机关知悉、获取刑事立案信息，从而获取刑事立案监督线索的权力。其重点内容是知悉刑事案件是否达到了"有犯罪事实需要追究刑事责任"的证据标准，侦查机关是否已经进行了刑事立案。刑事立案监督的知情权，是检察机关启动刑事立案监督活动的前提，否则检察机关就无法对立案行为的合法性或合规性进行判断，会导致刑事立案监督程序的错误启动。《人民检察院刑事诉讼规则》（以下简称《规则》）第556条规定赋予检察机关调查核实证据的权力，即"人民检察院进行调查核实，可以询问办案人员和有关当事人，查阅、复制公安机关刑事受案、立案、破案等登记表册和立案、不立案、撤销案件、治安处罚、劳动教养等相关法律文书及案卷材料"。这种动态的调查权为刑事立案监督线索的获取提供了制度保障，也为检察机关开展专项监督活动提供了法律依据。然而应当看到，《规则》只是明确了检察机关拥有调查核实证据的权力和方式，③其没有也不能规定侦查机关应当履行配合检察机关调查核实证据的义务，在实践中能否得到侦查机关的认同和遵守仍存有异议。因此，目前检察实务中比较通行的做法是与侦查机关建立刑事立案信息通报制度，由侦查机关及时将立案等信息报送同级检察机关。以新罗区院为例，其主要做法是在公安机关法制部门设立监督信息联络点并指定专人负责，月末使用公安机关

---

① 常青等：《当前对公安机关立案活动开展监督面临的突出问题、原因和对策》，载《法制与经济》2013年第5期。

② 知情权作为刑事立案监督活动的前提，关系刑事立案监督线索的来源，但知情权本身更体现为信息科技因素而非制度因素，体现为如何建立良好的信息沟通网络和科学的信息管理体系，因此本文亦将知情权作为信息技术因素单独加以阐述。

③ 《人民检察院刑事诉讼规则》的效力应当视为检察机关（机关）内部工作制度，其对其他司法机关并不具有当然约束力，在办案实务中至多只能起到影响其他司法机关的作用，且这种影响力十分有限。

内部的案件管理系统将所有的立案等信息打印成册,并对有价值的立案监督信息进行筛选排查。针对公安机关立案信息数据量大的特点,创新使用了"类案排查法",即对盗窃等易混淆的犯罪以及每个时期的重点多发案件,按照案件的不同类型列表分类排查,重点监测,从中发现了大量有价值的立案监督线索。同时,定期与侦查机关召开联席会议,沟通、研究立案监督执法过程中存在的问题,交换意见,增加共识并以会议纪要的形式固定下发,为确保检察立案监督知情权的通畅发挥了重要作用。我们应当看到,重视信息化平台建设,最终与侦查机关建立立案信息网络共享平台,实现侦查机关的立案信息网上实时查看、网上办理、流程跟踪,才能从根本上解决检察立案监督信息不畅的弊病。这需要大量的人力、物力和财力,但就检察立案监督知情权的实现来看,又是必要而且有价值的。

结　　语

刑事立案程序虽然只是刑事诉讼活动的开始,但其可能伴随着的刑事拘留等强制措施却是对人身自由的剥夺,无疑与刑罚具有某种程度上的"同质性"。因此,检察机关履行立案监督职能,防止刑事立案权的腐败和恣意,既是公民合法权益的保障,也是维护司法公正的保证。检察立案监督权作为检察机关诉讼监督职能的一部分,应当作为一项独立的监督权力加以立法明确,而讨论检察立案监督权运行的现状、特点和制约因素,其目的也是为了发现制约检察立案监督权发展的症结所在,以期建立起一套行之有效的立案监督权力体系,促进检察立案监督权的高效、健康运行。

通过判决说理促进司法公正
——以新民事诉讼法第152条的规定为背景

陈邕凌*

引　言

司法公开是现代审判制度下当事人所享有的一项重要的程序性权利。而裁判公开作为司法公开的重要内容和有机组成部分,体现着法官对成文法的基本原则、法律精神、司法理念的全面和充分理解。① 在实用主义层面,判决作为回应法律消费者——当事人诉权维护程度的载体,发挥着十分重要的作用。例如,能够让当事人知晓法官审理案件的演绎逻辑及其心证的过程,从而决定是否采取进一步救济措施。在制度层面上,判决说理承担着使裁判权得以公开化、限制法官的恣意判断和权力滥用,从而得到当事人及社会公众的信任,使司法裁判由此获得正当性的重要使命。然而,当下的判决说理状况不容乐观。例如,判决不说理或说理不充分,对当事人诉辩理由的归纳过于概括、抽象,裁判文书不能完整、准确地反映当事人陈述的理由;认定事实部分没有体现当事人举证、质证和法庭认证的情况;判决说理不充分、不透明、不全面;对案件审理过程交代不够,不能全面反映案件审理过程。② 判决书为何不说理呢?一位法官这样回答:为什么要说理?判决适用的司法解释、批复、会议纪要不就是理由吗?还要说什么理?在审判实践中,法官所遇到的各种疑难问题往往都通过法院内部的请示批复机制解决掉了,法官们都依赖于解释、批复办案。

在司法运作过程中,我国司法制度由于长期受到大陆法系传统"法典主义"思想的影响,司法裁判程序就像一台自动售货机,输入事实和法律,制造出判决。而这台机器的操作者——法官要说服当事人接受判决结果,肩负着裁判说理的

---

* 作者系广西壮族自治区北海市中级人民法院审判员,法律硕士。

① 奚晓明主编:《〈中华人民共和国民事诉讼法〉修改条文理解与适用》,人民法院出版社2012年版,第308页。

② 黄利红:《民事判决书不说理之原因分析及其对策》,载《广西社会科学》2004年第3期。

历史使命。① 判决理由是判决书的核心和灵魂。作为将社会问题转化为法律问题的有效途径,判决公开以及判决说理是用以论证司法权正当行使的依据,对于提高审判质量具有重要的作用,并有利于实现对社会的法律控制。2012年修订的《中华人民共和国民事诉讼法》(以下简称新民诉法)实施之后,判决说理获得了制度化的正当性,并将发挥其独特的制度价值。

一、判决说理的现实状态

笔者为撰写本文,翻阅了近几年一些基层法院的卷宗。从目前司法实践的角度来观察,判决说理已经逐渐被广大基层法官所重视。近年一大批受过良好教育的法科学生进入司法系统,他们凭借着出众的学科素质,为判决说理这一长期缺乏的制度注入了新的活力。为了提高裁判文书质量,更进一步地增强说服力,以达到维护司法稳定的目的,法院系统采取了一系列措施,建立健全了相关机制,以多种形式激励说理的积极性,如开展裁判文书评查、优秀法律文书评选活动,使文书说理水平有了一定的提高。与此同时,为法官队伍培养后备力量的各法学院校也纷纷将"法律文书"设置为必修或选修科目,为提升法律工作者的文书说理能力奠定了专业基础。不过,毕竟远水难解近渴。从全国法院系统范围看,不说理、说理不透彻甚至错漏百出的裁判文书仍充斥着整个司法产品的"市场",这样的状况直接影响了对公民合法权利的有效保护,甚至严重阻碍了中国特色社会主义法治建设的进程。下文以两个案例展开论述:

【案例1】大连市某区人民法院审理原告崔某某诉被告姜某某买卖合同纠纷一案,判决称:本院认为,合法的买卖关系受法律保护。既然双方已就货物签订了合同,就应按合同履行,现双方在未完全履行合同的情况下终止了合同,双方未有再继续履行的意思,终止合同履行是可以的,但就合同已履行部分应按约定处理完毕。被告尚欠贷款未给付是错误的,应及时给付;对于双方对两车货物未验清的事实,可根据双方约定并抱着诚心的态度待查清事实后另行起诉;对其他未付款的请求,因原告自身证据不充分,无法证明事实的存在,故本院不予采信。判决被告给付原告部分货款,驳回原告的其他诉讼请求。②

【案例2】北海市某区人民法院审理五建公司与华欣公司买卖合同纠纷一案,在查明了五建公司是合浦工业大道工程项目的承建方、华欣公司与五建公司合浦工业大道桥梁项目部签订《混凝土购销合同》的事实后,在未查清基本事实

---

① 牟绿叶:《司法公开论——兼议司法公开与媒体监督》,载《甘肃联合大学学报》(社会科学版)2011年第1期。

② 张生贵:《法官如何让良法变成恶判》,http://bbs.tianya.cn,下载日期:2013年10月11日。

（华欣公司的混凝土是否运送及使用于该工程的项目；五建公司与该公司合浦工业大道桥梁项目部之间的真实关系以及结算情况；华欣公司与合浦工业大道桥梁项目部的结算情况）的情形下，直接认定五建公司与华欣公司未签订合同，并以五建公司不是合同的相对方，双方不存在合同关系，华欣公司举证不能为由判决驳回其诉讼请求。①

在案例1中，法官几乎是在叙述案情后，直接援引法条裁判并列明最终裁判结果，对于案件中包含了怎样的法律关系、该法律关系应如何在法律层面进行规范、为何援引此法条而不援引彼法条等疑问语焉不详，从而使人产生法官适用的法律依据与得出的结论不言自明的错觉。在案例2中，法官既认定了被告并非合同的相对方，但却不以被告主体不适格驳回起诉，而以原告未能充分举证为由驳回诉讼请求，不仅在说理逻辑上存在混乱，且作出的判决缺乏事实依据和足够的说服力。上述两个案例均出现了说理不清，抑或是说理错误的情形，这样的法律文书令我们这样受过专业训练的人员都感到了迷惑与茫然，更何况那些缺少基本法律素质的案件参与人呢？不具有答疑解惑功效的判决书本质就是对司法权威的挑战，这只会将原本简单的问题因当事人的质疑而变得复杂化，从而影响司法效率，严重地说甚至可以使得法院在人民心中的地位妖魔化。②

缺乏说理问题在判决中有以下体现：（1）证据认定模式化。对证据认定的表述过于模式化，对当事人的诉请、抗辩理由以及证据的采信与否、证据的证明力如何、是否能够相互印证或反驳，存在不予分析或者论理不透彻的现象，未能体现法官对证据认定的自由心证过程。（2）论述简单不透彻。对事实重复叙述，且认定理由不够充分，未能结合案件事实叙明涉及的法律关系，说理不准、不全或简单不透彻。（3）适用法律"千篇一律"。只有共性，未能体现个案特点。有的仅引用条文，但缺乏对条文含义及对案件的可适用性作出解释。③

在不说理的技术层面下，裁判文书的制作较为简单，除了原有的固定格式即案件由来及审理过程、当事人诉辩内容、归纳的争议焦点及事实认定外，法官只需要在"本院认为"部分机械地搜寻法律适用条文，简单地将事实和法条捆绑便能够得出看似清晰的结论，仿佛只是在做一道简单的数学填空题。整体看来，这样的裁判文书不仅面面俱到，而且符合文书制作的基本规范，但却可能给人留下

---

① 在二审中，该案被北海市中级人民法院以认定事实不清、证据不足、程序违法为由裁定发回重审。
② 丁冬、陈冲：《自由裁量权限定机制研究——以案例指导制度的建构为分析视角》，载《北京政法职业学院学报》2013年第1期。
③ 王利明：《论中国判例制度的创建》，载《民法疑难案例研究》，中国法制出版社2002年版。

"取舍证据的神秘性、认定事实的突然性、作出结论的武断性、法理阐明的贫乏性、前后表述的矛盾性、引用法理的随意性"①等印象。此外,由于裁判文书未对当事人提出的意见以及适用法律的目的进行法理分析,并缺失对案件事实关系的条理化等多方面的分析,最终可能导致法官遵循格式和思维懒惰,使原本灵活的法律思维禁锢化,法律的专业性失去最后的生存空间。

二、强调判决说理的现实动因

司法过程的事实认定是一个开放性最为彻底的作品。在这个作品的创作过程中,虽然诉讼参加人参与了事实重构,但只有法官可以掌控法律事实之最终定格。在认定事实之后,法官依据其所掌握的专业知识对事实所包含的行为解读出法律原意,赋予事实中所发生行为为何性质的法律内涵。在大陆法系不必遵循先例的制度背景下,在审判过程中,由法官行使自由裁量权来对事实进行加工以及对审判规范作出选择是否具有正当性,必须通过一种途径展现为世人所知。笔者认为,这种途径应该是判决说理。为此,强调判决说理不仅是民主法治时代的必然要求,同时也具有以下几方面价值:

(一)判决说理有利于促使当事人服判息诉

判决具有强制执行力,但本身并不构成权威。将判决形成权威可以通过正确解释法律、充分宣示正义、合理判定冲突的形式,使民众能够信服并经得起历史的检验。② 实践中,当事人缠讼的原因很多,其中因判决中不明确事实认定的依据、采信证据与认定事实相矛盾、认定事实与适用法律不相匹配,进而导致当事人认为法官有不公正行为的案例举不胜举。法谚有云:正义是从裁判中发声的。然而,司法的正义是抽象的,使之具体化必须通过一定的载体体现。而每一次的裁判说理均为司法正义的彰显提供机遇:"如果法官的判决书充分地说理,那么因为它是说理的,故此涉案当事人将更加容易达到一种心服口服的状态;或者说,即便他无法真正的心服口服,但因为判决书本身的说理性将迫使他在表达不服时也必须充分地说理——这很容易在提升当事人乃至整个社会的法律认知水平的同时,阻滞当事人不理智地表达自己的不满;有时当事人甚至会因为无法反驳而不得不放弃对不满的表达。申言之,判决书充分地说理至少可以更容易地使当事人'口服',进而一定程度上缓解执行难的问题。更重要的也许是改善判决执行的整体社会舆论环境。"③也即是说,倘使裁判文书说理充分透彻,使当事人不仅知其然,而且知其所以然,使败诉者心服口服,或口不服但心服,则势必

---

① 刘星辰:《论裁判文书说理》,吉林大学2005年硕士学位论文,第5~7页。
② 孟桢尧:《程序正义从判决书开始》,载《今日安报》2005年6月10日第4版。
③ 周赟:《法官说理与司法改革》,载《法制日报》2012年2月29日第10版。

会减少当事人的抵触情绪,不仅有利于当事人服判息诉,而且能增加民事判决的自动履行率,体现司法的公正性。

(二)判决说理有利于提高法官职业素养

民事审判中,法官的主要任务是认定事实和依法裁判。对此,除了认识上的问题外,还有一个意识及价值取向问题。一份叙事清楚、用词考究、说理充分的民事判决,可以准确地反映出一个法官的法学理论、逻辑思维、文字水平等综合素质。如果判案不说理,以千篇一律、套话连篇的裁判模式公之于众,必然会为存心不公的行为大开方便之门,而且会影响法官钻研业务的积极性和紧迫感。如果强调说理,必将激励法官的敬业精神和创造性。可以使法官在作出判决后释然于内心的纠结,保持其自信心以便用公正的态度评判围绕判决所发生的活动,以"净化"的心态对司法不公现象的消除产生积极的影响。同时,充分的说理容易得到上级法院的认可并有益于形成法院系统内部观念统一,增强系统内的凝聚力。更重要的是,法官若能够以身作则作出充分的说理,便能在全社会中起到模范带头的作用,众多法律工作者才能竞相模仿,以理服人,从而培育出浓厚的法治氛围。①

(三)判决说理有利于树立司法权威

民事判决是对现实中具体纠纷的公断,具有较强的预示性和倡导性,对社会公众的价值趋向和思维理念有着深刻的影响。法院通过民事判决的说理并公开,可以起到明确是非的作用,有利于法制宣传的开展和公序良俗的建立。加强民事判决的说理,必将对公共秩序和善良风俗的形成起到潜移默化的推动作用,对司法权威的树立有着不可忽略的奉献。②

总而言之,判决说理是必要并且应当强调的。当事人在充分的说理面前或者表示认同,或者需花费更大的成本推翻该说理而使得自身的法律认知水平得以提高。在此过程中,判决说理本身具有了引导民众正确行为的功能,使民众在充分的判决说理中形成合理预期,并使司法资源得以整合。在这一层面上,诉讼所要达到的目的不再仅限于定分止争,而涵括了让社会主体认知法律体制构建初衷的内涵。此外,充分的说理能够经得起舆论的考验。在当今信息畅通的时代,民众对个案的关注度因网络传播而升温,舆论对个案的监督功能凸显。而充分的说理不仅是回应民众对司法公正的期待和强化社会舆论监督的有效方式,更能够有效地减少社会对法官群体的质疑。③ 判决说理也可以帮助社会主体解

---

① 兰千卉:《浅论法官职业素养的立体构建》,载《法制与社会》2012年第11期。
② 李莉:《论当前形势下司法公正与司法权威之辩证统一关系》,载《云南财经大学学报》(社会科学版)2011年第1期。
③ 王利明:《用判决书说理促公正》,载《人民法院报》2013年4月25日第2版。

读法律,以得到诉讼当事人及公众的认同,即判决说理可以体现对当事人纠纷解决途径的指引及对当事人诉讼行为的尊重,让当事人和公众得以通过判决理由审视审判活动的合法性和公正性,并引导民众运用法律辨明是非,更甚者是为了推动社会法治进步和试图建立起法律应当作为民众信仰的应有之义。①

三、增强判决说理的现实路径

判决的论证说理,并非仅限于在适用法律时方才进行论证说理。裁判者运用缜密的思维和自由裁量权对诉辩双方提供的证据进行认定,通过定案证据推导出案件事实之后,适用法律规范对当事人之间的争议作出裁断。因此,证据认定亦为判决说理的有机组成部分。否则,裁判者对案件事实的确认就失去了合理性和正当性的基础。

(一)制度和技术层面

我国新民诉法第 152 条第 1 款规定:"判决书应当写明判决结果和作出该判决的理由。判决书内容包括:(一)案由、诉讼请求、争议的事实和理由;(二)判决认定的事实和理由、适用的法律和理由;(三)判决结果和诉讼费用的负担;(四)上诉期间和上诉的法院。"据此,判决说理分为两个部分:一是认定事实的理由;二是适用法律的理由。

首先,认定事实的理由是判决说理的基础性对象。在民事诉讼中,裁判者对民事纠纷的裁断是以其认定的事实作为基础的。基于裁判公开作为现代审判制度下的当事人重要的、程序性的权利要求以及"法官不得拒绝裁判"、"有诉必理"原则,当事人有权请求法官对案件事实进行分析认定。裁判者根据特定的事实,借助对法律规则的理解,应当在判决中将如何认定事实的详细过程充分表述出来。在诉讼过程中,法官通过进行整理和固定争议点,引导当事人举证质证,认定案件的法律事实。那么,判决说理的对象首当其冲就是定案证据。定案证据的采信是裁判者凭借自由心证对来自于当事人的证据予以判定的结果。因此,判决应对作为裁判依据的证据认证进行解说,包括对有无证据能力及证明力的大小作出明确判断,并对证据是否予以采信进行说明。与此同时,当运用经验法则对具体的证据作出评价时,裁判者应接受民众关于对该经验法则的内容及盖然性程度的一般理解的制约。

其次,适用法律的理由是判决说理的关键性对象,是将认定的案件事实与裁判结果有机联系起来的纽带。结合判决所依据的法律规范进行推理论证判决的理由,成为判决说理的关键性内容。作为一种说理手段,且是向当事人表明法官判断的载体,判决书成了"对抗性的诉讼结构所能允许并要求法官表达自身判断

---

① 罗衡宁:《个案公正与法治信仰》,载《人民法院报》2013 年 5 月 17 日第 7 版。

的基本形式"①。这种基本形式所直接指向的说理对象就是裁判者适用法律的理由。"任何案件的判决都必须借助逻辑推理来实现法律规定与案件事实之间的连接,实现从法律规定、到案件事实、再到裁判结论之间的逻辑构建。凡司法裁判,皆需法律推理。"②因此,判决应在理由部分展现裁判者的裁判思维过程。根据现行司法判决所适用的逻辑三段论的原理,基于法律规定的大前提与具体案件事实的小前提,必须得出符合逻辑经验的结论。也即是说,裁判者在判决中应准确详尽地列明案件所依据的法律依据(大前提),对争议的案件事实应当适用或不适用哪类法律规范,为何要适用或者不适用某类法律条文,适用的法律规范如何"涵摄"案件事实与证据,从法律依据如何得出对当事人争执点的回答等。此外,裁判者还需要运用自由裁量权,多层次、多角度、多方面地说明判决的合理性。

(二)观念和行为层面

值得一提的是,判决说理虽然必要,但是对于前文所谓的"充分说理"却是不能明确的。说理本身是法官以其主观认识对法律事实结合法律规范进行剪裁、加工的过程,而"充分说理"是判决说理这一活动所要达到的主观理想状态,是作为判决说理应当努力的方向标。为了取得接近理想的效果,法官可以从以下几个方面努力:

1. 克服模糊规范,填补法律漏洞

基于立法的滞后性、法律规范的抽象性和原则性等特性,允许法律解释技术的存在不仅赋予了法官在裁决时的自信,也赋予了法律规范作为判决理由的正当性。当法官在面对非典型案例时,基于一般的法律解释技术无法释明法律规范或弥补漏洞,而又不能拒绝裁判的前提,如果仍不说理,会造成公众对法律规范的困惑。然而,即便判决说理是必要的,也不能有悖法律制度之确定性特性。换言之,在解释模糊的法规范时,要求法官审慎对待法律概念,要求该解释在合理的范围内并不能超出民众的预期,不能使参与司法运作的主体无所适从。因为法官在解释模糊规范和填补法律漏洞时,无疑充当了立法者的角色,创造出的法律概念必定影响今后的法律共同体以及其他社会主体对该概念的理解和运用。为此,这样的说理起码是自洽的,要对现有的法律规范进行细致的考察和深入的解读,否则既无法让人信服,也无法保证判决的有效性,更背离了司法判决应当体现法律规范的预设。③

---

① 王亚新:《对抗与判定——日本民事诉讼的基本结构》,清华大学出版社2002年版,第283~284页。
② 谢晖:《法律的意义模糊及其救济方法》,载《法制与社会发展》2009年第1期。
③ 高莉:《论法律漏洞及其填补》,上海师范大学2010年硕士学位论文,第23~25页。

2. 恪守专业性,追求通俗化

法律职业对其执业者提出了须具备特殊品质的要求,这种品质的养成有赖于法律传统的熏染以及法律执业人长期的学习与实践。由于应然的司法具有终局性的特点,法官作为在法律职业共同体中掌握着纠纷最后结论话语权的主体,其职业行为之判决说理显得尤为重要。

对于法官这样一种法律职业者而言,他的人格尊严尽数体现在了一纸判决之上,在其职业生涯中,判决书也被视为最宝贵也是最重要的一组片段。在判决书这一载体中,凝聚了法官职业特有的知识和经验内涵,而该内涵得以通过判决说理的形式为人所感知。因此,判决说理应当由法官基于其所掌握的专业知识及法律理性,以缜密分析、充分论证、严格推理的说理和解释过程,将判决结论的正当性明晰、透彻、通达并争取使人折服,最终达到非专业人士无法企及的程度。当然,法官职业也面临着社会认同的问题,因为"没有得到社会认同的司法权力运作需要极高的社会成本",[①]为此,法官的主要工作成果——判决书也应以普通民众读得懂的方式呈现出来。专业性的追求固然是必要的,然而判决书中的说理不能忽视对民众可普遍理解的一般逻辑的遵守。

3. 口头说理为辅助,书面说理为主导

由于我国司法理念对客观事实的不恰当追求,造成了诉讼体制上终审不终的现状,司法资源的有限性总体上又限制了对正义和公平的绝对追求。在司法资源紧缺、司法改革举步维艰的时刻,极具传统特色的调解制度得以复活,中国的司法改革在诉讼压力无法缓解、司法权威难以树立的历史关口峰回路转。

调解是以口头说理的方式实现纠纷解决的一种模式。在诉讼的框架下,裁判者以当事人之间私权冲突为基础,以当事人一方的诉讼请求为依据,以审判权的介入和审查为手段,以当事人处分自己的权益为内容,引导当事人在公权力主导下对私权利进行处分和让与。在调解过程中,裁判者通过情理、事理、法理等多方面对当事人进行说服,促成当事人达成一致协议以实现事实和利益分配的相对平衡。调解在实践中起到了一定的作用,如实现了案结事了、节约了诉讼成本、化解了判决效力不确定的尴尬、减轻了法官认定事实的压力等。为此,调解方式的重要性一度被强调:法院系统内围绕调解制定了一系列工作机制和激励措施,各级法院以调解率作为指标相互竞争赶超,法官之间以调解率作为审判水平的考量依据和标准。2010年,《中华人民共和国调解法》在此背景下应运而生。一时间,法官们的调解热情高涨,法院案件调解率大幅增加,数以万计的纠纷在调解优先原则的引导下得以解决,口头说理也在纠纷解决的过程中显现了

---

① 李龙、刘连泰:《论中国语境下法官职业化的几个基本维度》,载《法律适用》2002年第11期。

其独特的价值和影响。

我们无法否认口头说理的重要性,因为口头说理在案件终结前可能给予当事人以纠纷解决途径的选择和利益处分的预期。此外,在判决后的说理即判后答疑也应作为判决说理的部分予以足够的重视。全国法院系统所推行的判后答疑制度,也为提高判决的可接受性,减少涉诉信访做出了一定的贡献。由于判决说理之专业性的强调,社会主体对于判决过程及其结果的理解依靠于通过判后释明得以实现。总而言之,判决说理不仅应当以看得见的方式展现,还可以以听得见的形式实现。

四、结语

判决说理的背后隐藏着多重价值的实现。对于法官而言,判决说理有利于锻炼其法律思维并提升专业素养,有利于增强法官的责任感并从说理中寻找自信。对于包括参与纠纷的社会主体而言,判决说理有利于更好理解纠纷解决的思路和判决的意义,有利于接受判决进而理性对待权利。对于国家的司法体制而言,判决说理有利于确立司法的公信力和权威,有利于法治进程的推进。因此,在以口头说理为辅助、书面说理为主导的判决说理制度中,应注重克服法规范模糊,填补法律漏洞,恪守专业性,追求通俗化,尽可能地将判决所隐含的现行法规范及其背后的价值观念通过看得见的方式和听得见的形式为社会主体所感知、理解和接受。诚然,司法"众口难调"对法官提出了更高的要求和更严峻的考验。在建设法治社会的进程中,法官也许只有从当下的每一个案件做起,一方面依法定程序进行审理,努力作出更加专业的判决以争取到专业人士的认同,另一方面也要尽可能地满足普通民众对客观事实和实质正义的呼求。[①] 只有这样,方能够使判决说理符合"以专业的心,做专业的事"之要求,并呈现出该制度所应具有的良善面貌。

---

① 周赟:《司法缘何"众口难调"》,载《法制日报》2012年1月4日第10版。

未成年人民事诉讼特别程序初探

乐宇歆[*]

未成年人权益保护是一个世界性问题,少年司法制度是一个国家法治建设发展水平的重要体现。经过近三十年司法实践的探索,我国未成年人司法制度有了长足的进步,但对于未成年人的司法保护仍主要体现在刑事方面,未成年人民事权益司法保护的研究与实践远远落后于社会发展的需要。2012年3月14日,第十一届全国人大第五次会议通过《关于修改〈中华人民共和国刑事诉讼法〉的决定》,对未成年人刑事案件的诉讼程序作了特别规定。新法表明未成年人刑事案件的诉讼应当适用不同于一般刑事诉讼的特别程序,已被普遍认同并付诸立法。同年8月31日,十一届全国人大常委会第28次会议通过《关于修改〈中华人民共和国民事诉讼法〉的决定》。遗憾的是,该法中仍未有关于未成年人民事案件诉讼特别程序的任何规定。

近年来,在最高人民法院的指导下,全国法院系统对未成年人民事权益的保护作出了有益的探索和尝试。未成年人民事案件涉及亲情伦理和未成年人家庭、成长环境等因素,不同于普通的民事案件,其程序也应当有所不同。本文结合司法实践,对我国未成年人民事诉讼的特别程序进行探讨,提出特别程序制度建构的初步设想。

一、特别程序设计的基本理念、原则及框架

(一)基本理念

1.儿童权益最大化

自联合国《儿童权利宣言》提出"儿童最大利益为首要考虑"[①]的国际性指导原则以来,"儿童权益最大化"逐渐成为各国未成年人立法的基本理念。许多国际公约对此作了倡导性规定。未成年人民事权益保护立法的程序设计应充分考

---

[*] 作者系上海市长宁区人民法院少年庭助理审判员,法学硕士。
[①] 1989年联合国《儿童权利公约》第3条第1款规定:"关于儿童的一切行动,不论是由公私社会福利机构、法院、行政当局或立法机构执行,均应以儿童的最大利益为一种首要考虑。"

虑未成年人的身心特点,符合未成年人的特别需要和儿童最大利益。"儿童权益最大化"的含义主要体现在两个方面,一是一切以儿童权利的保护为中心,以未成年人为本位来分析和解决问题;二是当儿童的权益与其他合法权益冲突时,优先考虑保护儿童的合法权益。

2. 程序法定

在迈向法治社会的进程中,当下的中国为适应发展市场经济需要和治国方略的调整,正在进行着一场前所未有的涉及法院内部和外部的司法改革。① 少年司法制度的完善是司法改革的重要部分。近年来,全国各地法院少年司法实践"摸着石头过河",开展了大量探索创新工作,其成绩有目共睹,但也暴露出现行少年司法制度的某些缺陷,其中对于程序法的规范尤为不足。

3. 避免二次伤害

家庭本是未成年人健康成长和心智成熟的最基本依托,一旦发生纠纷,往往会给未成年人带来巨大伤害。当这种家庭纠纷不可调和而被诉诸法院时,如果因诉讼程序的需要,未成年人不得不进入法院亲历司法活动,诉讼所带来的紧张情绪和心理压力,将加剧对其心理冲击。因此,构建未成年人民事诉讼程序应坚持优先保护原则,避免造成二次伤害。

(二)立法模式

立法模式涉及具体的法律文件以何种形式予以规范的问题。我国关于"涉少"民事审判的相关程序、实体的法律文件散见于《中华人民共和国宪法》、《中华人民共和国民事诉讼法》(以下简称《民事诉讼法》)、《中华人民共和国未成年人保护法》(以下简称《未成年人保护法》)等法律法规和有关司法解释中。在比较各国未成年人审判程序立法模式并分析其利弊之后,笔者认为,现阶段未成年人民事案件诉讼程序以在民事诉讼法中设"未成年人民事案件特别程序"专章为妥。理由如下:

1. 符合立法传统

我国现行《民事诉讼法》已经有一部分关于未成年人民事诉讼程序的内容,如果加入新的规定,与原有规定进行整合,设立专章,将有利于增强《民事诉讼法》的科学性、统一性和完整性。同时,为体现我国立法体系的内在协调,在《民事诉讼法》中以专章设立特别程序,可以与刑事诉讼法的立法体例相对应。

2. 回应现实需要

近年来我国两大诉讼法的修订,是诉讼理论积累和司法实践的全面总结,反映了司法实践和社会法治的发展历程。随着我国少年司法改革进程的加快,涉及未成年人民事权益的司法实践经验日益丰富,故而民事诉讼制度应当予以

---

① 齐树洁:《程序正义与司法改革》,厦门大学出版社2010年第2版,第286页。

回应。

3. 顺应发展规律

有观点认为,在诉讼法中设立专章的形式并不能完全反映少年民事司法的全部内容。不可否认,任何法律都具有滞后性。就目前来看,设立特别程序专章较为实际,且并不排除在今后适当时机对涉及未成年人民事诉讼事项的单独专门立法。对于不断成熟的司法经验,可以通过单行程序法、司法解释或者专门法典等形式予以规定。

(三)审判方式

1. "圆桌法庭"模式

联合国 1985 年《少年司法最低限度标准规则》(《北京规则》)第 14 条第 2 款规定:"诉讼程序应当按照最有利于少年的方式和在谅解的气氛下进行,应当允许少年参加诉讼,并自由地表达自己的意志。"司法实践表明,圆桌法庭缓和了庭审气氛,其不仅是一种法庭设置模式,而且是一种家庭化、座谈式的审判方式,有助于保护未成年人权益。

2. 应以职权主义为主

未成年人民事案件的审理,应尽力发挥司法机关主观能动性,构造职权主义为主的审理模式,平衡未成年人和其他诉讼当事人之间的利益,从而最终实现实质公正。一是兼顾举证责任的公正价值取向,强化法院依职权调查取证权。法院应当充分考虑未成年人的认知和判断能力,认真听取未成年人的陈述和意见,并作为裁判案件时的重要考量因素。二是增加主动诉讼释明环节。法官在诉讼开始时,应当告知和帮助未成年当事人明确诉讼风险,引导其恰当行使诉讼权利,以弥补其诉讼能力的不足。

二、未成年人民事案件审理的组织建构及管辖范围

(一)审判组织

1. 机构设置

自最高人民法院开展未成年人案件综合审判庭试点工作以来,未成年人案件审判和司法保护工作的专业化、规范化建设有了明显加强。但是,据统计,截至 2011 年 7 月,少年法庭的设置在全国 3500 多个法院中所占比例只有 20% 左右。[①] 笔者认为,根据我国现有条件及规模,可以建立以基层人民法院指定管辖为核心、中级人民法院为业务指导机构、高级人民法院少年法庭指导处为领导机构的三级专业审判组织模式。

---

① 张军:《坚定信念,稳中求进,全力推进中国特色少年法庭工作创新发展》,载江必新主编:《中国少年司法》,人民法院出版社 2013 年版。

2. 人员配备

在美国,家庭法院通常由受理案件的工作人员、调查官等担任和解工作,有些还设有婚姻协调人员。担任协调员的并非专业法官,而是具备专门技术的职员。家事案件于必要时应有医学、精神医学、心理学方面的专家进行鉴定,这些工作可由家庭法院所属的医院或委托其他医师开展。日本的家庭法院由法官、书记官、调查官组成,法官不但是优秀的司法官,而且应对心理学、社会学、教育学、精神病学等有关学科有一定认识。家庭法院还配备了具有心理学、医学或社会学等方面知识的专家,他们从事的专门工作有助于家庭法院的正确调停和判决。① 我国司法实践表明,在未成年人民事诉讼中,一般应当由熟悉未成年人身心特点,具有一定社会学、教育学等知识的审判人员负责审理,并且选任有心理咨询师资质的人员担任人民陪审员。以笔者所在上海市长宁区人民法院(以下简称长宁法院)为例,少年庭所有法官都参加了心理咨询师的课程培训,目前有一半以上获得国家二级心理咨询师资质。心理学的背景让法官能及时发现、理解涉案未成年人的心理状态,从而有针对性地开展工作,在未成年人案件的审理、心理干预中发挥了重要作用。

(二) 受案范围

对比分析最高人民法院前后两次下发关于"涉少"民事案件的受案范围规定,可以看出,尽管2009年较2006年的受案范围已有较大扩充,但仍限定于与未成年人身心健康密切相关的,且集中在侵权领域的民事案件。然而司法实践却存在少年法庭受理一些与未成年人权益保护无关的普通民事案件之现象。究其原因,在于受制于案件数量、审判力量和普遍存在的法官绩效考评机制,加上规定中的兜底条款,②部分少年法庭不得不受理普通案件。到目前为止,在全国试点的49家中级人民法院,涉少民事案件的受案范围已趋于一致,且有不少基层人民法院建立了与中院相对应的少年审判综合庭,与中级人民法院受案范围一致。多年实践经验表明,设置了未成年人案件综合审判庭的中级人民法院,凡能严格施行受案范围的,其辖区内未成年人权益司法保护水平均得到长足提升。

因此,应在未成年人民事审判的特别程序中明确规定少年法庭受理民事案件的范围。根据现行的各级法院法庭的建制情况,受案范围也须作出相应调整,比如未成年人案件审判综合庭、涉少民事案件合议庭的受案范围可以沿用已有规定,但对于那些仅仅指定专人审理涉少案件的法院,就应当对受案范围作最严

---

① 张晓茹:《发达国家的家事裁判制度》,http://www.doc88.com,下载日期:2013年3月9日。

② 根据受案范围的规定,各法院可自行决定少年审判庭受理上述列举范围之外的其他涉及未成年人权益保护的民事案件。

格的解释。此外,可部分吸收其他国家或地区的先进经验,可将涉及收养、父或母的权利终止(变更)、监护案件等未成年人保护案件纳入未成年人案件综合审判庭的受案范围。比如近年来我国大量出现的"留守儿童"、虐待儿童等问题。可将受虐待、遗弃等案件归入"困境儿童保护"案件类型,纳入少年法庭的受案范围。

(三)管辖范围

现行民事诉讼的管辖制度由级别管辖、地域管辖、移送管辖和指定管辖组成,具有十分浓厚的行政色彩。根据地域管辖的规定,民事诉讼实行"原告就被告"的原则,对于原告来说,直接关系到诉讼成本及其行使诉讼权利的便利程度。在未成年人作为原告的情况下,如果还是依照此管辖原则,原告到异地诉讼,不仅涉及经济问题,还涉及未成年人的安全保障、教育等问题。未成年人和老年人同属弱势群体,我国对于涉及老年人的案件在地域管辖方面已有特别规定,涉及未成年人的案件也应当有特别规定。

笔者建议在未成年人民事诉讼中确立以涉及未成年人诉讼权益为标准的特别管辖制度。结合各地法院的司法实践,对于以下三种案件可以考虑由未成年人所在地法院管辖:第一,未成年人向在异地的、负有抚养费给付义务的父或母一方提起有关抚养费的诉讼的;第二,未成年人在异地遭受交通事故或者其他人身伤害而提起赔偿诉讼的;第三,未成年人的肖像权、名誉权、荣誉权受到侵害而提起诉讼的。

三、未成年人民事案件非讼程序的设置

(一)个人事件中的启动诉讼程序问题

未成年人由于诉讼能力的缺失,一旦其监护人、法定代理人不代为行使其诉讼权利或者与被监护人的利益相冲突时,未成年人也无法启动民事诉讼的程序以保护自己的合法权益。由此,有学者提出,在我国应当建立国家监护制度,国家公权力得以介入私权,以保证未成年人的权利有基本的实行者。在未成年人民事审判领域,"国家"是可以而且应当行使对缺失父母亲权或者父母亲权有瑕疵的未成年人保护义务的。但是"国家"是一个抽象的集合概念,如何具体启动这个保护程序,如何将保护具象化、实现权利,仍是一个值得探讨的问题。

笔者认为,应当在《中华人民共和国民法通则》第 11 条、第 12 条、第 16 条现有规定的制度框架内,设置适当的非讼程序,确认未成年人的监护人、法定代理人,解决程序启动问题。有观点认为,鉴于现实生活中未成年人父母所在单位、未成年人住所地居民委员会、村民委员会担任法定代理人已经缺乏实践的可行

性,可以将承担国家法定代理制度的主体规定为各级民政部门、妇联和共青团。① 然而上述操作存有两个问题:一是在确定国家法定代理制度的主体时,由谁指定?如果由人民法院确定未成年人的国家法定代理人,应当先行赋予未成年人的请求权,即设置非讼程序,由未成年人在符合条件时直接向人民法院提起关于指定国家法定代理人的请求,法院只需进行初步审查就可作出关于指定的裁定和通知。二是如果将承担国家法定代理人的主体规定得过多,在实践中仍然会出现互相推诿、怠于行使代理权或者争夺代理权的可能。因此,笔者建议有二:

1. 将国家法定代理人的主体赋予检察院的民行或者未检部门

目前,上海检察系统均已设立有与少年法庭对应的未检科(处)。一方面,公益诉讼已正式写入了《民事诉讼法》,可以将公益诉讼的概念作扩大化解释,将涉及未成年人利益的传统家事案件在一定条件下也列为公益诉讼的范畴。另一方面,《民事诉讼法》第14条规定了人民检察院有权对民事诉讼实行法律监督的权利,将检察机关的民行部门设为国家代理人的主体也有一定的法律依据。此外,国外也有类似做法,如日本就规定了检察机关可以作为公益代表人参加或者提起民事诉讼,并以传统的家事事件和非讼事件为主,在婚姻案件、养子过继案件、亲子关系案件等类型的民事诉讼案件中,有请求、到场参与及辩论陈述意见的权利。② 故而,国家法定代理人的主体一旦确定,未成年人在符合条件时,就可以直接向检察机关寻求帮助以代为行使诉讼权。

2. 赋予合适年龄以上儿童有独立的程序能力

未成年人民事诉讼的立法,可以借鉴我国台湾地区 2012 年颁布"家事事件法"③中关于未成年人程序能力的规定,赋予合适年龄以上儿童具有独立的程序能力。一旦儿童获得法律上的程序能力,在必要时,特别是涉及其身份关系的诉讼必要时,即可以自行启动权利,直接向法院提起相关诉讼行使诉讼权。

(二)对恶意诉讼或滥诉的审查程序

我国法律对抚养权、抚养费、探望权等纠纷并不适用严格意义上的一事不再理原则。在司法实践中,会出现一部分当事人之间争议的法律关系仍然是抚养权、抚养费、探望权等,但可以依据情势变更的"新情况、新问题"为由,再次向人

---

① 沈志先主编:《未成年人审判精要》,法律出版社 2012 年版,第 238 页。
② 杨春华:《对检察机关应否在公益诉讼中负有职责的审慎思考》,载董开军等主编:《民事诉讼法修改重要问题研究——中国法学会民事诉讼法学研究年会论文集(2011 年卷)》,厦门大学出版社 2011 年版。
③ 该法第 14 条第 2、3 款规定:"满七岁以上之未成年人,除法律别有规定外,就有关其身分及人身自由之事件,有程序能力。不能独立以法律行为负义务,而能证明其有意思能力者,除法律别有规定外,就有关其身分及人身自由之事件,亦有程序能力。"

民法院提起诉讼,比如要求增加抚育费等案件。但俗话说,"卖了龙套买笼屉,不蒸馍馍蒸(争)口气",在司法实践中,常出现有些未成年人的监护人、亲属之间为了抢夺子女、彼此报复等目的,反复多次向人民法院就同一原由提起诉讼。以长宁法院少年庭为例,自2008年以来至今,就发生过多起夫妻双方离婚后为了报复对方,以抚养费、抚养权、探望权纠纷为由反复提起诉讼,但经开庭实质调查,原有的抚养费、抚养权、探望权分配并不无当,且没有出现新的情形导致需要进行变更。分析此类诉讼,不少当事人完全不考虑自身所付出的实际成本和代价,顽固地寻求私利,其提起诉讼的目的只是为了浪费对方时间精力,甚至部分案件当事人在案件审结时就扬言,仍然要提起诉讼,由此产生大量"缠诉"、滥用诉权的案件,并非真正为了维护未成年人的合法权益,未成年人所享有的权利反而成了家长们手中的工具和砝码。

对比国外相关制度,结合我国现阶段国情,笔者建议设立审查程序,具体分为以下两个环节:

1. 强化法院立案审查程序,合理利用"受理"环节

"起诉与受理"是一个具有中国特色的民事诉讼程序。《民事诉讼法》关于当事人向法院提起诉讼只有原则性要求,只要起诉状满足法律所列明的具体事项,就可以向法院提起诉讼。普通民事案件立案审查只需对民事起诉状作形式审查,满足条件即可受理。但是,如果涉及未成年人抚养权、抚养费、探望权纠纷的案件仍然只需此条件即可受理,恶意诉讼和滥诉的成本将变得很低。因此,此类案件需设立诉讼审查程序。当事人提起诉讼时,不仅要有符合民事诉讼法条件的完备诉状,还需要附有"所根据的事实和理由"最低限度的证据。法院在审查起诉、决定是否受理时要对证据一并进行审查。

2. 借鉴国外强制"律师签名"制度,增加当事人签署声明环节

美国《联邦民事诉讼规则》规定,起诉必须提交诉状,法院不接受口头起诉,而且起诉状应有律师签名。该规则第11条规定,原告的律师必须在起诉状上签署其名字,律师不能提交草率而没有意义的诉状,签名目的是要求当事人的代理律师对所提起的诉状内容负责。如若违背这一要求,将会受到规定制裁,法院将裁定其支付对方当事人为此提交诉答状、动议或者其他法律文书而发生的合理费用及其合理的律师费。① 在未成年人民事案件中,应当增加原告及其代理人对"无恶意诉讼"等不正当目的之意思表示声明,如果经法院开庭审理,发现原告若违背这一声明要求,将会受到制裁,比如会被裁定支付对方当事人为此提交答辩状、参加庭审或者发生的其他合理费用,包括合理的律师费等。

---

① [美]斯蒂文·N.苏本等:《民事诉讼法——原理、实务与运作环境》,傅郁林等译,中国政法大学出版社2004年版,第260页。

(三)审前程序的设置

1. 前置教育程序

结合现行有效的实践经验,应当将涉及未成年人生存、发展等有直接关系的案件,设置强制性审前告知、家庭教育等程序。长宁法院近年来针对矛盾激化的抚养权、探望权纠纷等案件,当事人向法院起诉时及受理之后,以"法官寄语"、庭前教育等形式,对涉诉家长展开教育,引导家长们从孩子的利益出发考虑诉讼的必要性。很多家长在庭前看完教育词或短片后,能更为理性地对待诉讼,求同存异,选择调解或撤诉方式结案。

2. 人身保护令、禁止探视令等临时强制措施

法律规范关于未成年人的司法保护手段十分有限。在对妨碍民事诉讼的强制措施中,针对未成年人权益的保护,设置人身保护令、禁止探视令等临时强制措施是一种可行性手段。在诉讼过程中,一旦发现有当事人或其他对未成年人有人身侵害倾向的诉讼参加人,可以给予人身保护、禁止探视的裁定以便诉讼顺利进行。

(四)司法救助和临时救济程序

我国目前并没有专门针对未成年人的司法救助规定。2005年4月最高人民法院修订的《关于对经济确有困难的当事人提供司法救助的规定》成为司法救助的主要依据。实际上,民事权益受到侵害的未成年人是一个比普通未成年人更为弱势的群体,他们一方面正处于生长发育、学习知识、走向成熟的关键阶段,另一方面所受到的侵害又需要及时得到补偿、接受精神安抚。广义的司法救助应当包括法律援助及费用救助。随着困境未成年当事人的增多、需求形式的日益多样,一些少年法庭开始尝试将未成年人群体从传统司法救助对象中分离出来,给予专门的司法救助。因此,在涉及未成年人民事案件中,应当设置法律援助及司法救助制度。比如在涉及未成年人侵权案件中,若受害人或者侵权人为未成年人且家庭确实有困难,符合"低保户"等标准的家庭,可以援引司法救助申请临时救济。

四、未成年人民事案件审判程序的设置

(一)征求未成年人意见的保障程序

1. 扩大需征求子女意见的案件类型

孩子的意愿是审理涉及未成年人诉讼时应当首先考虑的因素,以保障涉案未成年人的知情权、参与权,尊重其意愿表达。因此,不宜将案件类型仅限于抚养权纠纷,建议将案件类型扩至涉及未成年人抚养、监护、探望等法律关系的民事案件。

2. 明确未成年子女意见的效力

征求未成年子女意见的意义在于实现子女的最大利益。《未成年人保护法》只对此作了原则性规定,即结合双方具体情况依法处理。应当增加若原、被告双方当事人自愿协商达成协议或自行和解的案件如何认定的规定,即法官应当依职权进行审查,单独征求未成年子女的意愿,一旦发现协议或者和解的内容不利于未成年人健康成长的,不得确认其效力。

3. 增加法律释明程序

法官在诉讼过程中应当通过适当行使释明权来弥补当事人诉讼能力的不足。增加针对未成年当事人的法律释明程序,是保障其诉讼行为顺利进行的一个重要环节。这里的法律是一个广义概念,除了告知此类案件需要适用的相关法律外,还应用未成年人熟悉的语言将其父母的实际情况予以告知,引导其表达真实意愿。

4. 设置庭下对话程序

《未成年人保护法》第52条第2款规定:"人民法院审理离婚案件,涉及未成年子女抚养问题的,应当听取有表达意愿能力的未成年子女意见,根据保障子女权益的原则和双方具体情况依法处理。"这些规定突破了此前征求对象为10周岁以上未成年人的限制。在司法实践中,审判人员听取未成年子女意见的方法较为简单,一般是在庭审调查过程中询问其愿意,并载入庭审笔录。笔者认为,由于未成年人独立表达意志能力欠缺,这种形式下询问的意见并未真正实现与未成年子女的沟通,且有可能并非其真实意愿。因此,建议在庭审程序之外设置单独询问程序,采取庭下对话的形式进行。

(二)合理设置举证责任分配制度

未成年人由于社会阅历较浅加之自我保护意识较为淡薄,其自身的举证能力存在明显不足。故而,举证责任的分配应充分考量其举证能力的不足,从未成年人的特殊性以及与证据的远近、取证难易方面考虑,以区别于普通民事诉讼的举证责任分配。

1. 合理分配举证责任

由法官根据个案实际情况,从"举证难易、证据距离、盖然性高低、诚信原则"等四个因素出发,确定由哪方当事人承担举证责任。比如在未成年人抚养费纠纷类型的案件中,实行举证责任倒置,强化法院的调查取证权。由于支付抚养费是未成年人父母的法定义务,故未成年人的父母对于是否支付、支付数额及收入状况有义务也有能力进行举证。再如在探视权、监护权案件中,法官应依职权调查,考查未成年人所处境地,以作为裁判案件的自由心证因素。

2. 增加质证的特别规定

法官应当积极引导未成年当事人围绕证明对象或争议事实进行质证。对诱导性提问、恶意侮辱人格提问、泄露他人隐私权的提问,法官应主动制止。对法定代理人可能有损未成年当事人利益的自认(对证据、事实的承认)或认诺(对诉讼请求的承认),应当认定无效。对于法定诉讼代理人对诉讼请求的承认、变更和放弃,法院也应予以审查,对损害未成年人权益的应认定为无效。

(三)合理设置未成年人作为证人的程序规则

1. 证人资格审查程序

当事人提出证人出庭作证申请后至庭审前,法院就应审查其作证能力。未成年证人的资格审查应当比普通人作证更为严格,如果当事人对证人资格有异议的,应当先行听取未成年证人本人的意见,了解证人本身的情况。

2. 监护人到场及不公开制度

未成年人作证时,应当引入监护人到场规则,包括法定代理人或"合适成年人"到场,以便对未成年人顺利表达自己意思,完成作证起到一定的心理支持作用。同时,未成年证人参与的庭审部分应当不公开审理。

(四)融入未成年人民事诉讼司法实践中的探索创新程序

1. 确认社会观护制度

我国台湾地区于1971年起通过立法确立了少年观护制度,此后经过多年发展,确立了少年调查官和少年保护官制度。广州市黄埔区人民法院在我国最早引入该制度,收到良好效果。近年来,长宁法院在涉少民事案件中广泛开展社会观护工作,从2011年9月至2013年9月,共对60余起涉少民事案件开展社会观护。在这些案件中,调解率达60%,上诉率仅为1.78%,且无一改判、无一发回重审,上访、信访数为0。其中有十余件矛盾激化案件,在适用社会观护程序后全部得以化解。

将实践中行之有效的制度在立法时予以确认系必要之举。构建特别程序时,需确认社会观护的性质、地位和作用,明确适用观护案件的类型,社会观护员的职责以及开展社会观护的组织等内容。社会观护可以适用于抚养权(费)、监护权、探望权、收养纠纷等案件以及其他根据需要适用的涉及未成年人民事权益案件。社会观护应当贯彻于庭前、庭中和庭后:庭前开展观护调查,协助法官开展调解工作;庭中观护员应当到庭出示观护调查报告,进行质证;开庭后,观护员应当进行回访,及时了解未成年人的学习、生活情况,如发现有侵害未成年人权益问题的,应当向有关部门报告。

2. 确认心理干预制度

确认心理干预在涉及未成年人权益保护案件中的性质、地位和作用。应当明确心理干预适用的案件类型、适用期间及开展主体,将它适用于所有需要帮助的未成年人民事案件。法官可以根据未成年人的情绪、法定代理人的心理状况确定是否适用。开展未成年人的心理干预一般应当由有专业资质的专家进行,或者由有国家二级心理咨询师以上资格的其他法官、人民陪审员等人员进行。

(五)执行程序中的注意环节

建立判决与执行衔接机制,提高执行效率。执行程序应当坚持优先高效的原则,适当采用人民法院依职权主动调查被执行人执行情况,跟踪案件执行情况的方式。执行过程中,还应当尽量避免对未成年人的正常生活、学习造成重大影响。

(六)涉外未成年人民事诉讼的特别程序

随着经济社会的发展,涉外婚姻也逐渐增多,由此引发的与未成年人有关的涉外民事案件也日益增多。在一些沿海城市,涉外婚姻占有相当大的比例。在审理涉外未成年人民事案件时,也应遵守《民事诉讼法》中关于涉外民事诉讼程序的特别规定。此外,还应有未成年人民事案件适用的特殊规定。比如应当明确可以适用以未成年人住所地、经常居住地或户籍所在地的法院有管辖权;在发生国际私法上的法律冲突时,应以儿童利益最大化为首要考虑,选择适用准据法等。

刑事庭前会议实务探析

季俊强[*]

作为刑事庭前准备程序的重要内容,庭前会议(Pretrial Conference,亦称"审前会议")是由法官召集的为案件开庭审理做准备的会议。[①] 2012年修订的《中华人民共和国刑事诉讼法》(以下简称新刑诉法)第182条第2款首次规定了庭前会议程序,打破了我国刑事审判程序由起诉到审判的直接过渡,[②]搭建起了中国特色庭前会议程序的框架。新刑诉法实施以来,各地就庭前会议程序进行了探索与实践,在收获预期效果的同时,也存在不可忽视的问题,亟须及时总结反思,实现制度完善。

一、庭前会议程序概览

(一)庭前会议程序的域外演进

刑事庭前会议程序肇始于美国,其发展至今已有80多年的历史。1929年,美国密歇根州韦恩县(Wayne County)巡回法庭的法官开始利用庭前会议的形式处理案件。[③] 1938年的美国《联邦民事诉讼规则》(Federal Rules of Civil Procedure)第16条第一次在民事诉讼中规定了庭前会议程序。[④] 至1946年,美国《联邦刑事诉讼规则》(Federal Rules of Criminal Procedure)第17.1条正式确立了刑事庭前会议程序。该条规定,在提出大陪审团起诉书或检察官起诉书后,法庭可根据任何一方当事人的动议或自行裁量,命令举行一次或数次会议,以考虑诸如促进审判公正、审判效率的事项。这些事项包括了日程安排、审前听证及证据开示等内容。随着庭前会议作用的显现,这一中间预备程序的理念逐渐为世

---

[*] 作者系江苏省苏州市吴中区人民检察院书记员,法学硕士。

[①] [美]彼得·G.伦斯特洛姆:《美国法律辞典》,贺卫方等译,中国政法大学出版社1998年版,第261页。

[②] 孙振江、宋炎炎:《浅析庭前会议程序实施问题》,载《山西省政法管理干部学院学报》2013年第3期。

[③] 赵晋山:《论审前准备程序》,载陈光中主编:《诉讼法论丛》(第6卷),法律出版社2001年版,第497页。

[④] 齐树洁主编:《民事审前程序新论》,厦门大学出版社2011年版,第196页。

界其他法制先进国家所借鉴,继而演化出与庭前会议类似的庭前准备程序。例如,德国在刑事诉讼中设有完善的"准备审判程序",法国针对重罪法庭设有专门的"开庭前预备程序",英国建立有"答辩和指导听审程序",日本也设有"公审的准备程序"。① 上述程序与庭前会议程序在名称和内容上均不完全一致,但却起到了庭前准备的功能和作用。当然,需要明确的是,庭前会议程序不同于预审程序。由于两者均为审前程序,在不同立法表述中可能产生混淆,②有必要将两者予以区分。

预审程序的产生早于庭前会议程序,首见于1808年的法国刑事诉讼法典,后为多数欧洲国家所采用。根据《布莱克法律词典》的解释,预审是指(通常由治安法官主持进行的)决定是否有足够的证据起诉被告人的刑事听证程序。③ 预审程序在我国表现为公诉审查程序,规定在新刑诉法第181条,而庭前会议程序则是规定在其后的第182条。两程序的主要区别如下:(1)在启动时间方面,预审程序的启动先于庭前会议程序。在两程序之间,通常还会经过传讯(传唤)、答辩、证据保全等程序。(2)在启动主体方面,由于要求预审是被告人的一项权利,因此,预审程序往往是由被告人提出的,而庭前会议程序多由法庭或控方提出。(3)在程序目的方面,预审的主要目的是审查对被告人的指控是否存在适当的理由或者合理的根据,主要审查实体性问题,是为了解决应否交付审判的问题。而庭前会议的主要目的是为了解决如何更好地进行庭审的问题,主要审查程序性问题,以保障庭审的效率和效果。(4)在程序结果方面,经过预审程序,法官认为没有证据表明犯罪已经发生或者由被告人所为的,即驳回控告,撤销对被告人的指控。而在庭前会议程序中不会出现撤销指控的结果。综上,两者虽同为审前程序,但程序功能不容混淆,庭前会议只有在经过预审程序后方能启动。

(二)庭前会议程序的功能拓展

庭前会议程序创设之初的功能集中于明确争点。通过庭前会议程序,法庭可就控辩双方的证据进行审查,由此明确控辩双方争议的焦点,继而在庭审过程中能集中精力对存在争议的证据进行重点调查、质证,简化无争议证据的质证环节,缩减开庭审理的时间,提升庭审效率。其后,作为庭前准备程序的一种,庭前会议作用拓展为通过准备而使人与物能齐集于审判期日,④起着更为广义的审

---

① 陈卫东、刘计划:《论集中审理原则与合议庭功能的强化》,载《中国法学》2003年第1期。

② 如有学者将法国的预审程序与庭前会议程序简单类同。参见洪文海:《新刑事诉讼法增设庭前会议程序若干问题探讨》,载《福建法学》2013年第2期。

③ 成懿萍、冯兴吾:《庭前会议程序相关问题的分析》,载《中国检察官》2013年第4期。

④ 林钰雄:《刑事诉讼法》(下册),中国人民大学出版社2005年版,第151页。

前准备功能。随着世界范围内庭前程序的改革和演进,庭前会议的功能逐步扩张,并在一定程度上分解了庭审的部分功能。现今,通过庭前会议程序可以解决的问题已十分广泛,如解决回避、证人出庭、非法证据排除等问题。① 通过解决回避问题,保障了刑事诉讼程序公正的最低要求;通过解决证人出庭问题,确保了证人出庭的效果;更为重要的是,法官还可通过庭前会议程序排除非法证据,进行案件管理。尤其是在排除非法证据方面,在设置了庭前会议程序以后,非法证据排除的启动程序可提前至开庭审理之前,审案法官和控方可以更为从容和妥善地分析证据,防止辩方在庭审中突然提出证据违法问题而导致控方要求延期审理,②更利于保护被告人的合法权利,提高诉讼的整体质效。

　　正是基于庭前会议程序的重要作用,为弥补庭前准备程序不足的缺陷,③并适应各国立法的发展趋势,我国在刑诉法的修改过程中增设了庭前会议程序。新刑诉法第182条第2款规定:"在开庭以前,审判人员可以召集公诉人、当事人和辩护人、诉讼代理人,对回避、出庭证人名单、非法证据排除等与审判相关的问题,了解情况,听取意见。"其后,最高人民检察院2012年10月16日发布的《人民检察院刑事诉讼规则(试行)》(以下简称《规则》)及最高人民法院2012年11月5日发布的《关于适用〈中华人民共和国刑事诉讼法〉的解释》(以下简称《解释》)均对庭前会议程序予以细化。自此,庭前会议在我国从一个学理概念成为一个实际可行的诉讼环节。根据立法及相关解释也可对我国的庭前会议程序作一界定,即是指在开庭审理前,人民法院召集公诉人、当事人和辩护人、诉讼代理人,对与审判相关的问题,了解情况和听取意见,为开庭审判程序做准备的预备程序。④ 在立法者与理论界均对庭前会议程序给予较多期待的同时,各地法院、检察机关也积极开展着庭前会议的实践探索和尝试。如在备受社会关注的李某某等人涉嫌轮奸一案中,北京市海淀区人民法院即两次召开庭前会议,吸引了媒体和公众的广泛关注。⑤ 通过分析各地关于庭前会议实践的报道,结合笔者所在江苏省苏州市两级人民法院庭前会议的开展实际,可发现现阶段庭前会议程

---

　　① 当然,有些问题是被明确地排除在庭前会议的范围之外的,例如不能利用庭前会议作为发现事实的工具。

　　② 杨迎泽、张红梅主编:《刑事证据适用指南——以两个〈规定〉为中心》,中国检察出版社2010年版,第256页。

　　③ 基于1979年《刑事诉讼法》在实践中存在着法官庭前预断、法庭审判形式化的问题,立法者在1996年修改《刑事诉讼法》时将庭前审查由实体性审查改为程序性审查,取消了法官的审前调查权和退回补充侦查权。

　　④ 张军、胡云腾:《中华人民共和国刑事诉讼法适用解答》,人民法院出版社2012年版,第293页。

　　⑤ 黄洁:《李某某涉强奸案再开庭前会议》,载《法制日报》2013年8月21日第8版。

序的实践成效显著,但也存在不可忽视的问题。

二、我国刑事庭前会议的实践与问题

(一)庭前会议实践的成效

1. 提升了庭审效率。庭前会议程序使得程序性事项能够在庭前得到较为妥善的处理,从而确保庭审的集中高效审理。① 经过庭前会议的准备,庭审现场只针对有异议的事实、证据、量刑等重点内容展开调查辩论,避免了以往在庭审中常出现的因要求回避、证人出庭或主张非法证据排除而造成庭审中断的情况,较好地实现了集中审理原则,节约了诉讼时间,提升了庭审效率。以笔者所在苏州市吴中区人民检察院(以下简称吴中区检察院)为例,在较受关注的"11·29"特大跨国电信诈骗专案②中,由于诈骗人数众多,全国各地受害人达百人,案件证据材料多达数十卷,此类复杂案件原需较长的庭审时间。在吴中区检察院向区法院提出了召开庭前会议的建议后,通过庭前会议对繁杂证据的分类说明,减少了开庭次数,实际庭审仅用一天时间即完满结束,有效提高了庭审效率。

2. 提升了庭审公正性。通过庭前会议这一沟通渠道,一方面减少了法官单方面地接触当事人或辩护人带来的片面性以及公正性怀疑,增强了司法活动的公开性和透明度,降低了司法腐败发生的可能性;另一方面也使得检察机关和法院能及时听取被告人及辩护人意见,尤其是为非法证据排除提供了独立而现实的程序操作空间。审判人员和控方通过庭前会议及时了解被告人以及辩护人排除非法证据的意向,为在庭审程序中启动非法证据排除做好充分准备,③并能起到促使检察机关进行补证乃至主动撤回瑕疵证据和非法证据的作用。④ 此外,庭前会议对于附带民事诉讼调解意向的达成,对被告人刑事责任的公正解决也具有积极影响。因此,庭前会议在保障被告人权益的同时提升了庭审程序和最终裁判的公正性。

3. 增强了庭审针对性。实践中,审判人员和控方通过庭前会议听取被告人、辩护人对罪名、犯罪事实的意见,及时与审查起诉阶段被告人、辩护人的意见进

---

① 王路真:《庭前会议制度的实践运作情况和改革前瞻》,载《法律适用》2013年第6期。

② 该案中,林志金等129名被告人在境外多个地方,冒充法院、检察院、公安、邮政等单位工作人员,采用接打电话的方法向被害人虚构个人信息泄露、资产需要保全等事实,诈骗他人钱财3000余万元。其中,苏州市吴中区某公司单笔被骗金额达1200余万元。参见卢志坚、李跃:《特大跨国电信诈骗系列案苏州开审》,载《检察日报》2013年7月19日第1版。

③ 陈卫东主编:《2012刑事诉讼法修改条文理解与适用》,中国法制出版社2012年版,第253页。

④ 许祥:《田阳法院庭前会议促检方自动排除瑕疵证据》,http://court.gmw.cn,下载日期:2013年10月22日。

行对比,继而根据意见变化情况调整庭审预案,进一步明确庭审的争议焦点,提升庭审预案的针对性。庭审时,控辩双方可以迅速将控辩点集中于案件的事实与定性、证据的采信与排除等重点,特别是对于重大、疑难复杂案件,涉及当事人数量、证据数量较多的案件,庭前会议程序的优势更为明显。[①] 如在苏州市吴江区人民检察院提起公诉的陆某涉嫌受贿案中,在审查起诉阶段,被告人陆某对全部犯罪事实予以否认,辩护人亦作无罪辩护,案情变得十分复杂。而通过积极发挥庭前会议的效用,被告人陆某承认了起诉书指控的大部分犯罪事实,只对部分事实提出异议,辩护人也放弃了无罪辩护意见。根据这一变化,该院对原先准备的庭审预案进行了相应调整,就庭前会议中确认的无异议问题简化举证、质证,就仍存异议的重点问题进行充分准备,从而使正式庭审中指控犯罪有的放矢、详略得当,提升了出庭公诉质量。[②]

(二)庭前会议实践中的问题

1.庭前会议规定有待细化。由于新刑诉法中关于庭前会议程序的条款仅为一条,《规则》和《解释》中的相关规定亦有待细化,导致多地检察院和法院对开展庭前会议程序的具体问题无所适从。从实践情况来看,多地法院和检察院均对庭前会议的具体程序进行了会商,协调制定了关于庭前会议的实施办法,并通过会签文件的形式对会议程序予以细化。而各地关于庭前会议的会签文件不可避免地呈现出效力不高、数量繁杂、内容不一、合法性审查不足等问题。

2.庭前会议功能期待过高。根据新刑诉法中对于庭前会议内容的罗列事项可知,新刑诉法新设庭前会议程序主要目的是通过庭前会议的形式完善庭前的准备工作,为处理程序事项、保障庭审顺利进行提供一个平台,[③]保障法庭审判的顺利有序进行。然而,实践中,庭前会议被赋予太多期待,尤其是被赋予解决实际争点、达成刑事和解等实体性期待,远远超出了庭前会议作为庭前准备程序的本质,也超出了新刑诉法设置该程序的初衷。

3.庭前会议启动程序存争议。根据新刑诉法之规定,庭前会议程序不是开庭的必经程序,会议的启动主体仅为审判人员。检察机关具有的仅是启动建议权,而经检察机关建议法院仍拒绝启动该如何处理尚无细化规定。另外,根据《解释》第183条的相关规定,可以召开庭前会议的情形包括:(1)当事人及其辩护人、诉讼代理人申请排除非法证据的;(2)证据材料较多、案情重大复杂的;(3)

[①] 孙振江、宋炎炎:《浅析庭前会议程序实施问题》,载《山西省政法管理干部学院学报》2013年第3期。

[②] 俞文杰:《苏州吴江区检察院庭前会议为公正注入正能量》,载《东方卫报》2013年8月14日第2版。

[③] 张鹏飞、李峰:《庭前会议的效力及具体操作》,载《法律适用》2013年第6期。

社会影响重大的；(4)需要召开庭前会议的其他情形。这意味着法院明确认可的被告人及辩护人能申请召开庭前会议的情形仅限于申请排除非法证据。对于管辖、回避等其他事项，当事人以及辩护人、诉讼代理人能否申请法院启动庭前会议则尚不确定。相比之下，美国《联邦刑事诉讼规则》第17条第1款明确规定，除法官有权决定举行庭前会议外，控辩双方均有权申请启动庭前会议。① 在被告人主张公诉方违背了诉辩交易约定的情况下，被告人则有权要求法院召开庭前会议。②

4. 庭前会议内容存实体化倾向。新刑诉法将庭前会议的讨论内容列举为回避、出庭证人名单、非法证据排除等程序性问题，并以"与审判相关的问题"作为兜底。实践中，对"与审判相关的问题"的理解和把握存在较大争议，《规则》和《解释》均对会议内容进行了扩大解释。根据《规则》第431条和《解释》第184条的规定，庭前会议的讨论内容并不局限于新刑诉法列举的三项内容。如根据《规则》第431条第3款的规定，公诉人通过参加庭前会议，了解案件事实、证据和法律适用的争议和不同意见，该内容显然已经超越了程序性问题的界限，其将案件事实和法律适用问题也归入到庭前会议的讨论范围。另根据《解释》第183条的规定，审判人员还可以在庭前会议过程中调解附带民事诉讼，导致实践中难以厘清庭前会议与正式庭审之间的关系。而在一些地方关于庭前会议的规定和会签文件中，庭前会议中的公诉人、被告人、辩护人可以就案件的定性和量刑问题交换意见，③讨论内容拓展至无罪辩护案件、变更罪名、刑事和解等内容。然而，对实体内容过于具体、详细的讨论极易导致庭审变成"走过场"，甚至使得庭前会议异化为"庭前审"。如在原铁道部部长刘志军受贿案的审理过程中，曾有质疑声音提出："庭前会议召开了一天而正式庭审却只有短短三个半小时，庭前会议的召开没有对外公布，会不会将庭前会议替代法庭审判，从而关门办案，违背公正审判。"④

5. 辩护律师的必要性不确定。新刑诉法对于庭前会议程序的启动并未要求被告人必须委托辩护律师，相关规定也未回答"没有辩护人的案件，是一律不得适用庭前会议，还是为被告人指定辩护人后再举行庭前会议"的问题。⑤ 庭前会议涉及证据开示、争点整理、非法证据排除等法律事项，在缺乏辩护律师参与的

---

① 闵春雷、贾志强：《刑事庭前会议制度探析》，载《中国刑事法杂志》2013年第3期。
② United States v. Ataya, 864 F.2d 1324 [7th Cir. 1988]．
③ 温建军、赵玉平：《庭前会议应以效率定规则》，载《检察日报》2013年8月14日第3版。
④ 谢佑平：《刑事审判中的"庭前会议"》，载《上海法制报》2013年7月17日第B7版。
⑤ 高一飞、陈晓静：《庭前会议制度的实施难题与解决方案》，载《四川理工学院学报》（社会科学版）2013年第5期。

情况下,被告人很难对专业事项妥善地发表意见,很难真正理解庭前会议程序所产生的法律后果,会议因此也很难取得预期效果。在实践中,复杂案件的被告人在审前多处于被羁押状态,如果让其参加庭前会议,相关程序较为复杂,提审、换押等工作量很大,安全保障方面也存在一定风险和隐患。从国外的实践来看,没有辩护律师参与的庭前会议很难达到预期效果。① 因此,对于辩护律师是否应成为庭前会议程序必须参与主体的问题需要进一步思考。

6.庭前会议结果效力不确定。根据新刑诉法的规定,庭前会议的效力仅为供审判人员"听取意见、了解情况",审判人员在会议过程中并无裁决权。同时,对于庭前会议笔录以及笔录中达成合意的效力,法律同样未作明确规定,可能削弱庭前会议程序中对于回避、证人出庭等问题的最终处理效果。特别是在庭前会议过程中,控辩双方就证据问题达成合意的效力如何已成为困扰司法实践的突出问题。同时,由于新刑诉法并未规定不参加庭前会议或在会中不提出申请的不利后果,导致庭前会议后仍有因程序性问题造成休庭或延期审理的现象,失去了召开庭前会议的实际意义,浪费了司法资源。② 由于效力的不确定,司法实务中还存在将庭前会议合意效力绝对化的问题,如认为庭前会议就证据达成合意的效力不可撤销或者变更,继而直接作为定案证据,超出了庭前会议作为准备程序的本质属性。

三、我国庭前会议程序的完善路径

(一)应提升庭前会议会签文件层级效力

为避免会签文件中可能存在的各种问题,以最高人民法院和最高人民检察院为主的多部门应及时总结庭前会议实践中的经验教训和有益做法,联合出台庭前会议实施细则或相关指导性文件,就庭前会议启动程序、参与主体、会议内容、会议效力等问题作出有实践指导性的具体规定,提升会签文件的层级效力,避免地方各行其是,增强庭前会议实践的统一性。同时,根据实际情况,各地也可以在统一框架内制定或会签关于庭前会议的内部细则,但是不能偏离庭前会议的制度定位,不能超出相关立法和司法解释的框架。

(二)应完善庭前会议的启动程序

一是应增设被告方的启动申请权。从程序正义的角度考虑,应充分赋予并

---

① 有鉴于此,美国《联邦刑事诉讼规则》第17.1条即规定了庭审前会议程序不适用于被告人没有律师代表的案件。参见卞建林:《美国联邦刑事诉讼规则和证据规则》,中国政法大学出版社1996年版,第69页。

② 李良俊:《庭前会议 疏通刑案审判质效"肠梗阻"》,载《人民法院报》2013年3月4日第7版。

尊重诉讼主体的程序选择权,尤其是被告方的申请权利不应被剥夺。因此,在赋予检察机关启动建议权的同时,应赋予被告方一定的启动申请权。在送达起诉书副本时,应明确告知被告人可以召开庭前会议的情形,确保启动申请权的行使。当然,为防止被告方滥用庭前会议程序,对其申请形式可以进行适当限制,如要求被告方申请适用该程序时应提交书面材料,说明申请的具体理由和依据。

二是应完善拒绝启动的说明程序。从程序完备性的角度而言,控方的建议权和辩方的申请权均应配置相对应的拒绝理由说明程序。如果法院拒绝被告人及其辩护人关于召开庭前会议申请或者检察机关的建议,则应书面说明理由为宜,以此对审判人员的自由裁量进行一定制约。

三是应细化庭前会议的适用范围。对于《解释》第183条第1款第4项"需要召开庭前会议的其他情形"这一兜底性规定的理解,应坚持两项原则予以细化:一是对于存在其他正当程序性请求,不加以解决可能影响庭审顺利进行的,应当召开庭前会议;二是对于存在罪与非罪、此罪与彼罪等实体性争议,可能影响审判公正性的,应当召开庭前会议。

四是应细化会前配套的工作流程。在会前准备阶段,为确保庭前会议的实际效果,避免因准备不足而使庭前会议流于形式,审判人员或其他法院工作人员应做好会议前的通知与公示工作,并预先电话告知会议议题和议程,提醒各方做好会议准备。会前,应充分保障辩方可从法院获得检察机关移送的案件材料,包括证据目录、证人名单及主要证据复印件等。检察机关也应详尽了解会议议题,并根据法院要求有针对性地做好相关准备工作。

(三)应明确庭前会议的讨论内容

要使庭前会议程序产生实实在在的效果,就必须完善庭前会议的讨论流程和讨论内容,使其具有实效性、针对性和相对的有限性。针对庭前会议程序中的实体性倾向,应明确庭前会议的应有功能及与此对应的讨论内容。庭前会议只是开庭前的一个准备阶段,其不能分配实体权利义务,不能取代庭审,不能超越庭前会议作为审前准备程序的本质。涉及定罪量刑、罪与非罪的实质性问题应在正式庭审中审理解决。庭前会议主要的讨论内容应概括为对程序性问题的汇总解决及部分实体问题的整理明晰。一方面,庭前会议应集中解决开庭时可能遇到的程序性问题,把可能导致庭审延滞中断的程序性问题解决在庭前;另一方面,对于疑难复杂案件,庭前会议应发挥整理证据及梳理事实争点的功能,为法庭审理厘清思路、突出重点,[①]继而有助于提高庭审的效率和质量,但绝不意味着能将庭前会议与庭审程序混同。

以非法证据排除为例,庭前会议应作为控辩双方阐述非法证据排除理由或

---

① 闵春雷、贾志强:《刑事庭前会议制度探析》,载《中国刑事法杂志》2013年第3期。

说明相关情况的平台之一,因此,对于该问题的讨论应设定流程和范围。首先,应先由被告人、辩护人就非法证据排除之申请说明理由,并出示相关证据或线索材料。相对的,检察机关应对证据合法性加以初步说明。其后,控辩双方可以对相关证据的证据能力发表意见,但不对该证据的证明力进行质证和辩论,一旦双方发表意见过多牵涉案件实体性问题,审判人员可加以制止。最后,在控辩双方发表意见之后,审判人员综述归纳控辩双方意见,明确争点,整理证据,做好充分的记录,对于证据是否合法的争议焦点应仔细研究,尽可能向检察机关提出具体明确的举证要求,但不宜直接作出是否排除相关证据的决定或裁决。会后,检察机关公诉部门经核实认为相关证据依法应当予以排除的,应在开庭前予以排除,并将结果通知人民法院;经核实认为不存在非法证据的,应将相关证据依法移送法院。

(四)应明确辩护人参与的必要性

为确保庭前会议取得预期效果,对于没有辩护人的案件,应以不召开庭前会议为原则。对于被告人没有辩护人、诉讼代理人而又确有必要召开庭前会议的案件,法院应告知被告人聘请辩护人的必要性,必要时可以帮助其申请法律援助。另外,近年来的调研表明,我国刑事案件律师参与的比例不足30%,有的省甚至仅为12%。[1] 庭前会议程序价值的发挥离不开辩护制度的完善。在法律援助制度尚不完善的情况下,可试点配备专门的庭前会议公共律师,由公共律师参加庭前会议,多起案件的庭前会议可集中于某时间段进行,从根本上解决没有律师而需要召开庭前会议的问题。

(五)应明确庭前会议结果的效力

庭前会议结果效力的设定应围绕程序本身的设计初衷。作为审前的预备性程序,一方面应赋予庭前会议结果一定的法律效力,避免庭前会议流于形式,另一方面也要设置一定的救济程序,避免将庭审效力绝对化,形成庭前预断。具体而言,鉴于庭前会议需要解决的问题是事关程序正义的基本问题,如果回避、非法证据排除等问题无法在庭前会议中予以解决,那么庭审的公正性无疑将会受到影响。因此,不能过于机械理解"听取意见、了解情况"的规定,[2] 应赋予庭前会议以一定的裁断效力。也就是说,审判人员应在庭前会议讨论和调查的基础上,在庭前会议中或在会议结束后3日内,对管辖异议、回避、证人出庭等程序性问题作出相应裁决,控辩双方均应严格遵守裁决。对于证据及事实争点的整理等无法裁决的内容则应准确记入笔录,对于证据问题可尝试制作《无异议证据清

---

[1] 于宁:《我国律师参与刑事诉讼比例过低,难保公正》,http://www.china.com.cn,下载日期:2013年10月11日。

[2] 张鹏飞、李峰:《庭前会议的效力及具体操作》,载《法律适用》2013年第6期。

单》和《有异议证据清单》,交控辩双方核对后签名或捺印确认,作为简化庭审示证、质证程序之依据。对庭前会议解决的事项,控辩双方若无充分理由,一般不得再提出异议。在庭审中再次提出的,审判人员可当庭予以驳回。但考虑到庭前会议毕竟不是正式庭审程序,因此如果庭审过程中一方确实有合理解释或新的证据线索证明庭前达成的合意有违案件事实或法律,则应当允许推翻合意,于庭审过程中重新调查处理。

与此同时,控辩双方均应按要求及时在庭前会议上提出各自的请求及意见,若在庭前会议上对相关事项故意或无正当理由不提出申请或异议,而在法庭审理时才提出的,应令其承担一定的不利后果。具体做法可参考美国《刑事诉讼示范规则》①(*Uniform Rules of Criminal Procedure*)的规定,如被告人不在庭前会议中提出辩护意见、证据开示、排除证据或证言、改变管辖的要求,其将失去再在庭审中提起上述要求的权利,即当事人在其后的诉讼中不得再提出相关申请和异议。该规则对于控方也有同样的要求,如要求控方必须在庭前会议中及时告知辩方证据清单、被告人自认和供述的内容等事项,如有隐瞒将承担不利的法律后果。

(六)应建立庭前会议的监督机制

为避免可能发生的问题,应适时建立对庭前会议的监督制约机制,避免通过庭前会议进行暗箱操作、违规操作等情形的发生。一方面,在重大案件中可以公开召开庭前会议,通过事先公告、允许旁听的做法增加透明度,确保程序的公正性。另一方面,应建立庭前会议的录音录像制度,在硬件条件齐备的情况下对会议过程进行记录封盘,弥补传统笔录存在的缺陷和不足。此外,庭前会议作为法律程序的一种,同样在检察机关进行法律监督的职责范围内,应由检察机关对庭前会议实行法律监督,确保庭前会议的规范性和合法性。监督的具体内容应包括庭前会议的启动程序、参与人员、讨论内容、处理结果等方面。检察机关发现有违反法律规定情形的,应通过发送检察建议的形式提出纠正意见。

---

① 美国的《刑事诉讼示范规则》由美国法律协会(American Law Institute)编写,已被多个州采用。

审判实务

两岸投资争端解决的司法公正性探讨
——以《海峡两岸投资保护和促进协议》为视角

李 桦 李 婧[*]

2010年6月,海峡两岸关系协会与海峡交流基金会(以下简称两岸两会)签署了海峡两岸经济合作框架协议(Economic Cooperation Framework Agreement,ECFA)。ECFA属于海峡两岸之间经贸往来的特殊自由贸易协定(Free Trade Agreement,FTA),既不同于中国大陆与其他国家的FTA,也与大陆和香港地区、澳门地区更紧密经贸安排(Closer Economic Partnership Arrangement,CEPA)有所区别,充分体现了两岸政治经济特色对ECFA的影响。作为ECFA后续协议最重要也是最难完成的部分——《海峡两岸投资保护和促进协议》(以下简称《两岸投资协议》),于2012年8月9日由两岸两会签署。2013年2月1日,台湾地区"立法院"批准了《两岸投资协议》。

法院在裁判两岸投资者与政府间投资争端时,不仅需要从一般FTA法律文本的角度探讨,更应注重充满两岸特色的政治经济因素对司法公正和司法裁判的影响。这些外部因素不仅在实践中干扰两岸的立场和争端解决方式的选择,还从制度上影响两岸对争端解决机制的期待和设计。

本文拟从司法公正的角度,探讨司法解决两岸投资者与政府间投资争端的解决方法。如果投资争端能够得到两岸法院的公正裁判,实现法律效果与社会效果的统一,那么ECFA下投资争端解决机制也将逐步趋向司法化。

一、司法解决两岸投资争端的可能

一般情况下,政府行为导致的投资争端可通过行政途径进行救济,但投资者往往更愿意诉诸法院,请法院变更行政机关的具体行政行为。在开始本文的讨

---

[*] 李桦:厦门市中级人民法院涉台庭庭长,高级法官,法律硕士;李婧:厦门市中级人民法院民二庭主任科员,法学博士。

论之前,首先需要解决一个前提条件——两岸投资争端是否可能提交法院处理。

(一)司法解决投资争端的文本依据

在《两岸投资协议》生效前,保护台胞投资的相关法律主要有1994年《中华人民共和国台湾同胞投资保护法》和1999年《中华人民共和国台湾同胞投资保护法实施细则》(以下简称《实施细则》)。《实施细则》第29条规定:"台湾同胞投资者与大陆的公司、企业、其他经济组织或者个人之间发生的与投资有关的争议……当事人未在合同中订立仲裁条款,事后又未达成书面仲裁协议的,可以向人民法院提起诉讼。"该规定并未提及投资者与政府之间的争端可以诉诸法院。

ECFA改变了这一点,《两岸投资协议》专门对"投资者与投资所在地一方争端解决"作出了规定。《两岸投资协议》第13条规定:"一、一方投资者主张另一方相关部门或机构违反本协议规定的义务,致该投资者受到损失所产生的争端(以下简称投资争端),可依下列方式解决:……(四)因本协议所产生的投资者与投资所在地一方的投资补偿争端,可由投资者提交两岸投资争端解决机构通过调解方式解决……(五)依据投资所在地一方行政复议或司法程序解决。"这就为司法解决两岸投资争端提供了基础。需要考虑的是,两岸投资者与政府间争端是否适合作出司法裁判呢?

(二)司法解决投资争端的现实需要

在投资活动过程中,投资者常常会遇到各种各样的法律争端。在这些争端当中,既可能涉及租赁、原材料的获得等私法行为,又可能会涉及政府颁发许可证、原产地证明书,以及税收等公法上的行为。在这些法律争端解决过程中,投资者经常不得不寻求普通法院或者行政法院的救济。这就为司法解决两岸投资争端提供了现实必要性。

更重要的是,与两岸在WTO的"一国四席"不同,我国台湾地区并非1966年生效的《解决国家与他国国民间投资争端公约》(《华盛顿公约》)的成员,两岸投资者更可能选择将投资争端提交法院解决。其依据在于,晚近的国际投资仲裁出现了明显的公法化趋势,越来越多的双边经济争端因为涉及的利益多元化,传统商事仲裁规则已经不足以全面妥善地处理FTA项下的投资争端,各国纷纷呼吁"去商事化"的规则。于ECFA而言,将其项下投资争端提交法院处理,由法院以裁决的方式平衡各方利益,有利于提高争端解决效率,降低诉讼成本。

在《两岸投资协议》生效之前,台湾地区投资者将这种类型的争端诉诸大陆法院时,法院大多采取各种不予立案的态度,目的是避免损害当地政府的重大经济和安全利益。虽然尚未听闻陆资在台的类似案例,但不意味着大陆投资者就此类争端在台能够得到更多的救济。

尽管《两岸投资协议》规定投资争端双方可以将争端提交法院处理,但并未制订具有可操作性的细则。最高人民法院在起草相关司法解释时,需要明确法院行政庭的受案范围。阿根廷经济危机时的例子警示政治家们,汹涌而来的国际投资仲裁不仅导致经济政策和金融监管措施成为一纸空文,还令政府威信扫地,恶化与 BIT 缔约方之间的关系,无异于"搬起石头,砸了自己的脚"。因此,降低行政法庭的门槛,接收能够处理的投资者诉政府投资争端,更能体现法院在促进和保障《两岸投资协议》的积极作用。

ECFA 生效以来,厦门市人民法院受理了两起医药领域的纠纷,涉及台湾地区投资者对个体诊所的投资准入规则、间接投资的行政许可和相关审批手续。遗憾的是,根据 ECFA 附件四《服务贸易早期收获部门及开放措施》,大陆只承诺开放台湾服务提供者在大陆设立合资、合作医院,允许台湾服务提供者在上海市、江苏省、福建省、广东省、海南省设立独资医院,没有承诺台商可以投资个体诊所。2010 年《台湾服务提供者在大陆独资设立医院管理暂行办法》中也没有关于允许台资进入个体诊所的规定。在没有具体法律渊源的情况下,司法介入处理投资者投资行为的有效性显得尤为重要。

(三)最高人民法院的政策转变

在 2004 年的"绿谷"案中,最高人民法院认为,如果有关行政主管部门损害了当事人的权益,当事人不应通过司法程序寻求救济,而应尽量通过行政程序寻求救济。① 这是典型的行政权价值取向。2005 年和 2008 年最高人民法院的会议纪要则进一步明确了处理投资纠纷的行政权导向。

但这种政策导向在 2010 年发生了转变。2010 年 8 月,最高人民法院发布了《关于审理外商投资企业纠纷案件若干问题的规定(一)》。该司法解释第 3 条规定:"人民法院在审理案件中,发现经外商投资企业审批机关批准的外商投资企业合同具有法律、行政法规规定的无效情形的,应当认定合同无效;该合同具有法律、行政法规规定的可撤销情形,当事人请求撤销的,人民法院应予支持。"第 6 条规定:"转让方和外商投资企业拒不根据人民法院生效判决确定的期限履行报批义务,受让方另行起诉,请求解除合同并赔偿损失的,人民法院应予支持。赔偿损失的范围可以包括股权的差价损失、股权收益及其他合理损失。"这两条规定体现了法院处理投资纠纷时的司法权倾向,反映了司法权与行政权的分工和制约。

最高人民法院态度的转变为法院解决两岸投资者与政府间争端提供了政策支持。在认定政府违反与投资者之间的行政合同,以及因此导致的损害赔偿时,这种态度具有重要的指导性作用。最近,最高人民法院正在着手起草"关于海峡两岸投资保护和促进协议项下投资者诉政府投资争端调解协议司法确认程序的

---

① 参见《香港绿谷投资有限公司诉加拿大绿谷(国际)投资有限公司等股权纠纷案》,载《中华人民共和国最高人民法院公报》2004 年第 7 期。

若干规定",该规定主要针对投资损失补偿。可以看出,最高人民法院已经采取了更加积极的态度处理两岸投资者诉政府的投资争端。

二、司法解决两岸投资争端的公正性批判

贸易政策是地缘政治的附属物,FTA 的路径被视为实现经济安全双重背景下的策略性目标,ECFA 也不例外。在此背景下,法院解决两岸投资争端时,也必须考虑两岸之间特殊的政治、经济和社会现实。

(一)司法裁判的"原罪"

肯尼迪在《司法裁决的批判》一书中对司法裁决进行了解构,指出了司法裁决在何种程度上强化了美国社会和经济的分层,揭示了法律决定尤其是司法决定的政治性。肯尼迪认为,法官的法律创制活动发生在法律规则结构的语境中,面对的是这个结构中具体的断裂、冲突或含混之处。法官解决法律解释问题的方式是:首先重新阐述规则结构的某些部分,而后尽其可能地进行法律论证,证明他们的解决方案是正当的。司法裁决的特殊技术修辞与当时政治的普遍修辞,二者相互渗透,这正是意识形态对司法裁决施加影响的最重要模式的来源。司法裁决机制在每个案件中都要运转起来,去保护法律知识精英在社会经济现状中享有的特定意识形态利益,及其所属阶级的普遍利益。[①]

由于被主要区域协定(如 ASEAN)所排斥,台湾地区一度迫切希望与美国达成双边 FTA。台湾地区的贸易伙伴更希望从美国寻求政治话语权,而不是与台湾地区进行 FTA 的谈判,这导致台湾地区陷入经济上的孤立和弱化。台湾地区是维持亚太地区稳定与和平的重要角色,但政治上的边缘化和经济上的弱化将使其失去原有的地区战略地位。意识到此路不通后,台湾地区积极与大陆展开 FTA 的谈判。因此,作为两岸 FTA 特殊实践的 ECFA,当然必须为实现经济安全双重背景下的策略性目标服务。

从 2012 年 2 月开始集中管辖至 2013 年 9 月,厦门海沧区人民法院共受理各类涉台案件 1140 件,其中民商事案件 1054 件,刑事案件 14 件,行政案件 1 件,司法互助案件 71 件。涉台民商事案件共结案 780 件,其中,调解 296 件,撤诉 197 件,调撤率为 63.21%。为了避免司法意识形态带来的裁判"原罪",厦门法院在审理涉台案件时尽量"去政治化",发挥司法能动性,对涉台民商事案件积极采取调解的方式,减少当事人对抗,实现案结事了。

(二)法律解释方法的陷阱

根据《两岸投资协议》,法官在处理投资者诉政府的投资争端过程中,解释与

---

① Duncan Kennedy, *A Critique of Adjudication*, Harvard University Press, 1997, pp. 2~3.

投资有关的法律条文时,必然受到海峡两岸政治、经济和社会现实的影响。法律制度总是为政治经济利益而存在的,法律解释方法也存在目的解释。当法官裁判的正当性不再建立于同一属性可比较的利益上时,裁判更容易受到外界影响,法官会努力作出更符合公众期待的裁决。当争议双方的实力悬殊较大时,法官可能更倾向于保护强势一方的利益,因为这符合更多人的期待,可能有利于减少案件裁决结果的争议。

这种情况并非不可能。凯尔森在《法和国家的一般理论》中,直接把法律解释归结到法律秩序之下。他对传统的法律解释理论的两种路径——规范性路径和描述性路径都进行了批判和否定。凯尔森认为,在法律解释的规范性路径中,道德和政治等意识形态因素会被遮蔽;同时,他对同一部成文法中两条同时有效的法律规范发生冲突,可以运用各种法律解释的技术加以解决的描述性进路也予以批驳和否定。[①]

因此,如果两岸都坚持各自的利益,即使法官作出了并不偏颇的结论,也可能会极大地损害两岸参与 ECFA 的目标,出现"非合作博弈"中最坏的情况,争端双方的福利都受到最严重的损害。毫不夸张地说,ECFA 本身就是动摇司法公正的根源。

三、司法解决两岸投资争端的先决条件——"去政治化"

当某种不合理的经济利益背后的政治利益关乎更多人的福利,法官需要打破政治和法律界限,比较当事方的多元化利益哪种更符合协定的目的,这不是司法的本来目的。ECFA 争端解决机制不应该成为政治家们进行"经济外交"的工具。因此,若将两岸投资争端提交法院进行司法审查,首要的任务是对司法解决的范畴进行"去政治化"处理,即两岸在签署投资协议时,以负面清单的形式列出哪些投资争端不宜由法院解决,而应采取其他途径解决,如《两岸投资协议》第13 条中提到的"由投资所在地或其上级的协调机制协调解决"、"投资争端协处机制协助解决",避免因司法裁判对两岸经济社会的重大利益造成损害而面临无法执行的风险。同时,两岸法院也可以根据司法实践和现实需要,进一步确定投资案件的受理范围,既向公众明示何种投资争端可以进入法院,采取何种救济模式,展示司法公信力,也能够更好地督促政府的行政行为,为 ECFA 的运行提供司法保证。

那么,何种投资争端不适合法院解决,或者说,如何为投资争端的解决"去政治化"呢?笔者认为,可以从司法权的界限、处理投资争端的法官能力,以及处理

---

① Hans Kelsen and Max Knight(trans.),*Pure Theory of Law*,University of California Press,1967,pp.348~349.

投资争端的法律方法等三个方面进行分析和判断。

(一)司法权的界限

富勒在《司法的形式与界限》一文中探讨了不适合司法处理的社会任务。[①]他指出,"多核性"不适合司法解决,因为:(1)它使法院很难接收到所有受影响主体的申辩;(2)它使法院缺乏可利用的确定规则。[②] 例如,如果由法院而不是由市场来决定商品价格,法院不但很难确切把握经济的发展状况,而且也不能顾及各种可能受影响的利益,也无法预料司法决定所能产生的可能后果。法院不可能为每一个利益受到影响的当事方提供进入法院并进行陈述和论辩的机会,而法院未考虑到的利益可能同案件所涉利益同样重要,不同的判决又会对经济及各种相关利益造成不同的影响。

富勒强调,几乎所有被提交司法解决的问题中都或多或少包含了"多核性"的因素,司法越偏离以上两个基本条件,其裁决的正当性就越可能受到质疑。法院要随时注意什么时候"多核性"已经成为案件中占主导地位的特征,一个纠纷是否属于不适合司法解决的多中心任务是个程度判断的问题。[③] 这意味着,证明法院处理两岸投资争端的正当性时,首先应当理解两岸投资者诉政府争端的性质,才能判断这种争端是否属于"多核性"问题。

1. 投资者与政府之间的投资争端的性质

投资者与政府之间的投资争端,反映了个人经济权益与政府经济主权之间的冲突,在发展前期大多为投资者被 BIT 缔约一方的政府征收(包括直接征收和间接征收)以及国有化行为,最近几十年则大多表现为 BIT 缔约一方的政府违反 BIT 而导致的投资争端,是具有半公法化半私法化性质的争端,体现了行政诉讼的特点。

2. 两岸投资者与政府间争端的"多核性"因素

根据富勒司法哲学,判断两岸投资者与政府间争端是否可以进行司法裁判,首先要判断争端本身的"多核性"程度,这需要考察 ECFA 的目标。假设 ECFA 涉及争端的条款仅关注经济福利,那么争端将更侧重经济目标,远离"多核性"。而 ECFA 涉及争端的条款如果还关注政治福利,甚至更多地反映了政治需求,那么显然争端即使包含了经济因素,法院也很难判断如何将两种福利达到平衡

[①] Lon L. Fuller, The Forms and Limits of Adjudication, *Harvard Law Review*, 1978, Vol. 92. No. 2.

[②] Lon L. Fuller, *The Principles of Social Order*, Duke University Press, 1981, p. 204.

[③] Lon L. Fuller, *The Problems of Jurisprudence*, The Foundation Press, 1949, p. 719.

或者最大化,此时争端就属于"多核性任务"。

缔结 ECFA 的政治目的越强,投资争端所受的政治影响就越大,"多核性"程度就越高,司法审查的可能性就降低。同时,考察 ECFA 的目标不仅可以从立法者意图中分析出条款本身的含义(这关系到对条款的解释),也能够判断争端解决的后果是否符合立法目标,即从公众预期的出发点来确认 ECFA 实施的好坏,并对协定日后的修改和后续发展有重要作用。

毋庸置疑,谈判任何贸易协定的决定都建立在自由贸易和贸易保护主义之间的政治套利上。从经济的角度观察,政治目的驱使这些协定远离最佳的结果,远非政客们口头允诺的将消费者的利益最大化。这种情形多在多边层面时发生,但最常出现在双边协定中,从而导致某些来源于经济学理论的政治经济学概念(如自由贸易来源于相对优势理论)处于 FTA 谈判的核心位置,实际上在协定中的经济影响,却遭到政治妥协的削弱甚至是抵消。因此,自由贸易的反对者着眼于——自由贸易是有害的,它会形成一个恶性循环:越来越多的承诺将在代表防御性利益的领域作出,最终使贸易创造永远处于贸易转移的阴影下。[①] 作为两岸特殊 FTA 实践的 ECFA,也无法避免目标的"多元化",直接导致投资者与政府间的投资争端呈现出"多核性"的特点。

3. 排除"政治性投资争端"

法院考虑是否受理两岸投资者诉政府案件,首先要排除那些"多核性"程度高的争端范围,即不涉及"政治性争端"的投资案件。所谓"政治性争端",是指那些涉及败诉方以及其他相关的重大利益,不宜由裁判机构依法律规定进行刚性裁决的争端。

《两岸投资协议》的存在和运作取决于缔约方之间的利益均衡。投资者与政府间争端的出现,意味着被诉方可能打破了与起诉方之间的基本利益平衡,法院介入的目的是恢复被打破的这种基本利益平衡。然而,对于"政治性投资争端"的解决,如果法院的判决损及被诉方的重大利益,那只不过是使一种原不利于起诉方的利益不平衡变成了另一种现不利于被诉方的利益不平衡,《两岸投资协议》的存在和运作不可能建立在这样一种只是被再颠倒了的利益不平衡基础之上。

对于"政治性投资争端",首先应考虑采用富有弹性的外交解决方式,如"友好协商"、"由投资所在地或其上级的协调机制"、"投资争端协处机制"、"投资者与投资所在地一方的投资补偿争端,可由投资者提交两岸投资争端解决机构通

---

① Cédric Dupont & Cosimo Beverelli. Learning in Multilateral Trade Negotiations: Some Results from Simulation for Developing Countries, in John Odell (ed). *Developing Countries and Trade Negotiations*, Cambridge University Press, 2006. p. 89.

过调解方式解决",以降低当事方利益受损的程度,提高当事方接受争端解决结果的可能性。同时,通过非法律方式解决争端也不具有任何法律意义上的"先例效力",可以防止争端解决之影响的扩散。

(二)处理投资争端的法官能力

在富勒看来,法官应该"像工程师、木匠、厨师一样,必须精通现实的碎片,并且辨认和利用其规律为集体的利益服务。"① ECFA 背景下的两岸投资者与政府间争端具有碎片化的特点:

1. 由于 ECFA 经济效应的高度技术复杂性,很难定量评估某一措施造成的损失或影响,加上争端中利益集团的作用,这种评估具有很大的不确定性。面对迅速发展的两岸经贸往来,法官在裁判具体案件时很难及时掌握准确的判断标准,比如新的受惠产品质量、规格是否符合要求,原产地证明的颁发等。

如果争端解决在投资者与政府间展开,法官不可能将对裁决后果产生影响的全部当事人请来陈述辩论。当起诉方向法官提出诉讼请求时,其陈述、论辩和证据提供也必然只是从自身立场出发的一面之词,具有很大的局限性,难以具备证据法上所要求的证据的客观性。

2. 由于两岸尚未签订 ECFA 后续协议中的争端解决协议,目前的争端解决程序显然过于粗糙。有关规则虽然可以为双方通过政治途径解决争端留下余地,但远谈不上是"可辨认的、确定的、法院不能拥有随心所欲的自由裁量权的法律规则"②。在运用目的解释协定条文时,ECFA 目标的多元化也使法官的解释缺乏可确定性。

3. "管理的可能性"③不仅要求对投资争端的控制,还需要考虑与该控制相伴随的公众的预期,即根据争端解决的结果判断两岸缔结 ECFA 的目标是否达成。如果法官的裁判可能明显影响到两岸的贸易政策,破坏公共秩序或者政治经济秩序时,会遭到来自市民社会和利益集团的抵制,两岸可能迫于政治压力不接受法院裁判的结果,这将从根本上损害两岸的法律秩序。

倘若法官裁判投资争端的能力不足,比如,如何认定投资损失补偿、认定投资损失补偿的方式和数额、如何判断合格的投资与合格的投资者、法院的管辖权等,可能导致两岸法院就类似的事项作出截然不同的裁判,由此不仅面临司法公

---

① Lon L. Fuller, *The morality of Law* (rev. ed.), Yale University Press, 1969, p. 123.

② Lon L. Fuller, The Forms and Limits of Adjudication, *Harvard Law Review*, 1978, Vol. 92, No. 2.

③ [英]迈克尔·博兰尼:《自由的逻辑》,冯银江、李雪茹译,吉林人民出版社 2002 年版,第 199 页。

正性和正当性的危机,还可能令政治家们借此为由拒不执行另一方法院的裁判结果。所以,法官需要运用特殊的法律方法解决 ECFA 背景下的投资争端。

(三)处理投资争端的法律方法——"目的性类比推理"

GATT 争端解决机制的发展之路表明,回归到单一的政治方式此路不通,世界经济秩序已经从"权力导向"迈向"规则导向"。在两岸复杂的政治经济社会形势下,应尽量避免将两岸投资争端提交 WTO 或国际仲裁机构。那么,法官应当如何裁判投资争端,才能弥补 ECFA 背景下司法公正性不足的问题呢?

1. 目的性类比推理

昂格尔曾在《法律分析应当为何》一书中提到,"我们必须确保司法时间既是开放的又是可欲的,既符合现实又有能力进行想象"。然而,"如果法官要使用政府部门的方法,并不能有效地完成任务,将看似破裂的、妥协的潜在社会逻辑据为己有"。即使采用那些政治方法去处理某些特别案件,法官也可能"无法将完善法律的责任与尊重、捍卫人民的权利"相互调和。①

多数法官在运用法律分析解释成文法时,实际上都在从事以具体语境为根据的类比推理实践。这种类比推理必须由解释目的加以引导。"目的性类比推理",是以具体语境为依据,尊重字面意思和既定理解,拒绝对概念进行再抽象,承诺在法律远处的现实政治世界的精神和词汇中寻找指引,承认具体问题上的利益和关注是可争论的。标准的语境论和司法审判的类推方法通常能够自觉符合市民社会对公正的理解。

2. ECFA 下"目的性类比推理"的规则

联系到 ECFA 背景下的投资争端诉讼,运用"目的性类比推理",法官可以成功地使投资者在经济活动所确立下来的期望和类推判断的目的性实践产生联系。法官通过运用合理性(Reasonableness)、不合情理性(Unconscionability)、善意(Good faith)等开放性标准,或通过现实交易和商业习惯裁判,审视和比较案件事实,进而判断规则所设定的构成要件与待决案件事实是否相同,并据此判定该规则是否适用于该案。

由此引申出,如何联系"投资者想要的语境"(即投资者的期望)和"法官断定的情境"(即法官进行类比推理的目的)呢?规划性的想象取决于对变革机会的洞察。② 如果法官没有这样的洞见,对当前正在出现的结构性变革(正如 ECFA 协议对两岸关系起到结构性变革的重大作用)缺乏可靠的观念,在处理案件时就

---

① [美]R. M. 昂格尔:《法律分析应当为何》,李诚予译,中国政法大学出版社 2007 年版,第 161~170 页。

② [美]R. M. 昂格尔:《觉醒的自我,解放的实用主义》,谌洪果译,北京大学出版社 2012 年版,第 31 页。

会肤浅地认为适用法律仅仅是和现存的事物保持亲密接触。相反,要想抓住社会中的某种"语境",就得思考不同条件下可能的变化趋势。

3.厦门法院运用"目的性类比推理"的实践

厦门市法院在受理的两起医药领域的纠纷中运用了"目的性类比推理",解决了台湾地区投资者对个体诊所的投资准入规则和间接投资的合法性的问题。

根据 ECFA 附件四,台资进入医药服务贸易领域仅限于医院,没有可以直接适用的法律。在案件中,显然台湾地区投资者在经济活动所确立下来的期望即"投资者想要的语境",是投资个人诊所。此时,法官使用开放性标准判断:

(1)从合理性角度出发,根据2011年《个体工商户条例》第27条的规定,台湾投资者可以根据国家有关规定,申请登记为个体工商户。个体诊所亦为个体工商户,符合国家的有关规定。

(2)从不合情理性角度出发,根据 ECFA 附件四,台湾地区投资者可以投资于医疗卫生行业,并未禁止或限制台湾同胞投资于个体诊所。因此,台资设立个人诊所不与法律的强制性规定相抵触。

(3)从善意的角度出发,台湾地区投资者在这两个案件中并不存在恶意逃债、损害他人和公共利益的行为。

(4)从台资设立个人诊所的商业习惯出发,根据2009年广东省工商行政管理局《关于台湾居民申办个体工商户登记试行办法》第2条的规定,台资个体工商户的经营范围包括个体诊所。

法官至少可以从以上四个方面的比较和审视中,寻找出进行类比推理的目的即"法官断定的情境",亦即台资可以进入个人诊所的规则。接下来,法官将判断该规则所设定的构成要件与待决案件事实是否相同,用目的性类比推理解释法律,进而得到裁判结论。

(1)根据《厦门经济特区台湾同胞投资保障条例》第13条的规定,台湾地区投资者可以投资医疗机构。医疗机构应当包括个人诊所。

(2)根据《厦门经济特区台湾同胞投资保障条例》第3条的规定,台湾地区投资者享受本市居民待遇,并依照有关法律、法规和本条例规定享受优惠待遇。大陆居民可以申请开办个体诊所,那么,台湾同胞享受居民待遇亦有此等权利。

(3)根据《中华人民共和国台湾同胞投资保护法》第7条的规定,台胞投资,可以采用法律、行政法规规定的其他投资形式。案件中的台湾地区投资者通过股权转让的方式受让了个人诊所的股份,属于间接投资,符合法律的规定。

结论:台湾地区投资者可以在大陆投资设立个人诊所。

通过"目的性类比推理",法官填补了非"政治性投资争端"的法律适用空白,清晰地洞见了两岸日益紧密的经贸往来和更加密切的关系往来这个变革中的政治经济现实,实现了裁判的"去政治化",是合理合法地解决两岸投资纠纷的成功尝试。

相对于多边体制,ECFA 为双边协议,退出成本更低,政治因素对争端解决的影响更大。这不仅降低了协定法制化的程度,还影响到投资争端的裁判结果。批判法学派试图从政治世界中寻求支持,告诫不要把法律方法同政治道德判断的方法区分开来。拆除法律和政治的樊篱之后,法律就不再独立于政治,司法裁判目标和政治目标具有同质性。[①] 只有当现有法律无法保障人们有效享有权利,尤其是受害者难以推动立法来消除"法律的不法"时,法官才可以通过对法律进行建设性解释,改变原有的法律制度,建立新的保障权利实现的制度。

结　　论

正如富勒所言,社会目的之法律实现需要一个或多个社会——法律程序发挥作用,这些程序及结果在很大程度上穷尽了社会中的所有法律手段。通过对它们的理解,我们能够认识到人们是否可以借助法律实现某个既定目标。[②] 当前,就两岸的政治经济现实而言,司法解决两岸投资者与政府间投资争端不失为一种有效便捷的方式,司法的公信力更容易实现经济发展和政治稳定的效果。"目的性类比推理"的法律方法有助于解决司法公正性不足的缺陷。不过,法官在个案中运用类比推理来修正法律毕竟难以完全实现政治目标,因此,司法裁判问题是第二位的,法律制度的想象和实践才是第一位的。法律方法是制度想象的工具,不仅是关于法官如何将法律适用于具体案件并作出裁判的方法,而且是超出司法裁判之外,想象出实现政治目标的多种可能方式,并根据所选择的方式来决定"法律是什么"的一种方法。换言之,"目的性类推解释"不仅是解决司法审查两岸投资者诉政府争端公正性的法律方法,而且是最高人民法院根据《两岸投资协议》作出司法解释的重要工具;在司法解释中列举出不适合提交法院处理的负面清单时,"目的性类推解释"尤为重要。

---

① R. M. Unger, *False Necessity*: *Anti-Necessitarian Social Theory in The Service of Radical Democracy*: *From Politics*, *a Work in Constructive Social Theory*, Verso, 2001. pp. 590~598.

② Lon L. Fuller, *The Principles of Social Order*, Duke University Press, 1981, pp. 47~64.

交通肇事案件适用和解程序的实践与难题
——以兵团五家渠法院为样本

渠底模*

刑事和解制度兴起于西方法治国家,它强调提高被害人与社区成员在刑事司法中影响力的重要性,鼓励他们积极参与诉讼,并就犯罪善后事宜与被告人进行商讨,允许被害人与被告人达成谅解协议,最终促成刑事司法的功能从仅关注处罚被告人向兼顾被害人利益的方向转变。① 可见,刑事和解制度与传统犯罪理论之间存在着本质上的区别,它从另一视角解读了犯罪。因为在传统学说看来:"罪犯之所以不用对被害人赔偿损失的原因在于,他只是实施了一种针对国家而非被害人的犯罪行为。"②因此,刑事和解制度软化了传统刚性的刑罚理论,彰显了刑事司法柔情似水的一面,并且它也契合了当今西方法治国家废除死刑制度的司法趋势。时至今日,刑事和解理念已经引起了西方实务部门以及学术界的高度关注,这一现象预示着它将会得到进一步的完善和发展。③

在我国,直到 2013 年 1 月 1 日生效的新《刑事诉讼法》才增设了刑事和解条款。而在此之前,不仅现行的《刑法》、1996 年修订的《刑事诉讼法》等基本法,而且相关的司法解释以及部门规章皆未涉及该制度。然而,实务部门却早已通过解释现有法律法规的方式,在轻微刑事案件中开始尝试适用刑事和解机制。率先将这种机制付诸实施的就是北京市朝阳区人民检察院,并且该院在 2002 年还将其规范化,制定了《轻伤害案件处理程序实施规则(试行)》。紧接着,2003 年北京市政法委发布了《关于北京市政法机关办理轻伤害案件工作研讨会纪要》,

---

* 作者系新疆生产建设兵团五家渠垦区人民法院刑事审判庭副庭长。

① See Runnels, Apologies All Around: Advocating Federal Protection for the Full Apology in Civil Cases, *San Diego Law Review*, 2009, Vol. 46, No. 137; Bibas & Biersbach, Integrating Remorse and Apology into Criminal Procedure, *Yale Law Journal*, 2004, Vol. 114, No. 85.

② Chuck Colson, Justice That Restores: A Paradigm-Shift in Criminal Justice Practices, *Georgetown Law Journal Annual Review of Criminal Procedure*, 2007, Vol. 36, No. 3.

③ See State v. Pearson, above, 637 N. W. 2d 845, at 849 (Minn. 2002).

将该制度推广到北京市所有的政法机关。从2002年至今,刑事和解制度已经在中国大陆尝试性地推行了10年之久,各地区都对适用该制度所积累的经验进行了归纳总结并连续发布了一系列规章制度。①

几年前,新疆生产建设兵团法院系统(以下简称兵团法院)也在轻微刑事案件中,开始尝试适用刑事和解机制,其中交通肇事案件运行的效果(法律效果和社会效果)较为明显。在新疆全兵团基层法院中,五家渠垦区人民法院(以下简称五家渠法院)不仅是每年审理案件数量最多的法院,也是国家推行多项新制度的试点法院之一,而且交通肇事案件在该院受理的所有刑事案件中所占比重较大。基于以上考虑,本文选择五家渠法院近4年(2009—2012年)的交通肇事案件为分析对象,拟对其较为成熟的刑事和解机制进行实证分析。

本研究有以下几个目的:第一,为已经实施近一年的新《刑事诉讼法》提供评估的参照系。时至今日,五家渠法院实施新法中的刑事和解条款已有11个月。2014年1月1日该院还将启动对新法实施情况的评估工作,而近4年的实证研究无疑有助于我们对新法实施前后的情况进行对比,进而掌握新法与既有的刑事和解机制的磨合程度,了解新法的落实情况;第二,为兵团乃至整个新疆地区的政法机关如何进一步完善刑事和解机制提供较为翔实的实证样本;第三,为国内学界关注兵团法院的刑事和解机制打开一扇窗口。

一、五家渠法院概况

清末民初有杨、冯、杜等5户人家,为种地从老龙河引出一条水渠,人称"五家渠"。1951年中国人民解放军第六军十七师冬耕队到此开荒。1952年十七师勘察修筑水库,五家渠开始被作为地名使用。1953年十七师更名为农六师后,师部迁此,"五家渠"被作为自然镇名称沿用到2001年。2002年国务院批准在五家渠设立新疆维吾尔自治区直辖县级市。2004年五家渠正式挂牌设市。五家渠市位于天山山脉博格达峰北麓,准噶尔盆地南缘,与乌鲁木齐市、昌吉市、阜康市、呼图壁县、吉木萨尔县等相邻。城区南距乌鲁木齐市33公里,西距昌吉回族自治州23公里,东距阜康市55公里。管辖人口20万,辖区面积1650平方公里。2008年五家渠市获得自治区"园林城市"称号,2010年被全国绿化委员会授予"全国绿化模范单位"称号。

---

① 例如,湖南省人民检察院制定的《关于检察机关适用刑事和解办理刑事案件的规定(试行)》;江苏省无锡市公、检、法司四机关联合规定的《关于刑事和解工作的若干意见》;山西省太原市人民检察院发布的《办理轻微刑事案件适用刑事和解的规定》。

五家渠法院组建于1981年8月,自成立以来一直走在兵团基层法院的前列。① 该院每年受理案件数占全兵团法院案件总数的10%,干警人数占全兵团干警总数的3.5%,人均办案近100件,高于兵团法院人均办案数的2倍。2002年、2004年五家渠法院先后被最高人民法院授予"立案信访先进集体"、"行政审判先进集体"称号。2002年至2005年连续4年被自治区高级法院授予"优秀人民法院"称号,并荣立集体二等功;被兵团分院、第六师政法委授予"严打整治"先进集体称号;被第六师政法委授予"人民满意的政法单位"称号。2011年、2012年在第六师基层法院绩效考核中连续两年荣获第一,两名干警被评为新中国屯垦戍边100位感动兵团人物。

2009—2012年,五家渠法院共审理刑事案件260件,数量排名前三的案件类型如下:盗窃102件,占30.6%;交通肇事85件,占25.5%;故意伤害72件,占21.6%(见表1)。从表1可以看出,在该院审理的所有刑事案件中,每4个案件中就有1个属于交通肇事,所占比重较高。此外,由于最高人民法院发布了《关于审理交通肇事刑事案件具体应用法律若干问题的解释》《人民法院量刑指导意见》以及《关于刑事附带民事诉讼范围问题的规定》等司法解释,使得该院在司法实务中将和解程序运用于交通肇事案件的概率增大。

表1 五家渠法院2009—2012年受理的刑事案件统计表

年份	故意伤害(件)	交通肇事(件)	盗窃(件)	抢劫(件)	其他(件)	合计(件)	公诉案件(件)	自诉案件(件)
2009	28	16	37	6	14	101	89	12
2010	17	32	17	2	13	81	73	8
2011	12	17	30	2	17	78	71	7
2012	15	20	18	4	16	73	68	5
合计	72	85	102	14	60	333	301	32

---

① 兵团法院系统现设有三级43个人民法院。其中,兵团分院作为自治区高级人民法院的派出机构设在乌鲁木齐市,在自治区13个地州市所在地的师设有13个中级人民法院,在农牧团场相对集中的垦区设有29个垦区人民法院和37个人民法庭。兵团分院行使除死刑二审案件之外的高级人民法院的审判、执行职能;师中级人民法院行使地州市中级人民法院的审判、执行职能;垦区人民法院行使县级基层人民法院审判、执行职能。兵团分院在业务上受最高人民法院和自治区高级人民法院的监督、指导,同时监督指导所属中级、基层人民法院的审判、执行工作。

二、五家渠法院在交通肇事案件中适用和解程序的现行模式

五家渠法院经过近4年(2009—2012年)的不断摸索,已经在交通肇事案件中形成了较为成熟的、切合本地区实际情况的刑事和解模式。

(一)运行概况

1.2009—2012年交通肇事和解案件所占的比重

2009—2012年,五家渠法院共审理了85件交通肇事案件。从案件数量来看,2010年是2009年的2倍,而2011年则只有2010年的一半左右,2012年比2011年多3件;就和解率而言,2009年基本与2010年持平,2011年较去年同期上升了13.9%,2012年和解率已高达80%(见表2)。从这些数据可以看出,2010年交通肇事案件的数量虽然比2009年多出一倍,但是和解率没有变化;2011年案件数量较之上年虽然下降近二分之一,但和解率却明显高于2010年的水平;2012年案件数量虽然有所回升,但和解率继续保持上升势头。这些数据直指以下两个问题:前两年交通肇事案件中刑事和解机制发挥的积极效应基本没有提高,表明被害人对该机制的信心不够;后两年刑事和解机制的适用比例大幅度提高,说明该机制经过前两年的酝酿功能得以有效发挥。

表2 五家渠法院2009—2012年交通肇事案件和解率统计表

年份	交通肇事(件)	交通肇事和解数(件)	和解率	交通肇事未和解数(件)	未和解率
2009	16	10	62.5%	6	37.5%
2010	32	20	62.5%	12	37.5%
2011	17	13	76.4%	4	23.6%
2012	20	16	80%	4	20%
合计	85	59	69.4%	26	30.6%

2.交通肇事和解案件中被告人的赔偿及量刑

2009—2012年,五家渠法院以和解方式结案的交通肇事案件共有59件,其中被告人庭审前全部赔偿的有22件,所占比重为37.2%,其余37件达成了分期赔偿协议,所占比例为62.8%。具体而言,在法院出具刑事附带民事调解书之后,当事人之间达成的谅解书共59份。在谅解书中被害人或者家属明确表示,由于被告人事后真诚悔过且积极补救其所受到的损失,因此建议法院依法对被告人从轻处罚。法院在对调解书、谅解书核对无误之后,出于尊重被害人建议的考虑,依法判处被告人2~3年有期徒刑的有4人,1~2年有期徒刑的有8人,1年以下有期徒刑的有47人,并对全部被告人适用了缓刑(见表3)。

表 3　五家渠法院 2009—2012 年交通肇事和解案件的赔偿与量刑

年份	交通肇事案件和解数	刑事被告人数	庭前全部赔偿案件数	庭前部分赔偿案件数	谅解书份数	2~3年有期徒刑人数	1~2年有期徒刑人数	1年以下有期徒刑人数	适用缓刑人数	未适用缓刑人数
2009	10	10	3	7	10	1	0	9	10	0
2010	20	20	8	12	20	1	4	15	20	0
2011	13	13	5	8	13	1	1	11	13	0
2012	16	16	6	10	16	1	3	12	16	0
合计	59	59	22	37	59	4	8	47	59	0

3. 交通肇事未和解案件中被告人的赔偿及量刑

2009—2012 年,在五家渠法院审理的交通肇事案件中,未和解案件总计 26 件,其中被告人在庭审前赔偿被害人部分经济损失的有 12 件,庭审前全部未赔偿的有 14 件。之所以会在判决之前出现部分赔偿的情形,主要是法院鉴于被害人的特殊性(比如被害人急需抢救或急需进行较大的手术,但无力垫付手术费用的或者由于被告人的侵权使其家庭陷入了无法维持生计等情形),从而要求被告人先于支付一部分赔偿金额,剩余款项待案件审结后一并付清。由于在这些案件中当事人之间并没有达成和解协议,因此法院依法判处被告人 2~3 年有期徒刑的有 10 人,1~2 年有期徒刑的有 6 人,1 年以下有期徒刑的有 10 人。其中,对于犯罪情节轻微,主观恶性较小的 15 人依法适用了缓刑(见表4)。

表 4　五家渠法院 2009—2012 年交通肇事未和解案件的赔偿与量刑

年份	交通肇事未和解数（件）	刑事被告人数（件）	庭前未赔偿（件）	庭前部分赔偿（件）	谅解书（份）	2~3年有期徒刑（人）	1~2年有期徒刑（人）	1年以下有期徒刑（人）	适用缓刑（人）	未适用缓刑（人）
2009	6	6	4	2	0	3	2	1	2	4
2010	12	12	6	6	0	4	2	6	8	4
2011	4	4	2	2	0	1	1	2	2	2
2012	4	4	2	2	0	2	1	1	3	1
合计	26	26	14	12	0	10	6	10	15	11

(二)较为规范的运行程序

1. 和解程序的启动

由于被告人自愿认罪可能发生在庭审前,也可能出现在庭审后,因此刑事和解程序也相应地分为两类,即庭审前和解与庭审后和解,而庭审中通常不进行和解。因为在一般情况下和解方案的达成需时较长,如果进行和解,将会严重影响庭审效率。

(1)庭审前和解程序的开启

庭审前和解程序一般可分为以下三个步骤:第一,该院依据1996年修订的《刑事诉讼法》以及现行的司法解释,在送达起诉书副本时,以书面形式告知被告人是否自愿认罪以及由此带来的法律后果,如果自愿认罪,法庭将适用普通程序简化审理,并询问被告人是否愿意以和解方式结案。第二,该院收到被害人或其近亲属的刑事附带民事起诉状后,往往对他们解释刑事和解制度,征求其是否愿意和解。第三,如果双方当事人均同意和解,主审法官就会依法启动和解程序,召集双方当事人及其近亲属就民事部分进行和解。

(2)庭审后和解程序的启动

庭审后和解程序启动的情形较为简单,可分为以下两种:第一,在庭审过程中,主审法官不会主动询问双方是否愿意和解。一般而言,庭审程序往往可以使证据逐步完善,案件事实逐渐清晰,法律观点日渐明晰,因此双方当事人将会更加理性地权衡利害得失,从而使适用和解的概率增大。但即使双方当事人有和解意向,主审法官也不会中断庭审,而是等到庭审后才允许启动和解程序。第二,庭审结束后,即使当事人未在庭审过程中向法官提出和解的主张,主审法官也会视案情主动征求双方当事人是否同意和解,如果愿意,则由该法官主持和解程序。

2.制订和解方案

一般而言,双方当事人都是在法庭上或者到调解室进行和解。和解人一般是当事人(被告人被羁押的,则提审到庭),特殊情况可以允许近亲属进行代理,相关协助人员经法官允许可以参加,比如居委会、村委会主任,宗教协会人员等。和解协议的制作过程一般分为以下三步:首先,由被害人提出和解方案,交给被告人,给被告人一定的时间了解其内容;其次,当事人(包括接受代理的近亲属)就该方案的具体内容进行协商,不清楚之处由被害人补充,被告人可以提出疑问或建议。在此过程中,主审法官会行使释明权,就方案中合理与不合理的部分进行解析,引导双方当事人对其进行补正完善;最后,主审法官根据案情以及双方当事人的实际情况,认为达成协议的时机已经成熟时,可以促成双方当事人签署和解协议。

3.审查和解协议

和解协议达成后,主审法官会再次对其予以审查,不仅要核查内容的合法性,更需权衡协议是否具有操作性,就不足之处可以建议双方当事人补充完善。审查内容主要涵盖以下几个方面:审查签字主体是否是双方当事人或其近亲属

（如果被害人死亡或不能出庭，必须由他的近亲属代理），因为其他人员在法律上不适格；核查当事人的意思表示是否真实；审视被害人是否有利用被告人想得到从轻处罚的意愿从而漫天要价的情形；考查被告人是否有为了得到从轻处罚进而作了不切实际的承诺；检查是否存在损害第三人利益的情形；斟酌履行方式是否适当；裁定担保方式是否符合法律规定；关注有无社会不良影响；考量其他注意事项。

（三）尊重当事人的意愿，法官适当释明

在适用和解程序的交通肇事案件中，该院在协商程序、赔偿方式、赔偿额、赔偿保全等方面充分尊重当事人的意识自治。

和解程序的启动需征求双方当事人的意见，不能强制和解。和解主体不局限于被害人与被告人，双方的近亲属都可以参与协商过程，和解的时间可以在庭审前也可以在庭审后，具有灵活性。就赔偿方式而言，可以一次性赔偿，也可以分期赔偿，但期限不能过长。可以是现金赔偿，也可用实物折价抵偿。赔偿现金、实物可以通过法庭转交，也可以直接交接，近亲属可以代为赔偿。赔偿数额可以适当高于法律规定的数额但不能过于超出被告人的赔偿能力。此外，被害人或其近亲属可以提出保全申请，该院在审查后，认为符合要求的可以采取相应的保全措施；被告人的近亲属也可以提供担保。

（四）较为完善的监督制约机制

为保证和解程序的顺利进行，该院形成了一套较为成熟的监督制约机制。具体包括以下内容：商讨和解方案的时间一般不得超过4小时；为充分保证双方当事人的合法权益，主审法官进行全程监督；主审法官会派该案助理法官或者书记员到被告人所在的社区、单位了解其财产状况、信誉，对其履行能力进行客观评估；采取财产保全措施，但要求被害人提供被告人的财产线索，主审法官在调查核实之后将采取相应的保全措施；确保协议得以履行，法院会视情况对相关单位发出协助通知；被告人履行协议情况将作为其缓刑考察的组成部分；被告人不履行和解协议的，被害人申请法院强制执行；庭审前和解的，由公诉机关在庭审过程中对被告人的赔偿以及被害人的谅解进行核实；庭审后和解的，由法院在做好核实工作之后，及时地将和解情况通报负责该案的公诉机关。

三、五家渠法院在交通肇事案件中适用和解程序面临的现实难题

五家渠法院在交通肇事案件中积极尝试适用和解程序，取得了一些成绩，也存在一些难题，如保险公司的不配合；被害人不同意和解；摩托车肇事屡禁不止；涉及民族因素案件的和解难度大以及社会公平遭受质疑等。

(一)保险公司不配合和解

2009—2012年,五家渠法院共受理了85件交通肇事案件,其中以和解方式结案的为59件,未和解案件26件。85件交通肇事案件中涉案的保险公司有47家(注:同一家保险公司在不同案件中重复计算),其中参讼的保险公司有38家,没有参讼的有9家,参讼率达80.8%。在这些涉案保险公司中,同意和解的有24家,不同意和解的有23家,同意和解的比例为51.6%(见表5)。从这些数据中可以发现以下问题:

1. 2009—2012年,五家渠法院受理的交通肇事案件中有38件没有涉案保险公司,占案件总数的44.7%,这说明五家渠市机动车辆参保率不高。并且由于该地区经济发展水平落后于东部地区,因此被告人无力赔偿的情形时有发生,不利于被害人合法权利的保护,更妨碍了和解机制在该地区的顺利推行。况且,在涉案的47家保险公司中,虽然不参讼的保险公司所占比例只有19.2%,但是反对当事人刑事和解的却占了48.4%。因此,保险公司的这种抵触情绪对于该地区交通肇事案件能否以和解的方式结案是一个必须考虑的因素,特别是被告人经济比较困难的情况下,保险公司的负面影响将更加明显。比如在2009年涉案的保险公司中,不同意和解的比例竟达到了66.7%,虽然后三年的比例有所下降,但都不低于40%,所占比例不小。

2. 五家渠市机动车辆参保率较低,其原因在于摩托车肇事案件所占比例较大,而摩托车基本上没有购买交强险。此外,交强险在该地区推行的时间不长,人们的保险意识不强。对于兵团的农牧民而言,培养参保意识尚需时日。

表5 五家渠法院2009—2012年交通肇事案件中保险公司是否同意和解统计表

年份	涉案保险公司总数(家)	参与诉讼的保险公司数(家)	参与诉讼率	涉案保险公司同意和解数(家)	涉案保险公司同意和解所占比例	涉案保险公司反对和解调解数(家)	涉案保险公司反对和解所占比例
2009	3	3	100%	1	33.3%	2	66.7%
2010	18	13	72.2%	8	44.4%	10	55.6%
2011	11	10	90.9%	6	54.5%	5	45.5%
2012	15	12	80%	9	60%	6	40%
合计	47	38	80.8%	24	51.6%	23	48.4%

(二)被害人不同意和解

一方面,交通肇事系过失犯罪,被告人主观恶性不大,希望被害人予以谅解的愿望较强烈;另一方面,被害人受伤的概率大,所需医疗费用较高,被害人也希望被告人能够及时、足额地给予赔偿,而是否追究被告人的刑事责任往往成为附带请求。因此五家渠法院经常在开庭审理之前,主审法官就会结合案件材料,依法向双方当事人就该案如若适用和解程序将会产生哪些影响进行充分、必要的释明。释明的内容包括:(1)告知被告人享有选择是否和解的权利。如果选择和解,通过真诚悔过且积极赔偿被害人损失进而取得其谅解的,法院将对其从轻处罚,甚至有依法不予追究刑事责任的可能;(2)向被害人阐明他也有权决定是否和解的权利。如果他同意和解,则该院就要对被告人依法予以从轻处罚,但从轻并不等于不处罚。同时告知他可以在赔偿额、赔偿方式、赔偿时间、协商方式等方面具有一定的决定权。通常,经法官依法释明后,双方当事人都能够结合自己的实际情况,选择以和解方式结案。当然,有时也存在被害人始终不愿意和解的情形。

产生这种情形的原因有很多,有些是被害人追诉意愿特别强烈,执意要求法院依法追究被告人的刑事责任。比如林某交通肇事案件,该案系两辆摩托车相撞,被害人死亡,被告人负事故的主要责任。检察院将被告人起诉至法院后,主审法官首先对被告人的财产状况进行了调查,发现被告人当时年仅21岁,还没有成家立业,赔偿能力有限,但其亲属愿意和解,并承诺补偿被害人亲属人民币20万元,目前先支付人民币现金3万元,余款用一套将要拆迁的房子作抵押。这样的处理结果其实对双方当事人都有利,但被害人却执意要求法院严惩被告人,补偿自己的经济、精神损害。法院尊重被害人的选择,依法判处被告人有期徒刑2年,并赔偿被害人亲属人民币249850元。判决生效后,被告人不履行判决,被害人亲属申请法院强制执行。遗憾的是,到目前为止,尽管法院依法采取了一切执行手段,但执行到的赔偿款仅1万多元。

有些是被害人正在犹豫是否和解时,保险公司反对和解的态度左右了被害人的最终决定。因为被害人担心赔偿款不能兑现,从而选择以判决的方式结案。比如2009年保险公司反对导致被害人不同意和解的案件有2件,占当年所有未和解交通肇事案件总数的33.4%;2010年增加到10件,所占比例为83.4%;2011年、2012年显著下降,只有2件,所占比例为50%。从以上数据中可以发现以下问题:第一,无涉案保险公司的情形下,被害人不同意和解的比例仍然不低,比如2009年的比例为66.6%,2011年、2012年的比例均达到50%。2010年的比例之所以较低,是因为当年涉案保险公司的数量高于其他三年,从而其左右被害人是否和解的力度比较大(见表5)。第二,有涉案保险公司的情形下,其对被害人是否同意和解的影响力比较大,比如2010年的比例高达83.4%,但是

2011年、2012年均下降到50%,出现了影响力衰减的势头。就其原因而言有如下两点:一是在2011年、2012年的交通肇事案件中,即使保险公司不同意调解,法院也会按照法律规定及时作出判决,且判决生效后法院会责令保险公司依法积极理赔,因此法院的判决引导了当事人的行为。这说明了在当今社会变革急剧加快的时代,"人们期待今天的法院能够通过法律的手段发挥更有创造性的作用。今后的社会将越来越需要带有创造性的思考和透明性判断标准的司法"[1]。二是与当事人权利意识的提高有关。在交通肇事案件中,保险公司也是利害关系人,他们往往通过反对当事人和解的方式实现减少自己损失的目的。但自2011年起,被害人的权利意识开始觉醒,保险公司的影响力有所衰减(见表6)。

表6 五家渠法院2009—2012年交通肇事案件中被害人不同意和解统计表

年份	交通肇事未和解案件数	被害人不同意和解案件数(无保险公司)	所占比例	保险公司反对和解导致被害人不同意和解案件数	所占比例
2009	6	4	66.6%	2	33.4%
2010	12	2	16.6%	10	83.4%
2011	4	2	50%	2	50%
2012	4	2	50%	2	50%
合计	26	10	38.4%	16	61.6%

(三)摩托车肇事屡禁不止

五家渠市处于城乡接合部,摩托车比较多。在五家渠法院近四年受理的85件交通肇事案件中,摩托车肇事有19件,所占比重为22.5%。由于这些摩托车均未办理交强险,因此这类案件占了所有未购买交强险交通肇事案件(38件)的50%(见表7)。据此我们可以得出,该地区摩托车肇事案件所占比重较大;由于该地区交强险推行的时间不长,人们的保险意识不强,监管难度大等因素使得没有一辆肇事摩托车购买过交强险。除此之外,五家渠市摩托车肇事者均系农牧职工,他们习惯上将摩托车作为出行的主要交通工具,在观念中也根本没有把摩托车当成机动车。因此,五家渠市不能仅仅为了减少摩托车交通肇事就强制执行禁摩政策。由于农牧民年均收入较低(见表9),一旦出现摩托车交通肇事,赔偿能力极为有限,这无疑加大了适用和解程序的难度。

---

[1] [日]小岛武司:《诉讼制度改革的法理与实证》,陈刚、郭美松译,法律出版社2001年版,第241页。

表7 五家渠法院2009—2012年交通肇事案件中摩托车肇事统计表

年份	交通肇事案件	摩托车肇事案件	所占比例	其他机动车肇事案件	所占比例
2009	16	6	37.5%	10	62.5%
2010	32	5	15.6%	27	84.4%
2011	17	3	17.6%	14	82.4%
2012	20	5	25%	15	75%
合计	85	19	22.5%	66	77.5%

(四)涉及不同民族之间的交通肇事案件适用和解程序难度大

五家渠市与昌吉回族自治州接壤,周边有许多回民居住。一般而言,不同的民族对于法律的认识必然有所差异,因此,处理该类案件的法官就不能将视角只停留在法律层面。"裁判官固然应该忠实于法律,但从古至今任何国家的裁判,要背离其社会中支配性思想而裁判,事实上很难做到。"①因此,交通肇事案件一旦发生在不同民族之间,处理的难度之大可想而知。2009—2012年,五家渠法院受理的85件交通肇事案件中,涉及不同民族之间的案件为19件,所占比例为22.3%。涉及同一民族之间的案件为66件,所占比例为77.7%(见表8)。在同一民族之间的案件中,由于当事人之间语言、信仰、法律见解等方面基本相同,因此适用和解程序难度较小。而在不同民族之间的案件中,该院常常会遇到如下难题:案件双方的语言不同、信仰不同、纠纷处理方式不同,甚至对法律的认识也不同。对于涉及民族问题的交通肇事案件,法官的压力相当大,一旦处理不好,就有可能激化民族矛盾,影响社会稳定。如何恰当地处理案件中涉及的民族因素是中东部乃至沿海发达省份的法院较少遇到的难题,这也从侧面反映出新疆基层法院在维持社会稳定方面的任务更加繁重,更考验法官的司法智慧与能力。

表8 五家渠法院2009—2012年交通肇事案件涉及民族情况统计表

年份	交通肇事(件)	不同民族之间(件)	所占比例	同一民族之间(件)	所占比例
2009	16	4	25%	12	75%
2010	32	3	9.4%	29	90.6%
2011	17	4	23.5%	13	76.5%
2012	20	8	40%	12	60%
合计	85	19	22.3%	66	77.7%

---

① [日]川岛武宜:《现代化与法》,王志安、渠涛译,中国政法大学出版社1994年版,第177页。

（五）适用和解程序的公正性受到质疑

交通肇事案件若以和解的方式结案，则被告人往往会对被害人的损失给予较为充分的赔偿，被害人也容易对被告人的行为予以谅解，因此法院通常都会对被告人予以从轻处罚并且宣告适用缓刑。但如果我们参照兵团统计局的数据（见表9）就可以得出如下有趣的结论：2008—2010年，农牧工人均年纯收入和人均年消费支出均未超过1万元人民币；2011—2012年，虽然上述两项数据都突破了1万元大关，但人均消费支出大于人均纯收入。这说明农牧工人的生活保障并不乐观。而城镇居民人均可支配收入在2008—2012年这5年期间都超过1万元，并且收入与消费基本呈正比例增长。由于城镇居民收入相对较高，因此有机动车的家庭基本购买了交强险。如此一来，一旦发生交通肇事案件，如果被告人是农牧民则赔偿能力极为有限，往往不能取得被害人的谅解，无法以和解的方式结案；而城镇居民收入较高，并且有交强险作保障，加之权利意识较高，从而和解成功的概率较大。这就造成了一种花钱买刑，用钱偿命的错觉。

表9 兵团统计局兵团城镇居民和团场农牧工相关数据统计表（币种：人民币）

年份	城镇居民人均可支配年收入（元）	城镇居民人均消费性年支出（元）	农牧工人均年纯收入（元）	农牧工人均生活消费年支出（元）	职工年平均工资（元）
2008	11836	9206	6771	5010	18772
2009	12929	9698	7668	5155	21876
2010	14559	11793	8782	7176	26741
2011	16625	13933	10233	11440	31343
2012	19641	15538	12106	13940	37525

结　　语

综上所述，五家渠法院经过近年来的不断摸索，已经在审理交通肇事案件方面形成了较为规范、成熟的刑事和解程序。但同时，该院也遇到了一系列难题，妨碍了刑事和解机制应有功能的发挥。在这些问题中，有些是其他地方法院也会遇到的情形，比如保险公司不配合和解、被害人不同意和解、司法公正受到质疑；有些是西部较落后地区才会存在的，比如摩托车肇事案件比例高；有些是多民族地区才发生的，比如涉及民族因素的交通肇事案件；有些则是兵团法院独自具有的，比如发生在兵团农牧场、兵团生活区的交通肇事案件。

笔者认为，五家渠法院在具体案件中适用刑事和解程序时，有必要将上述问题分成两类并形成相应的解决方案。第一类属于法院通过自己的裁判行为就极有可能解决的问题，包括保险公司不配合和解、被害人不同意和解、司法公正受到质疑这三个问题。通常来讲,只要主审法官斟酌案情之后认为当事人进行和解不仅有利于被害人而且也不会产生不公平的诉讼结果时,就可以向当事人阐明刑事和解机制的功能和作用,打消保险公司试图阻止和解从而减少自己应负赔偿额的投机行为,规劝被害人或其近亲属放弃执意追诉的非理性行为并鼓励他们选择和解。并且在判决书中详细说明法院选择和解方式结案的理由,消除公众对适用和解程序可能产生不公正判决的担忧。第二类属于法院需要其他部门的配合才能解决的问题,包括摩托车肇事案件比例高,涉及民族因素的交通肇事案件和解难度大这两个问题。对于摩托车肇事案件而言,法院即使想鼓励被害人选择和解,但由于被告人基本上是未购买交强险的农牧民且赔偿能力极为有限,从而适用和解程序的可能性极低。因此,交警部门加强对农牧民摩托车的管理,提高摩托车的参保率,无疑有助于法院在这类案件中采用和解程序解决纠纷。对于涉及民族因素的交通肇事案件来讲,法院则需要寻求宗教协会、社区居委会、村委会等相关机构的协助,倾力化解可能在和解程序中遭遇的阻力。

概言之,对于第一类问题的案件,五家渠法院应积极促成当事人和解,而对于第二类问题的案件,若法院认为适用和解程序反而将案件复杂化或者基本没有和解的可能,那么就可以判决的方式结案。

案件事实真伪不明时法官如何裁判

崔拓寰[*]

民事诉讼程序在整体流程上可分为查明事实和适用法律两大步骤。案件事实的正确认定是正确适用法律的前提,构成正当性裁判的基础,也是民事诉讼的核心和灵魂。伯恩·魏德士说:"实践中如果有一千个事实问题,那么真正的法律问题还不到事实问题的千分之一。"[①]在民事审判中,相当多的疑难案件成因是事实真伪难辨,法官对于事实如何认定难以形成内心确信,从而影响裁判正确及时地作出。正如美国米勒大法官所说:"在我的经验中,由九名法官组成的美国最高法院在开会时,我惊奇地发现,这些法官们经常很容易在法律问题上达成一致,同时,也经常在事实问题上意见不一。"[②]在我国,案件事实不清是二审及再审改判和发回重审的重要理由之一。我国上诉及再审程序中改判或发回重审的案件绝大多数是案件事实认定存在问题。据学者实证统计,在某中级人民法院直接改判或发回重审的全部 903 件民事上诉案件,其中 793 件是因为案件事实认定存在问题而被发改,比例高达 88%。[③]

一、案件事实真伪不明的理论概述

(一)"事实真伪不明"的内涵

汉斯·普维庭认为,真伪不明的含义是,在诉讼结束时,当所有能够释明事实真相的措施都已经采用过了,但是争议事实仍然不清楚的最终状态。争议事实"真伪不明"的前提条件为:(1)原告方提出有说服力的主张;(2)被告方提出有实质性的反主张;(3)对争议事实主张有证明必要,在举证规则领域,自认的、不争议的和众所周知的事实不再需要证明;(4)用尽所有程序上许可的和可能的证

---

[*] 作者系广东省珠海市中级人民法院法官,法学硕士。
[①] [德]伯恩·魏德士:《法理学》,丁小春、吴越译,法律出版社 2013 年版,第 288 页。
[②] [美]杰罗姆·弗兰克:《初审法院——美国司法的神话与现实》,赵承寿译,中国政法大学出版社 2007 年版,第 50 页。
[③] 张海燕:《民事诉讼案件事实认定机制研究》,中国政法大学出版社 2012 年版,第 2~3 页。

明手段,法官仍不能获得心证;(5)口头辩论已经结束,上述第3项的证明需要和第4项的法官心证不足仍没有改变。①

(二)事实真伪不明产生的原因

1. 理论原因

其一,法官对案件事实的认识受到证据材料的限制。法官面对的是已经发生的案件事实,时间的不可逆性使已经逝去的事实难以原原本本地重现。事实认定活动实际上是裁判者根据已知证据推论未知事实的回溯性推理活动。② 其二,法官对案件事实的认识受到证据合法性的限制。法律对某些证据形式有特定要求,对证据收集程序也有法定要求。案件事实是法律规范的事实,案件事实形成阶段的法律判断对最终裁判结果起着至关重要的作用。事实认定的社会属性决定了法官对事实的认定不可能是一种纯粹的真理求索。③ 其三,法官对案件事实的认识受到审理期限和司法资源的限制。司法资源的有限性决定了法院不可能为了查清客观真实而不惜任何代价或不考虑司法资源的限制,也不可能为查明某一疑难案件的事实真相无限期地开展法庭调查和辩论。正义的实现应有必要的限度,有限的司法资源应在寻求正义的人们中公正分配,确保个案获得法官合适的审理时间和注意力的分配。④ 其四,审判人员对案件事实得出真假难辨的结论是一种正常的认识状态。

2. 事实真伪不明现象的实践依据

其一,人们在实施民事法律行为时常常采用口头形式。其二,一些事实发生时几乎未留下证据或者所留证据甚少。其三,争议事实历时太久。我国最长诉讼时效为20年,诉讼时效可多次中断,只适用于债权请求权,物权不适用诉讼时效。有些争议事实由于年长日久,无法查清。我国不动产登记制度不完善,如缺乏严格的登记制度或因时代变迁,法院很难对几十年甚至几百年前遗留下来的建筑物的产权进行确认。要求法官在有限的时间内,运用有限的司法资源来查清案件客观事实有些勉为其难。其四,证人不作证或作伪证。其五,大陆法系对事实认定采用高度盖然性的证明标准,是产生案件事实真伪不明状态的诱因之一。英美法系由于实行优势证据的证明标准,几乎不存在案件事实真伪不明状况这种现象,或者发生概率降低至最低程度。⑤

---

① [德]普维庭:《现代证明责任问题》,吴越译,法律出版社2006年版,第21~22页。
② 吴宏耀:《诉讼认识论纲——以司法裁判中的事实认定为中心》,北京大学出版社2008年版,第5页。
③ 张榕:《事实认定中的法官自由裁量权——以民事诉讼为中心》,法律出版社2010年版,第59~60页。
④ 齐树洁:《民事上诉制度研究》,法律出版社2006年版,第291页。
⑤ 毕玉谦:《民事证明责任研究》,法律出版社2007年版,第117页。

总之，由于认定主体的限制性、认定对象的历史性、认定依据的限定性、认定时间的限定性、认定价值的多元性，①民事诉讼中必然存在案件事实真伪无法查明的情形。

(三)事实真伪不明处置办法之比较

1. 拒绝裁判

面对事实认定的困境，法官是否可以选择拒绝裁判？答案是否定的。拒绝裁判意味着纠纷无法得到及时解决，有的国家甚至将拒绝裁判规定为犯罪行为，如《法国民法典》第4条规定："法官借口法律无规定或者规定不明确、不完备而拒绝裁判者，得以拒绝裁判罪追诉之。"

2. 驳回起诉

原告主张的事实处于真伪不明状态时，法院驳回原告的起诉的做法不正确。驳回起诉裁定只解决程序问题，并没有对当事人发生的实体争议作出判断。

3. 不予受理

不予受理事实显然无法查清的案件，是我国审判实践中的一贯做法。最高人民法院1991年《关于人民法院审理借贷案件的若干意见》第4条规定，对于既未能提供书面借据，又未能提供必要事实根据的起诉，人民法院裁定不予受理。不受理起诉人未能提供任何证据的诉讼是否合法，是否会侵害当事人依法享有的起诉权，则不无疑问。即使承认法院有权拒绝受理起诉时未能提供任何证据的案件，目前也只适用于债务案件。②

4. 调解解决

调解有时没有完全查清事实，而且无需按证明责任裁判，可能会损害一方当事人的诉讼利益。调解并不是解决事实真伪不明困境的灵丹妙药，也并非值得推广的普遍成功经验。

5. 按心证比例作出裁判

所谓按心证比例作出裁判，是指法官在不能获得全面心证的情况下，根据已获得的心证程度的百分比，采取让双方当事人分担不能获得心证的不利后果的方法，对案件作出裁判。在德国和日本，这种处置事实真伪不明的方法不仅在理论上有人主张，实务中也有人采用。按比例认定事实的做法改变了传统，它允许法官在未达到证明标准的情况下按照已达到的心证程度对事实作出分割式认定。即便我们承认这种方法的合理性，但也只是最多适用于处理有关因果关系争议及赔偿数额之类的问题。

---

① 张海燕:《民事诉讼案件事实认定机制研究》，中国政法大学出版社2012年版，第20页。

② 李浩:《民事证据立法前沿问题研究》，法律出版社2007年版，第218页。

6. 推迟作出裁判

推迟作出裁判是指法官遇到事实真伪不明情形时,不急于对事实作出认定,而是将诉讼暂时搁置起来,留待以后处理。然而,我国有严格的审限制度,将案件久拖不决,必然导致超审限,因而这种方式不可取。

7. 降低证明标准

降低证明标准,是指当法官按照证明标准对待证事实作出真伪不明的判断时,降低证明标准后法官可以依据一方当事人提供的比另一方略占优势的证据,对待证事实的存在作出认定。德国和日本在审判实务中针对证明特别困难的事实采取降低证明标准的做法。德国采用的表见证明及日本采用的大致推定,均可降低证明度。

8. 运用证明责任作出裁判

证明责任被认为是处理民事诉讼中真伪不明情形的最为合理的方式,是事实真伪不明与法官判决之间的"桥梁",也即通过运用证明责任的分配来进行裁决。适用证明责任规范处理真伪不明的情形在上述多种方式中为最佳选择。

9. 依照法律规定对"真伪不明"情形的明文规定处置

法律规定出现案件事实一定标准上的"真伪不明"时,直接规定法官按照一定的事实状态作出认定。主要有两种情况:一是法律上的拟制,二是法律专门对真伪不明的情形作出认定。①

10. 不负举证责任当事人的事案阐明义务

德国民事诉讼法规定了不负举证责任当事人的事案阐明义务。在特定的阐明下,如果该对方当事人不履行阐明义务,法院可以将负有举证责任当事人的主张拟制为真实。在主张具体事实、证明活动及诉讼前收集证据过程三个阶段都会产生事案阐明义务。②

11. 法律上的推定

法律上的推定包括事实推定和对权利或法律关系进行推定的权利推定。法律上的推定是通过对易于证明事实的证明来替代对难以证明事实的证明的方式,使法院能够作出一定的裁判,避免出现事实真伪不明情形。③

12. 法官自由裁量

主要运用于对损害赔偿额的认定、侵权责任比例的分担。

---

① 季桥龙:《民事举证责任概念研究》,中国政法大学出版社2011年版,第66页。

② [德]彼得·阿伦斯·弗莱堡:《民事诉讼中无证明责任当事人的阐明义务》,载米夏埃尔·施蒂尔纳编:《德国民事诉讼法学文萃》,赵秀举译,中国政法大学出版社2005年版。

③ [日]高桥宏志:《民事诉讼法制度与理论的深层分析》,林剑锋译,法律出版社2003年版,第457~459页。

13. 强制法官（陪审团）认定和法官促进和解

在美国，强制法官或陪审团认定和法官促进和解较典型。美国审前程序发达，绝大部分案件通过审前程序得到解决，其中有法官在未形成案件事实真伪心证之前鼓动当事人和解的因素在起作用。通过调解及鼓励当事人形成诉讼契约，实现纠纷解决多元化，可以最大限度减少法官心证真伪不明现象的发生。①

二、对我国司法过程中案件事实真伪不明情况下裁判作出的实践考察

（一）历史考察

我国古代法制属于中华法系，礼法合一是中华法系的重要特征，我国古代对于事实真伪不明的案件，司法官往往运用天理、国法、人情、社会风俗，特别是儒家学说，作出合情、合理、合法的权衡裁决。裁判结果一般符合情理，特别是符合儒家伦理思想，有利于维系伦理纲常和社会和谐。

从20世纪80年代起至审判方式改革之前，人民法院办理民事案件强调调查取证，探究案件客观真实。对于案件事实真伪不明的案件，基本上沿袭"马锡五审判方式"，以调查研究为主，走群众路线。法官到纠纷发生地深入调查，除询问双方当事人外，还对在场的证人或其他邻里进行走访调查，听取群众特别是基层组织、双方所在单位的意见，综合判断纠纷的起因、经过及结果。法官先着重调解，调解不成则作出合情、合理、合法且当事人及周围群众认为大体公正的判决。

随着人民法院受理的民事纠纷数量剧增，法律关系复杂化，司法资源的供应不能满足司法需求。审判方式改革以后，特别是2002年《最高人民法院关于民事诉讼证据的若干规定》施行以后，为了提高审判效率，减少法院积案，人民法院在指导思想和制度设计上接受和移植了西方的做法。具体体现为推行审判方式改革，实行"谁主张，谁举证"。不再强调法官依职权进行调查，法院将举证责任分配给当事人，法官坐堂办案，司法"由广场走向剧场"。对于案件事实真伪不明的案件，法官往往根据证明责任，判决举证不能的当事人败诉。少数法院甚至非常严格而机械地执行证据规则，导致一些案件"案结事难了"，当事人申诉、信访增加。最高人民法院强调法官的精英化和职业化，该阶段推出的法官典型宋鱼水具有代表性，所谓"辨法析理，胜败皆服"。

2008年后，最高人民法院强调司法的人民性，注重调解，加强人民陪审制度，提出了"为大局服务，为人民司法"、"能动司法"等口号，试图缓解生硬地适用法律与社会效果的矛盾，体现司法亲民，实现司法为民及服务大局。该阶段推出

---

① 季桥龙：《民事举证责任概念研究》，中国政法大学出版社2011年版，第71~72页。

的"陈燕萍工作法"具有代表性,核心是将群众路线落实到具体审判实践中,"用群众认同的态度倾听诉求,用群众认可的方式查清事实,用群众接受的语言诠释法理,用群众信服的方法化解纠纷"。对事实真伪不明的案件除了按证据规则作出判断外,还强调查清事实,着重调解,使司法过程和结果都让群众信服。

(二)现状考察

1. 宏观考察:我国对"案件事实真伪不明"案件的处置

审判实践中,对"案件事实真伪不明"案件的处置大致存在以下做法:

(1)不予受理。最高人民法院1984年发布的《关于贯彻执行〈经济合同法〉若干问题的意见》规定:"如果合同纠纷发生的时间较长,或者无人证物证,事实显已无法查清的,可以不予受理。"我国民事诉讼法规定,起诉必须有具体的诉讼请求和事实、理由,起诉状应当记明证据和证据来源。人民法院单独设立了立案庭,立案工作人员往往进行实质审查,对于没有提交任何证据材料的起诉往往不予受理或口头劝说当事人不要起诉。

(2)调解解决。法官对案件事实真伪难以查清的案件,往往通过对双方证据的初步审查以及通过与各方当事人的接触,对案件事实形成初步的内心确信,根据内心确信做双方当事人的思想工作,尽量达成调解。有时法官的内心确信是不可靠的,甚至合议庭内部对案件事实都无法形成一致意见,调解违反自愿原则,或者久调不决的现象时有发生。

(3)推迟作出裁判。法官以案件事实真伪不明、证据不足为由将案件搁置起来,久拖不决。在二审和再审程序中,法官常以事实不清为由发回重审,导致案件周期延长,当事人饱受讼累。

(4)利用经验法则进行裁判。法官利用经验法则和论理法则,通过自由心证进行裁判。有成功的经验,也有法官依自身掌握的并不可靠的经验法则进行裁判,导致社会公众对法院判决口诛笔伐的教训。

(5)法官自由裁量。法官对因果关系、责任分担、具体金额的确定进行自由裁量,特别是在侵权和合同领域。

(6)利用证据规则分配举证责任进行裁判。应当说大部分案件运用举证责任进行裁判是合适的,但实务中也存在扩大化的现象。学者指出:"在我国民事审判实践中,存在着简单地适用证明责任规范的做法,而不是尽量综合考虑案件的证据资料解决主要事实真伪不明的问题。"①

2. 微观考察:"案件事实真伪不明"情况下的裁判是如何作出的

【案件一】2006年彭宇将倒地的老太太扶起并协助送往医院,查出严重问题后老太太说彭宇撞倒了她,并将他告上法庭。南京市鼓楼区法院在双方均无直

---

① 张卫平:《民事诉讼法》,法律出版社2013年第3版,第217页。

接证据的情况下,根据"常人逻辑"并通过自由心证作出一审判决,判决彭宇补偿原告40%的损失。①

【案件二】2001年广东省四会市法院法官莫兆军开庭审理李兆兴状告张氏夫妇等4人借款1万元纠纷案。李兆兴持有张氏夫妇的借条,而张氏夫妇辩称借条是被李兆兴、冯志雄持刀威逼所写的。经审理,莫兆军法官作出判决,认为借条有效,被告应予还钱。张氏夫妇觉得冤枉,在四会市法院外喝农药自杀身亡。②

两件案子都是在事实真伪不明的情况下作出的判断,不同的是前者依据经验法则自由心证,后者依据法律规定。事实真伪不明时如何认定才能获得正当性,才能获得民众的认同,维护司法公信力,这是一个问题。

【案件三】原告张健租赁经营某冷冻厂,被告曹志坚经常来该厂购冰块。2005年11月12日,被告出具一张欠条给张健,内容为:"欠冰钱1.800元整"。原告张健认为,欠条上的"1.800元"系"1,800元"的误写,实际上是指曹志坚欠冰款1800元。曹志坚则认为,欠条上的"1.800元"意思是1.8元而非1800元。

法院认为,按一般常理,被告作为经常购货的老客户,为欠1.8元向原告立欠据不符合情理;按照会计记账习惯,1.800元应当理解为1,800元;被告未能提供欠1.8元的证据,故被告称欠条上所写的1.800元就是1.8元不能成立,不予采信。根据法律规定或者已知事实和日常生活经验法则能推定出的另一事实,当事人无须举证,判决被告曹志坚归还张健1800元。③

【案件四】一个小孩在路上捡到5两银子,其母担心失主着急,命儿子在捡钱地等待。后来果然有人匆匆来找钱。小孩给了失主,但失主称自己丢了10两银子,并称小孩赖了5两,将其诉诸官府。古代判官的判决很干脆,既然你丢的是10两,而小孩捡的是5两,说明小孩捡的不是你所丢的,所以这5两白银应返回给小孩。

这一结论能够得到原、被告和社会公众的接受,既是对社会公德的一种呵护方式,也是在别无证据,双方各执一词时对案件最佳的裁判结果。这一举重若轻的判决在古代社会能够征服人心,不但令原告无话可说,一般社会公众对于这种合情合理的判决结果,也只有拍手叫好。④

---

① 案情参见南京市鼓楼区人民法院(2007)鼓民一初字第212号民事判决书。
② 案情参见广东省高级人民法院(2004)粤高法刑二终字第24号刑事裁定书。
③ 周永林、陆林:《经验法则推定事实的认定规则》,载《人民法院报》2008年1月4日第5版。
④ 谢晖:《事实推理与常识裁判——简单道义案件的一种裁判技巧和立场》,载《法学》2012年第9期。

我国古代司法官在天理、国法、人情以及社会风习等的支配和综合作用下，对案件作出合于现实理性需要的处理，对于裁判方案的合情、合理、合法性反复权衡。司法的关注并非是程序及适用法律的过程，更重要的是裁判的结果最大限度地符合社区民俗、情理习惯，有利于恢复和谐的社会秩序。①

（三）对民事审判实务中案件事实真伪不明处理的分析和评价

在认定事实真伪不明时，适用证明责任规范作出的裁决的主要问题是误解了真伪不明的内涵以及滥用证明责任规范。

郑成良教授认为，客观真实性与合法性在司法过程中常发生矛盾，可能具有的三种制度安排有：客观真实性优先于合法性，客观真实性与合法性并重，合法性优先于客观真实性。完美的司法公正不可能真正实现，客观真实性优先不很理想但可以接受。合法性优先的司法公正是唯一与司法公正的特殊品质相符合的结构，尽管不完美，却是与人类的理性能力和制度伦理最相匹配的司法公正，也是与现代法律制度的德性最相适应并具有制度上可操作性的司法公正。②

首先，我国理论界及实务界在事实认定观上存在偏差，主要有"客观真实"、"法律真实"等学说，且立法一直秉持"实事求是"。这使得法官在司法过程中过分追求客观真实，证明标准被不适当地提高，真伪不明的情形大量出现，一些基本事实明晰的案件因法官的过高追求而视为真伪不明，当事人不当地承担了败诉风险。其次，法官对证明责任规范的滥用，在当事人举证不力或事实尚未查清的情形下运用证明责任规范进行裁判。自由心证的规范缺陷导致心证的滥用，法官通过简单适用证明责任规范分配败诉风险来规避自己的裁判责任。③

滥用证明责任无形中降低了证据在事实认定中的价值，助长了法官裁判简单化的惰性思维，即法官不注重对证据本身和质证过程的综合考量，而倾向于直接依据证明责任制度作出裁决，这种惰性思维已经偏离了证明责任制度的初衷。④

如果法官在认定事实时不考虑案件的实际情况，必然导致认定事实的僵化

---

① 顾元：《衡平司法与中国传统法律秩序——兼与英国衡平法相比较》，中国政法大学出版社2006年版，第13～14页。

② 郑成良：《法律之内的正义——一个关于司法公正的法律实证主义解读》，法律出版社2002年版，第108～113页。

③ 罗建芳：《事实真伪不明的界定及处置方法》，载《河南工程学院学报》（社会科学版）2011年第1期。

④ 陈科：《经验与逻辑共存：事实认定困境中法官的裁判思维》，载《法律适用》2012年第2期。

和教条，从而无法实现裁判的公正性。必须给予法官自由裁量的余地。只要最终由法官来判断就无法避免法官的主观判断，而且也无法找到完全适用于一切情形的证据规则，因为案件的差异性和多样性是客观存在的。①

当前民众对法官存在着一定程度的不信任是不争的事实。这种司法环境大大地影响了法官自由裁量的社会说服力。法官利用自由心证和经验法则进行证据判断存在极大的职业风险。在不良的司法环境中，法官为保护自己，减小职业风险，倾向于选择适用证明责任判案。由于普通社会公众甚至其他法律职业人士对审判规律缺乏充分的了解和必要的尊重，进一步限缩了法官自由心证和自由裁量的空间，对法官依自由心证发现真实造成了消极的影响。为了实现司法正义最大化，应当允许法官认定事实可能存在一定比例的失误，就像应当允许医生对危重病人做出具有医疗风险的积极抢救措施一样。

三、事实真伪不明情况下裁判公正作出的几种思路

笔者认为，对于事实真伪不明的案件，可以从以下几种思路去考虑。

1. 立案时没有任何证据的案件只要符合受理条件原则上应立案

只要符合起诉的条件，法院应当受理。因为法院受理后，当事人还可以提交证据，且被告可能对原告的事实予以认可。从民事诉讼法理角度看，受理是程序问题，关系当事人的诉权。如判决时原告没有任何证据法院还可驳回其诉讼请求。

2. 调解贯穿于案件审理的全过程

从立案、开庭前、庭审时、开庭后至宣判前都可以调解。只要不违反自愿合法、原则都可以调解。但是如果双方当事人明显无调解意愿的，不宜久调不决，应及时裁判。

3. 法官以经验法则、论理法则进行自由心证，考察哪一方当事人证据更具优势证明后作出判决；判决书应当充分说理，自由心证理由应当符合日常生活经验及逻辑，达到内心确信的程度

法官对案件事实的判定是否形成了内心确信，其判断标准有：（1）经过深思熟虑，对案件事实的存在已经形成了较强的信念；（2）审判人员的内心对于此种信念坚定不移，未曾动摇过；或者虽有动摇，但目前已消除了此种犹豫不决的心态；（3）审判人员对此种信念的形成和保持，能够娴熟地阐述和论证其充分的理由；（4）经过冷静的理性分析，对此种信念毫不怀疑，或者能够自圆其说地排除怀疑。②

---

① 张卫平：《民事诉讼法》，法律出版社2013年第3版，第80页。
② 汤维建：《民事证据立法的理论立场》，北京大学出版社2008年版，第394～395页。

法官对其内心确信应当进行充分的法律论证。我们不仅应当展示决定,更应展示理性。合理的裁判结论必须有缜密的具有说服力的裁判理由和裁判依据来支撑。法律是用有限的规则把握无限世界的一种方式,当有限的规则不足应对无限的世界时,总要诉诸常识、常情、常理、风俗和习惯,它们是法律规则缺位时可供援引的依据,具有填补法律规则漏洞的作用。当判决的正当性不能从法律规定本身得到证成时,就得诉诸公共道德、习俗或惯例等外部因素。卡多佐提出了哲学的方法、历史的方法、传统的方法、社会学的方法。[①]

4. 如各种方式都无法处理,运用证明责任的分配作出裁判

按证明责任分配作出裁判,是穷尽其他办法仍无法作出决断的最后办法,不能滥用,且应充分说理。

5. 如双方均无优势证据,应进行利益衡量,从有利于维护社会公共利益及民商事规则形成的角度进行裁判

如在审理一起甲公司为乙公司向 A 借款提供保证担保案中,甲公司举证有关担保书上是先加盖甲公司印章,后在印文上打印日期,甲公司称是他人在盖有该公司印章的空白纸张上打印有关担保的文字,甲公司根本没有提供担保。A 和乙公司称担保书就是由甲公司提供的文本并加盖印章。真实情况可能是甲公司自行盖章后再打印日期;也可能是他人在预先盖好甲公司印章的空白纸张上打印担保书及日期。依现有证据无法查明真实情况到底如何。法院从维护交易安全和秩序出发,认为公章具有公示公信效力,甲公司不能举证该公司的印章是偷盖、盗盖或伪造,也未举证该公司印章曾经遗失,故判决甲公司的担保成立。该判决从维护公章公示公信效力出发,判决甲公司败诉有利于维护交易秩序,有利于警示公章保管人加强公章监管和使用。

在民商事审判中,有时维护商事规则比个案公正更重要。如果双方都未能提供优势证据,真实情况以现有证据无法查清,那么就要考察如何裁判,其结果有利于维护社会公共利益和公序良俗,有利于民商事规则的形成,有利于民事主体按规则办事。

绝大部分民事纠纷的产生,特别是合同纠纷的产生,主要原因是有关民事主体法律意识不强,管理不规范。如果没有证据或证据不足以证明其主张就承担不利后果,那么有关民事主体日后就会更审慎地形成和保留证据,完善自身管理。如果不按规则办事就可能败诉,那么有关民事主体将会严格地按规则办事,加强自身管理,从而有效地预防和减少纠纷的产生。民事审判可以通过个案判决的示范效应来引导民事主体按法律规则办事,完善社会管理,而不

[①] [美]本杰明·卡多佐:《司法过程的性质》,苏力译,商务印书馆1998年版,第1~30页。

应仅局限于个案纠纷的解决。在规则有漏洞或缺陷时,法院甚至可以通过判例来创设、完善和发展规则,法官创设的判例规则如行之有效可能通过立法上升为法律。①

6. 重视利用审前程序、调解、和解及诉讼外纠纷解决方法等来解决事实真伪不明问题

鼓励当事人通过和解、协商来确定事实,解决纠纷。实践中有时查明事实成本过于高昂,甚至可以引导当事人协商一致来确认某事实,尽管当事人一致确定的事实未必属于客观真实。对于那些事实不清、证据真伪难辨的案件,司法机关往往有适用调解、和解程序的较大动力,可以在促使双方"互谅互让"方面有更大的作为空间。②

7. 赋予和尊重法官认定事实的自由裁量权

社会生活复杂多变,法律规定总是落后于现实。因此,必须赋予法官对于认定案件事实的自由裁量权。法官行使自由裁量权并不必然意味着任意裁判,而是为了细致入微地实现正义。其目的是通过超越法律条文来实现正义。没有自由裁量权将造成机械司法、教条主义,甚至损害个案公平,没有自由裁量权就不可能有公正的裁判。③ 当然,对自由裁量权的行使应有必要的规范和限制。

结　语

"最经常与争议相连的不是法律而是事实",④事实真伪不明是民事诉讼事实认定中的常见情形。我们既要反对法官机械地理解现行法律,也要反对完全无视法律的基本原则和法律精粹,把现行适用法律变成法官裁判案件随心所欲的工具。⑤ 再完备的证据规则也不可能穷尽所有类型的证据判断,规则越细可能意味着事实认定离案件真实程度越远,可能越不正确。⑥ 不科学的证据规则还可能束缚法官进行自由心证,使法官作出形式主义的形而上学的错误判断,反而使司法偏离公正的方向。我们没有学到英美法对抗制的精要,也没有坚守大陆法系法官调查证据的做法,更没有保持传统文化中裁判者以天道、公理、人心来进行裁判那种社会意识,那种把社会效果与裁判效果相统一的政治责任。立

---

① 梁慧星:《裁判的方法》,法律出版社 2003 年版,第 59~61 页。
② 陈瑞华:《刑事诉讼的前沿问题》,中国人民大学出版社 2013 年第 4 版,第 362 页。
③ 陈瑞华:《法律人的思维方式》,法律出版社 2011 年第 2 版,第 66 页。
④ [美]本杰明·卡多佐:《司法过程的性质》,苏力译,商务印书馆 1998 年版,第 80 页。
⑤ 田成有:《法官的修炼》,中国法制出版社 2011 年版,第 108 页。
⑥ 张卫平:《民事诉讼法》,法律出版社 2013 年第 3 版,第 80 页。

法上赋予法官发现事实的义务,同时赋予法官心证的自由,这是保障司法公正的基本条件。① 真伪不明只能由法官来克服,难以由制度来克服。社会应当为法官创造更加广阔的自由空间,使法官能以其良心和智慧,合情、合理、合法、妥善地处理事实真伪不明的案件。

---

① 肖建华主编:《民事诉讼立法研讨与理论探索》,法律出版社 2008 年版,第270~271 页。

司法公正与既判力之衡平
——以完善案外人申请再审制度为视角

李 云 方晋晔*

纠纷产生司法,司法在于定分止争。法治并非简单地颁布程序规范和监督规范,而是将法治转化为执法者内在的公平正义信念,并依托司法机关将宪法对公权限制和私权保护落实到每一个司法案件中,"努力让人民群众在每一个司法案件中都能感受到公平正义"。当法院的生效裁判损害案外人利益时,如何予以救济呢?启动公权监督抑或赋予私权救济,是 2012 年修订的《中华人民共和国民事诉讼法》(以下简称新《民诉法》)提出的新问题。

一、从问题到效果:多重救济途径的效力冲突

【案例】甲因与乙的民间借贷纠纷诉至 S 区法院,法院判决乙偿还甲的借款(以下简称 A 判决)。A 判决生效后,甲向法院申请强制执行,要求查封拍卖乙的房产。执行过程中,案外人丁向法院提出执行异议,声称甲、乙借贷事实发生之前,乙已将房产转让给他,双方还因该房屋买卖纠纷诉至 S 区法院,法院亦判决认定该房产属丁所有(以下简称 B 判决)。S 区法院作出了执行裁定(以下简称 C 裁定),解除了对乙所有房产的查封。甲不服,就 B 判决向 S 区法院既提出申诉,又提起了第三人撤销之诉,要求撤销 B 判决。S 区法院经审理后判决驳回甲第三人撤销之诉的诉讼请求。甲遂以案外人身份向 S 区法院提出再审申请,并表示一旦 S 区法院驳回其再审申请或申诉,他将向检察院申诉。①

民事裁判的效力不仅局限于当事人双方,有时还扩及案外人。由于诉讼欺诈、恶意调解等行为的存在,某些生效裁判可能损害到案外人利益。为此,最高人民法院《关于适用〈中华人民共和国民事诉讼法〉审判监督程序若干问题的解释》(以下简称《审监解释》)规定了案外人申请再审,而新《民诉法》亦增设了第三

---

* 李云:厦门市思明区人民法院书记员,法学硕士;方晋晔:厦门市思明区人民法院法官,法学硕士。

① 该案例源于笔者所在法院审理的一个真实案件。为方便论述,本文对该案例作了简化和改编。

人撤销之诉,这展现了立法开始重视案外人权益保护问题。按照法律和司法解释的规定,案外人权利主张可通过案外人申请再审、执行异议、执行异议之诉、第三人撤销之诉的方式,其中通过申请再审、第三人撤销之诉两种途径还可要求撤销生效裁判。有学者指出:"民事诉讼制度的发展一方面是扩大裁判上救济的范围,另一个方面则为追求程序的合理化。"① 在我国,案外人救济方式不断增加,但与之同时,范围的扩大是否意味着程序的合理性呢?新《民诉法》并未明确案外人申请再审与第三人撤销之诉的关系,于是实践出现了如前述案例的司法困惑:一份生效文书,多次审查、反复审判,再审程序已成为通常性程序;多头审查、

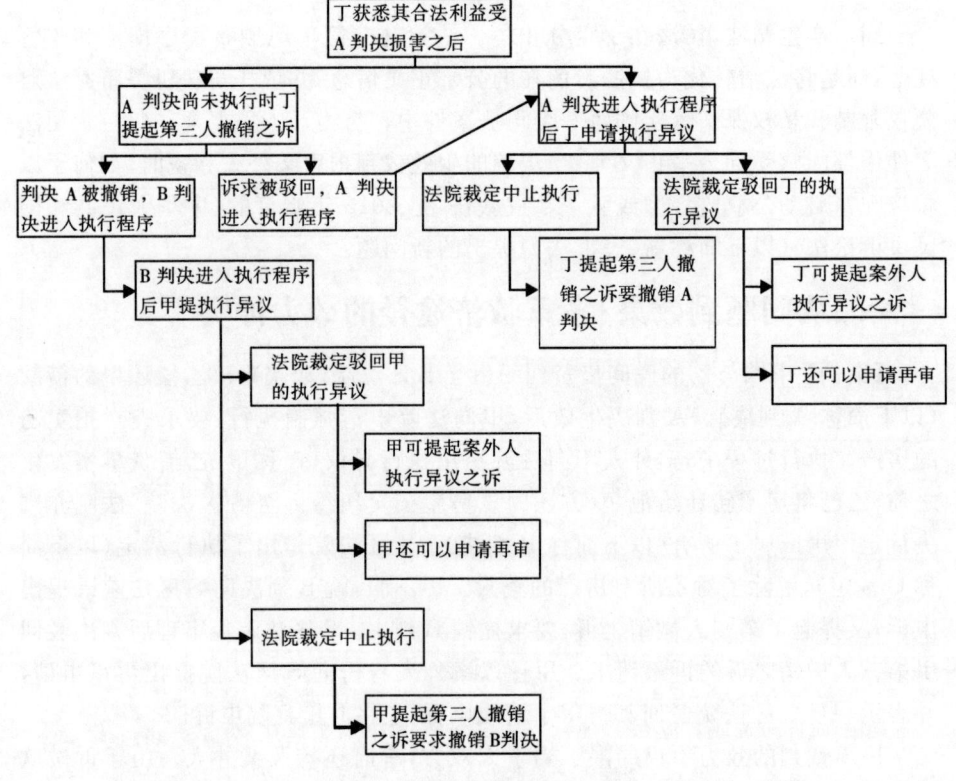

案外人权利救济路线分析图②

---

① [日]三月章:《日本民事诉讼法》,汪一凡译,台湾五南图书出版公司1997年版,第45页。

② 本图以前文所引案例为分析样本,在该案例中,丁可认定为系甲与乙的执行案中的案外人。相对的,甲又是丁与乙执行案中的案外人。

诉访不分,引起再审。此种多种管辖权交织主要表现如下:案件管辖的多重化、多级化。① 立法者希望借助民事审判程序救济案外人权益,最后却付出诉讼效率低下的代价,其结果是案外人无所适从,同样都是救济权利,不知何者才是最佳的选择;当事人无所适从,诉讼过程冗长拖沓,不知何时才有最终的结果;法官无所适从,若干裁判结果,不知哪一份可作为依据。大量裁判处于非终局状态,损害了司法公信力。我们不禁思考:是否需要在审判监督与诉权救济中作出选择,以此平衡公平正义与既判力的冲突,维护案外人合法权益?

二、从实践到理论:审判监督与诉权救济的抉择

(一)案外人权利救济的相关规定

新《民诉法》颁行后,案外人主张撤销生效裁判的救济途径有两种,即再审和第三人撤销之诉。具体分析如下表所示:

申请再审制度与第三人撤销之诉的比较

救济方式	当事人申请再审	案外人申请再审		第三人撤销之诉
		执行程序外的案外人	执行程序中的案外人	
法律依据	新《民诉法》第199条、第201条	《审监解释》第5条第1款	新《民诉法》第227条、《审监解释》第5条第2款	新《民诉法》第56条
提起事由	符合新《民诉法》第200条规定的法定再审事由	对生效文书确定的执行标的主张权利,无法通过提起新诉讼解决	执行过程、执行异议—执行异议被裁定驳回—对裁定不服,认为原生效文书有错误	不能归责于本人的事由未参加诉讼,有证据证明生效文书的部分或者全部内容错误,损害其民事权益的
提起期限	在判决、裁定发生法律效力后六个月内,或自知道或者应当知道之日起六个月内提出	在判决、裁定、调解书发生法律效力后二年内,或者自知道或应当知道利益被损害之日起三个月内	在判决、裁定、调解书发生法律效力后二年内	自知道或者应当知道其民事权益受到损害之日起六个月内
管辖法院	上一级法院或原审法院	作出原判决、裁定、调解书的人民法院的上一级法院	同执行程序外的案外人	作出该判决、裁定、调解书的原审法院

---

① 一是上下级法院的双管联管,即对同一生效裁判上级法院可以受理申诉和申请再审,下级法院也可以依职权或因第三人撤销之诉而进行审查;二是上下级检察院双管联管,即如果当事人向多个检察院多头申诉的,便可能导致上下级检察院为同一案件同时审查抗诉。

续表

救济方式	当事人申请再审	案外人申请再审		第三人撤销之诉
		执行程序外的案外人	执行程序中的案外人	
审理程序	审判监督程序	审判监督程序	同执行程序外的案外人	一审程序
裁判结果	判决	判决	同执行程序外的案外人	判决
裁判效力	视原审级别而定	视原审级别而定	同执行程序外的案外人	可上诉

  从上表可以看出，第三人撤销之诉和当事人申请再审的制度框架，在申请事由、申请期限、管辖法院等方面是基本一致的。而第三人撤销之诉与案外人申请再审有相同的法律功能，即为保护案外人利益而提供一种因未进入原诉讼而生效裁判又对其产生影响的救济途径。但二者在申请期限、申请事由、管辖法院有所不同，这主要源于法律对诉权和再审的不同价值理念。

  案外人再审途径包括案外人申请再审、法院依职权启动再审和检察院抗诉。也就是说，法院发现生效裁判损害案外人权益的情况主要有三种渠道：一是案外人在执行程序中提出异议，若符合案外人申请再审的事由，启动再审程序；二是执行程序中，法院审查时发现生效裁判损害案外第三人利益，依职权启动审判监督程序；三是案外人向检察院提出申诉，检察院经审查后向法院提起抗诉，法院启动再审程序。比较三种途径，案外人申请再审必须通过法院复查认定符合法律规定的条件，这实质属于法院决定再审。因此，案外人再审程序的启动，实际上是基于作为裁判者的法院和作为法律监督者的检察院对原裁判有错待纠的审查认定。这种制度设计凸显了传统的"监督型为核心"再审制度的职权主义色彩：案外人的诉讼主张有赖于监督方的诉讼利益，一方面生效裁判对法院的"拘束力"被监督所解除，使实质性既判力产生消极法律后果，而这些并不是当事人自由意志的体现，而是外化性监督的结果；另一方面，当监督进入再审后，必然把监督主张作为裁判考量的因素，使起诉的利益可能背离当事人意愿。

  第三人撤销之诉是新《民诉法》赋予案外第三人一种撤销生效裁判的诉权，只要符合形式要件即可进入实体审查。它重在纠正判决损害第三人利益的内容，原判决对当事人仍具有法律拘束力，并且"独立型案外第三人的撤销之诉可以与第三人利益事前救济机制相互配合，共同构成一个完整的第三人利益救济体系"①。该制度完善了当事人和案外人的程序保障,通过诉权疏通案外人救济途径,体现当事人主义诉讼模式下私权保障的理念。

透过前述表象差异看本质,案外人再审制度与第三人撤销之诉的价值理念差异必然折射于功能和实现方式:以审判监督为主要功能,其权力主体是具有审判监督权的国家机关,注重生效裁判在整个法律体系中的稳定;以私权救济为基本功能,其权利主体是当事人,注重当事人权益的全面保护。

(二)案外人权利救济的相关理论

为进行比较并作出抉择,就必须正本清源,从理论上厘清再审程序和第三人撤销之诉的关系,探讨二者的契合点,进而在实践中检验修正。

1.再审程序之定位

"现代司法程序应当尊重当事人的程序主体地位,国家在司法程序运作过程中应确保当事人的主体性。"②当事人是直接受到裁判既判力影响的人,所以再审程序应由当事人主导。否则,必然导致忽视民众司法需求而漠视再审制度所真正保护的当事人权益,导致片面强调监督而错位公权力与当事人的诉讼地位,导致有错必纠而动摇生效裁判的既判力。立足于私权救济的再审制度应具备如下特点:

第一,再审程序监督性与救济性并存,并以救济性为主导。再审程序审查的是业已确定的裁判,救济的是合法权益被错误裁判损害的人,解决的是司法不公问题,这就决定了监督的必要性。根据社会民主政治发展进程和社会主义市场经济对诉讼程序的要求,当民事再审程序诉权化后,监督功能逐步弱化,并为救济功能所取而代之。以监督性为再审程序的主导,可能导致再审的无序启动甚至造成滥启动,对司法资源造成浪费,对法的安定性造成损害;以救济为再审程序的主导,意味着对生效裁判既判力的维护,但这并不意味着对违法行为的姑息,因为对未损害合法权益的违法行为仍有其他纠正途径。相较于监督性,救济性才应是再审制度的主要性质。第二,再审程序是一种补充性的救济程序。所谓再审的补充性,就是相对于二审等其他救济途径而言,再审程序是一种补充性的救济方式,它的启动应当受到严格限制。当事人能够用上诉、提出异议等这些常规方式寻求救济却没有提出,则会产生失权的效果,即不允许再以提起再审之诉或者申请再审的方式提出。③再审程序的补充性规制了当事人正确选择纠纷

---

① [法]让·文森·塞尔日·金沙尔:《法国民事诉讼法要义》(下),罗结珍译,中国法律出版社2001年版,第1286页。

② 刘敏:《当代中国的民事司法改革》,中国法制出版社2001年版,第51页。

③ [日]高桥宏志:《重点讲义民事诉讼法》,张卫平、许可译,法律出版社2007年版,第489页。

解决的途径,反映了诉讼程序的内在规律,既有利于充分发挥一、二审的程序功能,又有利于及时纠正错误,提高效率,也有利于强化既判力,维护生效裁判的稳定性。第三,再审程序是一种具有复审性质的程序。再审程序以生效裁判的存在为前提,相较于一、二审来说,它至少是对案件的第三次或是第四次审理。在这一程序启动之前,已经有针对该案件的大量司法活动存在,这就决定了再审程序的审理、裁判方式以及审理程序均依其复审性质予以确定。

2.第三人撤销之诉之定位

第三人撤销诉讼是一个独立的诉讼,既不是二审,也不是再审。受诉人民法院的立案部门应就起诉是否符合诉讼要件进行审查,除应符合新《民诉法》第56条第3款规定的诉讼要件外,还应符合该法第119条和第124条规定的条件。① 第三人撤销之诉不同于普通的诉:前者是基于诉讼或裁判的原因而产生,后者则是基于纠纷或权利受损的事实而产生;前者的诉讼客体是法院发生法律效力的确定判决,后者则是实体权利的请求;前者的诉讼目的是要求法院撤销原审确定判决的诉讼权利主张,后者则是解决当事人之间的争议纠纷。由此看出,第三人撤销之诉源于再审之诉,如将此种制度架构于再审程序,完全可能并可行。

三、从监督到救济:司法公正与既判力之衡平

如上所述,从民事诉讼理论及我国司法实践分析,民事再审程序的正确定位应为复审补充救济性质。这意味着在从职权主义诉讼模式向当事人主义诉讼模式转变中,再审的价值功能将从监督走向救济。救济型民事再审程序,以牺牲民事诉讼程序的安定性和生效裁判的稳定性、冲击裁判终局性为代价,对因生效错误裁判而遭受权利损害的当事人予以补充救济。它势必使公正与裁判稳定性形成一对矛盾:撤销生效裁判以再次审理,保障案件解决的公正性;纠正错误裁判,破坏了稳定的法律关系,使诉讼当事人通过裁判及时终结诉讼愿望难以有效实现。二者相较存在不同的价值取向,通过申请法院撤销这一补救程序改变错误的生效裁判,是实现司法公正的需要;与之相对的,维护既判力是法的安定性、程序及时终结和树立司法权威的要求。正如学者所言:"判决被确定后,如仅仅因为判断不当或发现新的证据就承认当事人的不服声明,则诉讼是无止境的;另一方面,从作出正确、公正的裁判的理想来看,不管有什么样的瑕疵一律不准撤销已确定的判决,也是不合理的。"②

优良的法律制度应该包含对各种法律价值的平衡,并使不同的法律价值成为最优组合,达到法律效能产出的最大化。对于民事再审制度的司法公正与既

---

① 许可:《论第三人撤销诉讼制度》,载《当代法学》2013年第1期。
② [日]兼子一、竹下守夫:《民事诉讼法》,白绿铉译,法律出版社1995年版,第249页。

判力在实践中的冲突,亦应衡平法律价值,使之从冲突走向协调。法治的客观要求决定了司法对公正的价值追求,但由于法律本身的不确定性、客观事实与法律事实可能存在的偏差等因素,司法公正是相对的,具有时效性。也就是说,司法不可能追求绝对的公正,只能在法律客观性的基础上,查明案件事实的真相,保障司法结果的确定性和可预测性,实现司法的客观性。同样的道理,既判力也具有相对性。如果生效裁判确实存在错误,法院应该及时纠错,从程序和实体保护当事人的权利救济,而不应一味追求既判力。因此,在追求司法公信力这一价值维度上,因为公正和既判力的相对性,司法公正与既判力的冲突矛盾是可以平衡的:在程序救济权利的同时,强调再审的补充性救济,保证法的安定性;在维护生效裁判既判力的同时,纠正实质性错误裁判,实现司法公正。

案外人申请再审制度如何衡平司法公正和既判力?笔者认为,给予当事人充分的程序保障,是司法公正的必然要求。同时,限制诉权滥用,也是保证裁判稳定性的必然需要。案外人申请再审制度的立足点应是"平衡保护案外人和诉讼当事人的合法权益"。即赋予案外人权利的救济,但同时又不因此冲击生效裁判的既判力,干扰民事诉讼秩序;设计严格的程序如完善第三人撤销之诉,只有在裁判严重瑕疵时才突破既判力,规范程序提起,防止诉权滥用,保护原审诉讼当事人的权益。

四、从反思到完善:案外人申请再审制度的建构

当事人主义诉讼模式下的再审制度应是诉权型、救济型、补充型的诉讼模式。

(一)更新司法理念,确立再审补充原则

现行民事再审程序的构筑是以"实事求是、有错必纠"为原则。这一原则在重视当事人实体权利的同时,却过分强调裁判的绝对正确性,忽视了诉讼公正的相对性;过分强调错误裁判的可救济性,忽视了诉讼程序的安定性;过分强调法院的客观公正,忽视了司法的被动与中立。在建构案外人申请再审制度时,首先要更新司法理念,以"依法纠错"、"法律真实"的理念奠定制度的基石。"依法纠错"是将"错误"界定在法律规定的范围内,强调纠正错误的程度是依法所能达到的权利救济的最大限度。纠错的同时,为当事人提供充分的程序保障,协调程序正义与实体正义。"只要达到程序保障的要求,就是当事者在制度上失去了就实体和程序两方面表示不满或再行争议的机会,从而获得正当性。"[①]其次,确立再审补充原则,引导当事人充分利用审级制度内的权利救济。案外人如果可以参加原审诉讼,或可通过异议、复议或者上诉的方式提出不服原生效裁判的理由而

---

① 李祖军:《论民事再审程序》,载《现代法学》2002年第2期。

未提出,却通过再审诉权提出该理由的,不予支持,从而鼓励当事人尽量利用一、二审程序,而不是利用再审程序来解决矛盾。

(二)以第三人撤销之诉取代案外人申请再审,构建再审之诉

诉权是再审之诉的依据。赋予第三人撤销原生效裁判的诉权,而撤销效力又限于对第三人产生不利影响的部分,既兼顾裁判的稳定性,也实现对案外人利益的保护。那么,该制度的出现是否意味着案外人申请再审制度历史使命的完成?对此有观点反对,认为"两项制度的差异决定了案外人撤销之诉制度不能简单取代案外人申请再审制度。相反,我们在审判实务中,应当顺应新《民诉法》的立法精神,充分尊重和保护案外人行使撤销之诉和申请再审的权利,并发挥两者的各自优势,最大限度地满足案外人维护自身合法权益的需要,从而切实维护中国特色民事诉讼制度的公正、高效、权威"①。笔者认为,司法实践中,因各法院对案外人申请再审制度在范围和适用条件等关键问题上存在着较大分歧,故其适用情况并不理想。且在再审制度的诉权化改造中,以完善的第三人撤销之诉取代案外人申请再审,可以适当地强化诉权救济这条渠道,淡化再审程序整体上的职权色彩,使受错误裁判侵害的合法权益得到恢复,从而逐渐减少多方反复投诉,真正缓解审判终局性所受到的冲击。换个角度分析,在第三人撤销之诉之外再设置案外人申请再审程序,容易引起程序适用的混乱,不符合我国目前的审级制度。既然新《民诉法》规定了独立的第三人撤销之诉,且第三人撤销之诉与案外人申请再审在制度效能上是一致的,故可废止案外人申请再审的相关规定,将第三人撤销之诉作为再审程序的一种类型。简言之,如果案外人对执行异议裁定不服,按照审判监督程序办理的,即可直接指向第三人撤销之诉,而不是案外人申请再审。

新《民诉法》对第三人撤销之诉的条文规定较为简单,这为完善第三人撤销之诉制度提供了较大空间。

1. 合理界定第三人

根据新《民诉法》第 56 条第 3 款规定,第三人撤销之诉的适格原告应是同条第 1 款所指的有独立请求权第三人和第 2 款所指的无独立请求权第三人,且第三人未参加原诉讼须因不能归责本人的事由。这里,首先排除了原诉讼的当事人或具有相当于当事人地位之人;其次,必须具有撤销之诉的利益。因为第三人撤销之诉是否定生效裁判的既判力,故应实行从严解释。也就是说,这种诉的利益是"案件处理结果同他有法律上的利害关系",具体包括判决既判力扩张、形成判决的对世性以及判决的反射效力等所带来的不利影响,而这种不利影响应是

---

① 汪晖:《案外人撤销之诉制度与案外人申请再审制度之比较》,载《人民法院报》2013年5月22日第7版。

物质而非精神的,是现实而非潜在的;最后,强调案外第三人不能参加原诉讼是由于不能归责于自身过错的其他客观事由造成。

2.审理程序

新《民诉法》对第三人撤销之诉的审理内容及裁判方式作了规定,但对审理程序却没有明确规定。笔者认为,立足于第三人撤销之诉的立法目的及程序设置,在法律无明文规定时,可参照当事人申请再审的有关程序性规定。首先,提起撤销之诉应当提交申请书。申请书包括当事人及代理人、申请撤销的生效法律文书的案号及内容、改变或撤销原生效裁判的具体请求、证明生效文书错误的事由及其证据等;其次,审查期限适用3个月期限。有观点提出:"第三人撤销之诉的受理审查期限可以参照适用新《民诉法》第204条第1款关于再审审查三个月期限的规定。"①笔者赞同此观点,毕竟第三人撤销之诉有别普通民事案件,受理申请时要进行相应的实体审查,故可参照再审审查,以3个月期限为限,有特殊情况需要延长的由本院院长批准;最后,审理程序参照再审的审理程序。我国台湾地区的独立诉讼型的第三人撤销之诉,按其诉讼法规定,准用再审案件审理程序,而"再审之诉讼程序准用关于各该审级诉讼程序之规定"。但有学者对此予以反对,认为"如果依原确定判决的法院审级来确定第三人撤销之诉的审级和审理程序,实际上只考虑了作为被告的原诉中当事人的利益,而未考虑作为原告的第三人的利益,对其显失公平。……因此,无论原确定判决法院级别为何,其在审理第三人撤销之诉时,都应适用第一审程序"。②笔者认为,第三人撤销之诉是一种事后救济机制,程序设置不应过于烦冗,但仍应充分尊重第三人审级利益的保障。所以,参考我国台湾地区的做法是适当的,第三人撤销之诉可以参照新《民诉法》第207条的规定,另行组成合议庭进行审理。

3.法律效果

这主要包括三方面:其一,第三人撤销之诉是否停止原生效裁判执行的效力。我国台湾地区第三人撤销之诉并不当然中止原判决之执行,但审理法官认为需要或者依照申请且提供担保之时可以裁定中止执行。③笔者认为,第三人撤销之诉本质为再审之诉,故可参照新《民诉法》第199条规定,诉讼不停止原生效裁判执行。除非,案外人(即撤销裁判诉讼的原告)与相关利害关系人(一般为撤销裁判诉讼的被告)在法院主持下达成协议且愿意提供担保,并在其败诉或中

---

① 吴兆祥、沈莉:《民事诉讼法修改后的第三人撤销之诉与诉讼代理制度》,载《人民司法》2012年第23期。

② 肖建华主编:《民事诉讼立法研讨与理论探索》,法律出版社2008年版,第398~399页。

③ 邱联恭:《民事诉讼法修改后之民事法学(一)》,载台湾《月旦法学》2003年第9期。

止执行的申请被认定为缺乏事实和法律依据而愿意给予利益受损方担保范围内的经济补偿时,才由申请执行人提出延期执行的申请,从而中止执行程序;其二,第三人撤销之诉与原诉当事人诉讼请求的处理。第三人撤销之诉必然影响原生效裁判当事人的权利。我国台湾地区的第三人撤销之诉以撤销裁判不影响当事人之间确定的效力为原则,只有在两案的诉讼标的系原当事人和案外第三人共同确定时,才对原当事人失去约束力。① 笔者认为,立足我国现有法律规定,②避免立法的大章修改:如果第三人撤销之诉是撤销原裁判的全部,则原裁判在原当事人之间失去效力。原裁判应当终止执行,已经执行的,根据第三人请求,可以执行回转;如果是撤销原裁判的部分,则被撤销部分对原当事人有法律效力,未被改变的部分对原当事人仍然有效。撤销之诉作出撤销判决后,原当事人是否需要重新提起诉讼,视情况而定,法院不应在撤销之诉中重新对原当事人的争议事项作出裁判。其三,对于第三人撤销之诉的判决能否上诉。新《民诉法》对此并无规定,法国和我国澳门地区的立法例均赋予当事人上诉权。笔者认为,再审制度在救济实体权益的同时也应救济相应的程序利益。所以,无论原审是一审还是二审,对于驳回第三人撤销之诉的裁定,以及驳回第三人诉讼请求的判决,第三人可以上诉;对撤销原裁判的判决,原审当事人可以上诉。③

(三) 弱化法院、检察院的再审启动权,协调启动程序

既然案外人再审诉权是一个独立的诉讼,被赋予"上诉"权利,故不宜过多设置公权力再审启动权,避免再审启动犹如再次行使"上诉"一般,不仅造成再审复查案件的激增,也无益于生效裁判的稳定和胜诉当事人权益的保护。在全球背景下,如果频繁以公权力自行启动再审程序,使生效法律文书不断被变更或撤销,势必导致我国法院的判决不被外国法院所承认或执行。④

法院依职权启动再审一直备受质疑,因为法院作为审判机关,未经当事人申请而启动再审程序,无论在大陆法系或是英美法系理论中都找不到依据,且这种制度由法院自己监督自己,从理论上看违背权力制约的原则,在实践中容易造成

---

① 我国台湾地区"民事诉讼法"第 507 条之四规定:"法院认第三人撤销之诉为有理由者,应撤销原确定终局判决对该第三人不利部分,并依第三人之声明,于必要时,在撤销之范围内为变更原判决之判决。前述情形,原判决于原当事人间仍不失其效力。但诉讼标的对于原判决当事人及提起撤销之诉之第三人必须合一确定者,不在此限。"

② 《审监解释》第 42 条第 2 款规定,撤销原判决相关判项的,应当告知案外人以及再审当事人可以提起新的诉讼解决相关争议。

③ 郑学林、刘小飞:《民事诉讼案外人救济制度立法模式及制度构建》,载《人民法院报》2012 年 6 月 20 日第 5 版。

④ 邵明:《现代民事再审原理——兼论我国民事再审程序的完善》,载《中国人民大学学报》2007 年第 6 期。

混乱。毕竟,当事人是案件的真正利害关系人,有权利自行处分诉讼权益,法院不应越俎代庖,破坏自己在诉讼中的中立地位。所以,法院再审启动权应予废弃。

检察院作为国家专门的法律监督机关,不宜将公权力过多地介入原本属于私权利的相关领域,①故其启动再审权可保留,但应有一定的限制,即要区分公权和私权。属于公权范围的,即国家利益、社会公共利益受到侵害而国有财产管理人又不主张权利时,检察院应代表权利受到损害的国家、集体行使民事诉权,享有与对方当事人平等享有的民事诉讼权利;属于私权范围的,即对于不涉及公共利益的民事案件,案外人再审诉权是抗诉启动再审的前置程序。如果案外人在法定期间内不提起再审诉权,期间届满也不申诉的,检察院也不应以维护法律正确实施、确保司法公正为由强行对当事人自主处分裁判结果的权利进行干预。只有法院在审理时严重违反法定程序,检察院才可以以法律监督机关的身份行使再审启动权。

(四)细化法定事由,规范再审启动

再审程序的启动应当以审判存在瑕疵为前提,但并不是所有的瑕疵都能启动再审程序。为维护司法秩序,实现诉讼的安定价值,只有裁判存在严重瑕疵以至于动摇了生效法律文书的正当性,或者据以作出裁判的程序存在严重违法时,才可启动程序。从各国的规定来看,作为再审事由的瑕疵都是裁判外在形式上的严重瑕疵,而不是实质上的"错误"。②

案外人再审诉权的法定事由应该有别于当事人申请再审。因为案外人申请的仅为撤销之诉,而当事人申请再审不限于此,故不能完全按照当事人再审事由来确定是否允许案外人申请再审。现有法律对于案外人申请再审事由并无具体规定,而新《民诉法》规定的第三人撤销之诉为"有证据证明生效裁判有错误",但该"错误"是否需要作"实质"的限定,是否需要与当事人申请再审事由在制度上保持整体性,这是我们需要探讨的问题。笔者认为,首先,要对案外人再审启动条件进行重新审视,改变用再审改判标准代替再审立案标准的做法,树立"可能有错"的新理念,即只要有证据表明生效文书可能有误,即启动再审。这样不仅有利于理顺立案和审判环节,从而使审判监督走向良性循环,也使得再审启动事由更能体现再审诉讼的价值追求;其次,在确立"可能有错"作为再审立案标准之后,可通过司法解释进一步细化事由,将之与当事人申请再审相配套,使再审事

---

① 江伟主编:《民事诉讼法》,中国人民大学出版社2013年第6版,第362页。
② 所谓外在形式上的瑕疵是指通过诉讼程序以外的途径(形式审查)就可以确定裁判存在瑕疵;而实质上的"错误"是指无法通过诉讼程序以外的途径(形式审查)确定的裁判错误,包括认定事实和适用法律方面的错误。

由的制度设置更为科学合理。否则,"可能有错"只是一项原则,缺乏操作性,无论是法院或是当事人都可能因为对其理解和掌握尺度不同而产生不同看法,从而造成司法实践中的新困惑;最后,"有错"的范围应限定于实体处理内容,而不应包括程序内容,即因事实认定和法律适用错误而导致实体处理错误。如果因一点小缺陷而使案件处于反复审理的不确定状态或投入较高的再审成本,从而使社会民众对司法产生怀疑,该方式是不可取的。①

---

① 邓自力:《对我国民事再审功能偏失的检讨——透视〈民事诉讼法〉修改后审判监督的司法现状》,载张卫平主编:《民事程序法研究》(第6辑),厦门大学出版社2011年版。

论行政裁决案件中的司法变更权

张世民[*]

一、缘起：一则长达十年仍诉讼无果的行政裁决案件

　　2003年初，A市为改建商业街，对中山路周边房屋实施拆迁。原告李东在该路段拥有一套建筑面积108.83m²的房屋被纳入拆迁范围，其中包含42m²的店面。李东由于与拆迁人A市土地储备中心未能达成房屋拆迁补偿安置协议，于2003年3月24日向被告A市房管局申请拆迁补偿安置行政裁决。A市房管局作出裁决：要求原告只能异地置换房屋或选择货币补偿，店面不予置换。李东对此不服，在复议维持后诉至甲区人民法院，该院一审判决撤销房管局作出的置换或货币补偿决定，责令其重新作出裁决。李东不服上诉，二审法院判决驳回上诉，维持一审判决。判决生效后，被告A市房管局一直未重新作出行政裁决。2006年，李东病故。2009年，李东之子李西申请强制执行，该房管局依据资产评估公司的评估意见重新作出裁决，结果仍然为异地置换房屋或货币补偿。李西再次不服诉至甲区法院，法院一审判决被告超期裁决，确认该具体行政行为违法，因裁决所依据的评估结果早已过了使用期限，且严重背离市场价值，依据最高人民法院《关于执行〈中华人民共和国行政诉讼法〉若干问题的解释》（以下简称《行政诉讼法司法解释》）第61条和诉讼过程中新的评估结果作出一审判决，一并解决了双方的民事赔偿事宜。宣判后被告及第三人不服上诉，二审法院以一审法院适用法律错误为由，撤销一审判决，并责令被告重新作出裁决。2011年9月，被告重新作出远低于市场价的裁决结果。李西再次不服，诉至甲区法院。法院一审再次判决撤销被告的行政裁决，并责令被告参照市场价作为拆迁安置补偿标准，对原告与第三人之间的房屋拆迁安置纠纷依法重新作出裁决。判决后，被告不服上诉。目前本案仍在二审中，结案遥遥无期。①

---

[*]　作者系江西省南昌市西湖区人民法院行政庭副庭长，法学硕士。
① 　笔者曾担任该案一审程序的书记员。文章中当事人姓名均为化名。

一场普通且寻常的拆迁行政裁决纠纷,在历经十年,跨越了两代原告,①经过从裁决到复议再到诉讼的三次循环之后,仍丝毫未得到实质性的解决。十年间,案件中行政裁决方已更换了三任法定代表人,基于前任遗留问题和自身利益等诸多因素的考量,裁决方在接到法院生效的责令其重新作出行政裁决的判决时,屡次借故拖延,在被强制执行后,又多次滥用行政裁决权,作出严重低于市场价值的补偿方案。而法院在无法律明文规定的情况下,受制于司法权不能轻易干预行政权,替代行政机关自由裁量权之理念,即使一审法院努力作出了尝试,行使了有限的司法变更权,二审法院亦出于谨慎考虑,也判决予以撤销。然而,在横跨十年的曲折历程之后,一切又仿佛回到了原点。原告的利益始终未能得到公权力机关应赋予的保护,致使原告在丧失对行政机关的信心之后,也逐渐丧失了对公民权益保护之最后一道防线即司法机关的信任,其心中通过正常维权途径的观念被不断打击直至最后的损失殆尽,进而让原告走上了上访与诉讼的双重维权道路。

本案既是一场当事人步履沉重的漫长维权过程,又是行政机关滥用行政裁决权的典型范本。由此引发的思考是:行政裁决案件中司法机关能否行使司法变更权?反对的声音是司法变更权可能被司法机关滥用,缺口一旦打开,代替行政机关行使部分行政职权,将会破坏既有的权力平衡结构,后果难以估量。赞同的声音是司法变更权能对行政权进行有效监督,防止行政主体滥用权力,既符合经济效率,又节省各方成本。因双方着眼点和利益对象不同,争执不断,始终未能形成共识。笔者认为,在符合特定的条件下,赋予司法机关对行政裁决案件适当的司法变更权,既属必要亦是可行,是此类案件陷入恶性循环困境之际,值得期待的有效解决路径。本文论述将紧紧围绕该基点展开,对其他类型的行政案件则不作赘述和评判。

二、借鉴:域外行政裁决案件司法变更制度之考察

(一)英国的行政裁决司法救济制度

行政裁判所制度是英国一项颇具特色的制度。它既与行政诉讼有关,也与国家行政管理有密切的联系,是司法制度的辅助制度。② 英国的行政裁判所具有以下特点:(1)在组织和运作上,行政裁判所独立于行政主体,其行使职能不受行政主体的影响和干预;(2)在管辖范围上,行政裁判所既管辖行政案件,也管辖民事案件;(3)行政裁判所审理案件采取准司法程序。其适用的程序与司法程序

---

① 在原告李东病故后,其子李西坚持进行诉讼,现在已经是65岁的老人。谈到这场官司,他总是情绪激动,说做好让自己儿子继续打下去的准备。

② 王名扬:《外国行政诉讼制度》,人民法院出版社1991年版,第187页。

极为相似,如听取当事人的辨认和陈述,听取证据和辩论,作出裁决需说明理由等。由于自身专业性、公正性以及经济合理性等优势,英国的行政裁判所在解决民事行政纠纷方面起到了不可替代的作用。但除法律规定行政裁决属终局裁决外,一般情况下,当事人对行政裁决不服,既可以向高等法院上诉,也可以提起司法审查。法院不仅有权撤销行政裁判所的裁判,也有权作出变更判决,对当事人之间的争议直接进行实体裁判并予以执行,也可以将案件发回裁判所,让裁判所以高等法院的意见为基础,予以重审或者重新作出决定。①

(二)美国的行政裁决司法救济制度

美国也设有类似英国的行政裁判所的行政裁判机构,且适用范围较广。在联邦,行使争端裁决权的行政主体主要是指五十多个独立的管制机构,其中最主要的有:联邦商业委员会、证监会、国家劳工关系局、民航委员会等。美国《联邦程序法》没有关于司法变更权的明确规定,《联邦法院法》只是规定了法院的撤销权而没有规定法院享有变更权。但是,1970年的《州标准行政程序法》突破了《联邦法院法》的规定,填补了联邦法没有规定变更权的法律空白,明确规定法院可以取消或者变更行政机关作出的行政裁决。

关于行政裁决的司法审查范围,在美国,法院一般要尊重行政主体的事实裁决权,只审查行政主体的裁决是否合理。但另一方面,法院对行政主体作出的行政裁决又必须进行审查,否则就视为法院未严格履行其法定职责。而这并不意味着法院对每个事实问题都重新作出决定。只有在某些重大问题和对公民权益有重大影响的事实上,法院认为行政主体作出了错误的裁决,才会以自己的判断代替行政主体的判断。

(三)日本的行政裁决司法救济制度

依相对人申请,行政主体通过特定的程序裁决当事人之间发生的争议的过程,即日本所称的当事人争讼。当事人争讼是一项颇具有日本特色的争议裁决制度,它是在平等民事主体之间发生争议时,一方以另一方为相对人向有关行政主体提出申请,由行政主体依据准司法程序,对当事人之间的争议作出裁决。当事人对裁决不服,可以向法院提起诉讼。其特点是参照民事诉讼程序进行,被告是民事纠纷的对方当事人而不是作出行政裁决的行政主体,行政主体是作为第三人参加诉讼。②

通过梳理国外类似的制度,旨在考察该制度生长的土壤和环境——在何种条件、标准下运行,借鉴是否符合我国国情,否则极易产生"橘生淮南为橘,生于

---

① [英]威廉·韦德:《行政法》,徐炳等译,中国大百科全书出版社1997年版,第203页。
② 史华松:《我国行政裁决诉讼中司法变更权的可行性》,载《杭州市委党校学报》2009年第4期。

淮北则为枳"的现象。概言之,虽然英、美、日对行政裁决的司法救济各异,但其共同之处在于都赋予了法院对行政裁决案件的司法变更权。这表明,即使是在严格恪守三权分立的西方国家,也允许司法变更权的存在。但司法变更权的行使应当符合特定的情形和条件,不能是恣意的,须受到诸多实体和程序上的限制。具体到行政裁决而言,裁决的效力不是最终的,特别是涉及当事人重大权益,一旦符合条件,司法机关能直接予以变更。但各国对司法变更均作了不同程度的限制,最大限度保持对行政主体权限的尊重。只要行政主体作出的裁决合理、合法、公平,法院应当尊重其裁决结果,不能轻易用自己的判断来取代行政主体的判断。

三、评析:行政裁决案件中司法变更权行使的条件及性质

(一)司法变更权行使的条件

对于司法变更权行使的条件学界观点不一,但给人的总体感觉是过于繁杂,在实务中很难操作。笔者结合自身的审判实践经验,从便于判断操作的角度,认为行使司法变更权应结合主客观标准来认定。

1. 主观方面,行政主体滥用了行政裁决权。如何从主观上界定行政主体滥用了行政裁决权,需依照我国《行政诉讼法》第55条的规定,行政主体作出的行政裁决被法院撤销并责令其重作后,行政主体又以同一事实和理由作出与原具体行政行为基本相同的裁决结果,则足以认定行政主体存在主观恶意,滥用裁决权。虽然我国《行政诉讼法》第55条对这种情况作了禁止性规定,但在行政权强势、司法权弱势的局面下,受制于缺乏有效的掣肘措施,实践中经常出现行政机关不断挑战法院的底线和权威,重复作出类似的裁决行为,造成司法权束手无策,当事人权利救济陷入穷途的窘境。在该种情况下,我们完全可以借鉴原南斯拉夫的立法经验,[①]在裁决机关不尊重法院司法判决,敷衍重作的情形下,直接予以变更。

2. 客观方面,行政主体作出的行政裁决显失公正。行政裁决的目的是为了解决行政相对人之间的民事争议,这些民事争议一般涉及公民、法人等民事主体的重大财产权益,具有私法的性质特征。故而,行政主体在作出裁决时,既要依据相关的行政法律法规,更为重要的是在作出裁决时,应遵循私法的基本理念和精神,以判断裁决结果是否显失公正。以本文中的拆迁行政裁决为例,裁决机关作出的裁决结果一是未能考虑到相对人的店面置换请求,二是其货币补偿价格

---

① 原南斯拉夫《行政诉讼法》第39条规定:如果因同样性质的行政纠纷而行政文件已被撤销一次,而主管机关仍不根据法院的判决完全照搬。对此,法院可以根据实际情况加以认定并根据认定的情况作出判决或裁定。

远未达到市场价值的一半,显然属于显失公正的情形。此外,司法过程中如果碰到例外情况,难于判断是否显失公正,法院也可借助于相关技术领域的专家,通过司法鉴定等方式来作出客观中立的判断。

(二)司法变更权行使的性质

需予以特别说明的是,本文评判司法变更权的性质建立的前提是,司法变更权的行使应符合上述特定条件且须受到严格的规制。

行政权是国家权力中最广泛、最直接影响公民权益的权力,也是最易发生腐败、滥权和侵权的权力,因此,特别需要最具正当法律程序的司法制约。[①] 要防止行政主体滥用权力,就必须以权力约束权力。通过司法最终裁决,以一种公权力撤销另一种公权力的决定并直接进行司法变更,不失为限制和监督行政权过分扩张和专断的有效途径。不同的国家有不同的政治制度,权力分工配置不尽相同。但无论怎样分工,权力都应受到有效监督和制约。在行政机关滥用权力且裁决结果显失公正的情形下,赋予司法机关适当的变更权,并非司法权对行政权的恶意干预,更不是司法权随意替代行政权,而是对行政主体怠于补救自身错误时的一种纠错机制,目的是实现权力运行上的平衡。从权力分工和运行的制度本源分析,笔者认为司法变更权的性质是司法监督,而非司法干预。

(三)对《行政诉讼法司法解释》第61条的修改建议

对行政裁决案件中的司法变更权,我国《行政诉讼法司法解释》第61条规定:"被告对平等主体之间的民事争议所作的裁决违法,民事争议当事人要求人民法院一并解决相关民事争议的,人民法院可以一并审理。"该条司法解释是法院除行政处罚显失公正之外行使司法变更权的法律依据,表明了司法也在积极寻求突破和尝试。但这种突破显然是谨慎的,浅尝辄止的。它对一并审理附有两个前提条件,一是其裁决违法,意味着对行政裁决只能进行合法性审查,而不能进行合理性审查,对行政主体的裁量尺度不能干预;二是需要争议的一方或双方当事人要求法院一并解决,法院不能依职权主动审理。回到本文前述案例,即使裁决机关决定的货币补偿远低于房屋的市场价值,也只能由此判断该行政裁决显失公正,而不能轻易判断其违法,二审法院正是认为这属于行政机关的自由裁量,基于这种考量才撤销了一审法院的变更判决。与民事案件相比,行政案件数量少,专业性更强,即使是专业法律人,都未必熟谙相应的法律法规,进行准确的理解。所以,当事人申请要求法院一并解决,难于操作。即使法官出于保护弱势一方的利益,进行善意的提醒和释明,恐怕也极易招致行政机关的反感埋怨和投诉,人为增加法官的责任和风险。笔者建议将该条修改为:"被告对平等主体之间的民事争议所作的裁决违法或显失公正,人民法院可以一并审理相关民事争议。"

---

① 姜明安:《服务型政府与行政管理体制改革》,载《行政法学研究》2008年第4期。

四、现状和成因：我国法院行使司法变更权的现状及原因分析

我国行政诉讼制度自确立以来已二十余载，虽历经风雨，但无论是理论研究还是实务审判，均已取得了长足的发展。较之行政审判的大势，法院在适用变更判决方面的判例却很鲜见，甚至在行政处罚显失公正的情形下，法院都退避三舍，尽量避免适用变更判决，①更毋庸说在行政裁决案件中。所以，即使《行政诉讼法司法解释》第61条赋予了法院在行政裁决中的司法变更权，但司法实践中，这种判决几乎很少出现，绝大多数法院都对此持谨慎和消极的态度。面对行政主体滥用自由裁量权，法院和法官却依然停留在所谓的"合法性审查"上，裹足不前。究其原因，不外乎以下几点：一是在权力分工与制衡的分权架构下，法院受制于司法权不能随意干预行政权理念的影响很大，导致法院必然不敢轻易适用变更判决。二是当前法院对行政主体自由裁量权审查上的能力薄弱。司法变更权主要是审查行政主体的行政裁量权，行政裁量的司法审查强度是一个极其复杂的问题，它需要行政法官具备丰富的实践经验、娴熟的审查技能以及谨慎而克制的司法精神。要想变更行政行为，就必须把法官放到行政执法的初始状态中，扮演行政机关的角色，去判断所有事实和证据，权衡和选择法律的适用，而缺乏行政经验的法官很难对专业性和技术性极强的问题作出准确的变更判决。② 三是我国目前脆弱的司法环境使法官不敢轻易适用变更判决。在行政权强势、司法权弱势的大背景下，适用司法变更权虽然能够扩张法官的权力，但同时也意味着增加法官的责任。而我国当前的司法环境非常脆弱，法官缺乏权威性和独立性，法官权力的行使仍然受到诸如"错案追究"、"案件请示"等制度的限制，法官面临被追究司法责任的困境。③

---

① 郑春燕：《"隐匿"司法审查下的行政裁量观及其修正——以〈最高人民法院公报〉中的相关案例为样本的分析》，载《法商研究》2012年第1期。该文对《最高人民法院公报》自1985年创刊以来至2012年5月总共187期上刊载的76份行政裁判文书进行了细致梳理，结果是人民法院真正运用"滥用职权"标准和"行政处罚显失公正"标准审理行政裁量的公报案例仅有1例。
② 余凌云：《行政自由裁量论》，中国人民公安大学出版社2009年版，第153页。
③ 李哲范：《司法变更权限定与扩大的博弈——以司法权界限论为视角》，载《吉林大学社会科学学报》2012年9月第5期。

五、规制:行政裁决案件中司法变更权行使的宏观和微观视角

(一)宏观视角——司法变更权行使的指导性原则

行政裁决案件中的司法变更权是指法院在审理行政裁决案件时,当行政主体滥用其裁决权且作出的裁决显失公正时,依法部分或全部变更行政主体作出的行政裁决决定。司法变更权体现的是司法权对行政权的监督和制约,应当看到,"法院作出的变更判决中,不仅暗含了一个撤销判决,而且代替行政主体行使了其行政职权"①。因此,在行政诉讼中,必须对司法变更权加以有效规制,否则物极必反,极有可能导致司法权的膨胀,进而大肆侵蚀行政权。如何防止司法机关的"手伸过长",则牵涉到立法机关、行政机关以及法院之间微妙的分权关系。应把握好空间和边界,尽量避免打破权力平衡,以免影响行政权和司法权的合理配置。

首先,行使司法变更权必须充分尊重行政主体的"首次判断权"。应该认识到,法官并非百科全书似的全才。在行政高度技术化、复杂化、多样化的现代社会,在行政管理领域包括属于准司法程序的行政裁决领域,行政机关及其工作人员才是"专家",熟悉其工作领域内的技术和程序,也更有经验。因此,对于其裁决过程中调取的证据、查明的事实,法院都应予以充分尊重。如果作出的行政裁决所依据的主要事实不清、证据不足,则证明行政主体连民事争议的基本事实都没有查清,法官更不能直接跨越行政程序,在审理过程中依职权主动调查取证,而应当判决撤销被诉行政裁决行为,责令其查明事实,重新裁决,否则就侵犯了行政主体的"首次判断权"。只有在行政主体查明了事实,初步确定了行政相对人权利义务的基础上,才能取代原先违法行政行为的司法判断。②

其次,行使司法变更权必须引入合法性和合理性双重审查机制。随着依法治国方略的推进,行政机关的依法行政意识和水平已大幅提高,行政机关滥权的主要表现就是恣意行使其手中的自由裁量权。即使在法治主义原则之下,鉴于行政活动的特性,也不得不在一定的法律框架内承认行政活动或判断的自由,这被称为裁量。③ 裁量权是现代行政权的核心,正如王名扬先生所言:"现代行政的特点是行政职务与行政权力的扩张,行政权力扩张的明显表现是行政机关行

---

① 章剑生:《行政诉讼法基本理论》,中国人事出版社1998年版,第168页。
② 张旭勇:《行政判决的分析与重构》,北京大学出版社2006年版,第188页。
③ 崔冬:《再论扩大我国行政诉讼的司法变更权》,载《西南政法大学学报》2009年第4期。

使巨大的自由裁量权力。"①行政裁决行为与羁束行为不同,其性质属于自由裁量行为,如果不在司法审查中设置"合理性原则",仅仅进行合法性审查,那么对行政裁决进行司法审查就将是纸上谈兵。如何对行政裁决进行合理性审查,本文将从微观视角予以详细论述。

最后,行使司法变更权应当及时,以维护行政相对人的合法权益为目的。《行政诉讼法》开宗明义地指出立法目的有二,一是护权,即为了保护公民、法人、其他组织的合法权益;二是控权,即对公权力进行有效的监督控制。凡是符合行政诉讼法的这两个目的,可通过个案的尝试和运行使该项制度走向成熟。在给予行政主体一次重作的机会后,若其不珍惜补救的机会,视法院生效裁判如无物,再次滥用行政权力,法院可一并解决当事人之间的民事争议,及时作出取代原行政裁决的司法裁判。若认定行政裁决程序严重违法或裁决认定事实不清、证据不足,应判决撤销并责令行政主体重新裁决,或在已查清事实的基础上判决部分或全部变更;若确认行政裁决认定事实清楚,但由于适用法律错误等原因造成裁决错误或不适当,直接判决部分或全部变更。②

(二)微观维度——行政裁量的司法审查技术

司法变更权本质上是一种司法上的自由裁量权,对自由裁量权进行司法审查的核心问题在于对裁量进行有效规制的同时准确把握司法干预的边界,寻求规制与尊重的平衡,界定司法有限与有为的空间。

1. 发现司法变更权存在的空间

行政裁决是否合理,牵涉到行政主体自由裁量权的空间和边界,这需要法官在审判实践中探寻和积累。行政裁量的空间来源于法律授权,例如在上述房屋拆迁行政裁决中,相关法律法规授权裁决机关安置或货币补偿的选择,安置中又分为就近安置和异地安置两种,货币补偿也赋予其特定的处理幅度,称之为选择裁量。当然,如果细致区分的话,选择裁量中还包括行为方式的选择、处理幅度的选择、程序的选择、时间的选择等等。对于法律效果的确定,是否采取措施、采取何种措施、何时采取措施、根据何种程序采取措施,立法者无法一一明确规定,只能授权行政机关在执法过程中,根据案件具体情况,审时度势,作出适当的选择与判断,这就是典型意义上的行政裁量权,③由此构成了行政裁量的空间。

2. 甄别行政裁决中行政裁量的违法形态

(1)裁量滥用。是否滥用了裁量权主要从行政裁量的过程和结果来判断,主要审查行政裁量决定是否存在不适当的目的,是否考虑了相关或不相关因素,是

---

① 王名扬:《法国行政法》,中国政法大学出版社1988年版,第695页。
② 涂怀艳:《行政诉讼变更判决研究》,浙江大学2002年硕士学位论文,第14页。
③ 王贵松:《行政裁量的内在构造》,载《法学家》2009年第2期。

否违反了平等对待原则,裁量结果是否显失公平等。行政主体应当根据法律授权目的行使裁量权,如果具体裁量决定所追求的目的不是法律授权的目的、则构成目的不适当。① 法官在审查时,可以借助于行政主体实施行政裁决的目的,相关案件的背景因素等角度判断。判断行政裁量决定目的是否适当较为常用的一种审查技术——如果撇开行政主体所追求的实际目的,其是否仍然会作出同样的行政决定,假如是,那么不适当的目的就不是影响裁量决定的主导因素,反之则是。②

(2)裁量的不适当拘束。行政主体应当行使而不行使裁量权即构成对裁量的不适当拘束,或称裁量怠慢。其原因可能是行政主体错误地认为受强制性法律规定约束不具有裁量权,或僵化地执行行政规则,刻板的遵照行政惯例,不知变通,也可能是行政机关有意不行使裁量权。③ 司法实践中,不少行政主体面对被诉行政行为,通常解释为根据惯例一向如此,一旦变化将引起政策的不连贯、标准的不统一、社会的不稳定。这种推诿并且不负责任的做法实际上架空了法律赋予的行政裁量权。

(3)违反比例原则。比例原则是从目的和手段的关系角度为行政裁量设定的审查标准,其显现出层次分明、层层递进的思维论证方式,是比较理想的用来评价行政裁量实质内容优劣的审查工具。比例原则由三项内容构成,一是适当性,即行政行为必须适合于增进或实现所追求的目标,如果行政机关所采取的措施根本无法推进或者有助于达成特定的行政目标,就属于选择了不适当的手段而违背适当性原则;二是必要性,即行政机关应在相同有效地实现行政目标的诸多手段中,选择对公民权利最小侵害的手段;三是均衡性,即采取行政行为对公民权益造成的损害不得高于所实现的公共利益。④ 比例原则是规范、制约行政裁量权而创立的一项行政法基本原则,属于行政合理性范畴。有些学者甚至将其与民法中的诚实信用原则等同起来,称其为行政法中的"帝王条款"。比例原则虽然在行政法中没有明确的规定,但在司法实践中已得到普遍认同。最高人民法院早在(1999)行终字第 20 号汇丰公司诉哈尔滨市规划局一案中就适用了比例原则。该案判决中明确指出:"规划局所作的处罚决定应针对影响的程度,责令汇丰公司采取相应的改正措施,既要保证行政管理目标的实现,又要兼顾保

---

① 余凌云:《行政自由裁量论》,中国人民公安大学出版社 2005 年版,第 86 页。
② 余凌云:《行政自由裁量论》,中国人民公安大学出版社 2005 年版,第 95 页。
③ 霍振宇:《行政裁量之司法审查》,载《行政执法与行政审判》(第 2 集),中国法律出版社 2012 年版,第 42~43 页。
④ 蒋红珍:《论比例原则——政府规制工具选择的司法评价》,法律出版社 2010 年版,第 40~41 页。

护相对人的权益,应以达到行政执法目的和目标为限,尽可能使相对人的权益遭受最小的侵害。而对上诉人所作的处罚决定中,拆除的面积明显大于被遮挡的面积,不必要地增加了被上诉人的损失,给被上诉人造成了过度的不利影响。原审判决认定该处罚决定显失公正是正确的。"

3. 把握行政裁量的司法审查限度

行政裁量的违法性是进行变更判决的前提条件。然而,违法与不合理的界限在个案中却不是固定的、一成不变的,它随着司法审查强度的不同而变动不居,而司法审查强度又要受到审查范围、审查标准等因素的影响。一般而言,司法审查的范围越宽泛,标准越严格,司法介入行政的程度就越深,司法审查的强度也就越大;反之,审查的强度就越小。① 审判实务中,对行政裁量的司法审查不能无限扩大,否则极易与道德标准相混淆,使司法不堪重负。相反,司法应当尊重行政裁决在特定领域的判断与裁量,奉行有限审查的原则,只有在行政裁决机关滥用其行政裁决权且裁决结果显失公正时,才能适用变更判决。对判断是否属显失公正情形,可借助于其表现形式和标准来认定:如畸轻畸重、反复无常、违反比例原则、平等原则及违反法律的宗旨、目的,等等。

事实上,行政裁量的司法审查强度是一个极其复杂的问题,它需要行政法官具备丰富的实践经验、娴熟的审查技能以及谨慎而克制的司法精神。唯有如此,才能把握不同的审查强度,举重若轻,针对个案情况,作出清晰而准确的判断。

结　　语

个案中的司法变更权行使看似虽小,却关系到司法权和行政权的分工和制衡,牵一发而动全身。故其行使应当是谨慎的,但谨慎并不意味着不可行。个案中合理的司法变更一旦成为典型案例,对行政主体将会起到警醒监督作用,对推动行政权更加规范的运行,促进行政机关依法行政水平的提高,大有裨益。"制度的起源并不在于构架或设计,而在于成功且存续下去的实践。"②笔者从一名从事行政审判实务法律人的视角出发,提出行政裁决案件中,在特定条件下赋予司法机关司法变更权,不仅是必要的而且是可行的,以期能为司法变更权这个宏大的命题提供一点借鉴和参考。

---

① 霍振宇:《行政裁量之司法审查》,载《行政执法与行政审判》(第2集),中国法律出版社2012年版,第48页。

② [英]弗里德利希·冯·哈耶克:《自由秩序原理》(上),邓正来译,三联书店1997年版,第61页。

博饼民俗商业化运作中的法律规制
——解读一起博饼合同纠纷案

林 蕾[*]

一、案情简介

原告陈某某、洪某某诉称：原告于 2011 年 9 月 27 日购买被告开发的商品房一套，当天下午原告在被告签约室签订合同后，经被告经理和工作人员安排参加被告举办的中秋博饼活动。原告按照被告指定规则（每户只能派一人博一次）博饼，当即博到状元，经被告经理确认后，原告得到 15000 元购房抵用券和 200 元商场购物卡。而后原告要求用上述购房抵用券抵用所购商品房的购房款，被告却不予办理。故请求判令：被告兑现 15000 元购房抵用券，即用 15000 元购房抵用券抵用原告向被告购买的厦门市同安区古龙翰林阁某单元房产的购房款。

被告厦门古龙房地产有限公司（以下简称古龙公司）辩称：原告陈某某于 2011 年 9 月陪同原告洪某某购买古龙翰林阁某单元房产，陈某某以购房意向人的身份参与博饼，但未购买古龙翰林阁住宅产品，不具备使用购房抵用券的前提条件。因陈某某陪同洪某某购房，被告工作人员把陈某某作为潜在的意向客户予以接待并同意其参与博饼，为避免误会，被告工作人员事先向陈某某说明了博饼活动的规则，并特别明确告知陈某某如果博得购房抵用券不能抵用洪某某之前已经购买的房产，陈某某表示同意，故陈某某对于博得的购房抵用券不能用于抵用洪某某已购买的房产，而只能用于购买古龙翰林阁项目其他尚未成交的房产是明知的。洪某某已购买古龙翰林阁某单元房产并支付了部分购房款，不是意向购房客户，且洪某某已享受相应优惠（每平方米特别优惠 200 元），不能再参与其他优惠活动，故洪某某也不能使用购房抵用券抵用古龙翰林阁某单元房产的购房款。因此，原告的诉讼请求缺乏事实和法律依据，应予驳回。

法院经审理查明：原告陈某某、洪某某系夫妻关系。位于厦门市同安区的古龙翰林阁项目系古龙公司开发的商品房。2011 年 9 月 1 日，洪某某与古龙公司签订《厦门市商品房认购合同》，约定洪某某向古龙公司认购古龙翰林阁某单元

---

[*] 作者系厦门市思明区人民法院书记员，法学硕士。

房产,建筑面积120.11平方米,每平方米7310元,总房款878004元。2011年9月27日下午,陈某某、洪某某一起前往古龙翰林阁售楼处,洪某某与古龙公司签订《商品房买卖合同》,约定洪某某向古龙公司购买古龙翰林阁某单元房产,建筑面积120.11平方米,每平方米7110元,总房款853982元;付款方式为首付款153982元(本合同签订前已支付),公积金转账25万元,余款45万元办理银行商业按揭(或公积金组合)贷款。上述《商品房买卖合同》签订当天,适逢古龙公司在古龙翰林阁售楼处举办"中秋国庆四博会"活动,陈某某在洪某某签订上述《商品房买卖合同》后参加博饼并博到状元,获得15000元购房抵用券和200元购物卡。陈某某、洪某某要求用陈某某博得的15000元购房抵用券抵用古龙翰林阁某单元房产的购房款,古龙公司不予同意。

2011年9月27日放置于古龙公司古龙翰林阁售楼处的"中秋国庆四博会"广告牌载明:活动时间为9月10日—10月7日9:30—17:00;活动对象为意向购房客户;奖项设置为状元、对堂、三红、四进、二举、一秀,①其中状元的奖品为15000元购房抵用券和200元购物卡;凡到现场看房的意向客户填写好意向登记表均可参加博饼活动,一组客户仅限博饼一次;所有礼品先博先得,送完即止;本活动解释权归厦门古龙房地产有限公司所有。陈某某博饼前未填写意向登记表。

此外,古龙公司提交《厦门古龙房地产有限公司关于内部员工购买古龙翰林阁商品房给予适当价格优惠的决定》(厦古龙房[2011]31号文件),证明根据古龙公司的相关规定,享受过古龙公司内部价格优惠的购房户,不再参与其他优惠活动,洪某某购买古龙翰林阁项目某单元房产已享受特别优惠,不能再享受其他优惠。古龙公司主张其工作人员已将不能同时享受多种优惠的情况明确告知陈某某、洪某某。陈某某、洪某某认为,虽然古龙翰林阁项目某单元房产确已享受了每平方米200元的价格优惠,但陈某某、洪某某没有见过上述文件,古龙公司也没有告知上述文件的内容,陈某某、洪某某对已享受价格优惠的客户不再参与其他优惠活动并不知情。

厦门市思明区人民法院于2012年1月6日作出〔2011〕思民初字第11572号民事判决。法院认为:原告洪某某作为买受人与被告古龙公司签订《商品房买卖合同》,向古龙公司购买古龙翰林阁某单元房产,是古龙翰林阁项目的意向购房客户。原告陈某某作为洪某某的配偶,亦是古龙翰林阁某单元房产的买受人,理应也是古龙翰林阁项目的意向购房客户。洪某某、陈某某作为古龙翰林阁项目的意向购房客户,接受古龙公司博饼活动的要约,承诺参与活动并由陈某某实

---

① 厦门通行的博饼规则大致如下:每人每次把6个骰子一起投进大碗里,以骰子的点数决定奖项;分为6个等级:状元、对堂、三红、四进、二举、一秀。

际博饼,古龙公司安排陈某某博饼并依约交付奖品,古龙公司与洪某某、陈某某之间的合同成立并生效,双方当事人均应按照约定全面履行自己的义务。"中秋国庆四博会"广告即是该合同的主要条款,该合同是采用格式条款订立的合同。古龙公司作为提供格式条款的一方,在陈某某博饼前,既未对意向购房客户作出明确解释,又未明确告知博饼所得的购房抵用券不能抵用已购房产的购房款,因此,在双方发生争议时应作出不利于古龙公司的解释,陈某某、洪某某请求用陈某某博得的购房抵用券15000元抵用古龙翰林阁某单元房产的购房款,本院予以支持。另,古龙公司主张洪某某购买古龙翰林阁某单元房产已享受古龙公司的内部价格优惠,不能再享受其他优惠即不能再使用购房抵用券,但仅提交古龙公司的内部文件为证,并不能证明古龙公司已明确告知陈某某、洪某某不能同时享受多种优惠,也不能证明洪某某、陈某某对不能同时享受多种优惠已知情,故对古龙公司的上述主张不予采纳。

据此,法院判决如下:原告陈某某博饼所得的15000元购房抵用券可抵用原告洪某某向被告厦门古龙房地产有限公司购买的厦门市同安区古龙翰林阁某单元房产的购房款,被告厦门古龙房地产有限公司于本判决生效之日起十日内协助原告陈某某、洪某某办理上述购房款抵用手续。

一审宣判后,双方当事人均未上诉,本案现已生效。

二、运用法律规制博饼民俗商业化运作的必要性及方法论

博饼是泉州乃至闽南地区几百年来独有的中秋传统活动,是一种独特的月饼文化。作为福建省第一批省级非物质文化遗产中的传统体育竞技,博饼在厦门地区有着非常广泛的群众基础。近年来,随着市场经济的快速发展,这一传统民俗文化已不仅仅局限于亲朋好友之间的娱乐,而是逐步扩展到陌生人之间的商业活动。众多商家以举办中秋博饼活动的方式,进行品牌推广和商品促销,以谋求商业利益。这种具有商业性质的博饼活动愈演愈烈,近年来已发展成一定规模,并辐射至周边地区。2010年,由两岸多家单位共同举办的"海峡两岸中秋博饼王中王"大赛规模空前,不仅走进厦门31个社区、漳州15个社区,还在金门和台湾地区的台北、高雄、台南、云林、桃园等七县市举办。在博饼民俗不断被商业化的过程中,开始产生了纠纷,纠纷范围呈现从熟人之间蔓延到陌生人之间的趋势。发生于2009年年底的"厦门博饼第一案"①受到了社会各界的广泛关注,引发了法律人士关于执行法律规定和尊重民俗习惯的争议。最终该案在法院的多方协调下成功调解,并入选"全国法院十大调解案例"。一波未平一波又起,2011年,因质疑活动主办方临时更改博饼规则,某男士将"厦门小鱼网"告上

---

① 详见福建省厦门市海沧区人民法院〔2009〕海民初字第1969号。

法庭,讨要状元奖品。① 厦门市工商局则受理了许多博饼商业活动引发的消费者投诉,这些活动的主办方囊括了家电、餐饮、百货等各个行业,投诉原因则集中在博饼所得奖品的质量瑕疵、使用限制等方面。②

与其他民俗文化类似,博饼民俗不但具有自身的精神动力,而且具有潜在的经济价值。无论是以物质或精神的形式融入商品中,民俗文化符号都会产生"超值"现象,③因此民俗文化以资源形式被商业化既是一种趋势也是一种经济规律,如果因为上述博饼民俗文化商业化过程出现的问题,而停止对该民俗文化资源的开发利用是不可能的。正如陈勤建先生指出,"一地的民俗文化经过梳理后的保护和开发,与社会主义先进文化的建设是不矛盾的,它可以转化为巨大的精神和物质财富"。④ 在民俗文化商业化的大背景下,为保护民俗自身的文化特性,不少人认为应运用法律武器加以保护。⑤ 博饼民俗实际已因过度商业化导致面临着诸多纷争,而法律规制无疑是防止其丧失原有的文化象征,促使其转化为巨大精神和物质财富的利器。

从法的产生过程来看,法本从民俗中产生。美国法律人类学家鲍哈那认为,只有当习惯的某些方面不能维持社会的一致性时,法才开始发展。在社会历史上,法的出现总是更迟一些,当社会制度把习惯作为主要的调整者而存在一段时期以后,法才出现,即法是由专门处理法律问题的社会机构再创造的习惯,他同时提出法律不能改变习俗,法是习惯的再制度化的观点。我国学者赵震江也认为,国家法律规范与民间习惯规范应该是一个相互调适的关系,只有这样才能互补地发挥规范社会生活的作用。⑥这也是大部分学者所持的观点。博饼本是一项能自我调节熟人之间关系的民俗活动,但由于受到商业化,甚至过度商业化的影响,其触角延伸向越来越多的群体,形成了越来越广泛的去道德化、商业利益化的"陌生人关系"。按照一位学者的观点,熟人之间的关系可通过风俗、习惯调

---

① 该案由福建省厦门市思明区人民法院受理,一审法院认为主办方对博饼规则的变更构成新要约,该男士以积极行动配合实施了变更后的规则,事实上已明确对该规则的变更表示同意,应视为承诺。故判决驳回原告的诉讼请求。

② 游章友等:《思明工商提醒博饼购物注意事项》,http://www.fjsen.com,下载日期:2013年8月28日。

③ 何学威:《民俗文化产业与振兴民族经济》,载《中南工业大学学报》(社科版)2000年第2期。

④ 陈勤建:《文化旅游:摒除伪民俗,开掘真民俗》,载《民俗研究》2002年第2期。

⑤ 钟昌火、曾长秋:《民俗文化商业化的两重性及对策分析》,载《科技信息》2006年第8期。

⑥ 赵震江主编:《法律社会学》,北京大学出版社1998年版,第125页。

整,而陌生人之间的纠纷则需要法律进行规制。① 然而,正如德国历史法学派萨维尼所认为,一切法律本来是从风俗与舆论而不是从法理学形成的。② 法不能改变民俗,反而应当尊重民俗,应当来源于民俗,并最终超越民俗的无序,形成统一的规定。虽无直接法律条文可予套用解决本案的问题,但从我国目前的法律体系看,可对《中华人民共和国合同法》(以下简称《合同法》)的若干概括性条款进行法律解释或类推适用。当然,任何法律解释或类推适用均应向前看,以期符合当前的社会需要及正义理念。③ 在下文中,笔者依据两个基本原则:一是尊重民俗本身隐含的规则;二是使法律解释或类推适用符合现今社会的正义理念。本文致力于以长远的眼光,由点及面解读全案,以期发挥法律及判决的指引、评价、教育功能,引导商业市场尊重民俗文化,保护博饼民俗健康、良性发展。

三、商业主体面对特定群体举办博饼活动的性质

在本案中,整个博饼活动是原、被告间的合同行为或是被告的单方法律行为,是确定本案法律关系的先决问题。笔者认为,博饼活动系合同行为。根据多数学者的观点,单方法律行为是只需要一项意思表示就能够成立的法律行为,它的形成过程即"内心意思形成+外部意思表示(它本质上是一个意思表示)"。合同则由两个以上的意思表示所构成,但它的主要形式是双方法律行为,即需要两个意思表示达成一致方可构成。④ 它需要由性质相对的意思表示所构成。合同合意的过程是意思表示互动的结果,为了合同合意的形成,要约人要发出要约,受要约人则要作出相应的承诺,前者是要约人的意思表示,后者则是受要约人的意思表示。因此,合同的形成过程可以表示为:要约人的意思表示+受要约人的意思表示→多人合意形成合同。⑤ 这从合同法的规定中也可看出一些端倪。当事人订立合同,采取要约、承诺方式。要约是希望和他人订立合同的意思表示,承诺是受要约人同意要约的意思表示。承诺生效时合同成立。

---

① 学者朱苏力在一次学生访谈中提出,中国由小农经济条件下的"乡土社会"走向现代市场经济社会,"熟人"越来越流动成为"陌生人",法律也因此越来越多,越来越为整个社会所需,并用以解决人们的社会关系中存在的问题。参见何志辉等《朱苏力教授访谈:本土资源与现代法治》,http://www.lawinnovation.com,下载日期:2013年10月29日。

② 法学教材编辑部:《西方法律思想史资料选编》,北京大学出版社1983年版,第528页。

③ 王泽鉴:《民法思维——请求权基础体系理论》,北京大学出版社2009年版,第164页。

④ 陈醇:《论单方法律行为、合同和决议的区别——以意思互动为视角》,载《环球法律评论》2010年第1期。

⑤ 白明刚:《单方法律行为、合同、决议之比较分析》,载《福建法学》2012年第2期。

从意思表示因素来看,古龙公司发出"中秋国庆四博会"活动广告,需由该广告所针对的特定群体,即"意向购房客户"填写意向登记表,并实际参与博饼,古龙公司再根据情况分发奖品,整个博饼活动才算完成。在这个过程中,既需要古龙公司发出博饼广告的意思表示,亦需要二原告作为"意向购房客户"参与博饼的意思表示。古龙公司设置博饼奖项吸引客户,是期望"意向购房客户"参与其中,以获取潜在的商业利益。因此,除双方合意外,原、被告间还存在交易内容,即原告以特定行为——作为"意向购房客户"填写相关资料参与博饼活动,换取获得被告博饼奖项的机会。

从原、被告间成立合同的过程来看,双方完成了合意,并履行了合同的部分条款。被告作为房地产公司,面对"意向购房客户"发出的博饼广告内容十分明确、具体,包含了活动的具体时间(9月10日—10月7日9:30—17:00)、活动对象(意向购房客户)、奖项设置(状元、对堂、三红、四进、二举、一秀,其中状元奖品为15000元购房抵用券和200元购物卡)、参与规则(凡到现场看房的意向客户填写好意向登记表均可参加博饼活动,一组客户限博饼一次,所有礼品先博先得,送完即止)等。该广告以举办博饼活动为旨意,针对特定群体发出,内容具体确定,且表明只要意向客户填好意向登记表即可参与博饼活动,先博先得,符合合同法规定的要约的基本条件。① 二原告系夫妻关系,且均为完全民事行为能力人,承诺参与博饼活动并由陈某某实际博饼,古龙公司安排陈某某博饼并依约将奖品交付给陈某某,双方合意完成,古龙公司与洪某某、陈某某之间的合同成立并生效。在这个过程中,可能影响合同成立的要素为二原告是否为博饼广告中的"意向购房客户"。这就涉及第二个法律问题。

四、对博饼广告内容的解释

根据主流观点及相关司法解释,商业广告如果符合识别为要约的条件,即具有要约的法律约束力。如果合同成立并生效,广告内容自然转化为合同条款,广告主违反约定即为违反合同,须承担违约责任;如果合同未成立或生效,广告主违反要约须承担缔约过失责任。② 古龙公司发出的博饼广告内容可识别为要约,其中对活动规则所作的说明及对奖项所作的允诺应视为合同的主要条款。现原、被告就博饼广告中设定的"意向购房客户"这一词义理解发生分歧,就需要对该词作出法律上的解释。关于合同条款的解释原则,理论上从意思说与表示

---

① 根据合同法第14条,要约应当符合下列规定:(一)内容具体确定;(二)表明经受要约人承诺,要约人即受该意思表示约束。

② 徐祖林:《商业广告的法律约束力分析——兼评〈关于审理商品房买卖合同纠纷案件适用法律若干问题的解释〉第3条》,载《时代法学》2007年第5期。

说的对垒越来越倾向于二者的融合,即不仅考虑当事人订立合同时的主观意思,也关注合同订立过程及其他客观资料,依一般交易及社会上通常人的见解作为解释标准。① 但有学者提出,在广告合同中,格式合同(条款)的当事人之间在事实上存在着巨大的不平等,该情况与传统民法对自治性的推崇是难以相融合的,故此时对格式条款的解释应舍"当事人真意"而求"法律的公平与正义"。② 笔者认为,探求当事人真意需综合考虑合同订立过程中双方的言语交流、言行等外在表现,由于格式条款的相对方的意思表示通常并非十分明晰,故应综合运用多种合同解释方法加以分析,并审视所作的解释是否符合社会公平正义。《合同法》第125条规定了多种合同条款的解释方法,包括词义解释、体系解释、参照习惯和惯例解释、公平解释等,③本案同时加以运用,力图对"意向购房客户"作出既符合合同目的,又公正合理的解释。

  本案争议的"意向购房客户"一词,实际争议焦点为"意向"二字。判决书从《现代汉语词典》和《辞海》这两本权威汉语词典对"意向"的解释入手,从词义上进行分析。再结合到本案的具体案情,从社会一般人的通常理解来阐释"意向购房客户",即有购房意图或目的的客户。承载合同主要条款的博饼广告是由古龙公司一方预先拟定,面对特定群体重复使用而非一次性使用。相对方只能同意广告内容进而签订合同,或是拒绝接受广告内容不订立合同,不可能与古龙公司协商修改广告内容。故古龙公司为格式条款的提供方。根据格式条款的一般理论,在与二原告就格式条款的理解发生争议时,应作出不利于古龙公司的解释,即不因洪某某已与古龙公司签订购房合同而将其排除在意向购房客户之外。按照社会通常理解,陈某某与洪某某系夫妻关系,已购买了古龙翰林阁某单元房产,明显具有"购房意向",没有理由将之排除在"意向购房客户"之外。反观双方订立合同时的主观意思,古龙公司未就"意向购房客户"向二原告作出明确解释,甚至未让实际博饼人陈某某填写意向登记表,可视为默认了陈某某作为"意向购房客户"的资格。而陈某某以普通人的立场理解"意向购房客户"一词,并在签完购房合同后遵循公司安排参与博饼活动,他有理由确信自己具备博饼资格。为了避免在博饼资格问题上普通人的理解与商家本意发生冲突,在使用无明确指向的词汇时,商家有义务提示客户正确理解,或注明排除群体,或使用符合普遍

---

① 龙兴武:《论合同解释及其发展趋势》,载《北京理工大学学报》(社会科学版)2001年第4期。
② 孙光宁:《"广告最终解释权"研究——法律解释学的视角》,载《兰州学刊》2008年第9期。
③ 该条款规定:当事人对合同条款的理解有争议的,应当按照合同所使用的词句、合同的有关条款、合同的目的、交易习惯以及诚实信用原则,确定该条款的真实意思。

观念、不致引发歧义的词汇。

五、违反先合同告知义务的法律责任

古龙公司主张陈某某博饼获得的 15000 元购房抵用券不能用于抵用洪某某已购房产的购房款,该主张不能成立。这涉及依据诚实信用原则产生的合同附随义务问题。

本案中的合同附随义务主要体现为告知义务,即一方当事人对关系对方当事人利益的重大事项所负有的通知和说明义务。合同的履行及合同目的的实现,需要当事人通力配合,其中需要双方互通信息的情形多有存在。依据诚信原则,当事人应当主动通知对方,此时便可认为有告知义务存在。告知义务主要包括:(1)说明义务,如出卖人在交付标的物时,应如实向买受人说明有关标的物的使用、维修及保养方法等;(2)忠实报告义务,如代理人应及时向被代理人报告被代理事务的情况;(3)瑕疵告知义务,如赠与有瑕疵物品时,应将标的物的瑕疵如实告知受赠与人。[①] 无过错的缔约一方基于诚实信用原则与对方缔结合同,而对方也是按照诚实信用原则进行缔约活动时,当事人的信赖利益是可以预测的,在对方当事人违反合同附随义务的情况下,无过错方当事人将因此遭受损失。

具体到本案中,古龙公司在订立博饼合同前已明知洪某某签订了购房合同,此时该公司负有告知与其同行的陈某某有关博饼最高奖项使用规则之义务,否则,陈某某按一般人通常理解,将认为 15000 元的购房抵用券可直接抵用其已购房产。古龙公司就该告知义务负有举证责任。然而,仅有古龙公司的一名员工出庭作证在洪某某签订购房合同时,其已告知陈某某、洪某某不能用博得的抵用券直接抵用洪某某已购房产的购房款。古龙公司另一组织博饼的工作人员则当庭表示未在陈某某博饼前告知其购房抵用券使用规则。由此可看出古龙公司就已告知购房抵用券使用规则所举之证据不够充分,应认定其在履行告知义务上存在重大瑕疵,而陈某某有理由认为可将购房抵用券直接抵扣已购房产的购房款。对该可预测的信赖利益,法律应当予以保护,故法院最终认定陈某某博饼所得的 15000 元购房抵用券可抵用洪某某向被告古龙公司已购房产的购房款。

[①] 王玉春:《合同附随义务之类型分析》,载《重庆科技学院学报》(社会科学版)2009 年第 8 期。

实证研究

厦门法院涉台民商事案件司法互助的调研报告

厦门市中级人民法院课题组*

由于历史和政治上的原因,送达及调查取证难在过去一直是涉台民商事审判中的突出问题。随着海峡两岸关系在各个领域尤其是司法互助领域的深入发展,这一问题逐渐得到有效缓解。2009年6月25日生效的《海峡两岸共同打击犯罪及司法互助协议》(以下简称2009年《互助协议》)明确规定了两岸同意在送达文书和调查取证方面相互提供协助,是两岸司法互助的一大进步。然而,该协议的规定过于原则,可操作性不强。时隔两年,2011年6月25日起施行的最高人民法院《关于人民法院办理海峡两岸送达文书和调查取证司法互助案件的规定》(以下简称2011年《规定》)有效弥补了2009年《互助协议》在可操作性上的不足,明确了大陆各级法院的职责分工以及送达文书、调查取证司法互助的具体程序,为两岸司法互助的顺利进行奠定了良好的基础。伴随厦门涉台审判机制改革的进行,厦门法院涉台司法互助也打开了新局面。本报告立足于厦门法院的实践,分析2009年《互助协议》尤其是2011年《规定》施行后两岸民商事司法互助的现状、其中存在的问题,进而提出完善相关制度的建议。

一、厦门法院涉台民商事审判及司法互助的历史与现状

(一)厦门法院涉台民商事审判历史沿革

厦门法院在涉台民商事案件的管辖及审理上有一个发展变化的过程。2002

---

* 课题负责人:陈国猛(厦门市中级人民法院院长)、陈动(厦门大学法学院教授)。课题组成员:郝勇、黄小民、傅远平、刘旺婢、李桦、曹发贵、黄鸣鹤、郑文雅、陈璐璐、罗小茜、靳羽、罗发兴、刘远志、刘国如、李婧、吴成杰、陈进杰、叶炎乾、王思思(执笔人)。本文系厦门市社会科学院2013年重点项目"厦门涉台审判机制改革及两岸法院司法互助研究"课题的阶段性研究成果。课题编号:厦社科研[2013]15号。

年3月1日之前,厦门市中级人民法院(以下简称厦门中院)管辖厦门地区范围内的涉台民商事案件,案件由厦门中院经济庭审理。2002年3月1日起,根据福建省高级人民法院(以下简称福建省高院)《关于执行〈最高人民法院关于涉外民商事案件诉讼管辖若干问题的规定〉的意见》,厦门中院管辖厦门、龙岩、泉州、漳州四个地区范围内的第一审涉台民商事案件,由厦门中院知识产权庭审理。2002年9月起,根据福建省高院《关于全省法院涉外民商事案件诉讼管辖若干问题的规定》,厦门中院不再管辖泉州地区涉台民商事案件。2003年3月,厦门中院成立民事审判第四庭,原由厦门中院知识产权庭审理的厦门、龙岩、漳州三个市范围内的第一审涉台民商事案件归由民四庭审理。2007年7月,根据福建省高院《关于指定漳州市中级人民法院管辖漳州、龙岩两市一审涉外民商事案件的通知》,厦门中院不再管辖漳州、龙岩两市的涉台民商事案件。2012年2月2日起,根据厦门中院《关于涉台民商事案件集中管辖的实施办法》,厦门市辖区内具有涉台因素的一审民商事案件由厦门市海沧区人民法院(以下简称海沧法院)集中管辖。① 2012年6月14日,海沧法院涉台法庭正式揭牌,统一审理厦门市辖区内具有涉台因素的一审民商事案件。2012年5月9日,中共厦门市委机构编制委员会同意厦门中院增设涉台案件审判庭,专门审理应由厦门中院管辖的具有涉台因素的一审、二审民商事案件。从2012年11月1日开始,厦门中院涉台庭开始专门审理具有涉台因素的一审、二审民商事案件,民四庭不再审理涉台商事案件。

表1 2008—2011年厦门中院审理涉台商事案件情况统计表

年份	涉台商事案件收案数(件)	涉台商事案件占"四涉"案件总收案数百分比	涉台商事案件结案数(件)	涉台商事案件结案数占"四涉"案件总结案数百分比
2008	60	32.79%	50	34.01%
2009	59	32.96%	66	34.74%
2010	50	33.56%	39	25.32%
2011	72	45.57%	76	44.19%

注:"四涉"案件是指涉港、澳、台、外的案件

通过考察2008年至2011年厦门中院涉台商事案件情况,可以看出在海沧法院集中管辖一审涉台民商事案件以前,涉台商事案件就已经在厦门中院审理的涉港澳台外商事案件中占了相当大的比重。

---

① 关于厦门法院涉台民商事案件集中管辖的情况,可参见厦门市海沧区人民法院课题组:《关于涉台民商事案件集中管辖的调研报告》,载齐树洁主编:《东南司法评论》(2013年卷),厦门大学出版社2013年版。

2012年2月,海沧法院开始集中管辖厦门市辖区内具有涉台因素的一审民商事案件。截至2013年9月,海沧法院涉台法庭共受理各类涉台案件1140件,其中民商事案件1054件,刑事案件14件,行政案件1件,司法互助案件71件。涉台民商事案件占涉台案件总数的92.46%,占海沧法院同期民商事收案总数的18.61%,涉案标的额达8.557亿元。主要类型有买卖合同纠纷、民间借贷纠纷、劳动争议、股权及经营权纠纷、婚姻家庭及继承等。

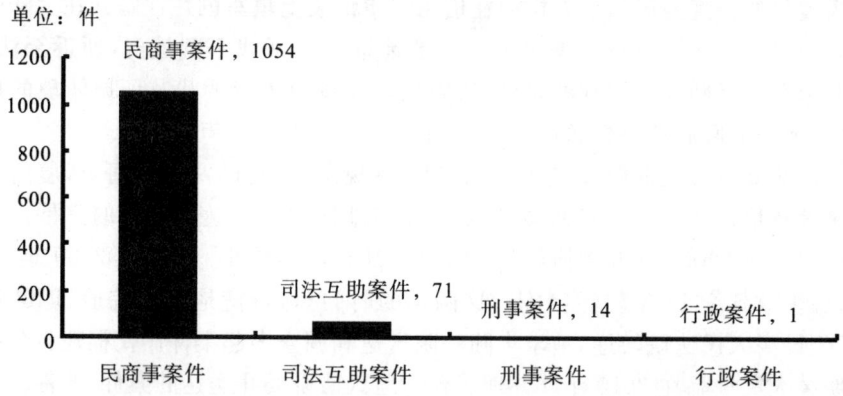

图1 2012年2月—2013年9月海沧法院涉台法庭收案情况

厦门中院涉台庭从2012年11月开始集中管辖涉台案件,截至2013年9月,厦门中院涉台庭共受理案件87件,其中民商事案件70件,占80.46%。二审案件占民商事收案总数的90%。从案件类型来看,合同纠纷和劳动争议案件最多,其中,合同纠纷29件,占41.43%;劳动争议案件29件,占41.43%,且均为大陆劳工与厦门台资企业之间产生的纠纷。

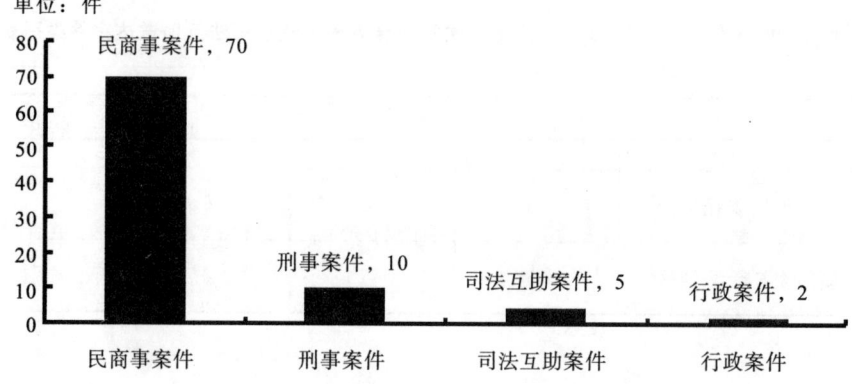

图2 2012年11月—2013年9月厦门中院涉台案件审判庭收案情况

(二)2011年《规定》施行之前的司法互助概况

在2011年《规定》颁行前,厦门中院受理的台湾地区当事人作为被告的案件,除了能通过2008年最高人民法院《关于涉台民事诉讼文书送达的若干规定》(以下简称2008年《规定》)第3条前4项规定的直接送达等方式成功送达的情况外,法院一般先采取邮寄送达的方式,邮寄退回便直接采用公告送达。公告送达在以台湾地区当事人为被告的信用卡纠纷案件中尤为普遍。在这类案件中,作为被告的台湾地区当事人当初在信用卡申请表上填写的往往是其在大陆的地址,一旦出现纠纷,银行根据申请表上的地址及电话找不到被告,便诉至法院。在两岸司法互助尚不便利的时候,法院只能先按原告起诉状及证据体现的地址邮寄,邮寄退回后便公告送达。

从2009年《互助协议》生效到2011年《规定》施行的两年时间里,厦门中院几乎没有根据2009年《互助协议》委托台湾地区法院送达及调查的案件。其主要原因在于2009年《互助协议》过于原则,缺乏可操作性。但在从2009年《互助协议》生效到2011年《规定》施行这两年的时间里,台湾地区法院通过其"法务部"经最高人民法院转递,请求大陆法院送达和调查多起案件。仅福建省厦门市思明区人民法院在2010年就办理了台湾地区法院委托送达的案件26件。这一奇怪现象被大陆司法实务界人士称为两岸司法协助领域里的"单边特色现象"。[①]

(三)2011年《规定》施行之后至集中管辖前的司法互助概况

2011年《规定》于同年6月25日起施行。根据该《规定》,最高人民法院授权各高级人民法院就办理海峡两岸送达文书司法互助案件,建立与台湾地区业务主管部门联络的二级窗口。2011年7月19日,厦门中院首次根据2011年《规定》,通过福建省高院二级窗口请求台湾地区法院协助送达诉讼文书。

表2 2011年6月—2012年1月厦门法院与台湾地区法院司法互助送达案件类型表

单位:件

	总数	民事	刑事	行政
台湾地区委托厦门	65	58	6	1
厦门委托台湾地区	5	5	0	0

[①] 黄宇:《海峡两岸民商事司法协助实务初探》,载《中国涉外商事审判研究》(第二辑),法律出版社2011年版。

表3 2011年6月—2012年1月厦门法院与台湾地区法院司法互助送达情况表

单位:件

		台湾地区委托厦门	厦门委托台湾地区
总　数		65	5
送达成功		52	3
送达失败		13	2
送达失败原因	地址错误或不详	7	0
	查无此人	5	2
	姓名错误	1	0

从2011年到2012年2月两岸送达的数据来看,有以下几个特点:一是送达司法文书以民事案件居多。2011年至2012年2月厦门法院协助台湾地区法院送达的65件文书中,民事文书58件,占89.23%。二是厦门法院请求台湾地区法院协助送达的数量远不及台湾地区法院请求的数量,说明"单边特色现象"仍然存在。三是厦门法院协助台湾地区法院送达文书成功率高。从统计数据来看,65件案件共成功送达52件,送达成功率达80%。四是送达失败的原因多与申请方提供的信息错误密切相关。地址错误或不详、查无此人或受送达人姓名错误成为送达失败的主要原因。

调查取证司法互助案件的数量远不及文书送达司法互助案件的数量。2011年《规定》施行之后至集中管辖前,厦门中院请求台湾地区法院协助调查取证1件,接受台湾地区请求调查取证0件。2011年10月20日,厦门中院首次根据2011年《规定》,请求台湾地区法院协助调查取证。在请求的内容中,除了调查台湾地区被告继承人范围等情况外,还包括查明台湾地区继承法的内容。台湾地区台中地方法院于2012年3月完成调查取证并将调查结果返回,调查结果显示其成功完成了厦门中院请求调查的各项内容,包括台湾地区继承法的查明。

(四)集中管辖后的司法互助概况

1.协助台湾地区法院概况

自2012年2月集中管辖以来,海沧法院涉台法庭承担着全厦门市辖区内的绝大多数涉台司法互助案件,截至2013年9月共办理协助台湾地区法院送达司法文书案件69件,涉及台湾地区15个县市,协助台湾地区法院调查取证2件(1件民事、1件刑事)。厦门中院协助台湾地区调查取证5件(4件民事、1件刑事),没有协助台湾地区送达文书的案件。

海沧法院涉台法庭协助送达司法文书过程中主要采取以下做法:一是建章立制,规范司法互助工作。从立案、分案、送达、回复、报结、归档等各个环节,海沧法院都规定了具体操作流程与审批程序。此外，涉台法庭指定一名审判员和一名书记员专门负责司法文书互助送达事务。二是尽力协助，穷尽各种送达手段。海沧法院涉台法庭对所有协助送达案件均采用直接送达方式，送达人亲自到受送达人所在地进行送达。在直接送达未果后，送达人或主动到公安机关户籍中心查询受送达人的详细身份信息，或直接通过电话联系台湾地区请求方法院，进一步查询受送达人的信息，以便再次进行送达。三是及时高效，提升司法互助效率。开辟两岸司法协助案件的"绿色司法通道"，立案诉讼服务中心实行"快立快送"，在具体经办部门实行"快送快结"。海沧法院一般在收到请求送达材料当日即予以立案，并迅速将案件材料移交承办法官，承办法官一般在一周内便完成送达工作，并及时将送达情况予以回复。

2. 请求台湾地区法院协助情况

从2012年2月至2013年9月，海沧法院涉台法庭受理各类涉台案件1140件，其中民商事案件1054件，占92.46%。自2012年2月至2013年9月，海沧法院涉台法庭请求台湾地区法院协助送达文书51件，请求台湾地区法院调查取证27件。厦门中院委托台湾地区法院调查取证2件，目前尚无委托台湾地区法院送达文书的案件。

可见，实行集中管辖后，两岸司法互助呈现出以下可喜的新面貌：一是"单边特色现象"大为扭转。从2012年2月至2013年9月海沧法院共办理协助台湾地区法院送达司法文书案件69件，请求台湾地区法院协助送达司法文书的案件共51件。与上一阶段相比已经大大缩小了差距。这一时期调查取证司法互助的数据显示，厦门法院请求台湾地区法院调查取证的案件数大大超过台湾地区法院请求厦门法院调查取证的案件数。二是制度上实现了规范管理。从立案、分案、送达、回复、报结、归档等各个环节保证了规范和高效。三是有力贯彻了"尽力协助"原则。厦门法院通过尽量直接送达、积极查询受送达人信息、多次送达等方式有力贯彻了"尽力协助"原则。

二、两岸司法互助实践中存在的问题

（一）因请求方提供信息不全、重复委托等导致的送达困难

从厦门法院协助台湾地区法院送达文书的情况来看，送达成功与否与申请方提供信息的准确度密切相关。台湾地区法院提供的受送达人身份信息通常仅包含姓名、地址等信息，但无手机、固定电话等联系方式，也没有提供受送达人的身份证号码。据统计，2011年6月至2012年10月，厦门法院协助台湾地区法院送达文书失败的28件案件中，因地址错误或不详以及受送达人姓名错误的达14件，占50%。其余因"查无此人"送达失败的13件也与台湾方面提供的送达地址不准确或地址信息更新滞后相关。而不提供受送达人的身份证号码，往往

使得被请求方在根据请求方提供的地址无法送达后,也因无受送达人身份证号码而不能在公安机关进行查询后再送达,降低了送达成功率。

对于台湾地区法院委托送达文书的案件,有些因为提供地址错误,或者厦门市辖区内并无该应受送达人,导致未能成功送达,厦门法院都附有《送达情况说明》予以回复。但有个别已经明确回复无法送达的案件,台湾地区法院一再重复委托,委托材料中还是旧有的信息,造成了司法资源的浪费。

(二)因被请求方未尽力协助导致的送达程序拖延

2009年《互助协议》和2011年《规定》均强调了司法互助中的"尽力协助"原则,但司法实务部门对"尽力协助"的尺度难以把握。以互助送达文书为例,两岸在协助送达中,都要求对方提供受送达人详细的居住地址。倘若因受送达人搬迁等原因,被请求方依照请求方提供的受送达人地址不能完成送达,被请求方是否有义务查实受送达人的新地址再进行送达?抑或以"查无此人"为由退回?厦门法院在实践中的做法是,先按照请求方提供的受送达人地址进行送达,若不能完成送达,在请求方有提供受送达人身份证号码的情况下,主动向公安机关调取受送达人新的地址再进行送达。但台湾地区法院的做法并不统一,在按请求方提供的地址无法送达的情况下,台湾地区有的法院会主动调查地址并进行送达,有的法院则直接退回。

以厦门中院请求台湾地区法院送达的王某某诉陈某某民间借贷纠纷案为例,在初次请求台湾地区法院协助送达时,厦门中院提供了受送达人详细的地址及身份证号。台湾台北地方法院送达证书表明送达失败,原因是该地址现在是某公司的营业地,找不到受送达人。厦门中院于是再次请求台湾地区法院调查受送达人的地址并送达,台湾地区法院最终根据厦门中院提供的受送达人身份信息查询到新的地址,并成功进行了送达。此案从第一次请求协助到最终送达成功,历经8个月之久。倘若台湾地区法院在第一次协助送达时,发现根据受送达地址找不到受送达人后,便根据证件号码主动查询受送达人新的地址,该案送达就不会耗时过久。但在厦门中院请求送达的中国工商银行股份有限公司厦门市分行诉陈某某一案中,台湾地区法院主动调查了受送达人的地址并送达成功。

(三)因两岸制度差异导致的台湾地区法院协助送达效力的认定难

台湾地区民事诉讼制度中的送达方式有五种,即直接送达、间接送达、寄存送达、留置送达及公示送达。其中,寄存送达是大陆民事诉讼法中所没有的制度。① 寄存送达是指文书不能依直接送达或间接送达方式送达时,将文书寄存于送达地之自治或警察机关,并作送达通知书两份,一份粘贴于应受送达人住居

---

① 关于两岸民事送达制度的比较,参见何其生:《域外送达制度研究》,北京大学出版社2006年版,第282~285页。

所、事务所、营业所或其就业处所门首,另一份置于送达处所信箱或其他适当位置。无论应受送达人实际上于何时收受文书,均应自寄存之日起,经10日发生法律效力。但如应受送达人在寄存送达发生效力前,已向寄存机关领取寄存文书,则领取时即发生送达效力。寄存机关对受寄存的文书,应保存2个月,期满后因受送达人未领取,寄存机关应将送达文书退回法院,但并不影响寄存送达效力。

台湾地区"民事诉讼法"对于间接送达在有权签收人的规定上也与大陆不同。大陆民事诉讼法规定的有权签收人,受送达人是公民的,为他的同住成年家属。而台湾地区"民事诉讼法"规定的有权签收人是"有辨别事理能力之同居人或受雇人",该规定的范围显然大于大陆民事诉讼法规定的范围,意味着不是其家属的其他同居人或受雇人如保姆等也是有权签收的主体。

对于台湾地区法院按其"民诉法"特有规定协助大陆人民法院进行送达效力的认定,在实践中曾一度产生困惑,引发了一定的讨论。① 但随着两岸司法互助实践的进一步发展,这一问题已经在实践中得到了解决。学界认为,送达司法文书是一种很重要的司法行为,具有严格的属地性。② 2009年《互助协议》也规定,双方各自以己方规定开展司法互助。因此对于台湾地区法院依其"民事诉讼法"规定协助大陆法院进行送达的案件,其效力的认定应依据台湾地区"民事诉讼法"的规定。这一做法在实践中也得到了最高人民法院的认同。厦门法院在实践中也都一贯依照这一原则进行了认定。实践中需要特别注意的是,台湾地区法院通过寄存送达方式成功送达的案件中,台湾地区送达证书"送达时间"栏所载日期为寄存日,应自该日期之日起经过10天产生送达效力,但如应受送达人在寄存送达发生效力前,已向寄存机关领取寄存文书,则领取日(一般记录在寄存机关制作的具领人签收记录中)即发生送达效力。

(四)因办理流程烦冗导致的司法互助效率低下

两岸具体经办司法互助事务的法院之间并未建立直接的司法互助渠道。对于送达司法互助案件,2011年《规定》设置了两道基本程序。对于请求台湾地区法院协助的案件,在案件审理法院提出请求后,经高级人民法院审查后转送台湾地区办理;对于台湾地区请求协助的案件,经高级人民法院审查后,直接转交中

---

① 以下两篇文章均对此问题进行了讨论,张果、郭淋:《两岸司法互助热点难点问题探析——以平潭法院涉台司法互助实务为视角》,载郑红、颜大和主编:《2012年海峡两岸司法实务研讨会论文集》,法律出版社2012年版;蒋英虹、刘锋:《在司法互助视野下解决两岸送达方式可采性问题的路径选择》,载郑红、颜大和主编:《2012年海峡两岸司法实务研讨会论文集》,法律出版社2012年版。

② 韩德培主编:《国际私法》,高等教育出版社、北京大学出版社2007年版,第483页。

级或基层人民人民法院具体负责办理。对于调查取证司法互助案件，2011年《规定》设置了三道基本程序。对于请求台湾地区协助的案件，在案件审理法院提出请求后，经高级人民法院初步审查后报最高人民法院，由最高人民法院最终审查后转送台湾地区办理；对于台湾地区请求协助的案件，由最高人民法院审查后，转请高级人民法院转交中级或基层人民法院具体负责办理。无论送达文书还是调查取证，有关结果的回复均应按照原程序回溯进行。依照台湾地区目前的做法，台湾地区法院委托大陆法院送达和调查取证均需通过台湾法务主管部门中转。

层层报备、层层流转的办理流程会人为地降低司法互助的效率以及相关诉讼的审理效率。从实践中看，厦门法院在协助台湾地区法院送达司法文书的过程中，严格遵守2011年《规定》的时限要求，绝大部分案件在立案之日起15日内完成协助送达，个别案件超过15日在两个月内送达的案件，都经分管院长审批。尤其海沧法院建章立制，开辟两岸司法互助案件"绿色司法通道"，规定各个环节的具体操作流程与审批程序等做法，更是有效地保证了司法互助的效率。然而，由于中转上的时间损耗，送达以及调查取证的结果到达台湾地区请求法院的时间不得而知。

台湾地区法院协助大陆法院送达司法文书是否也有类似时限的规定，笔者目前没有找到相关资料。自2011年《规定》施行后至2012年3月，厦门中院请求方面台湾送达5个案件，从申请寄出到收到台湾方面送达完成材料耗时均在3至4个月左右。从2011年6月至2012年10月，台湾地区法院请求送达的87件案件，厦门法院在2013年3月前已全部送达完成。而厦门法院请求台湾地区法院送达的案件，截至2013年3月底尚有约一半案件的送达结果未回。层层报备、层层流转的办理流程导致的时间损耗不可小视。

（五）因司法管理系统不完善导致的统计及管理上的困难

福建法院司法管理信息系统，是拥有审判质量效率评估和工作绩效考评考核两大体系的网络数据信息平台。2012年以前，司法管理系统对涉台司法互助案件管理上的不足，主要体现为相应立案案由缺失，以及因管理上的分散导致的统计困难。依照2011年《规定》，送达法院在收到转送的材料后应以"协助台湾地区送达民事（刑事、行政诉讼）司法文书"立案，但2012年年底以前福建省新的司法管理信息系统未设"协助台湾地区送达民事（刑事、行政诉讼）司法文书"案由项，导致立案庭无法录入生成对应案由的案号，厦门各级法院做法不一。厦门中院的做法是立"民他"或"刑他"字案号，而个别基层法院对此类案件只有书面档案，无法录入系统。且该类案件在司法管理系统数据统计中也无法体现。

2013年以后，这一情况有所改观。福建法院司法管理信息系统已渐渐能够严格依照2011年《规定》进行立案，在案号和案由的确定上也严格依照2011年

《规定》进行。这极大方便了涉台司法互助案件的统计,一定程度上克服了之前人工统计的缺陷。然而司法管理系统质效指标中的"人均结案数"并未将司法互助类案件纳入其中。这就导致根据司法管理系统计算的工作量,不能充分体现涉台专业法庭实际的工作量,不能实现科学的审判管理。

三、完善涉台民商事司法互助的建议

(一)增强司法互助意识,扭转"单边特色现象"

在2009年《互助协议》签订以后至2011年《规定》施行以前,由于2009年《互助协议》缺乏可操作性,大陆法院不请求台湾地区法院协助而台湾地区法院大量请求大陆法院协助的"单边特色现象"大量存在。不仅在厦门法院,在其他沿海以及内陆省市也是如此。资料显示,2010年左右珠海市中级人民法院也协助台湾地区法院送达珠海当事人近50件司法文书,但该法院自身却未充分利用该协助送达平台。① 2010年深圳市两级法院也无一例按照2009年《互助协议》约定委托台湾相关法院进行送达的案件,但深圳中院在同年却处理了台湾地区法院委托送达和调查的案件57宗。② 2011年1—9月,四川法院累计完成台湾地区请求协助送达司法文书205件,而在同期四川法院请求台湾协助送达司法文书才12件。③ 2012年2月厦门海沧法院开始集中管辖涉台民商事案件后,在厦门法院,"单边特色现象"有一定的缓解,然而还是存在着一定的差距。若再考虑两岸的地理面积、人口数量等因素,会发现差距更惊人。因此,在接下来的涉台审判实践中,大陆法院需进一步加强司法互助意识,花大力气扭转"单边特色现象"。厦门作为海峡西岸两岸人民交流合作先行先试区域,更应在思想上高度重视两岸司法互助。

(二)设立三级窗口,提高司法互助效率

层层报备、层层流转的办理流程人为地降低了司法互助的效率以及案件审理效率。2011年《规定》开通了大陆高级人民法院与台湾地区业务主管部门对接联络的二级窗口,但其主要是规范高级人民法院的互助工作,便于基层人民法院操作的实施细则仍处于不完善的状态。基层法院和中级法院是两岸司法互助的直接践行者,开启司法互助的三级窗口,实现基层法院、中级人民法院与台湾

---

① 贺晓翔:《关于涉台商事审判中司法协助问题的法律思考——以珠海中院的司法实践为模本》,载《中国涉外商事审判研究》(第二辑),法律出版社2011年版,第367页。

② 黄宇:《海峡两岸民商事司法协助实务初探》,载《中国涉外商事审判研究》(第二辑),法律出版社2011年版,第359页。

③ 《四川法院完成台湾地区请求协助送达司法文书205件》,http://news.163.com/11/1018/19/7GLVM44H00014AEE.html,下载日期:2012年6月3日。

地区司法互助窗口的"点对点"直接接触,有利于提高司法互助的效率。为此,建议最高人民法院在厦门法院开展司法互助试点工作,授权厦门中院就办理海峡两岸送达文书司法互助案件,建立与台湾地区业务主管部门联络的三级窗口,提升司法互助案件办理的效率。在条件成熟的情况下,授权厦门中院在与金门法院、连江法院的司法互助个案中,进一步实行"点对点"直接沟通机制,建立个案互助中两岸法院直接沟通的渠道,如专线电话、加密网络通道等方式,在地址有误、当事人情况不明、委托事项模糊等情况下,就具体事项进行及时沟通协调,推进司法互助工作的高效、顺利进行。

2011年《规定》第10条第2款规定:"需要台湾地区协助送达的司法文书中有指定开庭日期等类似期限的,一般应当为协助送达程序预留不少于6个月的时间。"实践中,常常出现送达结果在三四个月内返回,但却因此前的排庭预留了6个月以上的时间,导致送达结果返回后还要再等待两三个月才能开庭的情形,严重降低了案件审理的效率。结合既有的司法互助实践,展望司法互助三级窗口设立后的便捷,建议将预留时间改为"预留不少于3个月的时间",一来符合审判实践,二来也与《民事诉讼法》对台湾当事人公告期的规定保持一致。

(三)细化"尽力协助"原则,出台客观的判断标准

对于"尽力协助"原则,2009年《互助协议》的规定较为笼统,在司法实践中很难准确把握。以司法互助送达为例,根据"尽力协助"原则,应当穷尽各种送达方式,尽最大努力予以协助,但应当尽力到何种程度,并无明确规定。尽力与否,关系到司法互助仅仅是走一个过场,还是能真正从程序上保障两岸人民的诉讼权利。因此,细化"尽力协助"原则,在两岸司法互助实践中逐渐确立明确的判断"尽力"与否的标准,至关重要。若不给"尽力协助"原则一个确定的标准而单靠各方自律,难免会出现只注重走过场的现象,进而导致与2009年《互助协议》签订初衷背离的结果。"尽力协助"原则的细化及客观判断标准的建立,有助于两岸双方在司法互助送达及调查程序上统一标准,避免因未尽力而导致的程序反复及拖延的现象,有利于在实质上促进2009年《互助协议》目的的实现。在接下来的实践中,两岸应就此进一步协商。

(四)完善司法互助细节,建立对台当事人信息查询制度

考虑到两岸协助送达失败的主要原因是地址不详或当事人信息错误,为提高协助送达效率,各方在提出请求时应尽量提供受送达人最为详尽的地址和信息并仔细核对,尤其要注意提供受送达人的身份证件号码。被请求方法院在根据请求方法院提供的受送达人地址无法送达的情况下,不应轻率作出送达失败的结论并将结果返回请求方,而应根据请求方提供的受送达人身份证件号码及其他信息进行查询,待查询到新的地址和联系方式再行送达。基于两岸的协议约定及各自民事诉讼法中送达制度的差异,双方协助对方送达应当尽可能采用

双方均乐于接受的直接送达方式。建立对台湾地区当事人的信息查询制度。建立与公安机关出入境管理部门的互联系统或设置专门的司法查询平台,以便于委托送达前明确台湾地区当事人的身份信息与住址信息,从而加快委托送达时明确当事人信息的效率。

(五)开拓调查取证方式,建设远程视讯基地

台湾地区法院在审理涉及大陆的案件中,常有对身处大陆的证人进行调查的现实需要。鉴于两岸相对隔离的现状,大陆证人因存在到台湾地区作证签证审批手续烦琐,时间和财力耗费较大等问题,难以或不愿到台湾地区法院作证。因此,台湾地区法院法官对大陆证人的远程视讯询问有较为强烈的意愿。厦门中院为涉台审判配备了科技法庭,配备了先进的数字化法庭庭审系统,具备远程庭审应用功能,可以通过单独建立加密网络通道等方式,实现异地同步进行诉讼活动。同时法庭内部设置借鉴台湾地区审判法庭的设计,融合涉台因素,提升涉台审判的公信力和亲和力。为此,我们建议,将厦门中院作为厦门及福建,乃至周边地区远程视讯的试点基地。台湾地区法院在有必要对在大陆的证人进行询问时,可依据2009年《互助协议》第8条关于调查取证的规定,向两岸司法互助机构提出申请,经我方司法互助机构同意后,通过设在厦门中院审判法庭的视讯基地对身处大陆的证人以网络视频方式进行远距离的询问,以节约时间和费用,提高审判效率。厦门中院在远程视讯的过程中,除提供审判场所、设备等技术支持外,还可以派专门法官全程参与,包括协助台湾地区法官开展证人询问工作,辅助对证人权利义务进行告知和保障等。

(六)创新工作机制,开辟台胞参与途径

厦门与台湾经贸文化往来源远流长,厦门拥有三个台商投资区,台资总额超过全省的六成。推动两岸司法互助工作顺利开展,特别是司法文书有效送达,不仅是为了方便两岸法院,更是为了有效维护两岸同胞的合法权益。可以尝试由台胞陪审员或台商协会参与司法互助工作,例如在协助台湾地区法院向在厦台胞或台企送达司法文书的案件中,可借由台胞陪审员和台商协会的积极作用,参与司法互助送达,进一步提高送达的效率和成功率。

(七)完善管理体系,建立司法互助激励机制

要尽快将涉台司法互助案件办理情况纳入人民法院司法统计工作报表,科学设计统计项目和案件考评指标,如实反映人民法院司法互助的工作量。通过规范的司法互助案件管理系统,令司法互助案件的立案、送达结果、所耗时长等信息均一目了然,此外还可尝试系统上传协助送达、调查的影音资料,使得互助过程更为翔实、可靠,丰富司法互助形式。

为加强司法互助意识以及对司法互助工作的重视,可尝试建立司法互助激励机制和奖惩制度,纳入法院业绩考核与案件评查范围,奖勤罚懒,奖优罚劣,提

高司法互助案件专办员的积极性、主动性和创造性,进一步提高司法互助的效率。

结　　语

　　厦门法院涉台审判机制改革已经走过了一年多的历程。伴随着改革的不断推进,厦门法院涉台司法互助也打开了新的局面,不仅积累了经验,也推动了涉台司法互助朝着更为纵深的方向发展。例如,尝试推动司法互助三级窗口的设立、开拓调查取证方式、建设远程视讯基地等先行先试的做法,均具有重大的创新意义。随着改革的一步步深入,一些难题已得到有效的化解,一些尚未解决的难题也正得到有效的应对。我们相信,随着时间的推移,厦门法院在涉台司法互助上一定会取得更大的成就。

南沙新区建设中的若干法律问题

广州市南沙区人民法院课题组*

广州南沙新区的开发建设是广东乃至全国全面深化改革开放的重要标志。2012年9月6日,国务院正式批复《广州南沙新区发展规划》(以下简称《新区规划》),对南沙新区建设发展战略作了如下定位:"立足广州、依托珠三角、连接港澳、服务内地、面向世界,把南沙新区建设成为粤港澳优质生活圈、新型城市化典范、以生产性服务业为主导的现代产业新高地、具有世界先进水平的综合服务枢纽、社会管理服务创新试验区,打造粤港澳全面合作示范区。"《新区规划》的批准标志着南沙新区成为国家级新区,南沙新区的开发建设上升为国家战略,未来南沙新区将在财税政策、土地管理、金融创新、产业发展等方面获得国家系列的优惠政策和创新改革支持。[①]

然而,南沙新区的开放开发不能仅仅依靠国家的优惠政策支持,更重要的在于充分发掘自身潜力,鼓励创新,建立国际化、法治化的营商环境。而实现营商环境优化的关键在于法制环境的规范和完善。纵观全球所有地区的开放开发建设,无一例外都在由"政策驱动"走向"法治保障",从而实现可持续健康发展。南沙新区先行先试、大胆创新也离不开法治保障。南沙新区不仅应当成为经济发展的示范区,还应当成为社会主义法治建设的示范区。南沙区域建设中法律制度的改革和完善是对南沙开放开发的制度性回应,也是打造南沙新区粤港澳全面合作示范区的必要前提。

---

* 本文节选自广东省高级人民法院2012年度重点调研课题"关于南沙新区区域建设中法律制度改革和完善"调研报告。课题组负责人:吴翔(广州市南沙区人民法院院长)。课题组成员:蔡镇顺(广东外语外贸大学法学院院长)、陈昭强(广州市南沙区人民法院副院长)、朱最新(广东外语外贸大学法学院教授)、陈晓红(广州市中级人民法院研究室主任科员)、朱海涛(广州南沙开发区管委会、南沙区政府办公室综合科副科长)、蔡郁生(广州市南沙区人民法院调研科科员)、赵丽(广州市南沙区人民法院调研科科员)、汪瑜(广东外语外贸大学法学院学生)。报告执笔人:朱最新、陈晓红、汪瑜。

[①] 朱文彬等:《南沙新区获批为第六个国家级新区》,载《上海证券报》2012年9月12日第3版。

一、广州市南沙新区发展概述

(一)广州市南沙区行政区划的演变

历史上,南沙曾有个葡萄牙文的名字,中译文为"虎口"的意思,这一称谓的由来可能与南沙的地理位置有关。这里曾是鸦片战争的肇始地,是承载着中国近代苦难和抗争历史的地方。香港的霍英东先生是"南沙开发之父"。1988年,洛溪大桥通车,霍英东率先提出开发南沙。20世纪90年代初霍英东买进东部22平方公里土地(即"小南沙"),并投入大量资金进行开发。1990年6月,广东省、广州市分别确定南沙为重点对外开放区域和经济开发区。1993年5月12日,国务院批准设立广州南沙经济技术开发区,下辖15个管理区(农村)、200多家三资企业,人口7万多人。2000年,番禺撤市建区,南沙从番禺分离出来。2002年,广州市委、市政府为了加快南沙开发区的建设和发展,成立了广州南沙开发区建设指挥部,为广州市人民政府的派出机构,全权负责开发区范围内的规划、建设、管理以及招商引资等工作,具有广州市市级审批管理权限。2005年,广州行政区划调整,经国务院民政部批准,南沙成为广州市一个独立的行政区。原属番禺区的南沙街道和万顷沙镇、横沥镇、黄阁镇、灵山镇的庙南村等区域被划归为南沙区管辖。南沙区面积为527.65平方公里,其中陆域面积339.5平方公里。2008年3月,经广州市委、市政府批准,不再保留原广州南沙开发区建设指挥部和原广州南沙经济技术开发区管理委员会,重新成立广州南沙经济技术开发区管理委员会(与广东南沙出口加工区管理委员会合署办公),承担广州南沙开发区建设指挥部管理职能,统一管理广州南沙经济技术开发区、广州南沙高新技术开发区和广东南沙出口加工区。同年4月18日,广州南沙经济技术开发区和广东南沙出口加工区的党工委、管委会、纪工委等6个机构正式挂牌。此时的南沙行政区由南沙经济技术开发区、南沙保税港区两个功能区和万顷沙镇、黄阁镇、横沥镇、南沙街、珠江街行政区组成。2012年9月6日,国务院正式批复《新区规划》。根据《国务院关于同意广东省调整广州市部分行政区划的批复》,原属番禺区的大岗、榄核、东涌三镇共256.21平方公里土地和44.4万常住人口,以及高铁、船舶、农业、文化等优质产业资源被划入南沙,从而形成了总面积803平方公里,包括三街六镇的南沙新区。

(二)南沙新区的地理优势及其区域定位

城市的区域定位,是指城市为了实现最大化收益,根据自身条件、竞争环境、消费需求等及其动态变化,确定自身各方面发展的目标、占据的空间、扮演的角色、竞争的位置。① 城市的区域定位是一项复杂的社会经济系统工程,应当在整体分析各种城市定位的影响因素的基础上,按照城市定位的组成要素,运用规范的学术语言,进行高度概括和浓缩凝练,最终做出合理、严谨、准确的表述。唯此,才能真正发挥对城市发展的重大指导作用。②

作为广州最南端的临海地域,南沙新区面积803平方公里,拥有得天独厚的区位禀赋:水路距离香港38海里,距澳门41海里,与前海、横琴构成了"金三角",是珠江三角洲经济区的几何中心;位于珠江出海口虎门水道西岸,是西江、北江、东江三江汇集之处;东与东莞虎门隔海相望,西连中山市。南沙是广州、深圳、珠海"A"字形高速公路和轨道交通的横轴,是连接珠江口两岸城市群的枢纽性节点。以南沙为中心,周围60公里半径内有14个大中城市;周边70公里范围内,有广州、深圳、珠海、香港、澳门等五大国际机场。从广州看,南沙地处南中国出海的主通道;从香港看,南沙是海外进入大陆的中门。无论从历史政治上,还是经济战略上,南沙的地理位置都得天独厚,开发南沙是为了连接港澳,也是为了建设广州。

南沙新区的区域定位经历了一个循序渐进的发展过程。2008年《珠江三角洲地区改革发展规划纲要(2008—2020年)》(下文简称《规划纲要》)提出,要建设南沙新区等合作区域,作为加强与港澳服务业、高新技术产业等方面合作的载体。2011年《中华人民共和国国民经济和社会发展第十二个五年规划纲要》提出,应将南沙新区打造成为"服务内地、连接港澳的商业服务中心、科技创新中心和教育培训基地,建设临港产业配套服务合作区"。2012年《新区规划》更进一步正式提出,要将南沙新区打造为连接港澳、服务内地、面向世界的粤港澳全面合作示范区。

二、南沙新区建设的法律依据现状及不足

根据《新区规划》,南沙新区打造粤港澳全面合作示范区主要分为两个阶段:从现在至2015年,形成粤港澳全面合作示范区基本框架;2016—2025年,经济社会发展实现重大跨越,在促进港澳地区长期繁荣稳定中发挥更大作用,为全国改革发展提供经验和示范。粤港澳全面合作示范区建设是内地与港澳制度性合作的新路径,是内地与港澳经贸交流与合作的重要里程碑,是推进"一国两制"成功实践的伟大创举。然而,粤港澳全面合作示范区建设要实现"三赢"局面,必须首先解决南沙新区建设的基本法律依据问题。

---

① 薛楠、潘燕萍:《城市定位理论思考与武汉城市定位战略》,载《法商论丛》2007年第1期。
② 张复明:《关于城市定位的理论思考》,载《城市规划》2000年第3期。

在我国现行法律体系中，并不存在直接针对并足以统领南沙新区粤港澳全面合作示范区建设的"基本法"。当前对南沙新区粤港澳全面合作示范区建设起"基本法"作用的主要有以下四个规范性文件：《规划纲要》，《内地与香港关于建立更紧密经贸关系的安排》及其补充协议、《内地与澳门关于建立更紧密经贸关系的安排》及其补充协议（以下简称 CEPA），《粤港合作协议框架》和《粤澳合作协议框架》（以下简称《框架协议》），以及《新区规划》。这些规范性文件作为南沙新区粤港澳全面合作示范区的"基本法"存在严重不足。基本法律依据缺失成为南沙新区粤港澳全面合作示范区建设面临的最大法律障碍。

（一）《规划纲要》属行政指导性文件，不具有法律强制力

《规划纲要》是国家发展和改革委员会制定的，旨在引导纳入规划范围的珠三角地区各市政府自愿采取积极有效的改革措施，努力将珠江三角洲地区发展成为粤港澳三地分工合作、优势互补的全球最具核心竞争力的大都市圈之一。该文件未规定各地政府机关的具体权利义务，也未规定不服从其行政指导时的相关法律责任，是典型的行政指导性文件，对公民、法人和其他组织没有法律约束力，仅可作为政策依据，无法成为南沙新区粤港澳全面合作示范区的"基本法"。

（二）CEPA 法律效力不明确，存在诸多不足

内地、香港和澳门是 WTO 的三个单独关税区，CEPA 是我国一国主权下的不同单独关税区之间订立的经贸合作协定，具有法律约束力。但内地和香港是同属一个主权国家内部的不同法域，所以，CEPA 不是一般的区域协定，而是一国内的政府间合作协定。然而，我国相关立法并未对政府间合作协定的法律性质和地位作出规定，其在国内法上的法律效力并不明确。同时，CEPA 是由商务部代表内地与香港特别行政区缔结的，然而其某些内容已超越商务部的法定职权。此外，对南沙新区开发建设而言，适用 CEPA 本身亦存在诸多不足：(1)内地参与谈判的商务部更多的是从全局出发，在综合考量内地与港澳地区政治、经济、社会各方面的基础上来确定协议内容。南沙政府，乃至广东省政府均难以有效参与，粤港澳一体化中南沙的实际需求无法获得全面表达与实现，这在一定程度上影响了南沙民众对粤港澳区域一体化的期望。(2)协议并非完全对等，大部分是内地对港澳的单方面让利，随着内地法治进程的不断进步，这种以单方让步、优惠达成的合作方式生存空间正日益缩小。[①] (3)协议的内容难以满足粤港澳政府合作的客观需要。以法律服务措施为例，在香港律师事务行在内地设立代表机构问题、香港法律执业者在内地执业问题、香港与内地律师事务所联营的问题以及资格相互承认问题等诸多问题上，CEPA 的相关规定与粤港澳一体

[①] 朱最新：《区域一体化法律治理模式初探》，载《广东行政学院学报》2011 年第 3 期。

化的客观需求之间均存在较大的冲突与不足。① (4)CEPA是有关内地与港澳关于建立更紧密经贸关系的一种制度安排,适用于内地的所有地区。因此,其无法针对南沙新区特殊的地理优势和经济条件,因应粤港澳高度合作示范的特殊需求。

(三)《框架协议》缺乏法律明确授权,效力不明确

《框架协议》是以《规划纲要》和CEPA为订立基础的,由于《规划纲要》和CEPA本身法律效力有限,《框架协议》也因此效力不明。该协议由广东省政府和港澳特别行政区政府协商一致签订,属于地方政府间合作协定。然而,我国《宪法》和《地方各级人民代表大会和地方各级人民政府组织法》均只授权各级政府管理其辖区范围内的事务,对于地方政府能否自主缔结跨行政区划的合作协定,以及缔结协定的权限、程序及法律效力等问题未作明确规定。而《中华人民共和国香港特别行政区基本法》与《中华人民共和国澳门特别行政区基本法》亦未对港澳特别行政区政府和内地各省之间缔结区际合作协定的权限作出规定。因此,粤港澳订立《框架协议》行为本身缺乏法律明确授权,该文件难以成为南沙新区粤港澳合作示范区建设的基本法律依据。②

(四)《新区规划》亦属行政指导性文件,不具有法律强制力

《新区规划》是国家发改委主持制定、国务院批复的行政规范性文件,是指导南沙新区当前和今后一个时期改革发展的行动纲领和编制相关专项规划的重要依据。然而,该文件并没有规定南沙各级政府机关职权职责,以及公民、法人和其他组织的权利义务,也没有规定不服从《新区规划》应承担的法律责任。因此,它亦属于典型的行政指导性文件,仅对政府机关有政策指导作用,对公民、法人和其他组织并无法律约束力,也不能成为指导并约制南沙新区粤港澳全面合作示范区建设的"基本法"。

(五)粤港澳全面合作中的经贸争端不宜援引WTO争端解决机制

从理论上说,内地、香港、澳门均为WTO下的单独关税区,因而在粤港澳全面合作过程中,若因某一成员方违反WTO规则而产生的贸易纠纷,亦可援引WTO争端解决机制。然而,基于内地、香港、澳门在历史、政治与地缘上的特殊关系,三者之间的贸易纠纷不宜付诸WTO争端解决机制处理;从中国加入WTO后的实践来看,也从未出现过此类先例:(1)港、澳均为中国的特别行政区划单位,其与内地间的经贸合作应为同一主权国家范围内不同区域之间的合作

---

① 具体内容参见慕亚平等:《进一步推进粤港两地法律服务合作的思考》,载《第四届粤港澳法学论坛论文集》(2012年9月1日)。

② 朱颖俐、慕子怡:《粤港深度合作的法律依据问题及对策探析》,载《暨南学报》2011年第2期。

关系,其间所产生的贸易纠纷更宜在一国范围内协调处理;(2)粤港澳合作不仅局限于经贸往来,还涉及环境治理、政府合作、社会参与等各个方面,这种多领域、多层次的全面合作模式,只能也必须在"同一国家内部合作"的基点上展开,在争端解决方面也不能脱离这一基调;(3)即使仅在经贸领域,根据CEPA的相关规定,粤港澳合作在非歧视、关税减让、投资环境等方面均超过了WTO规则的最低标准,建构了更自由、便利的合作体系。因此,随着区域经济一体化争端解决机制的完善,没有必要脱离更高层次的合作标准诉诸WTO争端解决机制。

三、制定《南沙新区条例》的必要性与可行性

现有法律依据的内生性缺陷,决定了其无法作为南沙新区发展的基本法律,从根本上指导并约制新区建设的顺利推进及长远发展。南沙新区粤港澳合作的特殊区域定位,以及新区自身的发展实际也决定了不可能在现有的法律体系中寻找其他上位法律来担当起新区建设基本法的重任。因此,在充分领会《发展规划》的实质要求,尊重现有法律依据的立法宗旨,并充分考虑南沙新区建设的实际需求和长远目标的基础上,制定独立的纲领性、基础性法律规范——《南沙新区条例》,是十分必要的。

南沙新区作为内地的一个行政区域,其法律体系属于社会主义的中华法系;香港地区自1842年至1997年被英国管治,其法律制度基本上是英国法律制度的移植,属于普通法系;而澳门地区自1553年至1999年一直处于葡萄牙的实际控制之下,在此期间,澳门主要适用葡萄牙的相关法律,没有自己独立完整的法律体系,现有澳门法律体系基本上属于大陆法系。这样,在一国之内就出现了多种法系并存的多法域现象。法系不同,其法律理念、法律价值、法律性质、法律体系、法律解释、法的渊源以及立法和司法等诸多领域均存在较大差异。然而,南沙新区作为粤港澳全面合作示范区,不仅意味着经济层面的高度融合,而且意味着法律制度层面的配套和衔接。港澳的法律理念、法律价值乃至某些具体法律规范都可能为南沙新区法律制度所吸纳,港澳法律的某些制度元素可以成为南沙新区法律制度完善不可或缺的构成。同时,在中央政府先行先试的授权下,南沙新区有着比其他地区更为广阔的改革空间和探索创新的自主权,在构建粤港澳全面合作示范区的过程中会发现众多的"正当行为规则",即哈耶克所言的"内部规则"或"自由的法律",可以作为权力机构制定的组织规则("外部规则"或"立法的法律")的必要补充。① 这样,南沙新区的法律制度因融合了港澳法律的某些制度元素和确立了某些"正当行为规则",将在一定程度上与广东其他地区的

---

① 有关内部规则、外部规则的论述,参见[英]哈耶克:《法律、立法与自由》,邓正来译,中国大百科全书出版社2000年版,第126~128页。

法律制度存在差异。港澳地区实行"一国两制"政策,保持 50 年不变;南沙新区作为粤港澳全面合作的示范区,其法律制度与港澳法律制度的衔接和融合也将是长期的。要维持这种制度衔接和融合的长期存在,就需要一个"基本法"作为保障,指引着新区的发展方向,使之"不因领导人的改变而改变,不因领导人的看法和注意力的改变而改变"①。

从国际法角度来看,香港地区和澳门地区是 WTO 下的两个单独关税区,作为粤港澳全面合作示范区,南沙新区通过先行先试,探索内地与港澳及国际产业合作的新模式,促进内地与港澳及国际市场对接,拓展内地与港澳及国际产业合作的深度与广度,提升我国产业国际竞争力;通过发挥港澳的国际化优势,健全"走出去"促进服务体系,打造我国参与全球投资贸易、文化旅游、临港经济等领域合作的重要平台,为港澳及广大内地优势企业充分利用国外市场和国外资源提供优质服务,促进粤港澳及内地更广大地区参与国际竞争与合作。也就是说,承载着粤港澳全面合作美好期望的南沙新区不仅是粤港澳三地的全方位合作的重要渠道,更是粤港澳与世界合作的良好平台。因此,不违反国际法和 WTO 规则应该是南沙新区作为粤港澳全面合作示范区的应有之义。

但我们也应看到,南沙新区是内地的行政区域,适用国内法是国家主权的体现。毫无疑问,香港和澳门是中国的行政区划单位,是中国的组成部分,与内地地区一样,应当遵守《宪法》规定,并分别受《香港特别行政区基本法》与《澳门特别行政区基本法》的约束。港澳参与南沙"粤港澳合作示范区"建设的主体身份是中国国内的行政区划。事实上,粤港澳合作示范区不仅涉及经贸往来方面,更涉及政府合作、司法协助、社会参与等层面,其范围远远超过国际法上的"自由贸易区"协议,而是国家为了本国区域更好发展,在更深层次上制定的区域合作发展战略安排,类似于珠江三角洲、长江三角洲、环渤海地区的合作区等。因此,粤港澳示范区建设是同一主权下的行政区划之间所进行的经贸往来和区域合作,应属于国内法问题,只要不违反国际法和 WTO 规则,一国完全可以对国内事项作出自主安排。"粤港澳合作示范区"使得跨境合作转化为国内法问题,避免了 WTO 的审查,以及其他国家的"审视",就如同早期建立经济特区一样,克服了法律上的障碍。②

四、《南沙新区条例》的基本框架及主要内容

为保障和促进广州南沙新区建设发展,发挥广州南沙新区作为粤港澳全面

---

① 邓小平:《邓小平文选》(第 2 卷),人民出版社 1993 年版,第 146 页。
② 慕亚平:《粤港澳紧密合作的法律依据及相关法律问题思考》,载《当代粤港澳研究》2010 年第 1 期。

合作示范区的功能,《南沙新区条例》至少应包含以下几方面的内容:

(一)基本原则

基本原则是法律精神的集中体现。南沙新区"基本法"首先必须确立其基本原则,包括维护国家统一原则、不抵触原则和改革创新原则及先行先试原则等。

(二)南沙新区人大与政府的权限

明确南沙新区人民代表大会及新区政府的权限范围,包括传统的地方权限和先行先试权等。只有清晰厘定人大和政府的权限,理清中央的授权范围,才能明确先行先试所涉及的主要内容、战略地位、价值指向,才能使政府在南沙新区粤港澳全面合作示范区建设中不越位、不缺位、不错位,才能赢得粤港澳三地人民的信赖,从而为粤港澳全面合作示范区建设提供强有力的组织保障。按照先行先试原则,新区政府应当有权就新区管理体制创新、商贸发展、综合配套改革等方面制定相关文件,在南沙新区率先试行;而南沙新区人大亦应有权就南沙新区改革创新试点工作作出决议、决定,并有权对上级人大制定但不适应南沙新区发展的地方性法规在一定范围内提请变通、修改。

(三)管理体制

良善运行的社会治理体制有助于协调计划与市场、公平与效率、政府与市场的关系。为此,"基本法"应当建立健全科学民主的决策机制、高效便民的执行机制、透明公正的监督机制、多元参与的治理机制以及区域合作机制。《南沙新区条例》中有关社会管理体制的规定应包括以下几个方面:(1)专门管理机构及其职责,应当明确有权行使新区管理权限的专门机构及其职责范围,并合理规制其与新区政府之间的关系;(2)民主决策机制,特别是重大事项的咨询和公开机制;(3)产业管理,包括新区发展的基本产业规划、准入制度、金融政策、税收优惠等其他扶持措施;(4)社会管理,通过资金投入、政策扶持、公共服务体系完善等途径,倡导社会管理创新,鼓励并扶持民间机构、行业团体等社会组织科学发展,并充分发挥其参与和监督社会管理的积极作用;(5)区域合作,通过向港澳融资、教育培训、人才引进、技术交流、关税优惠等措施,打造粤港澳合作的良好平台,不断拓展粤港澳合作的渠道和空间。

(四)人才引进及流动人口融入

新区建设需要大量高素质的人才支持。《南沙新区条例》中应当包括人才引进,特别是港澳人才引进的相关内容,包括人才引进的具体措施、引进范围、条件、优惠,以及人才引入后的资源保障和后期培养等等,甚至可以列明当前亟须用人的专业领域。同时,流动人口问题也是南沙新区实现经济增长方式根本转变过程中必须解决的一个重大问题,它直接关系到改革、发展、稳定的大局,关系到有效推进粤港澳全面合作示范区建设的整体进程。因此,流动人口的从业自由、迁徙自由以及与之相关的安置和社会保障安排,也将是《南沙新区条例》中不可或缺的内容。

（五）关于环境保护、科技创新、公共服务等其他内容

《南沙新区条例》还应规定与新区建设密切相关的配套制度，如环境保护制度，包括环境监控及治理标准、环保技术设施、环保产业发展等；科技创新制度，包括科技经费投入、科技成果转化、知识产权保护等；公共服务制度，包括教育、医疗、卫生、文化、体育等公共服务机构及公共服务设施建设等。

（六）法律责任

与当前已有的《规划纲要》、《新区规划》等行政指导性文件不同，《南沙新区条例》应当是具有法律约束力的地方性法规，应当包含刚性的禁止性、强制性条款和法律责任体系，以保障其强制力和执行力。

结　语

《新区规划》的正式获批对南沙新区具有里程碑式的重要意义。它标志着南沙的建设发展上升到了全新的高度，也开启了南沙新区充分挖掘自身潜力，科学整合优势资源，全面开展城市建设的崭新时代。《新区规划》获批一年来，南沙新区在谋划发展蓝图、完善规划体系、落实用地规模、拓宽融资渠道、引进重大项目、推进基础设施建设以及强化政策支撑等方面取得了重要进展。2013 年年初已落实开发建设项目 156 个，涉及投资金额 3701 亿元。2013 年 3 月，新广州·新商机重大项目投资推介会在广州白云国际会议中心召开，南沙新区共与客商签订 16 项大型投资项目，总金额达 1276.6 亿元。2013 年 5 月，广州市委、市政府又率代表团赴香港、澳门召开专场南沙新区港澳推介会，签订合作协议 24 项，签约金额高达 2518 亿元。目前，南沙新区规划体系已基本成熟，城市功能已基本明晰，大批高端项目进驻南沙的态势已初步形成。

与此同时，南沙新区的相关法律制度建设也逐步展开。事实上，早在 2011 年 10 月，作为新区建设纲领性法规的《南沙新区条例》的草拟工作就已经正式启动。2013 年，南沙新区立法项目被列入广州市人大常委会立法计划正式项目。目前，《南沙新区条例（草案）》已经广州市政府常务会议讨论通过，报广州市人大修改、审议。《南沙新区条例（草案）》以先行先试、鼓励创新为指导思想，在落实《新区规划》的各项规定，并赋予其法律效力的同时，以大量原则性规定为新区法律制度创新提供了空间。可以预见，《南沙新区条例》的制定仅仅是构建南沙法治建设示范区的第一步，新区建设的各项具体法律制度将在后续的实践探索和反馈、检验中不断完善。

关于行政诉讼简易程序试点运行情况的调研报告

厦门市思明区人民法院课题组[*]

《行政诉讼法》第 46 条规定,行政案件适用合议制普通程序进行审理。普通审判程序在化解行政争议、维护相对人合法权益以及监督行政机关依法行政等方面发挥了巨大的作用,但是,随着我国行政法制建设进程的加快和公民法律意识的提高,行政审判中的合议制在现实中遇到了困境,已经越来越不适应当前审判实践的需要。

2009 年 3 月,最高人民法院发布了《人民法院第三个五年改革纲要》。该纲要将优化职权配置确定为司法改革的首要任务。在行政诉讼中,针对那些案情简单、争议不大、权利义务关系明确的行政案件,适用简易程序进行审理成为优化审判权配置、提高诉讼效率的有效方式。厦门市思明区人民法院(以下简称思明法院)自 2011 年 6 月被福建省高级人民法院列为适用简易程序审理行政案件的试点法院以来,结合工作实际,采取有力措施,大胆实践,确保试点工作扎实开展,取得了明显的实效。

一、行政诉讼简易程序试点的基本概况

适用简易程序审理案件主要是基于提高行政诉讼效率的目的,所以,程序的简化成为试点探索的主要内容。

（一）适用简易程序的目的及两个前提条件

行政诉讼简易程序是为加速诉讼事件之进行,减轻法院工作负担而定的简易起诉、审查、裁判方式,以达到迅速处理轻微案件,争取时间处理重大事件,使司法功能所要求的有效法律保护,在质量上和时效上得以提高的目标。行政诉讼简易程序要达到提高质量和时效的目标有两个前提条件,即:行政诉讼案件数

---

[*] 课题指导:骆小雄(厦门市思明区人民法院副院长),课题负责人:湛福荣(厦门市思明区人民法院行政庭庭长)。课题组成员:王叶萍(厦门市思明区人民法院行政庭法官)、刘亚乐(厦门市思明区人民法院滨海法庭法官)、胡婷婷(厦门市思明区人民法院行政庭书记员)。课题执笔人:刘亚乐。

量的增加和办案法官的高素质。

从思明法院2009年至2011年行政诉讼案件的收案数量和人均结案数（见图1）的对比可以看出，行政庭受理案件数量呈显著增长趋势，法官的人均办案数（包括行政执行案件）超过200件。行政案件有繁简、难易之分，如果对所有案件均投入相同的司法资源和审判力量，既造成司法资源的浪费，也不利于切实保护行政相对人的合法权益。诉讼程序成本与办案效率之间的性价比如果过低，造成的直接结果是司法公信度降低。①

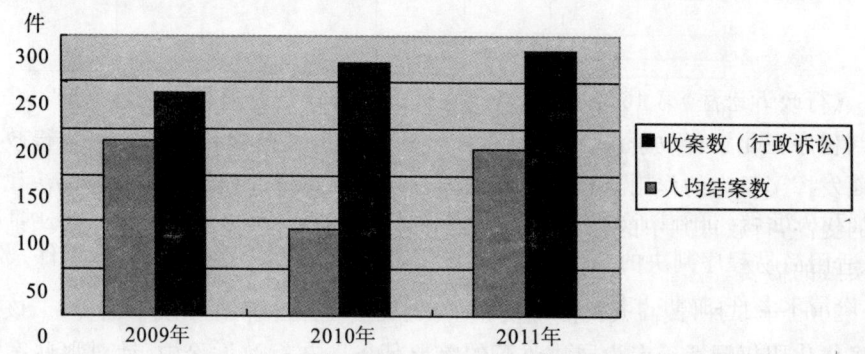

图1　行政诉讼案件的收案数量和人均结案数

思明法院行政庭共有8名工作人员，均具有大学本科及其以上学历，其中40%具有法学硕士学历。4名审判人员中有3名从事审判工作超过20年，具备丰富的审判实践经验。这为行政诉讼简易程序试点工作的开展提供了充分的人力资源和实践经验保障。

(二)思明法院适用简易程序审理行政案件的实践

从2012年12月20日至2013年10月30日，思明法院行政审判庭共适用简易程序审理行政诉讼案件38件，占全部行政诉讼案件的30%。

1.适用简易程序审理的案件特点

(1)类型多样

思明法院的辖区属于厦门核心区域，辖区行政机关多，所以涉及的行政案件类型广泛，适用简易程序审理的诉讼案件类型涵盖人力资源和社会保障、劳动教养、交通行政管理等多项行政管理范围，同时也涵盖行政处罚、行政确认、行政登记等多种具体行政行为。（见图2）

(2)结果多样

通过简易程序审理的案件，即使由审判员独任制审理，裁判也必须说理透

---

① 徐盼：《设置行政诉讼简易程序可行性的再认识》，载《长春工业大学学报》2012年第4期。

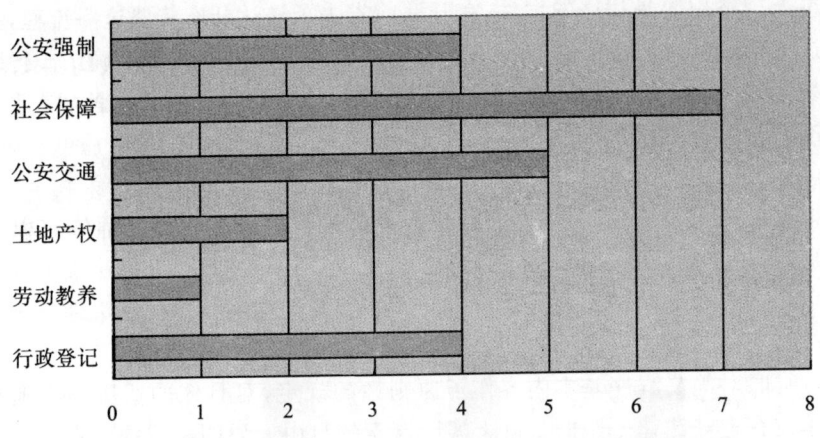

图 2　适用简易程序审理的行政诉讼案件类型

彻，裁决准确。在程序上判决书也需要由庭长或者审判长签发。思明法院行政庭适用简易程序判决的 38 件行政诉讼案件中，维持 22 件，驳回起诉 4 件，驳回诉讼请求 2 件，撤诉 8 件，撤销 2 件。（见图 3）

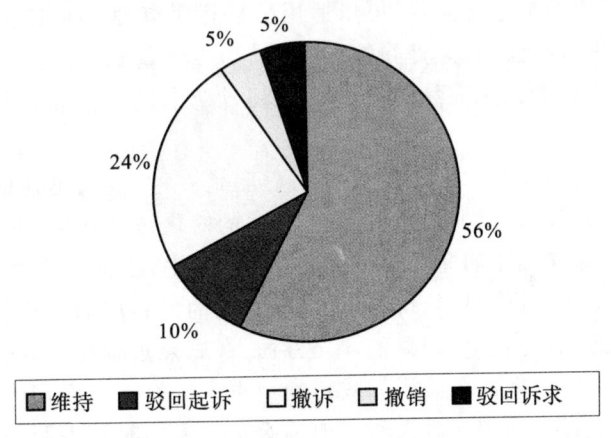

图 3　简易程序案件裁判结果

（3）绩效明显

简易程序相较于普通程序最大的优势就是对于那些事实清楚、争议不大的案件，可以在查明案情的基础上，通过快捷的程序进行判决，提高案件审判的效率，节约当事人的诉讼成本。思明法院适用简易程序审理行政案件的主要绩效体现在两个方面：第一，案件平均审理周期明显缩短。适用简易程序的案件平均审理期限为 37 日，而 2013 年 7 月适用普通程序审结的 8 个诉讼案件平均审理期限为 71 日，相较于普通程序，简易程序的平均审理时间明显缩短，审理效率明显提高。第二，通知程序简便。普通程序的通知行为都必须通过传票的形式送达当事人。适用简易程序的案件,在开庭前省去了送达开庭传票这一流程,书记员通过电话、短信的方式通知当事人,再通过格式笔录的形式予以确认。行政诉讼简易程序简化了诉讼程序,缩短了诉讼周期,从而提高了诉讼效率,降低了司法成本。

(4) 全部实行独任制

根据最高人民法院《关于开展行政诉讼简易程序试点工作的通知》(以下简称《通知》)的规定,适用简易程序审理的案件,经当事人同意,人民法院可以实行独任审理。思明法院适用简易程序审理的所有案件均实行独任制审理模式。

2. 试点的主要做法

《通知》对简易程序基本内容作了原则性的规定,对具体的适用程序则赋予试点单位在遵守法律原则的基础上实践探索的自由。思明法院的试点探索主要集中在以下方面:

第一,赋予当事人程序选择权。赋予当事人程序选择权,体现了当事人自治原则。简易程序较之普通程序手续简便、审理快捷、成本低廉,当事人选择简易程序,将会获得更大的诉讼利益。《通知》规定:当事人各方自愿选择适用简易程序,经人民法院审查同意的案件,可以适用简易程序审理。根据该规定,行政庭对于受理的案件(涉港澳台案件除外),在初步审查的基础上,均以书面形式征询当事人的意见。已经适用简易程序审理的 38 个案件占所有被征询意见案件总数的 47%。

第二,诉讼程序简化。行政诉讼简易程序是一种简易、迅速的诉讼处理程序,因此,在简易程序试点的过程中,诉讼程序的简化是试点探索的主要内容。

一是送达、通知程序的简化。在普通诉讼程序中,通过对送达方式和时间的规定来确保当事人的诉讼权利得到充分保障,而简易程序通过送达方式和送达程序的简化来达到提高效率的目的。一方面,在试点过程中,思明法院用电话、口头、托人捎信、电子邮件等灵活方式传唤当事人。另一方面,开庭传票的领取也不受在开庭 3 日前通知当事人和其他诉讼参与人的时间限制,只要在开庭前告知当事人,且当事人没有异议的都视为送达。

二是庭审程序的简化。庭审程序的简化主要体现在两个方面:一方面,庭审由合议制转变为独任制。在送达过程中,由当事人签署《简易程序适用告知书》,选择适用简易程序,由审判员或助理审判员独任制审理。另一方面,庭审过程简化,不再要求当事人在庭审过程中宣读起诉状和答辩状,仅仅明确是否与诉状一致。庭审中也不严格区分法庭调查、法庭辩论等庭审阶段,由承办人明确争议焦点,当事人围绕争议焦点进行举证、质证和辩论。

第三,文书撰写创新。行政诉讼法律文书要求对各方当事人的证据逐一进行"三性"的认定,且在裁判说理部分要求全面审查行政行为在主体、程序、内容方面是否合法。鉴于适用简易程序审理的行政案件通常法律关系简单、事实争议不大,其判决文书的撰写具备较大的简化和优化的空间。① 思明法院在文书撰写方面主要围绕两点展开探索:一是证据的审查部分,文书无须对证据逐一分析,在对争议证据"三性"作出认定的基础上进行综合分析,这使得证据的认证重点更加突出,提高了文书的撰写效率。二是裁判文书说理部分,仅仅对争议的事实要点进行说理分析,不再逐项对主体、程序、内容进行分析,在庭审中当事人对主体和程序无异议的事项仅作简单的记载。

二、行政诉讼简易程序的运行效果

行政诉讼简易程序试点的运行效果是程序价值在司法裁判中的体现。根据《通知》中"为保障和方便当事人依法行使诉讼权利,减轻当事人诉讼负担,保证人民法院公正、及时审理行政案件"的规定,行政诉讼简易程序设计的价值追求至少应该包括效率、公正、便民、减负四个方面。

(一)审判效率明显提高

提高效率、节省资源是司法体制改革的重要目标,行政诉讼普通程序没有难易、繁简之分,导致所有的案件适用统一的程序,造成了司法资源的浪费和审判效率低下。而通过简易程序试点的开展,案件审判效率明显提高。一是审理时间缩短。适用简易程序的案件平均审理期限较普通程序缩短了 37 天,审理效率明显提高。二是结案率较同期提高。根据思明法院行政庭 2013 年 3—9 月的统计数据,在适用简易程序后,行政诉讼案件的结案率提高了近 4.62 个百分点。(见表1)三是延长审限率改善。根据《通知》规定,适用行政诉讼简易程序的案件必须在 45 天内审结,如未能审结则必须变更为普通程序。因此,适用简易程序审理的案件均在法定期限内审结,没有报请延期。

表 1 普通程序与简易程序审判效率对照表

(2013 年 3 月—9 月)

	普通程序	简易程序	二者对比增减
审理期限(天)	74	37	−37
累计结案率(%)	79.42	84.04	+4.62
报请延期书(件)	4	0	−4

① 孙焕焕:《上海法院行政诉讼简易程序试点情况探析》,载《上海政法学院学报》2012 年第 5 期。

(二)便民程序效果明显

对于便民程度的考量主要集中在制度设计方面:一是程序的选择。将是否适用简易程序的选择权交给当事人体现了诉讼程序中的自治原则。"程序的对立物是恣意,因而分化和独立才是程序的灵魂。程序排除恣意却并不排斥选择。"①简易程序较之普通程序手续简便、审理快捷、成本低廉,当事人选择简易程序,将会获得更大的诉讼利益。当事人享有程序选择权,不仅不会导致简易程序的滥用,而且会调动其程序参与的积极性。二是程序的便捷。通知方式可以通过口头、电话等方式,且不受普通程序的期限限制,这为当事人和审判人员节省了时间成本;庭审程序的简化使得审判效率更高,也有利于当事人了解争议焦点,加深对争议问题的认识程度;裁判文书的简化更是方便当事人阅读和理解,避免了文书的形式繁杂。

(三)诉讼负担减轻

对于法院而言,节省司法资源,缓解审判压力,节省诉讼成本,是行政诉讼简易程序试行的直接目的和现实需求。简易程序在减轻诉讼负担方面的作用主要体现在以下几点:一是案件分流比。思明法院适用简易程序的案件占同期总收案数的30%,通过案件分流,使得适用普通程序的案件数量下降,而适用简易程序的案件数量上升,在综合层面有效地减轻了诉讼负担,减少了法院的工作量。二是独任制审理数量。行政庭在基层法院的配置相对比较薄弱,基本仅有一个合议庭,独任制审理能够有效提高诉讼效率,缓解法官办案压力。三是当事人诉讼成本综合考量。当事人的诉讼成本高低主要通过案件审理的期限长短、诉讼程序的繁简、开庭次数的多少来反映。通过试点工作我们发现,适用简易程序审理的案件在上述三个方面得到明显的改善。例如,2013年5月受理的原告某工贸有限公司诉厦门市人力资源和社会保障局及第三人陈某工伤行政确认一案,在征得当事人同意适用简易程序审理后,在立案后四日内就送达完毕,同时确认立案后第7日开庭审理,其后于第13日由独任制审判员作出判决并送达当事人。

(四)社会效果好

法律对公正的实现程度则集中体现在裁判的社会效果方面。行政诉讼简易程序的试点探索实现了较好的社会效果,主要体现在上诉率和撤诉率两个审判指标中。思明法院适用简易程序审理的案件上诉率仅有10.6%,而同期适用普通程序审理的案件上诉率则有37%。撤诉率是裁判效果的另一个重要表现。思明法院适用简易程序审理的诉讼案件撤诉率为26%,而同期适用普通程序审理的诉讼案件撤诉率为15.3%。当事人通过诉讼程序实现了诉讼目标或者解

---

① 张卫平:《推开程序理性之门》,法律出版社2008年版,第76页。

决了行政争议,以撤诉的方式结束诉讼程序,这与当前司法公正追求实质正义的理念一致。

三、行政诉讼简易程序试点运行中存在的问题

行政诉讼简易程序作为一个刚刚开始试点的纠纷解决程序,有许多积极的意义,但同时也存在诸多不足。对试点中发现的问题进行分析是我们进一步理解和认识行政诉讼简易程序的有效途径。

(一)行政诉讼简易程序的适用率相对较低

相对于普通程序的适用率,思明法院简易程序的适用率较低。2012年12月20日至2013年10月30日,思明法院适用简易程序审理的行政案件仅占受理行政案件数的30%,适用率低主要有以下几个原因:

第一,当事人对简易程序不够了解,拒绝适用简易程序审理案件。《通知》第1条第3项规定"当事人各方自愿选择适用简易程序,经人民法院审查同意的案件"可以适用简易程序。据试点过程中的统计,在法官初步筛选的基础上,被征询适用意见的当事人仅有47%同意适用简易程序。当事人拒绝适用的主要理由是普通程序的合议庭成员人数较多,经过合议的案件更具有公平性和公正性,适用简易程序的独任制审判员仅有一个人,因而,合议制更具有公平性的优势。这反映出当事人对法官的不信任,同时也反映出法院司法权威性不足。

第二,承办法官不愿适用简易程序。通过简易程序审理案件虽然在提高审判效率、节约当事人诉讼成本方面具有优势,但是对于审判人员而言,他们在案件审理中更倾向于适用普通程序。一是简易程序的审理期限较短,一般情况下在庭审结束后,留给法官撰写判决书的时间约在15天左右,综合考虑个人的其他审判工作环节,15天的时间相对来说比较紧张。二是简易程序没有扣除审限和延长审限方面的规定,根据现代能动司法的理念,承办法官在审理案件的过程中会采取协调的方式解决当事人之间的纠纷,而协调需要花费一定的时间,如果协调成功则以撤诉的形式结案,如果协调不成功则仍需撰写裁判文书,这就存在延长审限或者扣除审限的需要。但是,目前未有关于扣除审限或者延长审限的规定,法院的司法管理信息系统也没有这方面的权限,所以,法官在协调案件的过程中如果超过45天的审限就只能将简易程序转为普通程序,重新组成合议庭再次开庭审理。

(二)简易程序的适用范围较窄

《通知》第1条规定:"下列第一审行政案件中,基本事实清楚、法律关系简单、权利义务明确的,可以适用简易程序审理:(一)涉及财产金额较小,或者属于行政机关当场作出决定的行政征收、行政处罚、行政给付、行政许可、行政强制等案件;(二)行政不作为案件;(三)当事人各方自愿选择适用简易程序,经人民法

院审查同意的案件。"上述规定看似从类别上对适用简易程序的案件进行了规定,并赋予了当事人选择适用简易程序的自由,但是在实践中的操作却大打折扣。第一,行政诉讼案件的复杂程度主要和行政行为本身的复杂程度相关联,财产金额的大小不能决定案件的难易,而且行政不作为案件本身亦有难易之分,不能简单地把财产金额小的案件和不作为案件划归简易程序的适用范围。第二,由于我国目前整体司法公信力不高,法官整体素质差别较大,当事人认为合议庭相对于单个法官而言更具有公正性,所以在试点的过程中,简易程序征询率较高但是适用率较低。

(三)简易程序的制度设计尚不完善

1. 审理期限短。简易程序的审理期限为一个半月,扣除立案阶段的录入转送环节及当事人的10天答辩期,其他送达及庭审环节剩余的时间明显过短。行政审判本就因为行政活动专业性强,涉及法律法规庞杂,专业术语晦涩难懂而使行政案件的审判极富专业性和挑战性。行政审判难度普遍较大,案件的上诉率、申诉率明显高于民事、刑事案件,且行政诉讼协调也需要时间来消除当事人之间的隔阂。在这种情况下,审理期限过短,会导致超时限转为普通程序,这进一步增加了时间成本,也是法官排斥适用简易程序的原因之一。

2. 送达程序与证据固定存在矛盾。《通知》规定,人民法院可以采取电话、传真、电子邮件、委托他人转达等简便方式传唤当事人。但实践中传唤方式本身仍然需要以书面的形式固定证据,一方面是为了防止当事人在事后拒绝承认收到传唤通知;另一方面是法院档案管理和评查方面的规定都要求以书面方式将送达手续存入卷宗。所以,虽然《通知》规定了简便的送达程序,但是在实践中由于没有其他辅助程序,所以即使以电话、托人带信的方式送达,也需要后续以书面形式确认。

3. 没有规定协调程序。近年来,法院在审判实践中积极探索行政诉讼的协调制度,将协调引入行政诉讼审判模式,力求用"协调和解"的办法定分止争,有效地化解了行政争议,取得了令人满意的法律效果和社会效果。行政诉讼简易程序更应该在试点的过程中加大协调的力度,促进矛盾化解。但是,简易程序试点方面的法规没有诉讼协调及相关联的审限扣除方面的规定,导致在办理案件的过程中,法官虽然开展了协调工作,但是由于审理期限扣除的限制而不能充分地进行协调。

四、行政诉讼简易程序的完善对策

通过行政诉讼简易程序试点过程中积累的实践经验及发现的问题,本文拟从两个方面提出完善建议。

(一)行政诉讼简易程序的设置需协调好两种关系

行政诉讼简易程序的设置首先要处理好两种关系,只有在此基础上才能保障制度环节的设置合法高效。

1. 协调好程序的简易化与正当性之间的关系

之所以设置行政诉讼简易程序,是因为对某些案情简单、争议不大的行政案件而言,简化的程序在提高效率的同时不会损害裁判的公正性。如果在程序简化的过程中忽视正当性,将导致行政诉讼简易程序在适用过程中被任意简化,因片面追求程序的简单而使当事人诉讼权利受到削弱,这样的简易化不仅会导致案件质量低,也使司法公正受到怀疑,无法实现通过行政诉讼审查行政行为的目的。[1]

2. 协调法官诉讼指挥权与当事人程序基本权

行政诉讼简易程序在程序上追求效率及公正,同时行政诉讼本身必须以审查行政行为的合法性为内容,通过合法性审查保障相对人权益。这要求赋予法官必要的诉讼指挥权,简易程序则恰恰体现了行政审判中法官的诉讼指挥权的扩大。法官诉讼指挥权的扩大存在前提要件,就是必须保障当事人的程序基本权。在行政诉讼简易程序中要保障当事人诸如辩论、申请回避、提起上诉等基本权利,同时尊重法官的诉讼指挥权,因此,有学者认为,"法官权力的扩张并不一定与当事人的保障冲突,相反,它将强化程序公正和判决的确定性"。[2]

(二)行政诉讼简易程序的立法建议

1. 修改《行政诉讼法》增设简易程序规定

目前,适用行政诉讼简易程序审理案件的唯一依据就是最高人民法院发布的《通知》,而《通知》仅仅是一个规范性文件,不具有强制的、普遍的约束力。根据法律保留原则,行政诉讼简易程序作为一种诉讼制度必须由法律规定。虽然最高人民法院发布的司法解释具有普遍的约束力,但是,从司法解释权的本意看,其是最高人民法院根据宪法和法律对于在审判案件过程中如何具体运用法律的问题,通过决定、批复、答复、复函等形式解释的权力。它针对的对象是具体的运用法律的问题,通过司法解释的形式规定行政诉讼简易程序明显超出司法解释的权力界限,其效力和作用范围无法和全国人民代表大会及其常务委员会

---

[1] 顾连凤:《论行政诉讼简易程序的构建》,南京师范大学2006年硕士学位论文,第32页。

[2] [意]莫诺·卡佩莱蒂:《当事人基本程序保障权与未来的民事诉讼》,徐昕译,法律出版社2000年版,第52页。

制定的法律相比拟。① 为此,建议今后修改我国的《行政诉讼法》时,增设一章简易程序,从立法层面上构建规范统一的行政诉讼简易程序制度。从立法与法院司法关系而言,只有全国人大及其常委会的立法才是解决我国行政诉讼制度中简易程序构建的根本路径。②

2. 行政诉讼简易程序具体制度设计

(1)行政诉讼简易程序的适用范围

哪些案件适用简易程序,是行政诉讼程序设计面临的困难问题,也是最重要的问题,这关系到简易程序的运行效果。通过思明法院的简易程序试点,我们发现单纯的列举式并不能涵盖行政诉讼简易程序的适用范围。应当通过列举式列明应该适用简易程序的案件类型,同时通过排除式来禁止特定案件的适用。这样做既保证了简易程序适用的开放性,又合理地限制了法官的自由裁量权,使法官在司法实践中更容易操作。③ 以下三类案件应该适用简易程序审理:行政机关适用简易程序作出的行政行为;行政不作为案件;当事人各方自愿选择适用简易程序,经人民法院审查同意的案件。不得适用简易程序的案件也应该明确列举,第一,涉及剥夺或者限制公民人身自由的案件。人身自由属于宪法上的基本人权,在诉讼程序上应该更加谨慎细致。第二,具体行政行为在当地有重大影响的或涉及公共利益的。第三,涉及人数众多的集体诉讼,必须说明的是与民事诉讼制度不同,行政诉讼中的集体诉讼原告人数在起诉时必须能够确定。这类案件当事人众多,送达本身就需要更多的时间,具体案情也存在或多或少的差异,适用普通程序审理更加合理。以上三类案件应该被排除在简易程序的适用范围之外。

(2)简化程序性规定

第一,起诉方式。法院应该允许原告以口头的方式起诉,对于口头起诉的当事人,在立案阶段由立案庭将当事人的基本情况、诉讼请求及事实理由记录下来,并指导当事人提交证据。之后,将书面起诉内容和证据内容告知当事人,并由当事人签名确认。

第二,传唤当事人方式。适用简易程序审理行政案件可以借鉴民事诉讼简易程序的规定以简单的方式传唤当事人,例如电话、传真、电子邮件等方式。对于开庭、宣判这两项对当事人权利有重大影响的诉讼程序,如果没有其他辅助证

---

① 李成:《行政诉讼简易程序制度研究》,华东政法大学 2011 年硕士学位论文,第 34 页。
② 沈福俊:《行政诉讼简易程序构建的法制化路径》,载《法学》2011 年第 4 期。
③ 常晓云:《我国行政诉讼简易程序适用范围评析》,载《湖北行政学院学报》2012 年第 1 期。

据证明当事人确实知晓或者送达的,不得认定当事人无正当理由未到庭或者收到法律文书。

第三,审判组织。适用简易程序应该同时适用独任制审判,只有这样才能达到节约资源、提高效率的目的。从试点的经验来看,法院目前案多人少的矛盾突出,以笔者所在思明法院为例,每年受理的行政诉讼和行政非诉案件在1000件左右,因此,简易程序作为提高效率缓解讼累的有效途径,由审判员一人独任审理案件,可以有效地提高审判效率,实现繁简分流。

第四,庭审程序。庭审程序的简化是简易程序最大的优势,也是简易程序最重要的价值。因此,庭审程序可以借鉴思明法院行政法官的做法:一是庭审调查阶段,仅仅确认起诉与答辩是否与文书一致,不必详细宣读起诉状和答辩状内容。由法官对无争议内容进行归纳。二是举证质证阶段,对于涉及当事人无争议内容的证据由法官释明,不必一一举证质证,仅仅对有争议的主要证据逐一列举。三是庭审流程的四个阶段可以简化合并。审查和辩论可以同步进行,而不受普通程序中庭审各阶段顺序的限制。这不仅可以提高审判的节奏和效率,也可以明确法庭审理的要点,提升审判人员的归纳辨别能力,提升庭审质量和针对性。

第五,裁判文书制作。一方面,事实认定部分不必记载各方当事人所有的观点和事实依据,裁判文书仅概括记载争议的要点和主要理由,重点详细记载法庭认定的事实和理由。另一方面,对于证据可以综合认证的,不必逐一进行论证,对当事人有争议的证据可以重点论述。这样可以简化文书内容,提高文书的说理性和针对性。

(三)行政诉讼简易程序制度设计中应注意的问题

1.审理期限的延长与扣除问题

行政诉讼简易程序试点的相关文件没有规定延长审限制度。《通知》规定的行政诉讼简易程序的审理期限是45天,如果再有延长审限制度,则在审理期限上与普通程序审理没有差异,不能达到提高审判效率的目的。虽然在简易程序中没有延长审限制度,但是通过试点,笔者认为简易程序应该规定审限的扣除制度,从技术角度看,审理期限的延长理由繁多,而扣除审限则主要适用于协调的情形。在协调的过程中,如果审限届满,则以书面形式申请审判管理部门扣除审限,这样既可以消除法官进行行政协调的顾虑,又可以把扣除审限限制在合理的范围内,防止通过扣除审限的方式变相延长审理期限。

2.简易程序的适用阶段

行政诉讼简易程序只能使用一审程序,从审判层级的功能区分看,一审程序承担着初级审理的功能,案情简单、争议不大的案件应该由一审法院承担。二审程序的主要功能是监督和审理重大疑难案件,为了保证监督的严肃性和权威性,二审程序应该适用审慎且周延的普通程序。例如,二审程序审理的确认发明专利权的案件、海关处理的案件等。这些案件都属于专业技术知识要求高、案情复杂的案件,应该适用普通程序审理。

设置行政诉讼简易程序的目的在于提高诉讼效率,实现司法公正。因此,根据案情繁简、影响大小等因素,对行政诉讼制度进行改革,设置行政诉讼简易程序,对于促进行政诉讼审判体制改革意义重大。本文通过分析思明法院行政诉讼简易程序试点中发现的问题,提出行政诉讼简易程序立法的方向和建议,希望能够对我国行政诉讼简易程序制度的建立提供有益的经验。

关于龙岩市生态资源司法保护的调研报告

龙岩市中级人民法院课题组[*]

"保护青山绿水,修复生态资源,司法大有作为。"[①]伴随着社会的发展和进步,司法对于生态资源保护的重要性日益突显出来。如何最大限度地发挥司法的正能量,保护好闽西的青山绿水,修复好过去因经济的片面发展而遭受破坏的生态资源,成为龙岩市法院工作的一大重点课题。近年来,我市两级法院紧紧围绕"生态龙岩"的生态城市建设目标,立足于我市生态建设与资源环境保护的实际,以打造生态司法一院一品、一年一品的工作思路积极创新生态资源审判机制,加强生态资源司法服务与司法保障工作,不断强化司法服务功能,为"美丽龙岩"建设提供更加有力的司法服务保障。本文拟以我市两级法院生态资源司法保护的审判实践为对象,总结其在生态资源司法保护上的成功经验,探讨其在生态资源审判实务中遇到的难点与困境,并试图找到解决的建议与对策。

一、我市生态资源司法保护的现状

(一)我市生态资源环境的基本情况[②]

龙岩是革命老区,位于福建西部,俗称闽西。全市总面积19050平方公里,占全省陆地面积的15.7%,其中山地面积14964平方公里,丘陵面积3101平方公里。特殊的地形地貌造就了龙岩得天独厚的资源储备。从森林资源上看,龙岩是福建省三大林区之一,森林覆盖率达79.9%,有林地面积2384.1万亩,森林主要以马尾松、杉木、毛竹和阔叶林为主,其中林木蓄积量7023万立方米,毛

---

[*] 课题负责人:林宜杰(龙岩市中级人民法院副院长)。课题组成员:谢天星(龙岩市中级人民法院政治部副主任)、张静瑜(龙岩市中级人民法院研究室主任)、王瑜程(龙岩市中级人民法院助审员)。报告执笔人:傅彤(龙岩市中级人民法院书记员)。本报告系福建省高级人民法院2013年度全省法院重点调研课题"关于生态资源司法保护机制的调研"(批准号:闽高法[2013]96号)的最终成果。

[①] 何晓慧、周晓芳:《助力建设海西"生态优美之区"》,载《人民法院报》2011年4月11日第1版。

[②] 节选自龙岩地区地方志编纂委员会编:《龙岩地区志》,上海人民出版社1992年版。

竹蓄积量2.4亿株,居全省前列。从矿产资源上看,我市素有"金山银水"的美称,是福建省的主要矿产地。目前我市已发现矿产资源64种,探明资源储量的矿产地300多处,其中能源矿产3种,金属矿产18种,非金属矿产40种,其他矿产3种。煤、铁、锰、铜、金、银、稀土、石灰岩、白云岩、高岭土、膨润土、花岗石材等12种矿产是龙岩的优势矿产。此外,从水文与水资源上看,我市境内溪河众多,分属于汀江、九龙江北溪、闽江沙溪和梅江水系,集水面积达到或超过50平方公里的溪河共有110条。河川年径流量190亿立方米,水力资源理论蕴藏量214.5万千瓦,可供开发的水能蕴藏量182.7万千瓦。

近几年来,龙岩市委、市政府高度重视生态建设,积极编制《龙岩市生态市建设实施纲要》、《龙岩生态市建设"十二五"规划》等纲领性文件,探索"生态龙岩"城市建设,取得了较为显著的成绩。然而与此同时,我们也应当看到,在我市经济快速发展的过程中,以牺牲环境为代价的状况仍然存在,从上杭紫金矿业重大环境责任事故案到长汀稀土污染案,非法采伐资源致生态严重破坏的事故仍时有发生,我市生态环境形势仍旧严峻。如何充分发挥司法职能,切实做好"两个流域"、"三种资源"和"四个区域"①的生态司法保障工作成为当前我市两级法院工作的一大重点。

(二)我市生态资源案件审理的基本情况

近年来,我市两级法院紧紧围绕保障生态环境的大局,积极发挥审判职能,创建生态司法"一院一品"服务"生态龙岩"城市建设,努力推动全市生态审判工作的开展,已经取得了初步成效。从收案与审理情况上看,以我市2009年至2013年上半年②的情况为例,2009年至2013年上半年全市两级法院共受理生态资源一审案件2695件,审结2462件,结案率91.4%。其中受理生态资源一审刑事案件1597件,占生态一审案件总数的59.3%,审结1530件,结案率95.8%;受理一审民事案件923件,占生态一审案件总数的34.2%,审结772件,结案率83.6%;受理一审行政案件175件,占生态一审案件总数的6.5%,审结160件,结案率91.4%。具体分年分类情况详见表1、表2、图1。

---

① "两个流域"指龙岩汀江流域和九龙江流域;"三种资源"指森林资源、矿产资源和水资源这三种主要资源;"四个区域"指水土流失治理区、矿产资源区、林区和水源治理区。
② 统计数据截至2013年6月30日。

表1 2009年至2013年6月审理生态资源一审案件的基本情况

年份	生态资源刑事案件			生态资源民事案件					生态资源行政案件			
	收案数	结案数	结案率	收案数	结案数	调解数	撤诉数	调撤率	收案数	结案数	行政协调数	首长出席案件数
2009年	334	331	99.1%	169	107	25	24	32.2%	20	19	4	0
2010年	230	229	99.6%	250	232	35	44	34.1%	32	31	10	2
2011年	316	315	99.7%	295	270	33	57	33.3%	31	31	4	2
2012年	438	430	98.2%	130	118	12	32	37.3%	43	43	11	3
2013年上半年	279	225	80.6%	79	45	12	14	57.8%	49	36	6	2

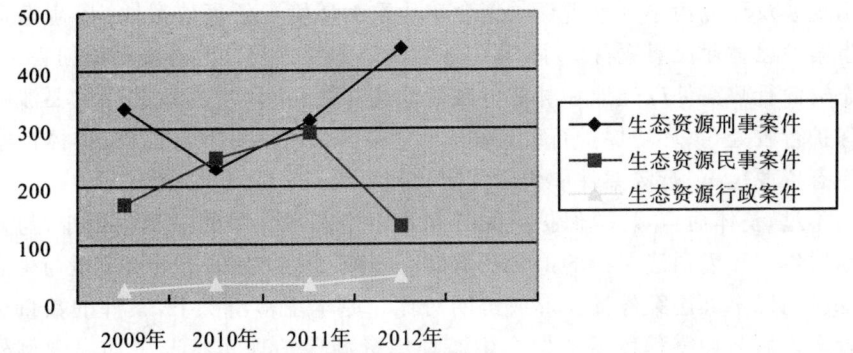

图1 2009年至2012年生态资源一审案件的收案情况①

表2 2009年至2013年6月审结民事、行政群体性案件情况②

案件数	2009年	2010年	2011年	2012年	2013年上半年
审结生态群体性诉讼案件数	23	45	40	38	36
当年审结民事、行政生态案件总数	171	263	301	161	81
群体性案件所占百分比	13.5%	17.1%	13.2%	23.6%	44.4%

① 由于2013年的数据仅反映上半年情况,故图表的统计期间限定在2009年至2012年,而未将其纳入。

② 除一般群体性案件外,涉及村民小组的案件、村委会作为原告起诉的案件也计入群体性案件(村委会作为被告或第三人等当事人的不计入)。

从案件数量上看,近五年来,我市生态资源案件总体以刑事案件为主,生态民商事案件次之,生态行政案件较少。案件数量随时间的变化也较为明显。就生态资源刑事案件而言,除2010年收案数较2009年回落明显外,生态资源刑事案件呈逐年递增趋势,且涨幅明显,其中2011年增加86件,涨幅37.4%,2012年增加122件,涨幅38.6%,从2013年上半年的情况看,2013年我市生态资源刑事案件数将持续上升。而我市生态资源民事案件却相反,从2009年至2011年,我市生态资源民事案件呈逐年增长趋势。此后,随着诉前调解等司法职能延伸活动的开展,我市生态资源民事案件明显下降,2012年的降幅达到55.9%。

从案件类型上看,我市生态资源刑事案件主要涉及破坏森林资源犯罪和非法采矿犯罪,传统的林业刑事案件例如失火罪案件等每年都是高位运行,涉矿产资源类的刑事案件也是频频发生,导致刑事案件占了较大比重,2010年我市首次出现涉及环境污染刑事责任的紫金矿业重大环境责任事故案件。[①] 生态资源民事案件以林业民事案件为主,其中环境民事案件主要涉及环境污染损害赔偿。生态资源行政案件以土地和林业行政管理为主,其中环境行政案件主要涉及环境保护行政处罚、环境保护行政许可、环境保护排污许可等。此外,群体性案件在生态资源民事、行政案件中仍占一定比例。

不过,整体而言,环境保护类案件在我市生态案件中的总量仍偏小,与人民群众对生态环境司法保护的迫切需求尚有差距。生产污染的日益严重与生态环境保护的民事诉讼案件稀少形成鲜明对比。原本正常情况下,案件的数量少表明社会矛盾与冲突程度低。但在生态环境资源保护现实状况中却出现例外情况:一方面是当前因生态环境问题引发的社会矛盾与冲突的高发,另一方面却是法院受理的生态环境案件极少。司法所具有的化解矛盾与冲突、恢复法律秩序、维护社会稳定的功能在生态环境资源保护领域没有发挥应有的作用。加之生态公益诉讼尚未启动,使得人民生态公共利益未能得到有效保护。故从我市生态资源司法保护境况看,我市生态资源司法保护不容乐观。

二、我市在生态资源司法保护上的创新性实践

(一)设立生态资源审判庭,实现生态审判专门化

由于环境案件在法律上和技术上的特殊性,环境审判专门化成为司法体制

---

① 2010年7月3日,龙岩上杭紫金矿业集团铜矿湿法厂污水池水位异常下降,池内酸性含铜污水出现渗漏,外渗污水量达9100立方米,致汀江水严重污染,造成直接经济损失达3187.71万元人民币。2011年1月,龙岩市新罗区人民法院对该案作出一审判决,被告单位紫金矿业集团股份有限公司紫金山金铜矿犯重大环境污染事故罪,判处罚金3000万元。龙岩市中级人民法院二审维持原判。

改革的必然趋势。① 自 2007 年贵阳市中级人民法院环保审判庭设立以来,设立独立建制的环境审判机构即成为司法理论和实务所探讨的一大热点。② 最高人民法院 2010 年公布的《关于为加快经济发展方式转变提供司法保障和服务的若干意见》指出:"在环境保护纠纷案件数量较多的法院可以设立环保法庭,实行环境保护案件专业化审判,提高环境保护司法水平。"在这一背景下,我市两级法院从我市的生态资源环境的实际出发,根据我市新出现的生态资源案件类型,积极探索创新生态资源环境类案件的审判工作机制。

事实上,早在 1981 年,龙岩市中级人民法院(以下简称龙岩中院)就已成立林业审判庭,专门受理破坏森林资源刑事案件以及各类林业民事、行政案件。1982 年上半年,各基层法院陆续设立独立的林业审判庭,实现了林业类案件的专业化审判。然而,近年来,伴随着我市经济的快速发展,在我市的司法审判实践中,涌现出一种新类型的案件,此类案件的审判无论是涉及刑事、民事、行政责任,都应当考虑到对生态环境、自然资源的保护与恢复,具有专业性强、受影响的人数多、范围广、受害人缺乏相关知识无法举证、法律关系复杂等特点,需要以多种法律规范、多种方法从多个方面对森林等自然资源、生态环境法律关系进行综合性调整,从而形成了一个复杂的法律关系综合体。拓宽受案范围,实现生态资源案件审判的专业化成为大势所趋。2011 年 5 月 11 日,经我市编委批准,龙岩中院正式成立生态资源庭,并于 2011 年 7 月 1 日起正式审理涉及林业、生态环境、自然资源的刑事、民事、行政诉讼的一审、二审和抗诉案件,监督指导基层法院生态资源案件的审判工作。基层法院生态资源庭的更名及生态资源审判工作也及时跟进。至 2011 年年底,我市已形成独立建制且覆盖全市两级法院的生态资源审判机制,在全省率先实现了生态资源两级审判的专业化。

(二)刑事审判突出修复,建立生态恢复补偿机制

龙岩是全省最重要的林区之一,林区失火、盗伐滥伐林木、非法占用林地等破坏森林资源的违法犯罪行为频频发生,且往往造成森林生态资源遭受大规模严重破坏的恶果。然而,由于此类案件的特殊性,即使最终进入刑事司法程序,也很难发挥生态司法的恢复功效,无法弥补因犯罪行为造成的森林生态资源的破坏。对此,我市两级法院认真贯彻宽严相济、惩罚与教育相结合的刑事政策,在打击破坏森林生态资源犯罪的同时,致力于修复因犯罪行为破坏的森林生态环境,探索打造生态恢复补偿的司法品牌。

---

① 胡耘通:《我国环保法庭的分析与完善——兼论环境审判专门化的图景展望》,载《中国环境法治》2011 年卷(上),法律出版社 2011 年版。

② 具体分析可参见张树昭等:《构建两型社会中的环保法庭研究》,贵州人民出版社 2011 年版。

2009年,上杭县人民法院在深入调研和广泛征求意见的基础上,与县林业局、公安局、检察院联合制定实施《关于涉林刑事案件复绿补种机制的实施意见》,率先在我市法院系统探索创新生态司法的恢复补偿机制。2010年7月,龙岩中院制定《龙岩市关于在破坏森林资源违法犯罪案件中开展生态恢复补偿机制工作的实施意见(试行)》,要求犯罪行为人在依法承担责任的同时,与被害人签订生态恢复补偿书面协议,或缴纳生态恢复补偿金,委托县林业局在受损林地补植复绿,并明确将受损生态的恢复情况作为量刑的参考依据之一。该《意见》经市林业、公、检、法联席会议讨论通过并联合下发形成工作机制来促进生态恢复补偿工作的开展。各基层法院的试点工作也随之推进。其中长汀县人民法院结合当地生态环境的实况,开创出生态审判"判前三调查、判中三落实、判后三督促"的"三三"机制,①配套服务当地水土流失治理,遏制了水土流失,保障生态恢复,成效显著,被媒体称为"长汀经验"。其他各县的生态恢复补偿工作也成效显著,截至2012年年底,全市法院共适用生态恢复补偿案件112件,修复受损森林面积达12268.8亩,实现了良好的社会效果与法律效果。

(三)创新涉林诉调对接机制,多元化解建设和谐林区

顾名思义,生态资源的司法保护是以人民法院为主体的生态环境的司法保护工作,然而生态的司法保护绝不意味着仅靠法院一家之力足矣,②在生态环境的治理与保护过程中,司法与行政的互动显得越来越重要。③近年来,我市两级法院积极与人大代表、林业部门、环保部门、乡镇村、派出所等多方联系,寻求协调与支持,强化部门联动,以化解社会矛盾为目标,积极推动全市涉林纠纷诉前化解工作,创新涉林诉调对接机制,力争通过多元渠道采用多元方式在"诉前"、"讼外"化解纠纷构建和谐林区,取得良好成效。

在诉前化解工作中,龙岩两级法院充分认识到基层是化解涉诉矛盾纠纷的前沿阵地与主战场,通过主动深入乡镇,走访当地的人大、政府、村委会,及时了解当地林区动态,排查当地出现的矛盾与纠纷,并积极与政府林木林权纠纷调处部门、集体林权制度改革发证部门沟通联系,多方联动,从源头上将纠纷化解在萌芽状态。

---

① "判前三调查",即制定供承办法官庭前完成的生态损害程度调查表、被告人复绿补植能力调查表、征求案件意见表,分别调查生态毁坏程度、被告人是否有复绿补植的能力以及社会各界对案件所持的看法和态度;"判中三落实",即落实被告人是否有签订复绿补植协议和交纳生态恢复履约保证金,落实宣传教育措施,落实被告人有无真诚悔过;"判后三督促",即督促复绿补植的开展、判后定期实地查看、督促落实,督促司法建议的落实,督促被判处缓刑人员保证一定行为的落实。
② 刘锡秋:《生态环境司法保护的概念和规律刍议》,载《时代主人》2012年第9期。
③ 李莉等:《建设美丽中国,司法任重道远》,载《人民法院报》2013年1月30日第8版。

与此同时,我市两级法院积极构建全市范围内的涉林纠纷诉调对接机制,以制度促进涉林纠纷的化解工作。福建省高级人民法院2011年《关于充分发挥司法职能作用 积极参与全面构建"大调解"工作体系的意见》下发后,龙岩中院结合我市生态资源环境实际,经多次与市林业局、司法局沟通协调,以涉林纠纷为重点,积极促成市林业局、市司法局与龙岩中院三个单位联合下发适合我市工作实际的配套实施意见,即《关于建立涉林纠纷"大调解"机制的实施意见》。各基层法院的"大调解"工作也随即推进。以连城县人民法院为例,该院通过找准结合点,采取法院诉前化解主动参与,诉后委托或者邀请调解办公室协助开展调解的有序"双回路"衔接,加强诉调对接,在开展涉林纠纷"大调解"机制工作中取得了良好的成效。截至2012年年底,连城县人民法院共参与诉前调处生态民事纠纷236起,调结204起,调解率86.4%,受理的生态资源民事案件也明显减少,社会效果明显。

三、我市生态资源司法保护运行的难点与困境

(一)案外因素多,生态资源案件办理难

在生态资源案件尤其是环境案件中,行为人实施的污染环境行为通常危害了环境周边居民正常的生产和生活,影响人数较多、影响范围较广,如果没有得到及时、有效、合理的解决,很可能直接危及社会稳定。此外,实施环境污染的行为人往往是地方的纳税大户或是当地财政的重要来源,在案件的办理过程中容易受到地方保护主义的影响,一些案件甚至直接起因于地方政府为发展经济而违规违法操作,如为招商引资而未经审批就违法占用林地等。案外因素多、影响面广、调处压力大等成为困扰生态资源案件尤其是环境案件办理的难题。

(二)立法缺失,生态公益诉讼机制启动难

在一个法治社会里,只要有导致公益性环境和生态平衡危险或损害的行为,就应当有相应的机构负责追究,并提起诉讼。[1] 面对当前我国生态环境问题日益突出、公众维权意识日益增强的新挑战,引入生态公益诉讼机制,引导公众通过合法程序,化解重大环境纷争已经成为社会共识。2012年修订后的《民事诉讼法》增加了关于"公益诉讼"的新规定,成为我国环境公益诉讼制度建设的新起点。[2] 然而,《民事诉讼法》第55条仅仅对生态公益诉讼作原则性规定,而没有对其中什么是"损害社会公共利益的行为"、哪些是"法律规定的机关",哪些属于"有关组织"等诉讼的主体资格、受案范围、举证责任问题作出明确界定,再加上

---

[1] 万鄂湘:《在水资源司法保护研讨会开幕式上的讲话》,http://www.ccmt.org.cn,下载日期:2013年10月23日。

[2] 别涛:《环境公益诉讼立法的新起点》,载《法学评论》2013年第1期。

环境污染通常具有间接性、复合性,其侵害往往通过环境这个载体作用于受害人,侵害主体即污染源的查找、确定需要一定的专业知识,不容易确认,从而造成实践中当事人的资格难以认定。与此同时,由于环境损害的结果往往具有潜在性、广泛性,且对生态环境的损害不一定与个人有直接的利害关系,生态环境民事侵害的受害人难以提起诉讼。生态环境的公益司法保护因而面临司法介入难的困境,不少案件被挡在了法院之外。民众提起公益诉讼的通道不畅通,直接影响了环保诉讼尤其是生态环境公益诉讼的发展。

(三)司法鉴定难,生态审判适用法律难点多

生态资源案件尤其是生态环保案件往往涉及自然科学知识,专业性、技术性较强,大多数行为的认定必须经过特定的专业机构或技术部门的检测和鉴定。例如,对某种声音是否超过国家规定的标准分贝、污染行为与损害结果是否存在因果关系等问题进行专门鉴定。然而,实践中涉及生态资源案件的鉴定机构、鉴定资质、鉴定程序较为混乱,多头鉴定、重复鉴定的现象仍然存在,因鉴定结论相互矛盾,导致当事人不服裁判的现象时有发生。专业性强、鉴定难成为生态资源案件审判的一大难题。此外,由于环境诉讼的特点决定了环境诉讼规范有着不同于传统民事、刑事、行政诉讼规范的内容,从而使生态审判实践中面临着可供适用的法律不能很好地应对环境案件的特殊性,甚至出现许多方面根本无法可依的情形。① 如在我市生态恢复补偿机制的推行过程中,即面临如法律规定欠缺,诉讼法没有对"复绿补种"的适用条件、程序、量化等作出规定,各县法院在试行过程中出台的文件标准不尽相同,难以达到司法一致性等困境,以及"复绿补种"仅作为一种民事责任形式而非刑罚手段,须由公诉机关或者被害单位提起附带民事诉讼,法院不能主动判决等瓶颈。

(四)横向协调不足,司法与行政的衔接有待完善

生态资源环境案件往往与地方重工业企业紧密相关,其处理可能影响地方经济发展的全局,其治理必须紧紧依靠地方党委政府的大力支持;其推进可能需要政府的工商、农林、水利、环保等诸多职能部门的紧密配合;其化解可能需要乡、镇、场、村民委员会以及街道等基层组织通力配合做群众工作。当前我市生态审判的司法实践,如创新涉林纠纷诉调对接机制,通过积极与林业局、司法局沟通协作,构建涉林纠纷"大调解"体系,形成工作合力等创新性实践已初见成效。然而,生态司法的形势仍较为严峻。不少地方林业纠纷"矛盾尖锐、专业性强、涉诉人数多、审理难度大、判决率高、自诉难"等现象仍然存在;一些法院仍在孤军奋战,未能及时充分地与相关行政职能部门、基层组织沟通配合,形成化解合力。这些问题直接影响到我市生态资源案件司法保护的成效。

---

① 黄莎:《我国环境法庭司法实践的困境及出路》,载《法律适用》2010 年第 6 期。

四、完善我市生态资源司法保护的建议

(一)理念先行,改进生态司法的服务机制

生态文明建设必然会涉及各方利益主体的利益平衡与不同的生态诉求。在当前我国业已形成政府经济建设与生态文明建设"一肩挑"的发展模式,且短期之内很难改变的情况下,由政府这一行政主体参与此利益博弈,作为生态文明建设的裁决者,显然无法取信于其他利益主体。引入司法力量,由司法机关肩负起生态文明建设中不同利益纠纷的裁决者与不同生态诉求的平衡者的角色成为现实的选择。①

然而,长期以来,我国的生态保护工作往往更多地倚重行政力量,而对生态司法及作为其核心的生态案件审判机制重视不足,重立法、轻司法,重行政、轻诉讼的现象时有发生。② 龙岩的生态文明建设同样面临这一困境,一方面生态资源环境形势严峻,而另一方面每年受理的生态资源案件总量却不容乐观,相当一批生态违法违规案件未能进入司法程序。司法在生态文明建设中的作用没有得到充分有效的认识与发挥。为此,我们首先要转变思维,树立司法先行理念,建立起以司法审判机制为核心的生态司法运作机制,进一步改进生态司法的服务机制,完善司法对生态建设的保障体系;要进一步改进司法作风,发扬生态资源审判集办案、服务、宣传为一体的优良传统,依托辖区乡镇综治维稳中心、涉林纠纷调解办公室、人民法庭等场所,设立生态资源审判巡回办案点,在案件审理中尽最大努力做到现场勘查、就地审判、就地调解;要在辖区内每个有条件的乡镇配备生态司法联络员,切实发挥他们在反馈信息、了解案情、调解纠纷中的作用;要积极开展送法进林区、进景区、进矿区、进园区等法制宣传、法律咨询、法律服务活动,充分利用法院现有的宣传平台,突出宣传一批典型案例,以案释法,通过人民法院的司法审判,引导社会公众形成珍爱自然、崇尚和谐、保护环境的良好风气,实现人与自然的和谐发展。

(二)完善立法,试行生态司法公益诉讼机制

生态环境的公益司法保护离不开生态环境公益诉讼机制的建立。如前所述,由于立法上缺乏具体的可操作性规定,生态环境公益诉讼在司法实践中举步维艰。因而健全法律法规,落实完善生态民事公益诉讼的相关规定,并拓展生态的行政公益诉讼领域,从立法上实现生态环境公益诉讼有法可依,成为开创生态环境公益诉讼新局面的必然选择。今后我市生态环境公益诉讼机制的构建,仍有待于相关立法或最高人民法院相关司法解释的颁行。在此之前,我市法院拟

---

① 郑少华:《生态文明建设的司法机制论》,载《法学论坛》2013年第2期。
② 沈晓悦、李萱:《增强国家环境司法力量》,载《中国环境报》2010年7月8日第2版。

结合龙岩生态资源司法保护的实际,在现有的法律框架下制定生态环境公益诉讼的相关操作规程,统一办案规范和审理标准。

(三)巩固成效,提升生态司法恢复机制

当前,我市生态司法恢复补偿工作已初见成效,然而,如前所述,在我市生态司法恢复补偿机制的运作过程中仍面临困境,直接影响着"复绿补种"在实践中施行的实际效果。为进一步巩固提高"复绿补种"成效,完善生态司法的恢复补偿机制,我们将适时总结经验,将"判前三调查、判中三落实、判后三监督"等生态恢复补偿的有益经验推广到各类生态资源审判程序中。我们还考虑在实践中设立生态补偿基金专户,将复绿补种保证金、生态公益赔偿金等纳入该生态补偿专户管理,集中用于生态环境受损后的恢复性支出,并积极会同当地检察、公安、林业等部门共同建立常态化工作机制,对生态恢复情况和资金落实使用情况进行有效监督,确保生态环境恢复工作落到实处。此外,我们还考虑在生态司法恢复补偿工作较突出的地区设立生态恢复示范基地,充分发挥基地的生态宣传、示范效应,切实提升生态司法恢复补偿的工作成效。

(四)加强沟通协作,落实生态司法联动机制

近年来龙岩两级法院在生态司法实践中高度重视与行政执法部门和各基层自治组织的沟通联系,积极主动地加强与相关单位的沟通协作,将不少纠纷化解在"诉前"与"讼外",推动了"无讼无访"林区建设,取得了良好的工作成效。当然,如前所述,在肯定成绩的同时,我们也应当认识到当前我市生态司法联动机制的构建过程中仍存在机制不够顺畅、衔接不够紧密等问题与困难。在今后的工作中,我们将进一步与公安、检察和环保、国土等环境行政执法部门加强沟通,互通信息,交流经验,以生态环境保护执法联席会议等多元形式将涉及本地区的生态环境保护案件信息进行平台整合和资源共享,集思广益共同交流,探讨整治环境污染的有效措施和可行办法;进一步做好人民调解、行政调解和司法调解的有效衔接,发挥好人民调解的基础作用、行政调解的专业作用和司法调解的公信保障作用,推动大调解网络建设和机制落实,实现纠纷处理在法律效果和社会效果上的有机统一,从根本上促进龙岩生态资源环境保护工作的开展。

社会转型时期替代性纠纷解决机制的创新
——以厦门市无讼社区的实践为基础

厦门大学法学院"无讼社区"课题组 *

一、选题背景

(一)"半生不熟"的社会关系

改革开放和市场经济的发展带来物质财富极大丰富的同时,引发了社会利益的剧烈冲突,社会结构空前复杂,社会关系处于急剧转型阶段:由依靠亲缘、地缘、血缘等联结关系所维系的"熟人社会",向倚赖法律、规则等制度形态所调整的"陌生人社会"过渡。转型期的中国,社会关系的演进尚未完成,处于一种"半生不熟"的状态之中。一方面,陌生的社会关系中原来彼此间的信任感和可靠性消失,社会关系的调整需要制度性力量大面积介入;另一方面,各种关系密切的群体不但依然存在于农村社会,在城市中也比比皆是,非制度性力量将继续发挥作用。[①] 整个社会关系的调整呈现出一种多元并存、多方参与、多管齐下的局面。正式制度与非正式制度并行发挥作用,在诉讼等正式的社会纠纷解决机制外,非正式纠纷解决机制广泛存在并发展。

(二)多元化纠纷解决方式的现实需求

在价值多元化、社会关系尤其是利益关系日益复杂的现代社会,制度性力量在社会关系调整中起支配性作用。在法治国家建设进程中,多数社会关系被约化为法律关系,由法律予以调整。然而,法律制度的不完善,司法救济的高成本,

---

* 课题指导:王凌皞(厦门大学法学院讲师)。课题负责人:谢洁楠。课题组成员:涂倩筠、李逸斯、陈泽君、林洁、阳迪、庞丽然(全体成员均为厦门大学法学院学生)。本文于 2013 年 10 月荣获第 13 届"挑战杯"全国大学生课外学术科技作品竞赛三等奖。调研期间,课题组得到厦门市中级人民法院,厦门湖里区人民法院,厦门思明区人民法院,鼓浪屿、滨海等多个派出法庭,金山、白城、龙头等多个司法所及社区居委会的热情支持、指导和帮助,在此一并表示衷心的感谢。

① 例如,大型国有企事业单位的同事之间、各种同乡会、"浙江村",等等。参见章武生、肖国玉:《法院调解与判决的关系》,载《政法论坛》2012 年第 6 期。

纠纷样态的多样化、案件数量的膨胀化以及司法资源的有限性等缘由,①导致多元化主体的诉求无法得到有效满足,多元化的利益冲突无法得到及时的调整。社会矛盾能否得到合理解决,利益纠纷能否得到及时化解,不仅关系到现有经济社会发展成果的维护,也直接影响到社会的稳定与国家的长期发展。因此,建立与现实需要相适应的多元化纠纷解决机制迫在眉睫。

(三)"无讼社区"的概念提出及其试验

2007年,厦门市翔安区人民法院在小嶝社区设立"好厝边会所"。2009年年初,厦门市中级人民法院总结"好厝边会所"的实践经验,作出了开展"加强人民调解指导、促进'无讼'社区建设"的决定;同年6月,厦门市中级人民法院部署在全市开展创建"无讼社区"的活动。

如今,厦门市"无讼社区"创建活动已在城市、农村、工业、商业、教育、旅游等不同地域、领域全面铺开。厦门市各级法院也与劳动仲裁委、妇联、房地产中介行业协会等28个部门、行业展开了协作。

二、"无讼社区"的实证调研

"无讼社区"以现代社区为载体,融合传统"无讼"理念,引导社区主体在法律规则框架下,正当行使权利,和谐安宁相处,逐步形成司法引导与社区自治相结合、司法职能与社会责任共承担的社会管理创新机制,促进基层实现从"化讼止争"到"少讼无讼"转变。该机制借助居民、社区组织机构、司法所和其他机关团体等力量,化解社区中的矛盾冲突,力求做到"小纠纷不出社区、大纠纷不出法庭",将纠纷解决在萌芽阶段。

(一)"无讼社区"实践模式

"无讼社区"创建活动已经在厦门市所有社区开展,其中金山社区、白城社区、龙头社区试点时间较长,运行较成熟。因此,本课题组以这三个社区为例,分析各个社区的运作模式及相关人员的认知情况,总结制度经验。

1. 金山社区及其模式

(1)金山社区概况

厦门市金山社区位于厦门岛城乡接合部,社区人口涵盖厦门市老市区的原居民、周边原有农村的拆迁户、外来务工人员等,人口结构复杂,包括低保户、白领阶层以及部分流动人口。该社区是一个建设发展中的纯居民社区,纠纷集中在物业服务合同纠纷、相邻纠纷等方面。

(2)纠纷解决机制

金山社区的"无讼社区"由金山社区居委会、厦门市湖里区人民法院禾山法

---

① 吴兆祥:《新民事诉讼法出台的背景及其重大影响》,载《中国法律》2012年第5期。

庭、金山司法所、街道办事处、派出所、人民调解委员会联合构建。

社区采取以社区法官为核心的"1+N"调解模式,联合多方力量解决社区纠纷。具体做法如下:禾山法庭和金山社区合作,在社区内设立社区法官固定工作点,每双周周五下午进驻社区,为居民提供法律咨询,为预约的疑难纠纷调解提供实地指导,必要时可就地"办案"。同时,社区法官为人民调解员进行法律知识和调解业务培训。

社区邀请法官、司法所所长、社区居委会干部、社区民警及社区中部分有威望的长者担任特邀调解员,调解社区内的家庭纠纷、邻里纠纷以及其他适宜调解的纠纷。社区还设立调委会委员花名册、纠纷信息员花名册等"两册"和学习会议记录簿、法制宣传登记簿、调解登记簿、排查登记簿、回访登记簿等"五簿",从程序上规范人民调解工作。此外,居委会设立了专门的调解室,安排专人负责法律咨询、调解等工作。

金山"无讼社区"还因地制宜设立了不同的外延机构:针对物业纠纷较为集中的特点,禾山法庭与社区居委会共同设立了物业纠纷调处工作站,实现类型化纠纷调解、立案、审判一站式服务。

2. 白城社区及其模式

(1) 白城社区概况

白城社区位于厦门大学校园内,社区高级知识分子密集,90%以上是高校教师及其家属,属于纯居民社区。白城社区现有志愿者队伍16支,共409人。除一般邻里纠纷和家庭纠纷之外,社区中主要纠纷类型还包括高校和外部的经济纠纷,拆迁安置纠纷,教职工与学校的劳动争议、分房纠纷以及校园内侵权纠纷。

(2) 纠纷解决机制

厦门市思明区人民法院滨海法庭、厦门大学法律事务办公室、法学院、厦门市思明区滨海街道白城社区居委会、演武社区居委会五方携手共建了白城"无讼校区"工作小组和阳光法律服务站。工作小组通过联席会议,交流相关信息,总结调解经验,探讨校区内的纠纷及其他问题,为社区居民提供法律咨询、人民调解、现场立案、司法确认、普法宣传、巡回办案等法律服务。法庭与法学院共同对人民调解员进行法律基础知识讲授、调解技巧培训,合作编制普法宣传册,定期提供法律类知识讲座。①

3. 龙头社区及其模式

(1) 龙头社区概况

鼓浪屿龙头社区地处鼓浪屿旅游景区,每日迎接众多游客,社区常驻居民

---

① 李华斌等:《创新社会管理的先行先试者——厦门市思明区人民法院创建"无讼社区"工作纪实》,载《中国审判》2012年第5期。

9000多人,且多为商家。除邻里纠纷、婚姻家庭纠纷外,社区纠纷还包括游客与商家之间的纠纷以及劳动纠纷等。

(2)纠纷解决模式

龙头社区居委会与鼓浪屿司法所、厦门大学大学生法律援助中心、鼓浪屿法庭、启和律师事务所联合进行社区纠纷解决和法制宣传。启和律师事务所与龙头社区居委会签订了法律服务共建协议,为社区提供普法宣传,并为居民提供法律帮助,指派律师进社区协助调解委员会解决纠纷,为社区管理提供法律意见。此外,厦门大学大学生法律援助中心与鼓浪屿司法所结成了法制宣传共建单位,全面推进"法律进社区"活动,举办法律知识讲座,并提供无偿代写法律文书、法律咨询等服务,共享法律援助中心的网络资源。

4.社区纠纷解决的一般流程

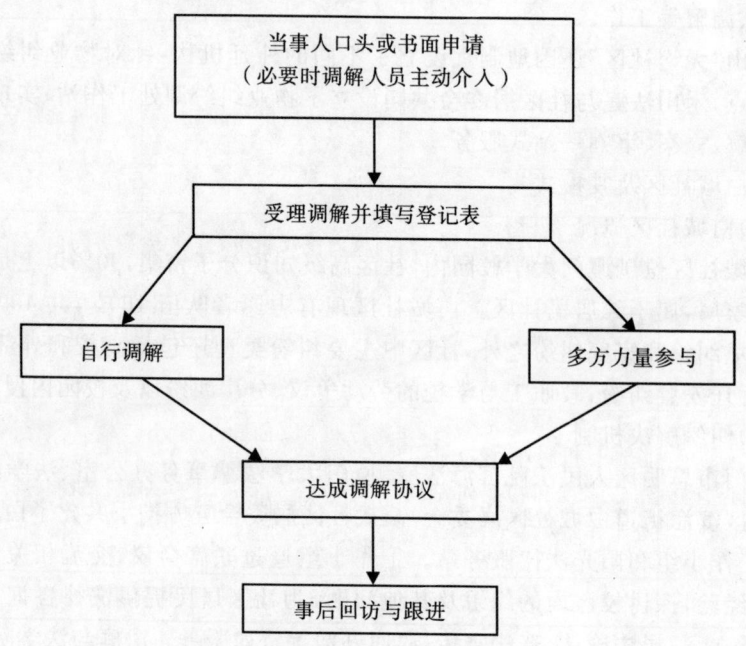

图1 社区纠纷解决的一般流程

调解程序的启动一般由双方当事人提出口头或书面申请,对符合受理条件的纠纷,调解委员会应及时受理并填写民间纠纷受理调解登记表。对于辖区内易引发矛盾激化的民间纠纷,社区信息联络员应及时向居委会反馈,调解人员主动介入纠纷。

调解程序启动后,对于法律关系较为简单的纠纷,社区调解人员可自行调解;对于情节较为复杂、法律专业性需求比较强的纠纷,调解人员可联络社区法官等专业人士指导或参与调解。此外,当事人也可主动提出由专业人士参与调解。

调解过程中,由工作人员制作笔录,及时组织达成协议的当事人签订调解协议书,并按照协议书执行。调解达成协议后,应征询当事人是否愿意进行司法确认,若当事人提出申请,则法官应依照诉讼法及相关规定进行司法确认。此后,调解人员适时进行回访,了解调解后事态的发展,帮助双方当事人更彻底地解决纠纷,并将情况载入回访登记表。如调解不成,则由调解人员告知当事人直接向法院起诉。

(二)"无讼社区"模式综合对比分析

金山社区、白城社区和龙头社区各具特色,人员构成、地理位置及纠纷类型的差异使得三个社区的纠纷解决模式存在以下差异(具体区别参见表1)。

表1 三个社区"无讼"模式分项对比

	金山社区	白城社区	龙头社区
社区类型	结构复杂、管理规范的纯居民社区	高素质纯居民社区	旅游胜地社区
社区人员构成	半生不熟	熟人	陌生人
典型纠纷	物业服务合同纠纷	高校内侵权纠纷、劳动争议纠纷	游客与商家之间的纠纷
特殊联合力量	基础模式	厦门大学法学院和法律事务办公室	大学生法援中心与律师事务所
运作机制	除通行机制外,设立社区法官制度和物业纠纷调处工作站	通行机制(创建工作小组、召开定期联席会议、"五簿""两册"规范调解工作)	通行机制(同左)
工作内容	法律咨询、法律培训、调解以及指导调解		

1. 法理与情理的要求有所不同

以白城社区和龙头社区为例,白城社区位于厦门大学校园内,主要居民为高校职工,居民之间较为熟悉,为维系既有的邻里关系,避免纠纷恶化、敌意加深,影响后续生活,居民对于调解人员依据情、理、法提出的和解方案往往易于接受。相反,龙头社区位于旅游景点鼓浪屿内,纠纷多发生于游客与商家、商家与商家之间,当事人更为重视调解对自身利益的处理,对抗意识较为明显,注重调解实体与程序的规范性。就前者而言,一般调解经验丰富的社区工作人员即可胜任,而后者往往需要法律职业者的参与。因此,在力量联合的过程中,前者可在依托法院指导的基础上,着眼于社区内部工作人员调解技能的培训,后者则需加强与社区周边法官、律师等法律职业者的联系,以及时满足调解的需要。

2. 联合力量存在差异

三个社区均根据自身的构成和周边的资源,因地制宜地联合多种司法力量解决社区内纠纷。金山模式是"无讼社区"的基本模式,其联合人民法庭、街道办事处、司法所、居委会和人民调解委员会共同开展工作;白城社区则依托高校,整合学校法学院的力量;而龙头社区在金山模式的基础上增加了律师事务所和大学生法律援助中心,为其较为复杂的民事纠纷提供专业支持。三个社区司法力量的整合都注重将社区调解和法律知识相结合,弥补人民调解在法律方面的欠缺。

3. 制度设计具有自身特色

社区内的主要纠纷种类及纠纷性质影响到"无讼社区"的制度设计。金山社区内的纠纷以物业服务合同纠纷为主,物业纠纷专业性较强,对法律知识的要求相对较高,但社区调解人员掌握关于物业的相关法律知识有限,故在处理该类纠纷时需要求助专业人员。此外,物业纠纷还具有多发性、重复性的特点,容易演变成为群体性事件。因此,出于便捷和系统化处理的考虑,金山社区设立了物业纠纷调处工作站,专门处理这类纠纷。相比之下,白城社区纠纷较少,且多为普通的家庭邻里纠纷,因此,无须设立专门纠纷处理机构。龙头社区的特点在于商家与游客之间的纠纷频发,这类纠纷虽对法律知识也颇有要求,但通过"无讼社区"构建中法律力量的加入,便可解决,无其他专业性要求,因此构建一般模式的"无讼社区"即可。

综上,由于社区地理位置、周边环境、人口构成等差异,人际关系、纠纷类型、化解纠纷方式也会呈现不同特点,统一的无讼模式无法适应千奇百态的客观社区环境,"无讼社区"建设必须结合自身特点进行制度设计,以满足各自需求。

三、"无讼社区"的认知情况

"无讼社区"的构建,集中表现为各种社会资源的整合和联动,形成社区居委会、法律职业人员和社区居民互动的良好格局。鉴于金山模式为"无讼社区"的基础模式,我们以金山社区的运作模式为切入点,通过深入分析社区居民、居委会调解人员、社区法官三方对"无讼社区"的认知,展开对该制度的研究。

(一)居民对"无讼社区"认知情况

1. 居民纠纷解决方式选择

在纠纷解决方式选择偏好问题上,选择"退一步海阔天空,算了"的比例最高,达30.9%,说明遇到纠纷时,居民多持忍让态度。这从某种程度上说明居民存在一定"息诉"心理,这为"无讼社区"提供了生长土壤。

15.4%的居民选择通过司法途径解决纠纷,其中法院诉讼和仲裁程序的比例各为7.7%,传统司法途径获得的选择比例较低。此外,12%的受访对象选择"找亲朋好友解决",26.3%的受访对象选择"找居委会或村委会"解决,12.7%的受访对象选择"其他"方式,合计51%的居民将自己找人或想其他办法解决作为首选。值得注意的是,"找居委会或村委会"解决的比例高达26.3%,这说明作为基层自治组织,居委会或村委会能够得到居民们的信任,这构成了"无讼社区"构建的良好基础。

此外,有2.7%的人选择"找法官调解"。这说明作为"无讼社区"建设的成果之一,由法官进行调解这一种纠纷解决的方式已经开始为居民所了解和肯定。

表2 选择纠纷解决方式时考虑的因素

选择纠纷解决办法时考虑的因素	应答次数①		应答人数百分比②
	次数	百分比	
公平性	150	26.8%	57.7%
花费的时间	110	19.6%	42.3%
费用的高低	63	11.3%	24.2%
结果的约束力大小	59	10.5%	22.7%
处理主体的权威性	50	8.9%	19.2%
与对方的关系	56	10%	21.5%
纠纷涉及的利益大小	64	11.4%	24.6%
其他	8	1.4%	3.1%
总和	560	100%	215.4%

在选择纠纷解决方式时,居民最主要的考虑因素为"公平性",选项比例为57.7%。相对的,"结果的约束力大小"仅占22.7%。从该结果来看,尽管在纠纷方式的选择上大多数居民对"司法程序"持回避态度,但依然将"公平性"视作衡量纠纷处理结果最重要的因素。

选择"处理主体的权威性"的居民占19.2%,这说明纠纷处理主体的权威性

---

① 应答次数(responses),指选择所有选项的次数总和。
② 应答人数百分比(percent of cases),指所有受访者中选择某一选项者占总人数的比例。

十分重要,有可能影响当事人对纠纷解决结果的接受程度。

考虑纠纷解决方式所花费的时间的人数占受访对象总人数的42.3%,考虑费用高低的占24.2%。随着经济的发展、生活节奏的加快,人们会更在乎为解决纠纷所需要花费的时间及金钱,对纠纷解决手段会更多地要求其简便性、经济性。因此,居民会更多地期冀在公平化解纠纷的同时,实现程序上的简洁和经济上的低成本。

选择"与对方的关系"和"纠纷涉及的利益大小"的比例分别为10.4%和11.9%,这说明有一部分人会根据具体情况做具体的选择。

结合表2来看,忍耐和居委会社区调解这两种方式可以比较快速地解决纠纷,又不至于伤害双方之间的关系,选择率高。而当公平性缺失,或者纠纷涉及的利益过大时,人们会考虑选择其他纠纷解决模式。因此,在"无讼社区"的构建过程中,社区调解人员应注重将情与法有机地结合,提高调解的公平性和合理性。

2. 居民对"无讼社区"实施效果的评价

表3 对于"无讼社区"的实施效果的看法

对效果的看法	频次	百分比	有效百分比	累积百分比
流于形式,社区面貌没有很大改变	68	26.2%	26.2%	26.2%
落到实处,社区面貌会有很大改变	65	25%	25%	51.2%
积极实施,但在实践中存在一些问题	59	22.6%	22.6%	73.8%
不关心	68	26.2%	26.2%	100%
总和	260	100%	100%	

在对实施效果的评价上,选择"落到实处,社区面貌会有很大改变"为25%,选择"积极实施,但在实践中存在一些问题"的有22.6%,总计47.6%的人对实施效果持较正面的评价,近半数的选择比例表明多数居民对"无讼社区"的建设工作持肯定和乐观的态度。但也有26.2%的人选择"不关心",26.2%的人选择"流于形式,社区面貌没有很大改变"。过半数居民对"无讼社区"的建设工作并不抱很大期待,说明"无讼社区"的建设还需要通过逐步的改进来赢得居民们的信赖。

整体而言,对"无讼社区"的实施效果,一半调查对象持正面评价,另一半持负面评价,说明"无讼社区"的建设确实取得了一定的实际效果,并且这项制度本身正在逐渐获得居民的认同,但未来还有很多工作亟待开展。

3. 对"无讼社区"建设的看法

表 4 对"无讼社区"的优点认知

做得好的方面	应答次数		应答人数百分比
	次数	百分比	
矛盾化解的速度快	77	21.9%	29.6%
纠纷解决费用低	65	18.5%	25%
调解结果满意度高	55	15.6%	21.2%
程序公开并且协调有序	53	15.1%	20.4%
其他	102	29%	39.2%
总和	352	100%	135.4%

在对"无讼社区"优点的认知上，选择"矛盾化解的速度快"的人数最多，占总受访人数的 29.6%。其次是"花费比较低"，达到 25%，正好与居民在矛盾解决上"花费的时间"和"费用的高低"的需求对应。这说明"无讼社区"的显著优点在于能够便捷、经济地帮助居民解决矛盾或纠纷。

对"调解结果满意度高"的选择占 21.2%，说明"无讼社区"确实能够有效地帮助居民解决问题。选择"程序公开并且协调有序"的比例为 20.4%，说明"无讼社区"的程序保障建设卓有成效。居民们在这两个选项的选择也反映了"无讼社区"制度在便捷、经济地帮助居民解决纠纷的同时，也十分重视纠纷解决的程序和效果。

表 5 对"无讼社区"的问题认知

存在的问题	应答次数		应答人数百分比
	次数	百分比	
本身不完善，作用不大	73	19.5%	28.1%
程序执行不严格、缺乏标准	38	10.1%	14.6%
不了解"无讼社区"	145	38.7%	55.8%
缺乏配套措施，难以落实	59	15.7%	22.7%
其他	60	16%	23.1%
总和	375	100%	144.2%

在对"无讼社区"建设的问题的评价中，选择人数最多的是"不了解'无讼社区'"，达到 55.8%。不了解"无讼社区"的现象在调查问卷多个问题中均有所反

映。因此,"无讼社区"的建设工作应该更深入、更贴近群众,同时应加强宣传工作,鼓励群众积极参与、了解。

此外,28.1%的受访居民选择"本身不完善,作用不大",22.7%的居民选择"缺乏配套措施,难以落实",14.6%的居民选择"程序执行不严格、缺乏标准",这反映出"无讼社区"在建设过程中仍存在着制度设计不完善、外部制度支持不够、操作程序标准化不足等缺点。尽管社区调解工作在程序上的要求无须像司法程序那样严格遵循法律的规定,但是制度及程序上的缺陷也会为民众感知,并影响最终结果的可接受性,只有完善制度和程序才能够更好地发挥"无讼社区"的优势。

(二)居委会对"无讼社区"认知情况

居委会是"无讼社区"构建的基础力量,也是及时发现和解决社区纠纷的一线力量。根据对三个社区居委会主任以及人民调解员的访谈和资料的采集,大致可窥得居委会对"无讼社区"持积极态度。

1. 多方联合使社区调解情与法有机结合,促进调解顺利进行

白城居委会主任陈文琼认为,基层人民调解员注重情理,调解过程中能换位思考为双方博取利益的平衡点,但他们法律知识相对欠缺,遇到疑难复杂案件,由法官等法律专业力量调解更为合适;法院等法律专业力量的介入,在纠纷解决和法制宣传方面起着重要的作用。"无讼社区"一改传统的调解只与司法所合作的模式,在调解中联合多方力量,为居民提供法律帮助,能更全面地解答居民疑问、解决纠纷。因此,居委会和法院力量的整合能将人情和法理相结合,一定程度上弥补基层调解委员会在法律知识方面的欠缺。

2. 社区法官的介入使得调解更有说服力和权威性

金山司法所所长庄伟谈及法官在"无讼社区"的作用时,提道:"当事人不信任我的时候,我就会去找法官,因为法官毕竟比较权威,也更有说服力。"法官是法律权威和公平的表征,在当事人对基层调解员持怀疑态度时,法官调解更易被当事人接受。滨海法庭庭长阎彤也在采访中表示:"高校老师遇到纠纷不愿意在社区里面解决,因为老师都是高级知识分子,他们不屑于在社区里面进行调解。如果是法官过去的话,他们相对愿意听一些。因为如果他们不听的话,以后还是会到法院的。"

3. "无讼社区"为居民解决纠纷提供了便利

白城社区居委会书记李晓勤认为,"无讼社区"建设前,"有的大纠纷,纠纷双方直接闹到法院,现在通过宣传,部分纠纷居民会打电话咨询一下,或者先到居委会求助,就不一定先去法院了"。即便居委会由于能力所限而无法解决,居民仍可以寻求社区法官的帮助。因此,社区内的纠纷在一定程度上可以联合多方力量先行在社区内解决,能调解的纠纷尽量调解,进而达到"少讼"的目标。

（三）法官对"无讼社区"认知情况

法院在"无讼社区"建设中扮演指导者的角色，通过采访多位法官，我们大致了解法官作为一方创建力量对该制度的态度和看法。

1. 法官对"无讼社区"构建持支持态度

阎彤庭长在访谈中从法院的角度阐述了这种多方联动调解方式产生的原因，并表示法院对该种制度持肯定态度。

（1）目前起诉至法院的案件逐年攀升，呈现"案多人少"的局面，法院不堪重负，"无讼社区"致力于诉前化解纠纷，将其解决在萌芽状态，减少起诉至法院的案件数量，减轻法院负荷。

（2）随着最高人民法院证据规则的推行，举证期限受到重视，法院越来越注重程序正义。凡事利弊相随，举证期限的严格规定一方面提高了诉讼效率，另一方面却限定了当事人的举证时间。过分强调程序正义，有时也会损害实质正义。比如有些案件的审判结果若未能得到当事人的认可，即便审判结束，也可能"案结事不了"，还可能涉及再审、上访问题。

（3）诉讼的程序要求十分严格，根据《民事诉讼法》的规定，普通的民事案件最长会经过6个月甚至更长的一审期间，以及3个月或更长的二审期间；如果案件进入再审程序，可能还要经历多次的庭审，由此带来司法资源的浪费。

（4）司法信任危机的出现，使得调解有更大的成长空间。"无讼社区"中的调解是一种以当事人为主导的纠纷解决模式，当事人对于是否调解、如何调解、达成何种调解协议拥有自主选择权，故对调解达成的协议更易接受和履行。

2. 法官对"无讼社区"构建的看法

作为"无讼社区"理念的提出者和共建方，法官对"无讼社区"的完善提出了如下建议。

（1）法院应该明确自己的定位。鼓浪屿法庭法官曹玲指出："社区调解员的力量是不容忽视的，法官只是做一些辅助指导工作，把人民调解员的功能加强而已。"因此，虽然"无讼社区"是一种多方力量联合的纠纷解决模式，但其中起主导作用的仍为人民调解委员会和社区居委会，法院等专业性力量只是提供法律帮助。对此，各方应予以明确，切不可本末倒置。

（2）"无讼社区"构建应该更加充分有效地调动各方力量。在一定程度上，参与"无讼社区"的构建使法官的工作负担有所加大。社区法官姚亮认为，"前期基础工作需要占用大量的工作和业余时间，对审判工作有一定影响，但随着无讼理念的推广以及各项工作的全面推开，参与的人多了，可以适当分担工作量。长远来看，如能充分调动其他社会力量共同化解纠纷，也可减少进入诉讼的纠纷数量"。曹玲法官也表示："最大的困扰在于人力资源，现在中国司法资源短缺，案多人少这个矛盾是永恒的话题"。因此，在"无讼社区"的构建中实现司法资源的进一步合理配置,是继续推行该项制度的关键所在。

(3)完善联络制度。曹玲法官告诉我们,由于"无讼社区"是多方合作构建,沟通便显得十分重要,否则可能会出现互相推诿的现象;完善联络员制度能够使几方机构合作更加协调紧密,调解也能更加顺利高效。因此,联络员制度是"无讼社区"建设成功与否的重要关节点。

四、"无讼社区"的经验总结

(一)"无讼"概念的审慎理解

在"无讼社区"创建初期,由于工作开展和相关宣传尚处摸索阶段,民众对"无讼"的知悉程度还不够深,不少居民以及一些未参与无讼构建的专业人士对"无讼"概念的理解或多或少存有一定偏差。

"无讼"的命名来自一个美好的愿望,但"无讼"并非"消除诉讼、杜绝诉讼",亦非"压制诉讼"。因为不是所有的纠纷都适合调解,也不是所有的纠纷都能以调解结案,更不是所有的当事人都愿意接受调解。其实,可以通过"无讼"化解的纠纷类型、数量有限,集中表现为婚姻家庭纠纷、邻里纠纷、小额标的或事实争议不大的纠纷。涉及刑事犯罪、标的重大、案情复杂等不适合调解的案件应直接进入诉讼程序,适合调解但却久调不结的案件也应让其转入诉讼程序,当事人不愿意采用调解的案件更不能强行进行调解。"无讼社区"的运作并不会减损司法诉讼的价值,通过"无讼"将不必要进入诉讼的纠纷解决在萌芽阶段,减少进入诉讼程序的案件数量,减轻法官办案压力,为集中司法资源,解决其他案件创造了更大的价值发挥空间。

"无讼社区"作为一种新型的替代性纠纷解决机制,将一部分自身可以消化的案件通过非讼的方式化解在萌芽阶段,在提高解纷效率、降低当事人的解纷成本、节约国家有限司法资源、缓解法院案多人少的办案压力等方面发挥了一定作用。

(二)调解主体的多元化和侧重发展

"无讼社区"突破了传统社区调解以居委会成员为单一调解主体的限制,因地制宜地在制度的具体设计上囊括了多种专业法律力量,有效缓解传统社区调解在面对疑难复杂案件时捉襟见肘的窘困局面。具体说来,"无讼社区"的构建通常联合了人民调解委员会、司法所、街道办事处、法院或派出法庭。此外,各个社区根据其地理位置,就近联合其他法律力量,如律师事务所、高校法学院等。

从机制创建伊始的指导到运行过程的参与,法院的身影始终穿梭其中。机制构建初期,法官参与的积极性应当得到肯定,但"无讼社区"的创建也应当充分调动其他主体力量,避免出现多方力量共建沦为法院单独构建的局面,而使"无讼"的主体多元性沦为形式。同时,应尽可能吸纳其他有益的社会力量,比如退休法官、优秀基层工作者,为"无讼社区"长远发展注入更多活力。

"无讼社区"立足于社区,在多元化的主体之中,社区的人民调解委员会是机制的基石,是调解任务的首要承担者和主要力量。"无讼社区"的构建应在坚持调解主体多元化的前提下,侧重发展社区力量。居委会调解人员应当准确抓住专业力量加入的契机,在共同化解纠纷的过程中,加强自身法律思维的训练和法律知识的积累。

(三)裁决依据兼顾"法律规则"和"社会规范"

"无讼社区"以彻底、妥善解决案件为目标,将"法律规则"和"社会规范"共同作用于解纷过程。

"无讼社区"建设承续了传统社区调解中"晓之以理、动之以情"的做法,从道德、习俗等角度出发,着眼于营造一种双方当事人都可接受的调解氛围,追求当事人能够达成一致的结果。

"无讼社区"在兼顾解决纠纷的及时性、低成本、简程序之时,较为完备地纳入专业法律力量,大大强化了案件解决逻辑的合理性,提升了案件解决过程的法律性和公正性。法官、律师、学者都是社会专业的法律力量,在处理案件时,往往将法定的规范和案件事实密切联系,探求法律庇护下案件处理结果的公正性和应当性。专业力量融入社区调解带来的"法律正义"不仅仅体现在个案的处理过程和解决结果之中,更能深入当事人内心,增强其对法律的信心。

(四)程序简便灵活却不失规范性

"无讼社区"程序的首要优点是简便、灵活。首先,较之于司法诉讼,立足于基层的"无讼社区",具有主动介入、就地调解、协商同意、即时履行的特点。而且,社区调解在时间、地点、具体调解方式上可灵活调整。其次,相比于诉讼所须支出的高额律师费、诉讼费等费用,通过"无讼社区"解决纠纷,金钱成本极低。此外,社区调解人员在处理案件的任何阶段,可以根据案件解决的需要向专业法律力量寻求帮助,为及时、公正解决案件提供了可靠保障。

"灵活而不紊乱"是"无讼社区"解纷程序的第二个特点。灵活的程序提高了纠纷解决的效率,而程序的规范性则是实现纠纷解决的彻底、公平之必需。"无讼社区"在遵循灵活开展"无讼"的基础上,设定了一系列规范的程序,对"发现问题、积极跟进、落实结果、及时反馈"各阶段的规定无一遗漏,例如调解登记制度和社区回访制度。

纠纷进入诉讼程序后,诉前参与社区调解的法官能否继续参与该案件审理的问题目前尚无规定。即当前并不禁止参与"无讼"调解的社区法官继续参与该案件在将来诉讼程序中的审理。在这种情形下,由于先前的参与,法官往往会更了解案件事实,有利于案件的审理。但作为裁决者的法官既参与社区调解又审判案件,难免先入为主,不能独立、公正地按照既有事实与证据作出判决,从而影响个案正义的实现,有损法律和司法威严。社区法官如果过早地表明自己的预判,甚至以手中掌握的受理权或者裁判权作为威胁的筹码,则不免对当事人表达诉求的途径有所抑制。① 因此,在"无讼社区"调解和司法诉讼相衔接之中,建立回避制度是完善"无讼社区"不可或缺的一步。

(五)法官在"无讼社区"的角色定位及被动司法

以金山"社区法官"运作模式为例,法官定期进入社区预约办案、答疑解惑、调解纠纷,将矛盾消弭在诉前阶段,其行为的主动性和积极性不容否定。但是,应认识到,法官在参与"无讼社区"建设时,已脱去了法袍,是基于其社会责任服务居民的调解员。因此,将法官定位为一种专业性的非司法调解力量,是准确的,也是必要的。

前已述及,法官以普通调解员的身份介入社区调解,是对其法官身份的一种突破,抑或说是对其普通民众身份的一种回归。法官在"无讼社区"中参与的所有活动并不具备司法色彩。所以,在利用"无讼社区"解决纠纷过程中,一旦出现当事人不接受调解或依案件性质不适宜调解等情形,"社区法官"也只能寻求双方当事人意见,视其意愿决定是否将案件转入诉讼,而不能罔顾当事人诉讼自由,强行直接通过诉讼来解决。因此,构建"无讼社区"并无违背司法被动性之嫌,相反,其中的许多做法恰恰是尊重司法消极性特征的体现。

(六)创建以居民为主体的"自我服务式""无讼社区"

"无讼社区"的前期发展主要由居委会、法院、律所、高校等力量推动,但从长远来看,"无讼社区"不应只由前述力量推动。居民作为该制度的受益者应积极参与制度建设,与调解者力量形成良性的互动,共同促进其稳定发展和突破创新,最终建成以居民为主导的自我修复、自我管理、自我服务的"无讼社区"。民众对新生事物知悉、认可、参与是一个漫长的过程,要实现"无讼社区"构建的终极目标至少需经历两个过程:一是前期推动者需逐步采取各项措施进行宣传、引导,促使居民认可"无讼社区"并愿意将纠纷交由其解决;二是提高居民法律素养,增强自主解纷能力和服务他人意识,引导其从被动参与者向主动构建者转变。

---

① 齐树洁、熊云辉:《福建法院创建"无讼社区"活动的理论与实践》,载齐树洁主编:《东南司法评论》(2013年卷),厦门大学出版社2013年版。

东莞调研

编者按：2002年至今，厦门大学法学院诉讼法学科与广东省东莞市两级法院一直保持密切的联系。厦大学生多次到东莞实习或调研，与法官共同承担课题，开展学术交流活动。2013年暑假，齐树洁教授再次组织十余位博士生、硕士生赴东莞市第一人民法院，进行为期5周的社会实践。厦大学生以基层司法实践为主题，完成了多篇调研报告，本辑刊登其中的几篇。

基层司法如何实现案件的分流与集约
——"东莞一院"快速处理中心的启示

厦门大学法学院课题组[*]

东莞市位于广东省中南部，地处珠江三角洲的几何中心，与广州市、深圳市、惠州市接壤，素有"世界工厂"之称。改革开放以来，东莞市经济高速发展，年均增长18%，曾被评为"中国经济综合实力百强城市"、"中国最具经济活力城市"。全市共辖32个镇区，陆地总面积2465平方公里；户籍人口187.02万，外来人口642.21万，实际人口达829.23万（截至2012年12月）。[①] 在特殊的人口结构、产业架构以及产业转型的大背景下，纠纷矛盾激增，各类案件层出不穷。

东莞市第一人民法院（以下简称东莞一院）东城法庭管辖东城和莞城两大中心城区，辖区人口超过80万人，人口结构复杂；经济繁荣，商贸发达，2012年经济总量为405.3亿元。法庭总编制为42人，现有法官12人，执行员3人，设有快速处理中心、审判中心及执行中心。为了解决诉讼爆炸与有限的司法资源之间的矛盾，东城法庭集中全庭近一半的审判力量，成立快速处理中心。该中心旨

---

[*] 课题指导：齐树洁（厦门大学法学院教授）。课题组成员：林芳雅、程晓雪、丁春燕、吕双双、牛子文、许林波（以上成员均为厦门大学法学院诉讼法专业硕士研究生）。在调研过程中，调研组得到了东莞市第一人民法院东城法庭邹国雄、肖桦等法官的热情支持和帮助，谨表谢意。

[①] 《2012年东莞市国民经济和社会发展统计公报》，http://www.dgs.gov.cn，下载日期：2013年10月19日。

在通过对案件的繁简分流及审判资源的整合,减少法官程序性事项的负担,实现规模司法效益;在确保司法公平正义的同时,减轻当事人的诉讼成本。本文拟通过对该中心的程序特点、背景环境、功能运作以及实施成效等方面的考察、分析,探讨其当前发展的主要困境,并结合司法实践提出相应的建议,以期对该中心的完善有所裨益。

一、快速处理中心简介

(一)基本概念及主要特点

快速处理中心是东城法庭为应对"案多人少"矛盾而进行的一项以服务审判为职能,以分流、集约为导向的司法改革。该中心旨在通过合理的人员配置、分工及较为完善的制度设计,开辟高效司法的新途径。分流,即案件的繁简分流,将全庭 70% 以上的简易案件分流至该中心;集约,①即集中部分审判力量,统一处理全庭的事务性工作。中心具有以下特点:

1. 机构设置的特殊性

快速处理中心由主管庭领导、主任、副主任、立案组、外勤组、速裁组、快速执行组(以下简称快执组)构成。除了负责全庭所有案件的立案审查、应诉送达、排期、财产保全、调查取证、诉调对接工作外,中心还兼顾全庭七成以上简易案件的审判工作。

2. 案件流转的高效性

中心秉持"三快一严"的工作理念,②在立案审查阶段即通过各种方式通知被告应诉,并及时调解。此为"一次过滤"。无法在立案审查期间送达及调解的案件,由立案庭在立案 7 日内将案件材料移送具体承办人。承办人则根据个案选择电话二次送达、邮寄送达、公告送达等不同的送达方式,并通过庭前确定争点、高效组织开庭、简化裁判文书提高案件处理效率。此为"二次过滤"。通过各小组的紧凑配合及两次"过滤",中心有效提高了案件流转率。

3. 程序运作的灵活性

中心广泛运用电话送达的方式,在无法适用的情况下再灵活采用其他传统方式,例如邮寄送达、直接送达、留置送达、委托送达、转交送达、公告送达等;调

---

① 集约,源于经济学的"集约化"管理理论,由于其具有提高效益、节约成本的优点,司法界亦在审判管理方面逐步引入"集约化"的提法,但目前对此尚无明确的概念界定。快速处理中心在现有司法资源的条件下,通过科学地配置审判资源、革新诉讼渠道、强化案件管理,实现了司法资源的集中运作、节约投入以及案件的繁简分流,从而达到提高司法效率的目的。该中心的机构设置、运作理念及运行成效均体现了审判管理集约化的题中之意。

② 即介入快、过滤快、流转快,严把质量关。

解贯穿始末,涵盖立案、排期送达、财产保全、调查取证、鉴定评估等各阶段。以庭前调解为例,中心充分利用"温馨调解室",①积极促成有调解意向的当事人达成和解。上述程序的灵活运作增加了当事人对法院解纷能力的信任。

(二)功能简介

快速处理中心以服务审判为核心职能。通过各小组的分工配合,减少了速裁组法官的程序性事项的负担,有助于其把更多的精力投入审判工作,提高审判质量和效率;同时,发挥了"过滤器"的作用,实现案件的繁简分流,有助于审判中心集中力量处理相对复杂的案件,最大限度地节省审限,缩短办案周期,提高案件流转效率。

二、快速处理中心的运行背景

(一)诉讼爆炸与司法资源有限:"案多人少"的矛盾

东城法庭由于受理案件数量庞大,被称为"全国最繁忙的人民法庭",从2010年至2012年连续三年收案数保持在6000宗以上(见表1),②法官人均结案数达550宗以上。而同期全国法院系统的法官人均结案数为50~70宗,即该法庭法官人均结案数是全国同期水平的7~10倍。即使在广东省法院系统内,也达到了同期水平的5倍以上。

表1 东城法庭收案、结案、人均案件数

年份	收案数	结案数	法官人均案件数
2010年	7773	7556	707
2011年	6618	6053	602
2012年	6108	5939	555

与此同时,东城法庭办案人员有限,案多人少的矛盾极其突出。而且,立案、送达、保全、调解、审判、执行等各项工作的开展,均受到办公经费及交通工具的制约。基于现实的需求,快速处理中心于2012年4月应运而生。

(二)诉讼经济原则的考虑:当事人诉讼成本负荷过重

诉讼成本指诉讼主体在实施诉讼行为的过程中所消耗的人力、物力、财力的总和。除了经济支出,时间的支出及精神的损耗亦应纳入诉讼成本的范畴。同

---

① 2006年2月23日,东城法庭成为东莞市首创"温馨调解室"的基层法庭。温馨调解室由婚姻调解室、劳动争议调解室及民商案件调解室组成,旨在营造宽松、和谐、人文的和解氛围,实现纠纷的快速解决。

② 2010年至2012年的统计区间均为当年的12月21日至次年的12月20日。

时,还应重视国家所负担的诉讼成本。①

以一起买卖合同纠纷为例:原告与被告于2012年签订买卖合同,约定原告于2012年12月向被告交付一批价值11000元的货物,被告在收到货物后一周内支付货款。原告按时交付货物,被告却以货物质量不合格为由拒不付款,经多次协商未果,原告诉至法庭。为聘请诉讼代理人,原告支付律师费3000元。法院受案后,原告在律师的建议下申请财产保全,法院责令提供担保,原告遂向法院提供保证金11000元,并支付保全费130元。被告在答辩期内以受案法院无管辖权为由提起管辖权异议,在异议申请被驳回后,被告上诉至东莞市中级人民法院,最终该案在4个月后审结。原告虽胜诉,但却为此花费律师费、车旅费、误工费等费用5000余元,其中尚不包括原告花费的时间及精力。

在传统的审判模式及操作流程中,当事人往往需花费较多的时间、精力、财力,负担与其所获收益不相称的巨额诉讼成本,法院也投入了较多的司法资源,有悖于诉讼经济原则。

(三)创新精神的传承:积极探索司法改革

东城法庭自成立以来先后获得广东省优秀人民法庭、全国人民调解工作模范法庭、全国十佳法庭等称号。无论是2005年《庭前质证提纲》的推广适用、2006年温馨调解室的设立,还是2009年对社区法官及社区法官助理制度的尝试,均体现了该法庭"用创新释放司法正能量"的司法理念。快速处理中心的成立亦是其司法改革创新之举。通过对案件事务性工作的前期消化,该中心实现了案件的分流与审判资源的集约、优化。

三、快速处理中心的运作机制

(一)机构架设

中心各工作小组分工配合,紧凑衔接(见图1)。其中,主管庭领导是核心机构,由精通审判业务,拥有良好知识底蕴、沟通能力及协调能力的资深法官担任,负责中心的全面工作。主任统筹、协调各小组的工作,副主任协助主任开展工作。中心下设立案组、外勤组、速裁组、快执组四个机构:立案组负责立案、电话送达、调解;外勤组主要负责财产保全、调查取证、调解,并辅助速裁组完成送达工作;速裁组主要负责审理简易案件,同时由各承办人负责送达各类文书;快执组由执行中心主管,负责简易案件的执行。小组各司其职,为简易案件从立案到

---

① 东城法庭庭长谢立川法官认为,所谓的诉讼成本,除了当事人的经济支出、时间支出和精神损耗等之外,亦包含国家负担的诉讼成本。国家司法机关审理、侦查案件必须耗费巨大的人力、物力、财力资源,主要用于机关建设、工作人员的工资、福利、装备、办公设施以及办公经费等项目的开支等。

执行修建了一条"高速公路"。

为促进司法大众化,该中心还增设了许多便民措施。例如,为当事人免费提供十几种诉讼指南册子;设立便民指示牌,为当事人提供诉讼指引、风险告知、诉讼费缓、减、免等服务。

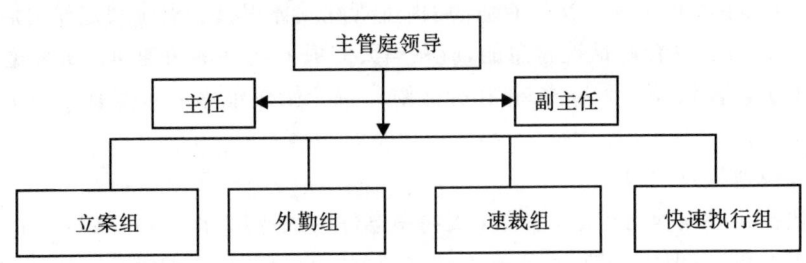

图1 快速处理中心架构图

(二)基本流程

中心成立以来,形成了较为完善的运作流程(见图2),将全庭近11%的案件消化在立案及排期送达阶段,案件流转速度同比上升约30%,案件审结质量明显提升。但实践表明,由于人员匮乏导致排期送达组的运作实效不佳,故该中心于2013年8月8日取消了排期送达组,实行承办法官送达责任制,即由各承办法官负责各自案件的送达工作(见图3)。

1.立案审查阶段

立案审查以7日为限,从当事人递交完整诉讼材料之日起算。立案之后,立案组工作人员即需审查原、被告双方的身份、诉讼请求及证据、管辖权等情况,特别是要了解基本案情,并立即通过各种方式调查、核实。如果符合立案条件便电话通知被告应诉,进而开展调解工作。此外,还应将相关案情及处理状态登记在案。① 为了更好地开展工作,中心制定了《立案工作指引》,详细规定了立案权限、立案操作流程、材料审查及登记等相关内容。立案审查阶段是该中心基本程序运作的开端,开启了案件的快速公正处理之门。

2.速裁阶段

速裁组下设四个小组,每组均由一名法官和一名书记员组成。速裁组主要负责劳动争议、民间借贷、买卖合同、公告、司法确认等简易案件的审理。同时,主任还可以根据案件的具体情况将相对简单的其他案件交由速裁组审理。速裁组的简易程序适用率达90%以上,当庭宣判率达10%以上。中心在保证程序公正的基础上,以"快"字为基准,探索并形成对简易案件的模式化处理,在立案阶段即调处案件的实体纠纷,通过速裁阶段的实践与经验积累,形成链条式的纠纷

---

① 有专门的登记表格,以备之后各阶段的工作人员查阅参考。

解决模式。

3. 财产保全和调查取证阶段

财产保全和调查取证工作主要由外勤组负责,为案件的快速审结和快速执行打下了良好的基础。以财产保全为例,实行三级审批制度,首先由立案人员初审,后经该中心负责人二次审查,最后由主管庭领导审批。保全裁定作出后应在3日内采取保全措施,情况紧急的,应在当天完成。案件的快速审结并不意味着案结事了,适时、及时采取查封、扣押等财产保全措施能够有效督促当事人履行裁判文书。

4. 快速执行阶段

快执组隶属执行中心,主要负责简易案件的快速执行。执行难是一个顽疾,即使案件审结,但无法执行,当事人的权利就没有得到真正的维护。快执组及时应对需要快速执行的案件,一定程度上破解了有裁决书而无法执行的困境。

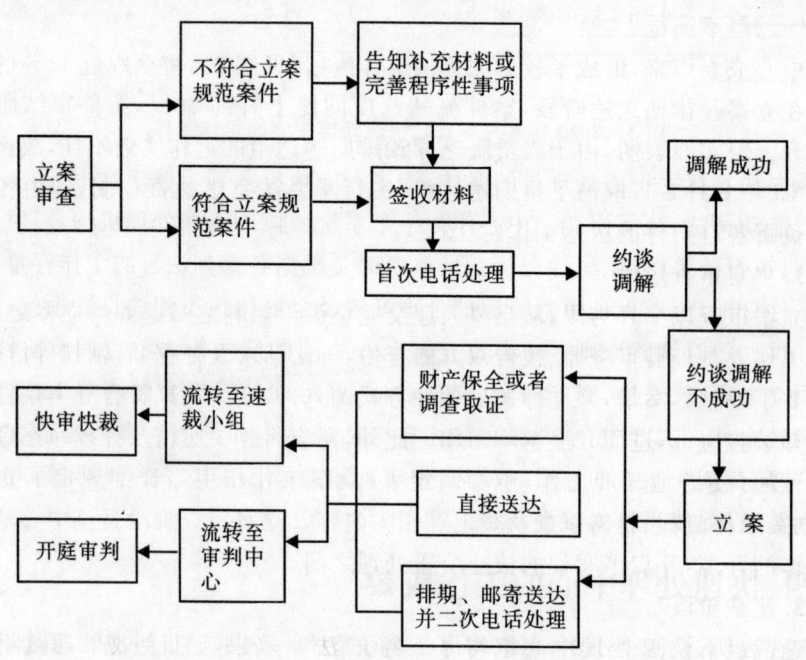

图 2　快速处理中心成立以来的运作流程

(三)主要举措

为解决法庭长期存在的"案多人少、审限过长"的问题,快速处理中心采取了以下措施:

1. 集中处理前期事务,减轻办案法官压力。中心负责全庭案件的应诉送达、财产保全和大部分案件的调查取证工作,基本解决了全庭案件的前期事务性工

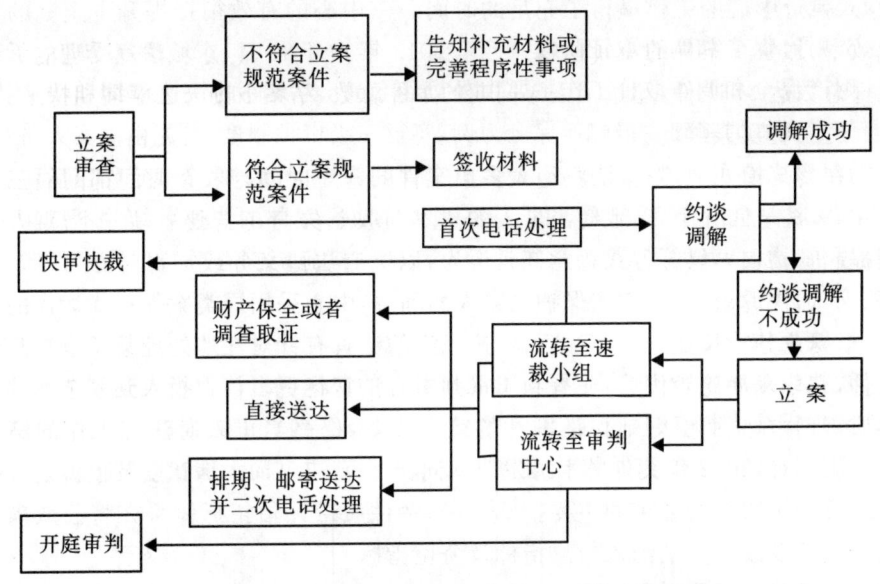

图3 2013年8月8日起快速处理中心的运作流程

作。承办法官接手中心处理过的案件,能更专心地投入到实体审判中。

2. 能动司法,统筹协调。中心作为一个系统协调的运作处理机构,需对全庭的审判、执行统筹协调、统计分析。最重要的是根据各审判法官的工作存量及时调整案件分配量,以保证审判资源的合理配置及全庭审执工作的良性衔接。

3. 贯彻随时调解原则。中心将立案至开庭前的期间作为重点调解阶段,充分利用立案审查、送达、财产保全、调查取证、鉴定评估等机会做调解工作,争取快速调处案件。实践中,承办法官往往在电话送达中即询问当事人是否有调解意向,并向其阐明案件的性质,权衡案件进入审判程序需耗费的时间、精力与可期待利益,以促使当事人接受调解。

四、快速处理中心的工作成效

实践表明,快速处理中心取得了良好的法律效果与社会效果,具体体现如下:

(一)有效提高司法效率

提高司法效率是司法系统始终追求的目标,各法院争先改革案件流程以提高司法效率。快速处理中心便是东城法庭的实质性举措之一。过去,承办法官及书记员不仅要全面负责案件的审判工作,还需承担应诉送达、财产保全等大量耗时、耗力的程序性事务。中心打破传统的职能分工,通过集约化管理,由立案组、外勤组集中处理程序性事务,减轻了承办法官及书记员的工作负担,为审判中心、执行中心的工作赢得了充足的时间。三中心的有效衔接提升了全庭的审执效率,加快了案件的流转速度。截至 2013 年 6 月 30 日,东城法庭受理的诉讼案件总数达 3731 件,超过了去年同期的案件总数,结案数则与去年同期持平。

(二)切实兼顾司法公正

在传统模式下,东城法庭绝大多数案件的开庭时间与收案时间都间隔三个月左右,甚至四五个月,致使当事人的成本与收益失衡。实践中,许多当事人采用提起管辖权异议等方式恶意拖延诉讼,以逃避法律义务或损害对方当事人利益。为加快诉讼进程,切实保护当事人的利益,中心采用同类案件择优运作的方式,根据业务特长配置承办法官,使速裁组的法官有针对性地处理某类或某几类案件,充分发挥比较优势;亦有利于审判中心法官将更多精力投入到复杂案件的实质审判中,从而更好地保证案件的审判质量,提高当事人对法院工作的满意度。据调查,2012 年案件的上诉发改率同比下降 57.1%。满意度及上诉发改率正是反映司法是否公正的重要指标之一,案件质量评估指标体系亦将公众满意度及上诉发改率分别纳入效果指标及公正指标。

(三)充分缓解供需矛盾

快速处理中心通过对司法资源的合理配置及优化,尽可能地满足了当事人多元化的诉求,有效缓解了司法资源的供需矛盾。首先,调解前置。立案前,相关工作人员便立即组织双方进行调解,争取将案件消化在诉外,即"诉前调解"。如前所述,近 11% 的案件被消化在立案以及排期送达阶段。其次,繁简分流。该中心将简单案件交由速裁组负责,并由其负责案件的排期、送达。对于事实清楚、权利义务关系明确、争议不大的案件,速裁组完全可以在保证案件质量的情况下,合理利用时间,一天安排多次庭审。2012 年 12 月 20 日至 2013 年 6 月 30 日,速裁组四位法官人均结案近 311 宗,接近大部分基层法院法官的年人均结案数。

(四)降低纠纷解决成本

从法律经济学的角度分析,昂贵的诉讼成本使得很多当事人不轻易诉诸法院。而司法的核心价值在于为民服务,通过"快速处理"模式尽可能地降低纠纷解决成本正是实现司法为民的有效路径。该中心无论是立案、排期送达抑或开庭,均会在尊重当事人程序选择权的前提下,尽可能地调解;调解不成,则视案件具体情况采用小额程序或简易程序,及时审理、判决,缩短案件审判周期,切实降低当事人的诉讼成本。

五、快速处理中心的实践困境

经过一年多的探索与积累,快速处理中心基本达到了预期的目标。但由于种种原因,仍存在着如下问题:

(一)工作人员观念转变不到位

中心的工作人员仍多习惯于传统工作模式,按部就班,未从根本上树立起快速处理的理念。中心为审判、执行工作服务的意识也尚未完全到位,具体表现在:

1. 立案审查阶段不够缜密,对案件的审查及案情的了解过于简单,存在把关不严、遗漏程序性事项等情况。例如,未向原告送达预缴诉讼费通知书,致使其未在7天内缴纳诉讼费,在案件分配到具体承办人名下后,承办人仍需向原告送达该通知书,无疑增加了承办法官及书记员的程序性负担,影响后续工作的开展;未督促当事人在地址确认书上写明详细的现居住地址,造成后期直接送达及邮寄送达的困难。

2. 送达工作仍过于保守,存在不够细致、规范等问题,致使部分当事人未能及时收到诉讼材料。例如,当事人的身份证地址与现居住地不一致而邮寄送达时未注明"仅限本人签收",易出现他人代签而未将诉讼材料转交被告的情况,致使工作人员还需重新寄送材料,耗费不必要的时间、精力及财力;仅在一次邮寄送达后就直接采用公告送达的方式,而未尝试使用其他送达方式,①不符合《民事诉讼法》规定的公告送达的适用条件。②

3. 速裁程序不迅速、不规范。具体表现如下:(1)速裁法官尚未完全树立快速处理的意识,无论是庭审,还是法律文书的制作,都存在谨慎有余、灵活不足的问题。例如庭审中,法官为保证当事人的辩论权等诉讼权利,给予当事人过多的时间阐述案情、发表意见。尤其是在双方均未聘请诉讼代理人的情况下,法官须频频行使释明权,增加了庭审时间。③(2)由于案件能否进入快速处理程序及受案后如何处理,很大程度上依赖于法官的经验、个人能力、责任心等,法官享有较大的控制权,因而存在随意性的弊端。以调解为例,法官在诉讼的各个环节均会积极主动地争取调解、和解或者撤诉。然而,一旦把握不好调解的"度",极易沦为强制调解,导致当事人出现法官"审判阴影"下的"合意贫困化"现象。

---

① 例如,在部分案件中,被告住所地或经常居住地位于东莞市的莞城、东城、寮步等地区,属于可直接送达的范围。

② 《民事诉讼法》第92条规定:"受送达人下落不明,或者用本节规定的其他方式无法送达的,公告送达。自发出公告之日起,经过六十日,即视为送达。"课题组认为,为了更好地保护当事人的诉权,若通过直接送达、邮寄送达、留置送达等方式后仍无法送达相关诉讼材料,即适用公告送达。但考虑到东城法庭庞大的案件基数及法官超负荷的工作量,实践中宜以电话送达、直接送达以及邮寄送达为主,若仍送达未果,则采用公告送达的方式。

③ 快速处理中心遵循"效率优先,兼顾公平"的原则,从案件类型、数量及中心的设计初衷来看,平均每个庭审以30分钟至40分钟为宜。

(二)缺乏当事人的配合及相关部门的协调

通常,在律师的帮助下原告能够积极参与诉讼进程,配合法院工作,但也存在部分当事人在律师的怂恿下利用诉讼进程的漏洞实施不法行为。例如,原、被告双方恶意串通,以民间借贷的合法外衣掩盖非法转移财产的行为。而中心以效率优先,故无法像传统诉讼模式一样对此细致审查,难免有所疏漏。又如,部分原告立案时故意提供错误的被告地址,导致最终只能通过公告的方式向被告送达。这不仅增加了法官及书记员的工作量,降低了简易程序适用率、平均办案周期等绩效考核指标,亦不利于缺席判决下被告权益的保护。而在另外一些案件中,被告为了拖延诉讼进程故意提起管辖权异议,在异议被驳回后甚至提起管辖权异议上诉,导致诉讼迟延。被告还有可能在这段时间转移财产,损害原告的利益。

面对该中心突破传统的做法,部分当事人基于诉讼思维定式,对中心的工作不予配合,使得法官需做额外的工作,且效果不佳。近年来,东城法庭受理案件的当事人以外来务工人员(劳动争议纠纷)与公司法人(民间借贷、借款纠纷)为主,①其涉案人数或涉案标的额较大,限制了小额诉讼的适用。即便标的额在13546元②以下,多数当事人也因小额诉讼实行一审终审而有所抵触。

由于中心仍处于基层法庭试点阶段,尚无法律法规对相关部门的配合义务作出规定,导致中心尚未与社区、邮政部门、金融机构等相关部门形成较为系统的联动机制。这些机构的合作态度与协调度在很大程度上影响着案件送达、执行等工作的开展。目前,该法庭可与银行进行联网查询,③但如果要采取冻结等财产保全措施,仍需法庭工作人员亲自操作,而不能单纯依靠发送协助执行函来完成。至于机动车、房产等部门,尚未形成网上查询机制,使得快执组的法官在人力、物力有限的情况下,要花更多的精力进行实地查询,降低了执行效率。

(三)尚未形成系统化、规范化的操作流程

快速处理中心强调案件的快速处理,在事务性工作中表现为精简时间、提高效率,在审判中则体现为实体纠纷的速裁。针对前者,法律规定的期限往往会被打破,而置于一种"于法无据"的境地。但如果照章操作,烦琐的程序必将使快速

---

① 根据东城法庭对2012年、2013年上半年案件的司法统计分析报告(统计区间分别为2011年12月20日至2012年6月20日、2012年12月21日至2013年6月20日)可知,剔除系列案后2013年劳动争议案件、买卖合同案件同期同比分别下降了57.3%、35.8%;民间借贷\借款纠纷同期同比上升了66.3%。但是,从时间轴及案件基数来看,劳动争议案件仍占了相当大的比重。

② 根据《民事诉讼法》第162条的规定,广东省高级人民法院确定广东省2013年小额诉讼的标的额为13546元。

③ 若案件进入执行阶段,快执组人员可到东莞市中级人民法院执行局进行查询。

处理程序形同虚设。关于后者,实践中案件的审理往往表现为简易程序的再简化,无论是庭审过程的调整,还是证据规则的变通,都难以找到确切的法律依据。一旦因此产生程序上的不正义,易导致实体裁决的不公,不利于纠纷的彻底解决。

同时,该中心的繁简分流程序及案件分配标准亟待规范,目前对于案件的筛选、过滤及分配尚无统一的标准。大部分案件虽属简易案件,但类型不一,各个承办法官的风格、观念、办案技巧及擅长领域均有所不同,对快速处理的理解各异,故负责案件筛选及分配的主任极为关键。若分配失衡或有失偏颇,不但不利于法官充分发挥其专长,亦不利于案件的同案同判及当事人利益的保障。

除了保证案件分配的均衡性,该中心工作人员的办案素质,人员间的协调、配合及默契程度亦决定了各环节运行的流畅。实践表明,该中心各小组间的默契度还不高,偶尔会发生案件移交不及时、排期不合理、案件交接手续不够齐全等问题,导致案件流转至下一个环节时仍需做补充工作,延长了审判周期。

六、关于完善快速处理机制的几点建议

针对东城法庭快速处理中心出现的问题及面临的挑战,课题组拟提出以下建议:

(一)转变观念,遵循"效率优先,兼顾公平"的原则

传统的案件排期制度在东城法庭遇到了挑战,效率成为当事人与法院的共同需求。对此,中心的工作人员应转变观念,树立效率优先的意识。首先,加强立案审查,切实做好各项程序性工作,指导当事人详细填写、提交各项诉讼材料。其次,灵活运用电话送达等方式,通过与当事人的对话式交流及前期案情了解,促成调解;慎用公告送达,严格限定公告送达的适用范围;谨慎审查原告所提交的被告的地址信息及邮寄送达后退件的具体原因,避免原告利用诉讼达成不正当目的以及被告恶意逃避诉讼等行为的发生。最后,承办法官在案件排期时应遵循灵活合法的原则,依据案情及当事人意愿进行排期。以借贷案件为例,如果案件中有借条借据等明确的证据,被告在电话送达时亦承认债务事实,表示愿意清偿。此时,承办人就可以询问被告是否放弃举证期,若其放弃,则承办人可以及时排期进行调解或开庭,缩短办案周期,提高纠纷解决效率。

该中心致力于提高审判效率的同时,应从以下两个方面兼顾公平正义:(1)实践中,各工作小组不应为了绩效考核,评先选优而盲目追求高调解率,避免出现"以判压调"、"以诱压调"等强制调解的行为。若片面追求法定期限内立案率、一审简易程序适用率、法定(正常)审限内结案率、平均审理时间指数等效率指标,可能使当事人因程序的不公遭受二次伤害,导致调解案件申请执行率、信访投诉率的攀升。法官应重视考量裁判自动履行率及公众满意度,探索如何更好

地实现案件法律效果与社会效果的统一。①（2）规范试点运行中较为成熟、完善的做法，明确案件的准入机制及分配标准。以各工作小组为单位开展调研活动，统计、分析司法数据，定期总结经验。

（二）扩大普及宣传，构建完善的联动机制

为了让公众尽快熟知、接纳快速处理中心，法庭应做好普法宣传活动，有重点地推介快速处理程序。

其一，制定明确且通俗易懂的宣传资料、指导手册，绘制流程示意图并在立案大厅设立咨询点，增加公众对中心的了解。在各环节都给予当事人明确的指引，例如，向原告送达预缴诉讼费通知书后二次提醒其在7日内缴费；向当事人送达《小额诉讼须知》，并释明一审终审的效力；在庭审中指引当事人围绕争点进行辩论等。

其二，法庭可借助社区法官助理、②巡回审判等制度，结合法制讲座，将中心推介给社区民众。法庭可定期组织司法公开活动，邀请社区民众观看公开庭审；通过东莞一院官网或微博公开庭审过程，增加司法透明度及公信力。例如，通过典型借贷案件使民众了解规范的借贷手续；告知民众恶意串通侵害他人合法权益或逃避履行义务的相关法律后果。③ 又如，鉴于近年来婚姻家庭、抚养类收案数量的攀升，以及农民工"临时夫妻"现象④的日益严重，应在社区法制讲座中加强婚姻法的宣传力度，推动民众树立正确的婚姻家庭观，同时引导感情确已破裂的当事人依法维权。

其三，实行回访制度及信息反馈制度。由承办法官负责电话回访工作，调查案件审结后的履行情况。若案件进入执行阶段，则由执行人员将执行信息反馈给速裁组法官，适当地将该信息作为法官业绩考核的参考，以督促法官保证审判

---

① 最高人民法院于2011年3月10日下发《关于开展案件质量评估工作的指导意见》，明确规定了31项评估考核指标。其中，法定期限内立案率、一审简易程序适用率、法定（正常）审限内结案率、平均审理时间指数均属于审判效率指标，裁判自动履行率、调解案件申请执行率、信访投诉率及公众满意度属于审判效果指标。

② 东城法庭于2009年开始探索尝试社区法官及社区法官助理制度，并于2012年年底实现辖区内社区法官助理全覆盖。

③ 《民事诉讼法》第112条规定："当事人之间恶意串通，企图通过诉讼、调解等方式侵害他人合法权益的，人民法院应当驳回其请求，并根据情节轻重予以罚款、拘留；构成犯罪的，依法追究刑事责任。"第113条规定："被执行人与他人恶意串通，通过诉讼、仲裁、调解等方式逃避履行法律文书义务的，人民法院应当根据情节轻重予以罚款、拘留；构成犯罪的，依法追究刑事责任。"

④ 据统计，2013年东莞市外来务工人员大部分是农民工，约占广东省农民工总量的三分之一。

质量,提高当事人对中心的满意度与信任度。

除了法庭内部的改革与创新,亦需要党委、政府及社会各方的协同支持。在上级部门的支持下,尽早整合银行、房产部门、土地部门、邮政部门等相关部门的力量,实现联网操作,并与辖区内的综治办、司法所、劳动行政管理部门等部门形成联动机制,提高送达、调解、执行等效率,共同促进中心工作的开展。

(三)完善操作流程,解决客观困境

为了实现案件的合理分配,提升各小组间及小组成员间的协调配合程度,快速处理中心应确立并完善精细化管理方案,明晰责任,充分发挥每位工作人员的主观能动性。

1.完善各项规章制度,规范立案、送达、财产保全等业务流程及车辆管理,使各项工作有章可循;扩大经费来源,保障物力、财力及办公条件,减少客观限制;建立并完善失信被执行人系统,将以虚假诉讼、虚假仲裁或其他方式规避执行或者无正当理由拒不执行的被执行人录入失信名单,向政府相关部门、金融机构等通报,予以信用惩戒。①

2.优化审判资源,提高中心工作人员的业务素质。既要保证三大中心办案人员数量及素质,亦要择优运作,适当地将经验丰富的业务能手抽调至快速处理中心。② 工作人员从立案阶段即介入纠纷的实体处理,灵活运用多种调解方式,探索并归纳对劳动争议等案件的模式化处理。在速裁阶段,在确保法官拥有个人独立审判能力的同时,尽可能地简化庭审过程,及时总结、制作及完善同类型案件的格式化法律文书。在执行阶段,执行人员应与速裁组法官形成审执信息反馈机制。审执分立制度使得审判法官更关注调解、判决的过程,而非具体履行结果。这使得部分案件看似快审快结,转眼又遁入执行的大门,不利于当事人利益的保障。因此,可将案件执行情况反馈给具体的审判法官,在区分案件进入执行程序的主客观原因的基础上,将调解案件申请执行率等效果指标与其业绩考核挂钩,有助于其树立审执一体的意识,提高审判质量。

3.规范并完善案件分流程序及分配标准。首先,加强节点控制,缩短案件流转期限。立案组在对案件材料进行初步审查后应即时送至分案主任,由其进行二次审查。若适宜调解,则即时处理;若不适宜调解且相对简单,则于立案后7日内分配给具体承办人;若案件较为复杂、疑难,则流转至审判中心。其次,定期统计、分析司法数据,明确分案标准。综合考虑各位速裁组法官的业务专长、办

---

① 最高人民法院《关于公布失信被执行人名单信息的若干规定》已于2013年10月1日起施行,以促使被执行人自觉履行生效法律文书确定的义务。

② 东城法庭在历经15个月的试点运行后,于2013年7月重新选调、分配了工作人员,将部分办案积极、细致、富有创新精神的年轻干警调至该中心,以期提高中心的运作效率。

案技巧,明晰其承办的案件类型,并定期统计、分析收案类型及变化趋势,视具体年份的案件数进行调整。例如,2013年剔除系列案后的劳动争议案件、买卖合同案件同期同比大幅减少,而民间借贷、租赁合同、离婚、抚养等案件有了较大增长。据此,可适当调整案件分配情况,维持均衡,提高案件处理效率。此外,应尤其关注劳动争议纠纷、追索劳动报酬等群体性案件的分配协调工作,不应分散地分配给各个法官,以避免出现同案不同判的局面。

物业服务纠纷案件调解难之对策

方敬萍 许林波[*]

东莞市第一人民法院东城法庭管辖东城、莞城两大中心城区。辖区经济发展迅速，居民生活水平较高，各类住宅小区林立。然而，小区的健康发展离不开规范的物业服务。现阶段各类物业服务公司（以下简称物业公司）发展良莠不齐，在收费标准、服务质量上存在诸多问题，加上业主对物业服务缺乏正确的消费观，导致物业服务纠纷案件数量激增。诉讼调解在我国不仅是一种纠纷解决方式，更是一种社会治理途径，其作用至关重要。[①] 在大调解的背景下，提高物业服务纠纷案件的诉讼调解率具有现实意义。然而，由于物业服务的特殊性，此类案件调解的难度较大。本文立足东城法庭调解物业服务纠纷案件的司法实践，试分析物业服务纠纷案件调解难的因应策略。

一、物业服务纠纷案件"调解难"

本文首先从个案切入，阐述东城法庭物业服务纠纷案件调解难的具体表现。

（一）业主与开发商存在矛盾

【案例一】业主甲购买房屋时，开发商曾允诺为其及时办理产权手续。经甲多次催促，开发商仍未履行承诺。甲认定该小区提供物业服务的某物业公司与开发商有关联，遂在与开发商协商未果的情况下，试图通过拒交物业服务费的方式"逼迫"物业公司为其出面解决。物业公司诉至法院。调解中，甲坚持以物业公司协助其办理产权证为缴纳物业服务费（以下简称物业费）的前提，该公司则以无责任为由拒绝甲的要求。双方僵持不下，调解无法进行。

业主常因开发中的遗留问题与开发商发生纠纷，一旦争议长时间搁置，业主往往寄希望于由物业公司出面协助解决。部分业主甚至将物业公司与房地产公

---

[*] 方敬萍：东莞市第一人民法院东城法庭法官；许林波：厦门大学法学院诉讼法硕士研究生。

[①] 范愉：《调解的重构——以法院调解的改革为重点》，载《法制与社会发展》2004年第2期。

司认定为同一公司,①而要求物业公司承担责任。在协商无效的情况下,业主大多采取拒交物业费的方式"胁迫"物业公司就范。诉讼中,物业公司根据《物业服务合同》的约定,据理力争,认为不存在任何义务为业主解决其与开发商的纠纷,而不接受调解。业主则为达到其目的,也会坚持到底,拒绝调解。

(二)业主因自身原因未享受物业服务

【案例二】业主乙在某小区购买一座别墅,在收到开发商发出的验收通知后,因生意纠葛,无暇顾及,一年后才验收、入住。其间某物业公司按照合同约定为乙提供物业服务,但乙对入住之前一年内欠缴的物业费共计人民币 36428.5 元,以未实际入住,未享受物业服务为由,拒绝缴纳,该公司遂诉至法院。乙坚持按其实际享受的物业服务缴纳费用,物业公司主张其依约提供物业服务,应收取相应费用。双方各执己见,不接受调解。

现实生活中,部分业主由于自身原因未按期验收、入住,因此坚持以实际享受的物业服务为准,即依照实际入住时间缴纳物业费,尤其是在欠缴较高数额的物业费的情况下,业主更加不愿支付。然而物业公司自合同生效之日起即提供物业服务,投入了一定人力物力。在调解过程中,双方从自身利益出发,各自主张,僵持不下,导致调解难以进行。

(三)业主对物业公司提供的物业服务不满意

【案例三】业主丙于 2011 年 1 月在某小区购买一套房屋,并与某物业公司签订了为期 5 年的物业服务合同。入住之初,该公司尚能依约提供合格的物业服务,丙按期缴纳物业费。一年后,该公司因内部调整,且资金紧缺,导致其提供的物业服务质量日趋下降,引起业主不满。经业主多次反映,情况均未改善,严重影响业主正常生活。自 2013 年 1 月起,丙拒绝缴纳物业费。物业公司坚称其提供的物业服务符合合同约定,丙应按期缴纳物业费,双方多次发生争执。该公司催缴未果,遂诉至法院。丙不满物业公司的服务态度和质量,拒绝调解。物业公司则依据合同有关质量标准的规定,否认提供的物业服务不合格。调解难以进行。

业主与物业公司签订的物业服务合同中的条款大多采用格式条款,且规定较简单或专业性较强,导致物业服务质量的认定标准不明确。以至于在复杂多变的现实生活中,很难认定物业公司提供的服务是否"合格",业主是否"满意"。无论是由于业主挑剔、要求严格,还是由于物业公司利用合同规定的简单模糊性投机取巧而导致纠纷发生,都可能因合同规定不明,裁量标准不清,使得双方均自认有理,抵触调解。尤其是当物业公司提供的物业服务虽符合合同的简单约定,但事实上确实无法使业主满意时,业主不满情绪更加强烈,加上此前曾与物

---

① 现实生活中,某些开发商设立物业公司,为其开发的小区提供物业服务。

业公司有过激烈争执,调解的阻力较大。

(四)物业公司收取的违约金数额过高

【案例四】业主丁在某小区居住期间,与某物业公司签订物业服务合同,并按期缴纳物业费。后因家庭突遭变故,丁欠缴自2009年7月1日起至2013年3月31日期间产生的物业费共计人民币12532.5元,经该公司多次催缴,丁均未补缴。该公司遂诉至法庭,请求依法判令被告立即向原告支付拖欠的自2009年7月至2013年3月期间的物业费人民币12532.5元及逾期付款违约金人民币70403.8元①。调解前,丁同意支付拖欠的物业费人民币12532.5元。对于违约金部分,丁主张其已缴清所欠物业费,拒绝支付违约金。经诉讼调解,丁同意承担违约责任,支付违约金,就违约金数额问题,双方却无法达成一致意见。丁认为违约金过高,无法接受,物业公司则据合同力争,调解进程中断。

一般情况下,物业服务合同中都会对违约问题作详细规定,关于违约金的计算标准通常由双方自行拟定。即使规定过高,业主因疏忽或其他原因,一般都不太在意,而仍按此规定与物业公司签订合同。该合同系双方真实意思表示,且关于物业服务违约金的收取标准,法律并无明文规定,故不存在违背法律规定的问题。双方签订的物业服务合同合法有效,受到法律保护,在合同有效期间,双方应受合同条款的约束。在现实生活中,按照合同约定的计算标准,随着违约时间的延长,违约金的数额往往会远远超过欠缴的物业费本身,以致业主无法接受。② 在调解的过程中,业主同意支付欠缴的物业费,却无法接受巨额违约金,而选择拒绝支付或较少支付。在业主违约的情况下,物业公司依据合同的明确约定提出违约金的诉求,证据充分,于法有据。双方均拒绝让步,调解工作无法开展。

二、物业服务纠纷案件"调解难"的原因

尽管办案人员采取各项措施,积极引导调解,仍收效甚微。通过调研,影响该类案件调解的因素可初步总结如下:

(一)法庭方面的原因

1. "案多人少"矛盾突出,调解任务繁重

东城法庭人员编制有限,案件数量巨大,即便承办法官超负荷运转,"案多人少"的矛盾依然十分突出。同时,并非所有案件的调解都能够高效运作,一些比

---

① 在该案中,依据双方合同约定,违约金的计算标准为每日千分之三,远高于同行业其他物业公司规定的每日万分之三或每月千分之三等标准。目前对于违约金的计算标准,法律并无明文规定,均由各物业公司自行拟定。

② 肖建华、唐玉富:《小额诉讼制度建构的理性思考》,载《河北法学》2012年第8期。

较复杂的案件,调解时往往要投入巨大的人力、物力和时间,做大量的工作。繁重的办案任务和案件本身的巨大压力,成为阻碍诉讼调解工作高效运行最现实的原因。[①] 办案人员没有精力,更没有充裕的时间对双方积怨已久的纠纷进行庭前庭后长时间的调解。与此相联系,如果办案人员无法投入充足的时间精力,就很难全面掌握当事人的心理情况及纠纷的根源问题,必然影响调解的成效。

2.调解技能仍需提高

诉讼调解是一项集法律性、思想性和艺术性于一体的综合性工作,能否取得进展和成效,很大程度上取决于办案人员的调解技巧和工作艺术;取决于对争议焦点、当事人心理症结和案件利害关系的把握;甚至取决于能否及时对当事人微妙的心理变化的察觉。面对较为错综复杂的案件,迫于审限压力,部分办案人员不愿多做工作,以致无法准确及时地找到调解的切入点与突破口;或者因为缺乏经验,对物业服务、房产交易等领域的专业知识、行业惯例不了解,而无法较好地掌握该类案件的调解技巧。缺乏一支善于做调解工作的综合性法官队伍,诉讼调解的成功率也就难以保证。

(二)物业公司方面的原因

1.有理有利,态度强硬

在物业服务合同纠纷中,物业公司多为原告。[②] 在上述列举的四类调解难的情形中,物业公司常因有理有据而占据较有利的诉讼地位。通过判决,其诉讼请求往往能得到法庭支持。在这类单位与个人的纠纷案件中,双方力量悬殊,物业公司处于强势地位,在诉讼成本方面顾虑更少。出于捍卫尊严及追求利益最大化的考虑,物业公司不太认同调解,其之所以诉至法庭,即表明决意通过判决的方式维护既得利益。物业公司在具备诉讼能力与胜诉把握的情况下,调解成为次之选择。

2.出于对群体效应与连锁反应的顾虑

在部分物业服务纠纷案件中,表面原因是业主拒付物业费,但实际上是业主不满自身权益被侵害而引发的。鉴于涉讼事务往往涉及业主的共同性问题,业主基于相同的地位和利益诉求易结成联盟,物业公司害怕调解退让后会触发群体效应,故不同意调解。同时,法庭在调解过程中所传递的信息,容易促使未参与诉讼的业主产生效仿心理,调解结果也会引起连锁反应。[③] 出于这一顾虑,物

---

① 刘锐锋:《诉讼调解的价值基础初探——兼析民事诉讼调解难的成因与对策建议》,载张卫平主编:《民事程序法研究》(第4辑),厦门大学出版社2008年版。

② 据统计,物业服务纠纷案件的特征之一即原告一方基本上都是物业公司。

③ 易艳:《诉讼与非诉讼程序相衔接机制的实践与思考——以物业纠纷案件开展诉调对接工作为切入点》,载《福建法学》2013年第2期。

业公司选择调解时较为谨慎。

3. 代理权限受限而导致调解不顺畅

物业公司的委托代理人多为公司的法务专员或律师,拥有决定权的管理者不参与诉讼,由此断绝了法庭与物业公司的直接对话,间接影响了调解的效率和效果。物业公司的委托代理人无权决定是否接受调解以及调解的具体内容,需通过电话联系的方式请示管理者,进行调解事项的协商与确认,调解过程易中断而无法顺畅进行。调解现场达成的初步方案也必须由物业公司的委托代理人向管理者电话复述,甚至当面请示。最后当事人双方都会因为疲乏而对调解失去信心与耐心,导致调解失败。

(三)业主方面的原因

1. 业主应诉率低,法庭难以组织调解

当前,基层法庭针对简单的民商事纠纷普遍实行诉前调解。物业公司起诉到法庭后,法庭需传唤业主到庭参加诉前调解。然而,大多数业主应诉积极性低,抵触情绪普遍强烈。在通知过程中,部分业主还将情绪转移到承办法官身上。出现上述问题的原因主要有三点:(1)物业服务纠纷虽小,但业主与物业公司积怨较深,在矛盾已然激化的情况下,法庭很难取得业主的配合。(2)因欠缴物业费被诉,业主感觉名誉受损,尤其是在突然被诉的情况下,业主的厌讼情绪更甚。(3)拒交物业费现象并非个例,业主普遍存在从众心理,常常抱着"法不责众"的心理逃避法庭传唤。

2. 业主情绪化严重,不良律师从中挑拨

在物业服务纠纷案件中,双方冲突由来已久,矛盾尖锐,作为个人的业主一方,情绪化较严重。一旦得知在对物业公司的不满未得到解决的情况下,却因欠缴物业费被起诉,业主情绪更加激动。在调解的过程中,业主常因主观情感强烈,无法理性对待承办法官提出的调解建议或调解方案,而抱有怀疑、抗拒心理,甚至偏激地认为承办法官有偏袒的嫌疑,不接受调解。此外,律师管理制度(包括代理收费管理制度)不严格和案件代理市场的商业泛化,使一些诉讼代理人、律师出于利益考虑,怂恿业主不支持、不配合法庭的调解工作,将诉讼进行到底。判决中若胜诉,可以明显体现诉讼代理人、律师的能力与价值,而调解结案,且是在承办法官主持之下的和解,诉讼代理人、律师的作用不明显,价值不突出。[①]业主过于相信诉讼代理人、律师,任由其怂恿、误导,从中挑拨,对调解坚持不做出任何让步,使得调解工作无法进行。

3. 对调解本身存在误解

现行《民事诉讼法》第122条确立了"先行调解"机制,实际上确定了诉前调

---

① 张军:《诉讼调解贵在自觉》,载《法律适用》2007年第1期。

解的合法地位。① 最高人民法院《关于适用简易程序审理民事案件的若干规定》第 14 条规定,诉讼标的额较小的纠纷应先行调解。物业服务合同纠纷案件一般标的额较小,且属于社区内部纠纷,调解是首选途径。由于过去诉讼调解存在一定的问题,加之新闻媒体正面的宣传报道较少,社会公众对诉讼调解缺乏正确的认识。很多人仍然认为法庭的调解是"和稀泥",是承办法官欠缺专业的法律知识及审判水平不高的表现。② 还有部分业主只承认判决的约束力,认为诉讼调解没有法律效力。因此承办法官在组织调解的时候,会遭到业主的断然拒绝,而被要求开庭审理,作出判决。部分业主甚至表示,只要依据法律规定作出裁判,任何结果都能接受,即使调解的结果更有利。

(四)客观存在的阻碍因素

司法实践中,导致物业服务纠纷案件调解难的因素除了上述来自法庭及当事人双方的原因外,还有一些客观存在的制约,主要包括:(1)矛盾复杂化。部分业主将不缴物业费的原因归咎于物业服务质量差,然而服务质量本身很难量化,所以双方具体到物业费数额上难以达成一致。尤其是当物业服务问题直接或间接导致了业主的经济损失时,因该损失超过应缴的物业费,业主与物业公司的矛盾更加纠缠不清,诉讼调解进展困难。(2)涉案主体多元化。一些因房屋安全隐患等开发商遗留问题引发的物业服务纠纷,不可避免地牵涉开发商、建筑商等关联主体。涉案主体的多元化使得调解更加复杂。(3)调解空间较小。物业服务纠纷案件涉案标的往往不大,双方妥协退让的空间以及承办法官开展调解工作的余地极为有限。

三、物业服务纠纷案件调解难的解决对策

要走出物业服务纠纷案件调解难的困境,既要针对具体问题采取相应的治标之策,也要跳出个案从源头进行治理。本文试从以下几个方面分析物业服务纠纷案件调解难的解决对策。

(一)改进诉讼调解工作,规范调解程序

1. 争取立案调解③

---

① 实际上,在 2013 年修法之前,《民事诉讼法》只对诉讼调解作了明确规定,但是对诉前调解的立法还属于立法盲区,导致法制化、规范化程度不高,限制了诉前调解工作的进一步发展。

② 徐跃、许东劲:《论我国诉讼调解制度的构建》,载《法治论坛》2009 年第 15 辑。

③ 广义上,立案调解也可包括立案阶段进行的其他形式的调解,而不仅限于立案阶段的诉讼调解,但最高人民法院《关于进一步发挥诉讼调解在构建社会主义和谐社会中积极作用的若干意见》第 10 条中的立案调解特指立案阶段进行的诉讼调解,地方法院实践中的立案调解一般也以诉讼调解为主。本文对立案调解采用该狭义的概念。

立案是司法环节之一。① 如果立案人员能够抓住时机,集中力量调解,大量物业服务纠纷便可在立案阶段予以解决,避免进入诉讼程序,也缓和了当事人双方的对立情绪。基层法庭应充分重视立案调解,适当充实立案庭人员,发挥其在调解物业服务纠纷案件中"先头部队"的作用。

2.公平衡量当事人权益

权利与义务相一致是现代市场经济社会的基本原则,物业服务合同关系同样应当遵循。权利与义务相一致、费用与服务水平相适应应当成为物业服务合同纠纷案件诉讼调解的基本指导原则。② 承办法官在调解中一经查实物业公司确有提供不合格的物业服务等过错行为,应当主动建议物业公司降低诉讼请求。唯有让笼统的原则变成具体的规则,才能根除当前部分承办法官不问事实、一味催费以求结案的"和稀泥思维",使物业服务合同纠纷的调解更加规范化,实现调解过程中物业公司与业主对抗的平衡。

3.多元主体参与调解

多元主体参与调解,主要是针对在个案调解过程中牵涉第三方的情况。物业服务关系虽然只存在于物业公司与业主之间,但物业服务纠纷却可能牵涉多方主体,若要真正化解纠纷,可以改变原有的单一调解模式,让关联主体参与进来。

(二)增强办案人员调解意识,提高调解技能

针对目前"案多人少"的突出问题,在无法增加人力资源的情况下,法庭应通过加强调解培训,交流调解经验等途径,提高办案人员的诉讼调解能力。对于承办法官,要求其发挥主观能动性,主动介入并适时提出建议。承办法官应定期走访社区,掌握整个小区的物业状况,收集调取第一手资料进行分析调研。对于书记员,应加大送达力度,创造调解的可能性。当事人是否到庭很大程度上决定了调解的可能性。送达不仅仅是把应诉材料送达给当事人即可,还应在送达的过程中让当事人知道到庭的必要性和重要性。且通过与当事人的首次联系,掌握纠纷始末,做到心中有数。对业主,更应注意分析其欠缴物业服务费的深层原因,从而更有把握地引导业主积极应诉,接受调解。此外,还应进一步完善调解激励机制,坚持将案件调解率作为办案人员工作的考核指标之一;建立定期的专门性培训机制,逐步将调解技能的培训作为日常培训的内容;组织多种形式的经验交流活动,充分利用办案人员在长期实践中积累起来的丰富的调解经验,改变自行摸索和小范围传、帮、带的经验积累模式。

---

① 物业服务纠纷案件也是立案的大户之一,且有不断增长的趋势。
② 顾彬:《物业费纠纷的司法困境与出路》,载《湖北工程学院学报》2013年第4期。

(三)树立诉讼调解权威,提高当事人的调解积极性

树立诉讼调解的权威关键在于规范调解行为,纠正损害当事人合法权益的不规范调解行为,把握好针对性、逻辑性、规范性,达到以理服人的效果。在诉讼调解中,应注重调解程序的正当性、简易性和可操作性,避免调解的随意性。① 坚持合法与自愿原则,反对强迫调解、以拖促调、以判压调等错误做法。诉讼调解的程序和方法应坚决符合法律和司法解释的规定,依法保障当事人的诉讼权利。要充分保障当事人能够真实地表达自己的意愿,确保当事人自愿地接受调解,以彻底化解纠纷、消除矛盾,做到案结事了。结合最高人民法院诉讼收费办法关于调解案件减半收取诉讼费等调解激励措施,建立以当事人为中心的调解激励机制,鼓励当事人选择调解、接受调解。有的基层法庭采取送达时发放调解建议书的做法,是一种有益的尝试,已被实践证明富有成效。② 此外,还应当完善调解建议书的内容,让当事人更好地理解诉讼调解的便利和风险;加大对调解工作的宣传力度,积极营造有利于调解工作的社会环境和文化氛围。

(四)建立调解联动机制

针对诉讼调解能力有限的客观制约,法庭应从以下几个方面着手,充分利用社会资源加以改善,提高社会力量参与诉讼调解的程度:(1)加强与人民调解委员会的联动。根据《人民调解法》第5条的规定,基层人民法院对人民调解委员会调解民间纠纷进行业务指导。法庭在进一步加强对人民调解委员会指导的基础上,应积极探索人民调解员参与诉讼调解的途径和办法,形成与人民调解组织合作调解的局面。③ (2)与街道各科室、各部门开展横向联动。相当多的物业服务纠纷都涉及街道各部门、各科室的业务职责、职能,与街道各部门、各科室之间开展横向上的联动显得格外重要。法庭可以通过召开例会的方式,与街道各部门、各科室在信息资源上实现共享,对社区的情况做到心中有数,提高调解工作的成功率。(3)与物业管理行业协会展开联动。法庭的调解工作要利用物业管理行业协会的专业优势,向物业管理行业协会学习物业管理的相关知识、法律、法规和文件政策,增强调解工作的专业性和权威性。

物业服务纠纷是一类特殊的民事争议,其特点在于主体间存在长期的利益依赖关系与程度不同的依存合作关系。物业服务纠纷从根本上而言属非对抗性,双方可基于不同的利益共存。这就决定了这类纠纷的解决不能仅仅满足于

---

① 刘加良:《民事诉讼调解模式研究》,载《法学家》2011年第2期。
② 陈学敏:《物业服务合同纠纷处理方式的反思》,载《大连海事大学学报》2012年第4期。
③ 陈奔、车雪松:《试论ADR在解决我国物业纠纷中的作用》,载《云南大学学报》(法学版)2009年第1期。

单纯补救已经发生的损害,而且应着重预防或排除将来可能出现的侵害并对冲突对立的利害关系进行调整,维护双方的合作关系。由于"温和型"的法院调解乃是通过各方当事人彼此进行沟通与协调的方式来消除他们之间的对立与对抗,因而在"修补"已被冲突和纠纷所破坏的社会关系方面,具有以当事人之间的直接对抗为基本结构的"决断型"判决方式所不可比拟的优势。① 基于现实的需求,基层法庭在处理物业服务纠纷案件时,更应注重诉讼调解手段的运用,不断提高该类案件的调解率与调解质量。

---

① 齐树洁:《我国近年法院调解制度改革述评》,载《河南省政法管理干部学院学报》2011年第4期。

东莞第一法院适用小额诉讼程序的调研报告

陈 冰[*]

2012年8月31日修改的《民事诉讼法》第162条确立了我国的小额诉讼程序制度。小额诉讼具有简易、便利、快速等特征,有利于降低诉讼成本,提高诉讼效率,方便当事人诉讼,其目的不仅仅在于分流民事案件,减轻法院的负担,更重要的还在于通过简便易行的司法解决纠纷机制,实现司法的大众化,即"通过简易化的努力使一般国民普遍能够得到具体的有程序保障的司法服务。"[①]小额诉讼的实质是国家为公民提供的一种廉价司法救济途径。本文在实地调研的基础上,对东莞市第一人民法院(以下简称东莞第一法院)适用小额诉讼程序的实际运作情况作一些介绍和分析。

一、东莞第一法院适用小额诉讼程序的概况

东莞市第一人民法院成立于2009年1月1日,下设11个人民法庭,现有在编干警及职工278人,其中法官142人。作为东莞地区最大的基层法院,东莞第一法院连续四年结案数超过4万件,约占东莞两级四家法院案件总数的40%,连续三年法官人均结案数超过广东全省法官人均结案数的3倍(2012年该院法官人均结案数394.56件,全省约120件,全国约60件)。2011年5月5日东莞第一法院启动小额速裁试点,并安排2名法官专门审理小额速裁案件,开始对小额诉讼的实践进行探索,积累了一定的经验和办法。

自2013年1月1日新《民事诉讼法》施行至2013年8月31日,东莞第一法院受理符合小额诉讼程序的案件1317件,占一审民事案件11.17%。其中调解结案的1116件,调解率为84.74%;撤诉案件98件,撤诉率为7.44%;判决结案

---

[*] 作者系贵州师范大学法学院讲师,厦门大学法学院诉讼法博士研究生。
[①] [日]棚濑孝雄:《纠纷的解决与审判制度》,王亚新译,中国政法大学出版社1994年版,第275页。

的103件,平均审结期限为15日。①

调研中我们发现,东莞第一法院审理的小额诉讼案件具有以下特点:第一,案件种类相对单纯化。小额诉讼案件的案由主要集中于一般侵权纠纷(含交通事故纠纷)、民间借贷纠纷、消费类的买卖合同纠纷、赡养费(抚养费)纠纷等债权债务纠纷,尤其小额分期付款和信用卡支付的案件比较突出,这与东莞经济较为发达的客观现状密切联系。第二,审判程序的"非正式化"。小额诉讼程序并不遵循严格的司法程序,其形式简化,程序相对宽松,法官通常不使用法律术语,原、被告双方在一种比较随和的诉讼气氛中参与案件庭审,可以在很高程度上缓解双方对立紧张的关系。低廉的诉讼费用(仅为普通案件受理费的1/2)也体现了经济廉价的特质。第三,小额诉讼程序的"优先化"。对符合小额诉讼条件的民事案件,法院在立案、排期和审理等环节予以优先,以便更好地发挥小额诉讼程序便捷、高效的功能。应当肯定的是,小额诉讼程序确实为当事人快速、便捷地解决纠纷提供了更多的程序选择,对纠纷的及时化解和维护社会和谐稳定具有重要意义,是司法为民、司法亲民、司法便民价值理念的重要体现。但也应当承认,小额诉讼程序作为一种新的诉讼制度,法律条文的粗疏使得基层法院的操作缺乏统一的规范,减弱了它的优势,并且增加了额外的工作量,导致小额诉讼程序实际适用比例偏低,小额诉讼程序的价值和功能未能得到充分彰显。

二、东莞第一法院适用小额诉讼程序的问题及分析

新《民事诉讼法》第162条仅对小额诉讼作出原则性规定,但未有详细的操作规则,最高人民法院迟迟未能颁布相关的司法解释,各地的做法极不统一。在调研中,承办小额诉讼案件的法官普遍反映无所适从,对小额诉讼程序的适用范围、具体程序以及救济途径等问题的困惑较多。

(一)关于小额诉讼程序的适用范围问题

新《民事诉讼法》第162条对小额诉讼程序的适用条件采用"主观标准"加"客观标准"的模式。"主观标准"是"事实清楚、权利义务关系明确、争议不大"的简单民事案件,需法官在立案和审理过程中对个案作出判断。"客观标准"是"标的额为各省、自治区、直辖市上年度就业人员年平均工资百分之三十以下"。

根据广东省统计局发布的数据,2011年度广东省城镇就业人员年平均工资的30%仅为13546元。东莞市是广东省经济最发达的地区之一,2011年人均GDP为57600元。小额诉讼的标的额为上年度就业人员年平均工资的30%这一客观标准较之试点期间的5万元的标的额标准有大幅下降,由此成为客观上

---

① 本文数据来源于东莞市第一人民法院审判管理办公室。在此,要特别感谢为此次调研提供帮助的东莞市第一法院民一庭和审判管理办公室的法官们。

制约小额诉讼案件数量的主要原因之一。立法机关在界定小额程序适用标准时设立了"客观标准"和"主观标准",本意是在实践中能尽量扩大小额程序的适用范围。实务中有些案件标的额虽然符合小额诉讼案件的"客观标准",但由于当事人双方矛盾争议较大,不符合"主观标准"而导致小额程序无法适用。换言之,同时符合"客观标准"和"主观标准"的小额案件少之又少,从而限制了小额诉讼程序的适用空间,抑制了小额诉讼程序功能的发挥,导致小额诉讼程序成为空中楼阁,"好看但不好用"。

(二)关于小额诉讼程序的适用原则

对小额诉讼程序强制适用还是选择性适用,各国和地区的做法不一,有的采取强制适用,也有的采取选择适用。少数国家法律规定小额诉讼程序由当事人选择适用,如日本立法将选择权赋予双方当事人。一方面,原告欲适用小额诉讼程序,在起诉时必须向法院提出申请;另一方面,如果被告不同意,则可申请转入通常诉讼程序。这样,基于原告的选择而开始的诉讼就转入通常诉讼程序。不过,法律对被告的申请有严格的期间限制,即必须在口头辩论期日中被告辩论之前提出,若被告辩论完毕或口头辩论期日终了,则丧失申请权。① 绝大多数国家和地区法律规定,对于符合规定数额的小额案件,强制适用小额诉讼程序,同时还规定,对于超过法律规定金额的案件,纠纷双方可以选择适用小额诉讼程序,例如,我国台湾地区规定,争议数额在 10 万元新台币以下的案件强制适用小额诉讼程序,50 万元以下的案件当事人可以书面约定选择适用。② 从民事司法实践经验来看,权利人基于尽快实现权利的需要,一般都愿意选择小额程序,而债务人通常是能赖就赖,能拖就拖,往往拒绝适用小额程序。也就是说,小额程序被双方当事人共同选择的概率很低,进而造成小额程序被闲置的可能性很大。小额诉讼程序在东莞市第一法院的实际运作中也同样面临上述困境,这与小额诉讼程序设立的目的和初衷背道而驰。一旦当事人之间发生了纠纷,形成对立冲突的关系后,在当事人普遍不具备诉讼理性的情况下,双方就程序事项达成协议的情形在实践中非常少见。如果要求小额诉讼程序的适用以当事人选择为条件,小额程序事实上将失去适用价值而形同虚设。

在调研中,部分法官表示,现行立法对小额诉讼程序的强制适用限制了当事人的程序选择权,使得简化的小额诉讼程序由于缺乏当事人的合意而有失程序的正当性。我们还发现,小额案件的当事人很多情况下都会对小额诉讼程序的适用有异议。对于是否应当赋予当事人的异议权以及对当事人异议如何处理,现行立法未有明确回应。东莞第一法院在审理小额案件的过程中,审判人员往

---

① 熊跃敏:《日本民事诉讼中的小额诉讼程序概述》,载《当代法学》2002 年第 5 期。
② 齐树洁主编:《台港澳民事诉讼制度》,厦门大学出版社 2010 年版,第 111 页。

往会结合案件具体情况,判断是否应当适用小额诉讼程序。由于小额诉讼推行的时间还不长,本着"逐步推进,平稳实施"的基本方针,法院对小额诉讼程序的适用比较谨慎,这是可以理解的。这也是小额诉讼程序实践中适用比例偏低的原因之一。

(三)关于小额诉讼程序的救济方式

新《民事诉讼法》规定小额诉讼程序实行一审终审,但对于小额诉讼程序的救济途径未作出明确规定。从立法设计的意图来看,一审终审是小额诉讼程序区别于简易程序的本质特征。然而,一审终审之后的判决如果出现错误,应如何救济呢?

从东莞第一法院的实践来看,其受理的 1317 起小额案件中有 1116 件是调解结案的,由于调解本身就排除了上诉,无法证明一审终审的必要性。在符合小额诉讼程序的判决结案的 103 起案件中,当事人无一人申请再审。从表面看,小额诉讼程序似乎完美地解决了纠纷,做到了案结事了,然而事实上,小额诉讼程序在一定程度上是以牺牲程序的正式性乃至牺牲一部分正义来实现效率的。在与当事人接触的过程中我们也了解到,正是小额诉讼程序的一审终审对当事人上诉权的限制,使得大量当事人不愿选择适用小额诉讼程序,如若再不赋予当事人以其他救济手段,当事人以牺牲正式程序所换来的"正义"有可能是"不正义"。

在调研中我们还了解到,有法官认为,民事诉讼法设立小额诉讼程序的目的在于快速解决纠纷,如果一审判决生效后仍赋予当事人申请再审的权利,则难以实现小额诉讼程序的立法目的。到底应以何种方式对小额诉讼程序进行救济,是申请复议还是申请再审?如果规定申请复议,是向同级法院还是向上级法院?如果向上级法院申请,复议与二审的区别何在?如果允许申请再审,再审的标准应如何界定?这是此次调研中法官反映强烈并希望尽快解决的问题之一。

三、东莞第一法院小额诉讼程序适用的具体做法和对策

东莞第一法院以 2012 年广东省高级人民法院《关于适用小额诉讼程序审理民事案件的操作指引》(以下简称《操作指引》)的相关规定为指导,结合该院小额诉讼程序实际使用的特点,总结出一套经验和做法。

(一)扩大小额诉讼程序的适用范围

鉴于新《民事诉讼法》对适用小额诉讼程序标的额的客观标准规定得非常明确,暂无松动的空间,故为了扩大小额诉讼程序的适用范围,真正发挥小额诉讼程序及时化解纠纷,迅速实现"案结事了"的基本功能,应尽可能地扩大小额诉讼程序适用案件的范围。

1. 扩大适用该程序的民事责任类型

理论界和实务界都倾向于将小额诉讼程序的适用范围限定于"金钱给付"的

民事责任,以避免小额诉讼程序被滥用。但事实上,诸如排除妨碍、恢复名誉、消除影响等类型的民事责任,并不一定影响案件审理的难易程度。为此,东莞第一法院在实践中并未将此类案件限定于"金钱给付"类型。

2. 扩大适用于所有合同纠纷

鉴于合同纠纷类型广泛,仅从案由区分是否可用于小额诉讼程序也不尽合理,东莞第一法院按照《操作指引》的规定,将小额诉讼程序扩大适用于所有合同纠纷案件,包括但不限于借贷、买卖、租赁、借用合同纠纷以及供水、电、暖、热等合同纠纷。

3. 扩大婚姻家庭纠纷案件的适用范围

东莞第一法院将"身份关系明确的继承纠纷、不涉及子女抚养的离婚后财产纠纷案件"一并纳入小额诉讼。为缓解巨大的案件压力,该院根据试点期间的经验,对"身份关系明确、不涉及子女抚养"的简单的继承、财产分割纠纷,予以适用小额诉讼程序。

4. 扩大适用于劳务合同纠纷

对于劳务关系清楚,仅在劳务报酬给付数额、时间上存在争议的劳务合同纠纷案件,其事实较为清楚,性质较为简单,可以将其纳入小额诉讼程序的适用范围。

5. 扩大适用于劳动争议案件

劳动争议案件在广东省民商事案件中占较大比例,且当事人往往有多项请求权,包括工资、加班工资、经济补偿金、赔偿金及工伤保险待遇等。若依照一般案件的做法,很多劳动争议案件的上述诉讼请求标的总额将超过小额诉讼标的额,无法适用小额诉讼程序。

最高人民法院《关于审理劳动争议案件适用法律若干问题的解释(三)》第13条规定:"劳动者依据调解仲裁法第四十七条第(一)项规定,追索劳动报酬、工伤医疗费、经济补偿或者赔偿金,如果仲裁裁决涉及数项,每项确定的数额均不超过当地月最低工资标准十二个月金额的,应当按照终局裁决处理。"即只要劳动者的分项诉讼请求符合上述标准,则仲裁委对该项的裁决为终局裁决,用人单位不服该裁决的,不得提起诉讼。参照该条规定的精神,东莞第一法院规定,对劳动争议案件当事人请求的单项数额符合上述规定条件的,可适用小额诉讼程序审理。此规定有利于扩大小额诉讼的适用范围,尽快化解劳动争议纠纷。

6. 不排除当事人变更诉讼请求、追加当事人情形下的适用

当事人变更诉讼请求或追加当事人并不必然导致案件的难易程度发生变化,不应仅以此为据将其排除在小额诉讼程序的适用范围之外。因此,在当事人变更诉讼请求、追加当事人的情况下,只要符合小额诉讼规定的,仍可适用小额诉讼程序审理。此外,当事人变更诉讼请求、追加当事人以及提起反诉的情形,

如果双方当事人同意,经法院准许应当可以适用小额诉讼程序。

此外,《操作指引》还规定,对于"其他适宜适用小额诉讼程序审理的案件",法院可根据情况予以适用。目前,东莞第一法院考虑到该院案多人少的实际情况,将不当得利和无因管理纠纷案件也一并纳入小额诉讼程序的适用范围。

(二)当事人选择适用

小额程序实行一审终审,限制了当事人上诉的权利。因此,小额程序的具体设计应尽可能地赋予当事人的程序选择权,以制约由于过分追求效率所可能导致的基本程序保障的缺失。东莞第一法院出于尊重当事人程序选择权的考虑,突破了我国现行立法对小额简单案件强制适用小额诉讼程序的规定,在实践中对小额诉讼程序的适用以自愿为原则,双方当事人可以约定适用小额程序,在其提出诉讼时,可以衡量各种诉讼程序的利弊得失,自行选择适用何种程序。法院应对案件进行审查,符合小额程序适用情形的应当准予适用;不符合的,则裁定适用简易程序或者普通程序。

最高人民法院《关于适用简易程序审理民事案件的若干规定》赋予当事人程序异议权,而与一般简易程序相比,是否适用小额诉讼程序对于当事人具有更大的程序利益。在实践中,东莞第一法院允许当事人对法院适用小额诉讼程序提出异议。《操作指引》规定当事人的异议申请可以口头或书面形式提出,但未明确使用异议权的概念。为了充分发挥小额诉讼快捷高效处理纠纷的程序功能,《操作指引》尽可能简化对当事人异议的处理方式。规定主审法官经审查认为当事人的异议不成立的,可当庭或在收到异议之日起3日内,以口头或者书面形式作出裁定,驳回其异议申请;如当事人异议成立的,则以口头或书面形式作出裁定,将案件转入简易程序或普通程序审理,并及时告知各方当事人。口头裁定的,应记入笔录。当事人对该裁定不服的,不得提出上诉。

(三)将再审作为小额诉讼程序的救济途径

从小额程序的性质来看,小额程序并不属于非讼程序,而是一种更加简化的简易程序,仍然属于诉讼程序。小额诉讼实行一审终审并不意味着剥夺当事人获得救济的权利。小额诉讼实行一审终审的原因,主要是考虑到小额案件标的额较小,案件事实简单、法律关系清楚、争议不大,一次审理就能够查明事实,解决争议,因而在操作程序上予以简化。由于小额诉讼程序的审理过程不受法庭调查、法庭辩论的限制,当事人的诉讼权利在适用小额程序过程中已经被正式司法程序所简化了,因此,为保障当事人获得公正司法裁决的权利,必须赋予其有效的救济手段。

小额诉讼实行一审终审是区别于简易程序和普通程序的本质区别。由于一审终审已经限制了当事人的上诉权,如果不赋予小额诉讼当事人有效的救济途径,当事人的程序保障权将受到严重影响,也与司法为民的理念背道而驰。从保障当事人合法权益的角度出发,应允许当事人申请再审。人民法院经审查,原小额诉讼判决符合《民事诉讼法》第 200 条规定的条件的,应决定再审,并依照《民事诉讼法》第 207 条的规定决定适用的程序。如由原审法院审理的,按照第一审普通程序审理,所作出的判决、裁定,当事人可以上诉。如由上级法院提审的,按照第二审程序审理,所作出的判决、裁定是发生法律效力的判决、裁定。

总之,一审终审的判决和两审终审的判决一样,都属于生效判决,而所有的生效判决如果存在法律规定应当纠正的错误,应当统一适用再审程序。从另一角度看,通过再审程序对小额案件的当事人进行事后程序救济,也有助于建立审理小额案件的法官约束机制。

(四)关于小额诉讼案件的审理程序问题

小额诉讼程序具有程序便捷、高效的优势,因而应尽可能为当事人提供诉讼便利,灵活安排案件的审理时间和地点,简化审理程序。

1. 灵活确定审理期限

小额诉讼程序是一种特殊的简易程序,快速高效是其最大优势与特征,应比一般简易程序更为快捷,因而审限应较一般简易程序更短。有观点认为,小额诉讼程序应在一个月内审结。①《操作指引》亦规定适用小额诉讼程序审理的案件,一般应在立案之日起一个月内审结,但对于案件未能在一个月内审结的,也并不必然转入普通程序重新开庭审理,否则将浪费司法资源,不利于发挥小额诉讼程序的优势。东莞第一法院考虑到多数案件可能确实难以在一个月内审结,办理审限延长手续反而增加工作量,因而参照《民事诉讼法》对简易程序审结期限的规定,规定小额诉讼案件如因各种原因导致案件确实无法在 3 个月内审结的,应当将案件转入普通程序审理。

2. 缩短举证期限和答辩期

由于适用小额诉讼程序审理的案件事实简单、法律关系清楚,故对于当事人的举证或答辩期限应相应缩短,以便及时结案。对于双方当事人均已到庭,且明确表示放弃答辩期和举证期限的,法院可在告知放弃答辩期和举证期限的法律后果后,将有关情况记入笔录,立即开庭审理。当事人明确表示不放弃答辩期或举证期限的,可由法院指定或当事人自行约定不超过 7 日的答辩期或举证期限。

3. 简化传唤、送达方式及审理程序

东莞第一法院广泛采取电话、电子邮件、传真、手机短信等方式简化传唤、

---

① 高民智:《关于小额诉讼程序的理解与适用》,载《人民法院报》2012 年 12 月 6 日第 4 版。

送达方式。庭审程序可不受法庭调查、法庭辩论、最后陈述以及法庭调解等程序限制,庭审程序可灵活安排,争取做到一次开庭,当庭宣判,当庭送达裁判文书。

4. 对当事人申请委托鉴定、评估、勘验和提出管辖权异议的处理

在小额案件审理过程中,当事人对一些证据材料会提出异议,并申请委托鉴定、评估、勘验,或者对法院的管辖权提出异议。如因当事人申请委托鉴定、评估、勘验和提出管辖权异议等情形导致案件确实不宜继续适用小额诉讼程序审理的,人民法院可转入其他程序继续审理。如当事人的异议并未增加案件的复杂程度的,可继续适用小额诉讼程序审理,但委托鉴定、评估、勘验期间和管辖权异议审理期间不计入案件的审理期限。

5. 简化裁判文书的制作

法院可适当简化小额诉讼案件裁判文书,重点载明当事人姓名、事实要点、裁判基本理由、给付数额及期限等内容;亦可采取表格式文书,仅记载当事人基本情况、争议事项、裁判主文,提高审判效率。

(五)关于程序转化及衔接问题

《操作指引》规定,出现不宜继续适用小额诉讼程序审理的,人民法院应将案件转入简易程序或普通程序。例如出现被告下落不明的,依法应转入普通程序审理;当事人变更诉讼请求,超出小额诉讼案件标的标准的,可考虑转入简易程序审理,确实无法在3个月内审结的,则应将案件转入普通程序审理。为减少当事人讼累,节约司法资源,对于案件转入简易程序审理的,如当事人均未提供新证据且案件已经开庭审理的,可不再开庭审理。如案件转入普通程序审理的,由于审判组织由独任庭变为合议庭,因而必须重新开庭审理。

结　语

小额诉讼制度在我国民事诉讼体系中已经正式确立,但有关条款的制定并不代表制度的完善,也不代表小额诉讼制度必然在实践中发挥其应有的作用。自新《民事诉讼法》实施以来,小额诉讼程序实际适用率较低。在小额诉讼程序的实际适用中,法官并没有立法者所期待的那种热情,反而充满担忧和困惑。法官们对小额诉讼程序的适用十分谨慎,甚至尽可能地回避小额诉讼问题,以减少和避免因为程序问题导致的错案或者其他差错。实践中,案件标的额小而且案情较为简单的案件占民事案件的较大部分,但是目前这类案件中只有很小部分被适用小额诉讼程序。当事人只要提出一些事实上的异议,承办法官由于对这些问题难以把握,为了案件的稳当和不出差错,就不适用或停止适用小额诉讼程序。

综上所述,小额诉讼程序作为我国正在进行的司法改革的一个环节,能否实

现其积极意义,并不是单一的程序可以完成的。除了从立法模式和程序设计上不断完善小额诉讼程序的规定之外,更要考虑到小额诉讼程序与先行调解、ADR等相关纠纷解决机制的衔接与协调。只有这样,小额诉讼程序才能得到不断的发展与完善,才能适应社会大众接近司法的需求,真正成为司法为民、便民、利民的一项有效举措。

石龙法庭民事案件结案方式探析

罗学林　杨　涛[*]

　　石龙法庭位于东莞市石龙镇,是东莞市第一人民法院派出法庭之一。2012年,辖区石龙镇实现地区生产总值66.29亿元;规模以上工业总产值192.3亿元;常住人口逾10万,外来人口近5万,人口流动性大,治安形势复杂,矛盾纠纷大量涌现。[①]

　　石龙法庭现有审判、执行、内勤、应急四个工作组,审判组有法官3名,书记员3名。2009年1月至2013年8月,石龙法庭民商事诉讼案件总计收案5183件,结案4945件,结案率达95％。调撤案件3559件,占结案总数的72％。法官年人均结案1648件,年均329件,是全国法官年人均结案量的五倍。[②] 由此可见,石龙法庭面临法官业务量巨大、辖区司法资源紧张的局面。"案多人少"的矛盾促使法官在审判中倾向于促成当事人以判决以外的方式结案,以减轻法庭负担,集中司法资源审理要案难案。

　　本文拟在阐述石龙法庭近五年结案方式的基础上,结合主要案由,从法庭和当事人两方着手考察促使调撤率上升的因素,反思现有结案方式,并在此基础上提出消除隐患的建议,以期对法庭调解工作的开展有所助益。

---

[*] 作者均为厦门大学法学院法律硕士研究生。在本文调研和撰写的过程中,石龙法庭领导、法官给予了热情帮助与悉心指导,谨表谢意。

[①] 东莞市石龙镇政府:《石龙镇第十六届人民代表大会政府工作报告(2013年)》,信息索引号:0502-02-2013-334086。

[②] 根据《2012年全国法院审判工作情况分析报告》,2012年全国法官年人均结案64.61件。

一、石龙法庭近五年结案方式概览

表1 法庭结案方式统计

年份	收案数	结案数	判决结案数	调解结案数	撤诉案件数	其他	调撤率	简易/普通
2009	1114	1086	392	291	403	28	64%	855 / 242
2010	1676	1666	375	1199	92	10	77%	954 / 717
2011	1410	1373	380	887	106	37	72%	1225 / 175
2012	684	659	184	399	76	25	72%	538 / 125
2013	299	161	55	72	34		66%	207 / 55

说明:

1. 调撤率是指民商事一审案件中以调解和撤诉方式结案案件数量占总结案案件数量的比例,下文如无特别说明,调撤率均指民商事一审案件调撤率;
2. 2013年仅分析前8个月的数据,因部分案件尚未审结,"其他"一栏不作统计;
3. 2009—2011年,石龙法庭管辖石龙和茶山两个镇区,2012年开始,石龙法庭仅管辖石龙镇,故收案量明显下降;
4. 因后文分析中会涉及案件适用程序的探讨,故本表收录了相关数据。

表1数据显示,2009年至2012年,石龙法庭以调解或者撤诉方式结案的案件数量呈上升趋势,以判决方式结案的案件数量逐步下降。2013年前8个月,调撤率达到66%,接近2012年全年72%的调撤率。据此可以合理预测,2013年以判决、调解、撤诉方式结案的案件量均将延续前4年的增减趋势,调撤率可能达到70%。近年,石龙法庭收案量逐年递增,案多人少,审判压力巨大,效益间接地成为司法工作中追求的首要目标。调解可以有效地节约司法资源,实现司法资源的优化配置,提高司法效益。[①] 由此可见,石龙法庭调撤率的不断攀升乃法庭破解司法资源紧张局面,提升司法效益的必然结果。

二、调撤率攀升的原因探析

上述数据反映了法庭在审理民商事案件时,偏向于以调解或者撤诉方式结案,判决结案案件数量正在减少。这种选择上的偏好对民商事纠纷较多的经济发达城市而言,有利于缓解司法资源紧张的局势,且柔性的调解和更趋和谐的撤

---

① 周飞翔:《"重新回归"视野下的法院调解利弊分析》,载《湖北警官学院学报》2013年第7期。

诉可以避免原本就已剑拔弩张的关系进一步恶化,比较契合人情社会的心理需求。

(一)法庭的合理引导

1. 政策支持多元化纠纷解决机制的建立

在建立多元化纠纷解决机制的大背景下,东莞市第一人民法院于2010年制定了《立案调解工作规定》,具体规范法院立案调解工作。2011年,广东省委政法委、广东省高级人民法院联合印发了《关于建立诉前联调工作机制的意见》,提出将法院主导的调解作为解决纠纷的主要手段。此后,广东各级法院相继制定各种政策,引导基层法院创造性地开展审判工作,促成当事人双方和解,以实现案结事了。"案结事了"所追求的是司法的法律效果、社会效果以及政治效果的有机统一,它本身就暗含了司法的能动性。① 其评价标准之一是当事人是否上诉。与判决相比,调解不存在上诉问题,民事调解书生效后,既不属于本院院长和上级法院依审判监督程序主动进行再审的范围,又不属于检察机关抗诉的范围,当事人申请再审的情形极少发生。因此,调解是一种风险较小的、能动的案件处理方式。② 此外,法庭在结案率的重压之下,更愿意选择一种耗时最少、效果最佳的结案方式。调解结案无疑比较节省办案时间。两相权衡之下,法庭更愿意从居中裁判的角色束缚中走出来,扮演双边斡旋的调解者的新角色。这提升了调解结案方式在司法实践中的地位,与之相应的是,调撤率日益成为衡量法院尤其是基层法庭工作业绩的硬性指标。在工作指标的重压下,法庭政策倾向于将当事人引向非判决纠纷解决方式。

2. 逐级调解机制的有效运作

逐级调解是指案件在立案前进行诉前调解;立案后由法官助理进行庭前调解;如不成功再由主审法官开庭审理、调解;若仍无法调解,交由副庭长、庭长协助进行调解,即将调解工作贯穿诉讼始末,并逐步提高调解人员的调解能力,以期取得较好的调解效果。③ 事实上,石龙法庭调解成功的案件约有2/3是由书记员和年轻法官主持完成的。他们都毕业于法律院校,充满热情但欠缺经验。老法官、庭领导主持的调解往往给当事人较大的压力,使他们未必能充分表达自己的想法。当事人在书记员和年轻法官面前"讨价还价"的空间更大。

石龙法庭逐级调解机制的有效运作有利于提高调撤率,除了实现案结事了,还可以达到以下两个目的:一是可以提高全庭工作人员对调解工作的重视程度;

---

① 北京市第一中级人民法院课题组:《充分发挥审判职能作用,努力实现案结事了》,载《人民司法》2013年第1期。

② 李浩:《民事审判中的调审分离》,载《法学研究》1996年第4期。

③ 东莞市第一人民法院:《法庭简报》(2009年第56期),法院内部资料。

二是资深法官的参与,有利于帮带年轻法官,增加年轻法官的调解经验和阅历,提高其调解能力。

3. 人民陪审员角色的延展

石龙法庭的人民陪审员由法庭内勤人员兼任。法庭内勤人员除了负责案件归档等后勤工作,还协助开展立案工作,对案件情况十分熟悉,与当事人接触机会较多,能有效地协助法官进行调解。故法庭在调解工作中,高度重视人民陪审员的积极作用。2010年9月,石龙法庭收到一批系列案,5名劳动者起诉东莞市茶山镇增埗某制衣厂、某公司,要求厂方支付加班费和经济补偿金。立案过程中,陪审员发现5名劳动者的态度并非很强硬,且对法律的认知比较模糊,如果向劳动者耐心阐明法律,并运用适当的调解技巧,便可化解纠纷。为此,陪审员立即制定调解方案,着手调解工作:先听取其中2位诉讼请求数额较大的劳动者的意见,并拿出调解方案,得到2位劳动者的认同后再做其他3位劳动者的思想工作。在随后的调解中,陪审员充分运用调解技巧,情理法三管齐下,最终调解成功。①

(二)当事人的利益考量

1. 当事人的成本顾虑

石龙镇是一个外来人口相对较多的城镇,过半数民商事纠纷的当事人中至少有一方是外来务工人员,外来务工人员对诉讼成本方面的顾虑更多,更倾向于选择调解这一相对简便的结案方式。以劳动纠纷为例,该类纠纷中,作为原告的劳动者法律意识淡薄,用工之初仅与用人单位达成一个口头协议,未签订书面劳动合同,起诉时几乎无法提供任何证据。劳动者从一开始即处于弱势地位,即使通过诉讼艰难维权成功,其所承担的诉讼成本也往往超过所获得的诉讼收益,不符合诉讼经济原则。

表2 劳动纠纷T值表

	2009	2010	2011	2012	2013
T值	2.8	8.0	8.64	30.0	6.0

说明:T值=(调解结案案件量+撤诉结案案件量)÷判决结案案件量。

表2数据显示,2009年开始,劳动纠纷的T值一直呈上升趋势;2012年因系列案件较多,T值偏高;2013年的数据只涵盖了前8个月,但T值依然呈上升趋势。据此可以合理预测,2013年末T值可以达到甚至超过8.0。不断攀升的

---

① 东莞市第一人民法院:《工作信息》(2010年第17期),法院内部资料。

T值反映了劳动者对旷日持久的诉讼心存畏惧。而用人单位虽有较雄厚的财力承担诉讼中的各项开支,但为了维护企业声誉,往往会采取措施极力促成和解,避免对簿公堂。尽管双方考虑问题的角度不一样,但均偏向于选择通过调解达成合意,解决纠纷。此外,大多数以判决结案的劳动纠纷,对劳动者非常不利。因此,法官出于对劳动者的包容和同情,通常会尽力说服当事人双方和解或调解,以避免劳动者遭受更大的不利后果。

2. 当事人的相互妥协

民商事纠纷进入司法程序意味着双方当事人将展开新一轮博弈。这里以买卖合同纠纷为例,阐述当事人如何在博弈中相互妥协并实现新的利益平衡。

表3 买卖合同纠纷 T 值表

	2009	2010	2011	2012	2013
T值	1.35	1.40	1.38	1.45	0.71

表3数据显示,2009年开始,买卖合同纠纷的T值一直保持在1.40左右。T值的稳定性反映了买卖合同纠纷结案方式的结构较为固定。截至2013年8月25日,还有50件未结案件,对T值的预估尚有诸多不确定性,但是根据往年的T值走向,可以合理预测2013年末T值可能达到1.30~1.40。

据该类案件的承办法官分析,买卖合同纠纷的现状可总结如下:首先,《合同法》对买卖合同的规定比较清晰但过于简单,配套法律规范不够健全且过于混乱;其次,审判实务中事实认定较为复杂,法律援引存有困难;再者,买卖合同纠纷双方明白如何规避法律。此外,司法实务中买卖合同本身存有瑕疵的情况屡见不鲜,违约方往往试图利用合同本身的瑕疵减轻履约责任,上述情形导致审判工作困难重重。在纠纷进入司法程序之前,合同双方受情绪因素的干扰很难相互妥协、达成共识。纠纷进入司法程序后,原、被告双方基于上述原因很难举出有力证据支持自己的主张,致使审判程序停滞不前。且纠纷双方正面接触机会减少,能更加理性地看待冲突并思考利益得失,也愿意借司法机关的权威相互妥协、达成共识,所以大多数买卖合同纠纷最终以守约方放弃部分利益换取违约方及时给付的方式和解结案。

三、对现有结案方式的理性思考

(一)判决权威的不可替代性

1. 特定案件的调解困境

石龙法庭审结的案件中,民间借贷纠纷较为特殊。此类案件的涉案当事人大多为自然人,借款起因多为突遭变故、经营不善、资金周转困难。业外人士普遍认为民间借贷案件事实清楚、案情简单,然而事实上并非如此。隐藏在借据背后的事实极为复杂,很难认定。合法借款未必出具正规借据,有正规借据的债务却未必是合法借款。一些高利贷案件的借据一般不注明利息,高息往往在借款时预先扣除,借条上并未体现,或直接将利息写成本金,借据上不留痕迹地规避了高利贷问题。① 此类案件法庭很难否定借据的证明力,从而可能保护了合法形式掩盖下的非法利益。许多被告因资不抵债无力清偿债务而外逃,造成查清案件事实真相的难度加大,执行率降低。

表 4 民间借贷纠纷 T 值表

	2009	2010	2011	2012	2013
T 值	0.5	0.52	0.77	0.39	1.64

表 4 数据显示,2009 年开始,民间借贷纠纷的 T 值一直处于较低水平。2013 年的 T 值虽然高达 1.64,但因未结案件过多,不确定性较大,暂不作为参考依据。T 值低说明调解在民间借贷纠纷中遇到了阻碍。如上所述,民间借贷纠纷中债务本身的合法性需经法庭多方查证,法庭不能在债务合法性尚未确定的情况下盲目组织双方调解或对当事人达成的调解协议进行司法确认,赋予原本不合法的债务以合法性。更为关键的是,大多数民间借贷纠纷中,被告下落不明、不到庭应诉,导致调解工作无法开展。因此,即便债务本身合法,法院也只能公告送达相关法律文书并缺席判决。此类不宜调解的纠纷对判决的依赖性非常强,当事人几乎无选择的余地。

2. 调解本身的固有局限

新修订的《民事诉讼法》第 122 条规定:"当事人起诉到人民法院的民事纠纷,适宜调解的,先行调解,但当事人拒绝调解的除外。"而依据第 133 条第 2 项的规定,在审前程序中,法院对于受理的案件认为开庭前可以调解的,可予以调解。上述条文实际上是对司法实践中已经普遍存在的诉前调解、立案调解、审前调解的认可。由于调解不存在上诉问题,风险最小,法官出于调撤率及业务风险的考虑,可能会利用《民事诉讼法》的新规定滥用自由裁量权变相强迫确有裁判之必要的案件接受调解。② 此外,石龙镇外来人口较多,人员结构复杂,容易产

---

① 最高人民法院《关于人民法院审理借贷案件的若干意见》第 6 条规定:"民间借贷的利率可以适当高于银行的利率,各地人民法院可根据本地区的实际情况具体掌握,但最高不得超过银行同类贷款利率的四倍(包含利率本数)。超出此限度的,超出部分的利息不予保护。"此处的高利贷指超出法律保护限度的民间借贷。

② 潘剑锋:《民诉法修订背景下对"诉调对接"机制的思考》,载《当代法学》2013 年第 3 期。

生纠纷，地方保护主义问题也较敏感。在当地人员和外地人员的纠纷中，无论当地人员是否利用地方保护主义谋取私利，外地人员都会心存疑虑；且司法实务中确实存在极少数法官出于地方保护主义的目的滥用司法权威迫使当事人调解结案。所以，除非调解和判决的结果相差不远，否则当事人，尤其是外地当事人很难信服。

(二)过分强调调解的弊端

1. 节约司法资源初衷的落空

审判实务中对调撤率的过分强调为纠纷处理埋下了隐患。法官在案件审理中扮演了多重角色，既是裁判者又是协调员。在"调撤大棒"的重压之下，难免会有少数法官急功近利，为追求效率和工作绩效而一味注重调解及说服当事人协商撤诉以实现案件的快审快结。尤其每到国庆前后，法庭即着手布置年末清案工作，专门成立以庭长为组长的清案工作领导小组，每周召开例会，各工作组报告清案进度。年末60天，法庭全员为了早日完成各项考核指标数据，几乎每天加班加点，创造条件争取结案，调解结案自然成了法庭的首选。如此一来，快审快结的目的是达到了，但可能造成当事人缠讼不止，即使后续审理确证了原审结果的公正性亦不能消除当事人的怀疑，还造成了司法资源的浪费。①

司法实践中，有近1/3的案件是在庭审结束后法院判决前达成调解协议的。以法庭2013年7月审结的一起机动车交通事故责任纠纷案件为例，原告欧某诉被告某保险公司在交强险责任限额内赔偿各项损失，该案标的额约7000元，按照规定适用小额诉讼程序。② 庭审过程中，法官多次提醒原、被告双方小额诉讼实行一审终审，即便双方对判决不服也不得提起上诉，但原告坚持诉讼不愿调解。庭审结束后，原告担心判决结果于己不利，表示愿意调解，法庭本着尊重当事人诉讼权利的原则组织双方庭后调解。该案虽然最大限度地维护了原告的权益，但法庭追求高调撤率以节约司法资源的初衷并没有完全实现。

2. 司法理念的政治化

依据最高人民法院的要求，法院以化解社会矛盾为工作重点。③ 具体到个案中，矛盾的化解既包括纠纷本身的解决，更包括当事人双方情感的平复。为此，法庭需要考量当事人的生活境况、情感因素、社会背景等诸多诉讼外因素。

---

① 葛卫民：《论司法公正与司法效率》，载《政法学刊》2005年第2期。

② 按照广东省高级人民法院的规定，适用小额诉讼程序的条件之一为争议数额不超过13546元。

③ 最高人民法院2010年、2011年、2012年《人民法院工作要点》规定："法院的工作思路是围绕加快转变经济发展方式的主线，为促进经济社会又好又快发展提供司法保障"；"'保增长、保民生、保稳定'是司法的使命"；"社会矛盾化解、社会管理创新、公正廉洁执法是法院工作的重点"。http://www.court.gov.cn，下载日期：2013年10月27日。

审判过程羁绊过多,判决结果难免存有瑕疵,进而引发新的矛盾。为了防止矛盾失控,法庭往往会将注意力转向积极协调促成和解。每逢重大节点,法庭会成立以正、副庭长为正、副组长的应急处理小组,组员 24 小时待命,密切关注辖区内可能出现的群体性事件。尤其对于涉诉信访人员,应急处理小组会极力劝说、调解,直至问题解决。但司法更应关注的是程序正义,即为当事人提供一个充分表达诉求和不满的平台及相关程序设计,当程序结束裁判生效时,无论当事人是否满意,均推定纠纷已经解决。① 法庭对重大节点的高度关注,乃法庭承担社会管理职能的表现,但这有悖于司法消极被动的理念。并且,过度强调司法的社会管理职能将会损害司法的独立地位。②

四、克服调解弊端的对策

为将盲目追求高调撤率带来的隐患消灭在萌芽阶段,有必要对现行民事审判制度稍作修改。"调审分离"的试点或许对该问题的解决有所裨益。法庭多元纠纷解决机制的构建为"调审分离"奠定了实践基础。且实行"调审分离"的改革,并不违反现行法律。我国《民事诉讼法》并未规定,调解失败后要由同一个法官或法庭审理,因而在《民事诉讼法》框架内,通过程序分离、角色分离、地点分离,即可进行"调审分离"的试点。③

第一,实现调解程序与审判程序分离。调解的优势在于降低对抗性,诉讼则容易导致冲突加剧。但在我国,调解程序长期作为审判程序的附庸,缺乏独立性。倘若将调解程序前置并独立于审判程序,则可避免审判程序可能给调解带来的不利影响。当然,若纠纷进入审判程序后尚有调解的可能性,主审法官仍然有义务进行调解,但这并不妨碍调解前置程序的独立性。④ 目前,法庭立案室仅有两名书记员,一名兼管财务,另一名兼管内勤,人手短缺,立案后无暇组织调解。所以,调解也由审判组负责,成为审判的附属程序。两种不同特质的纠纷解决机制彼此黏合,将会影响调解的效果。为此,法庭可内设一个调解组主持调解,立案后不急于排期审理,给调解组预留一定期限,调解法官可在期限内口头

---

① 吴英姿:《"调解优先":改革范式与法律解读——以 O 市法院改革为样本》,载《中外法学》2013 年第 3 期。

② 《东莞市第一人民法院 2012 年度工作总结》称,2012 年东莞市第一人民法院共参与处置各类维稳案件 128 起,妥善处置了国家信访局督办的大规模强制迁出执行行动。积极参与社会管理、维护社会稳定是该院包括石龙法庭在内的各派出法庭的重要职责。

③ 李浩:《调解归调解,审判归审判:民事审判中的调审分离》,载《中国法学》2013 年第 4 期。

④ 陈群峰:《我国应当建立家事诉讼纠纷调解前置程序》,载《人民司法》2008 年第 13 期。

传唤原、被告双方前来法庭进行调解。① 若调解成功则可直接结案,若不成功则交由审判组审理。在调审分离情境下,对抗性减弱,调解成功率会比较高,司法效益也将得到提升。

第二,推进法官的角色分离。角色分离的具体制度设计是:在立案室内设调解法官或另设调解组专门负责庭前调解,若达成调解协议则直接结案,若不能达成调解协议则由立案室根据立案条件决定是否立案;在审理中当事人若有调解意愿,主审法官或将案件发回调解法官进行调解,或亲自主持调解,将调解协议交调解法官进行审核并确认司法效力。调解法官和审判法官分离,互相牵制,可以在一定程度上避免"调撤大棒"重压下的变相强迫调解。

第三,争取纠纷解决地点的分离。石龙法庭虽然是派出法庭,但与院部同在一处办公。这产生了两个不利后果:首先,法庭独立性较差,名为派出法庭,实则类似于业务庭,部分业务被分流到其他业务庭;其次,法庭各工作组过于集中,各诉讼环节彼此粘连,不利于调解工作的开展。倘若能与院部分离,成为实至名归的派出法庭,石龙法庭的业务量将会大增,各类诉讼外纠纷解决机制需求将会上升,调解环境将会大为改善,前述调解与审判的分离也才具有实施的必要性。

第四,保障法官工作的独立性。前述举措的有效落实离不开法官的独立性。"调审分离"若无法官工作的独立性作为保障,亦不过是"新瓶装旧酒",以分离之名,行"协作"之实。所以,法庭应当大胆革新,赋予法官一定的独立自主权。法官独立自主权的保障,关键是要改革现有评价体系,摒弃各项参数只能朝正方向增长的旧观念,避免盲目追求高结案率和高调撤率,将法官从现行评价体系的束缚之下解放出来。唯有如此,法官工作的独立性才能得到保障,"调审分离"方可真正施行。

"调审分离"的制度性构建虽会增加当事人的时间投入,但将有利于司法资源的有效利用,避免司法资源错置,真正维护司法公平正义。"调审分离"虽不能完全消除司法实践中的各种隐患,但可以消除法官在调解和审判中的角色冲突,有利于保障当事人的合法权益。

---

① 表1数据显示,石龙法庭适用简易程序审结的案件是适用普通程序审结的案件的数倍,这是因为法庭立案之时默认所有诉讼均适用简易程序,所以采用口头传唤形式不违反法律规定。

石龙法庭推行社区法官助理制度的调研报告

魏 玲　陈闽珠[*]

2010年初,广东省东莞市第一人民法院(以下简称东莞第一法院)率先推出了社区法官助理制度,将社会力量引入司法调解中,创设能动司法新模式。从2010年下半年开始,东莞第一法院石龙法庭在辖区内全面推行社区法官助理制度。我们在石龙法庭实习期间,对石龙法庭社区法官助理制度运行情况展开调研旨在对该制度进行分析并提出一些完善建议,以期有助于该机制的推广。

一、社区法官助理制度简介

(一)背景介绍

社区法官助理制度的建立源于2009年设立的社区法官制度。该制度由东城法庭在法官挂片联系社区制度的基础上设立的。2009年3月,东莞第一法院在东城区牛山、鳌峙塘两个社区试点设立社区法官,由法官进驻社区,意在有效整合综合治理站、劳动服务站以及人民调解委员会等力量。同时也能将司法工作关口适当前移,提前介入民间纠纷的调处,将纠纷解决在社区。随着试点的深入,社区法官制度的一些局限性逐渐显现出来,表现为该机制在一定程度上过于依赖法官个人,且存在辐射面过窄的问题,这与东莞法院案多人少的现状存在着一定的内生性矛盾。在集中清案的繁忙时期,社区法官兼顾社区与法院双重办案任务,难免力不从心。上述问题引起了东莞第一法院领导的关注与思考。在此背景下,社区法官助理制度作为这一制度的纵深发展被提出并付诸实践。

2010年4月,东莞第一法院着手推动社区法官制度的进一步发展,通过积极转变社区法官的职能定位,将部分原属社区法官的工作移交社区调解干部,法院将工作重点放在对社区干部的业务培训上,并对培训合格的社区干部授予"社区法官助理"身份。通过这一制度,以往单纯依靠"法官走出去"的模式转变为"法官走出去"与"社会力量引进来"相结合的新模式。在推行社区法官助理制度

---

[*] 魏玲:厦门大学法学院法律硕士研究生;陈闽珠:厦门大学法学院宪法学和行政法学硕士研究生。

的过程中，法院加强了对社区调解干部的法律培训，提高其法律素质；指导社区调解干部开展调解，对调解成功后达成的调解协议根据申请进行司法确认；对于社区调解干部无法调处的复杂案件由法院进行调解、开展速裁工作等。通过社区法官助理制度，人民法院实现了化社会力量为司法资源，提高法院纠纷解决能力的目的。

（二）职能定位

社区法官助理制度与诉前联调机制①相衔接，以"助理调解，法官指导，调判相结合"为架构，最大限度地将矛盾化解在社区、消除在萌芽状态，其主要职能如下：

1. 在社区法官的指导下，开展纠纷调处、法律咨询、法制宣传等工作，并指导当事人对调处成功的调解协议申请司法确认。社区法官助理主要负责社区法官工作室的日常工作，负责接待和处理群众来访和法律咨询，并做好登记，实现对纠纷的预先处理。对正在发生的纠纷，社区法官助理是第一时间调处的"消防员"，实现对纠纷的应急处理。纠纷发生后，社区法官助理应及时登记纠纷当事人的基本情况及纠纷成因、各方诉求等信息。在对纠纷的具体情况进行必要调查后组织双方调解，达成协议的，指引当事人通过诉调对接②机制申请司法确认，固定调解成果。

2. 协助社区法官调处较为复杂的社区纠纷。立案人员对原告诉至法院的案件进行归类整理后，将适合社区调处的案件依据被告所属社区交由对应的社区法官承办。社区法官可向社区法官助理指出调解要点与注意事项，委托其先行调解。对于无法调解的复杂纠纷，社区法官助理要详细记录双方的争议，反馈给社区法官，由社区法官根据纠纷成因、矛盾激烈程度、社会影响等因素决定是否提前介入调处及如何调处，实现纠纷的协同处理。当社区法官主持调解时，社区法官助理应提供当事人的相关信息，为法官做好调解的辅助工作。

3. 协助社区法官开展案件速裁、审执工作。对于无法调解的案件纠纷，社区法官助理要根据审判与执行需要，积极协助社区法官开展立案速裁、审判以及随后的送达与执行工作等。

4. 充当法院与社区群众间沟通的桥梁。社区法官助理需充分发挥植根于社

---

① 诉前联调，即诉讼前的联动调解，利用人民调解、行政调解、商事调解、行业调解等非诉讼解决方式，在诉讼前化解矛盾纠纷。

② 根据范愉教授的理解，诉调对接包括诉讼与法院外调解的结合和审判程序中诉讼与调解的结合。在诉调对接的内容中，规范性的程序措施包括法院的委托调解和协助调解等，非规范性的措施则包括法院对人民调解员的培训、法官进驻社区以及法院与其他机构共建调解组织等。参见范愉：《纠纷解决的理论与实践》，清华大学出版社2007年版，第553页。

区的身份优势,以社区法官工作室为依托,加强与社区法官的沟通协作,通过及时的信息反馈,搭建法院与社区沟通的桥梁,及时消除社区隐性矛盾。

(三)理论基础

1. 社区法官助理制度是对能动型司法的有效回应

中国式能动司法的内涵主要体现为四个方面:一是把追求社会目标的实现作为司法的基本导向;二是以多元社会规则、多重社会价值作为司法的考量依据;三是把调解作为处理社会纠纷的常规性司法方式;四是把便民、利民作为司法运行中应当考虑的重要因素。[①] 社区法官助理制度以更加便民、利民的调解模式,使社区力量与司法资源紧密结合,进一步将司法触角深入社区。

2. 社区法官助理制度是社区协同主义的要求

在纠纷形成于城乡二元结构新社区的背景下,适用民事诉讼中的协同主义[②]理论,以实质上化解矛盾为目标,强调法官、社区调解人员、纠纷当事人的协同关系,与纠纷相关的各方相互配合,尽可能实现纠纷的和谐解决,是谓"社区协同主义"。这种强调协同的纠纷解决理念是指导社区法官制度设计和实际运行的理论基础,也是对社区法官制度的功能、性质和应然模式的理性思考。[③] 而作为这一制度衍生物的社区法官助理制度更是社区协同主义的必然要求。社区法官助理制度能使司法资源更好地与社区力量相结合,借助其更了解民风民情的优势,达到三方更大的协同。

3. 社区法官助理制度符合纠纷解决的经济性衡量

法律经济学认为,人们总是理性地最大化其满足度,在他们一切涉及选择的活动中均如此。作为理性的纠纷当事人,在纠纷解决过程中也会考量"成本—效益"问题,从自身利益最大化的角度出发做出选择。

当事人将案件诉诸法院后,需经历立案、审理、执行等程序。一个普通案件的处理往往需耗时一年至一年半时间。若当事人提起上诉或向法院申请强制执行,需花费更多的诉讼成本。当事人需支出的费用十分巨大,包括多次往返法庭的交通费以及由此产生的误工费、聘请律师的费用、诉讼费、申请执行费等。对法院而言,需经历立案审查、送达、庭审、撰写裁判文书等环节。在诉讼程序中,纠纷虽然获得权威的司法裁判,但过程漫长,双方当事人情绪对立、矛盾激化,裁

---

① 顾培东:《能动司法若干问题研究》,载《中国法学》2010年第4期。

② 王福华教授认为,协同主义的基础条件是民事诉讼制度的社会化、福利化,通过适当扩大法院职权,修正、补充辩论主义。它并非是一种独立的诉讼模式,而是协调各方诉讼行为的一种诉讼理想,其作用在于协调法院、当事人和其他诉讼参与人之间的整体关系。参见王福华:《民事诉讼协同主义——在理想和现实之间》,载《现代法学》2006年第6期。

③ 高一飞、梁振彪:《能动与协同:社区法官制度的东莞模式》,载《现代法学》2011年第6期。

判结果不一定获得双方当事人的满意,容易产生影响社会稳定的事件。在执行难问题突出的现实下,很多裁判文书无法执行,当事人的权益无法实际兑现。

而在社区法官助理机制下,纠纷产生后立即由社区法官及社区法官助理协同调解,最快可即时解决。调解在社区进行,当事人无须往返法庭,亦无须支付额外的交通费及误工费。经社区法官或者社区法官助理调解成功的纠纷,当事人可免费申请司法确认。此外,社区法官助理可就法律问题向当事人提供免费咨询。在社区法官的指导下,社区法官助理能够有效分流法院的可调案件,减轻法官及书记员的负担,在减少司法资源耗费的基础上亦提高了法院处理其他案件的效率。由此可见,社区法官助理制度具有如下好处:(1)社区调解形式简化,当事人无须到法庭即可得到纠纷的最终有效处理。(2)纠纷解决便捷、快速、成本低廉,当事人免受纠纷的困扰。(3)纠纷以调解方式解决,双方握手言和,有利于维护社会和谐稳定。(4)双方调解后,大多能够按协议履行,无须通过法院强制执行。(5)纠纷在社区化解,减少法院的收案数量,从根本上解决案多人少、司法资源匮乏的难题。

由以上成本和效益分析可以看出,社区法官助理制度有助于纠纷的高效解决。纠纷在社区中以调解方式解决,当事人的抵抗情绪较低,多数能自觉履行调解协议,各方获得的效益达至最大化。

二、社区法官助理制度的创新与实践

(一)社区法官助理制度的创新

社区法官助理制度作为社区法官制度的补充与完善,是东莞第一法院诉调对接的新举措,是对原有制度的大胆创新,有其自身鲜明的特点:

1. 社区法官助理的身份具有准司法性质

社区法官作为国家司法工作人员,享有国家司法裁判权,具有较高的权威性。而社区法官助理的工作性质要求其应较了解本社区基本情况,故在选聘时以社区工作人员或者人民调解员为佳,其权威性必然不及社区法官。为了使社区法官助理不拘泥于原有身份,更好地发挥作用,法院必须通过举行授职仪式来赋予其司法身份。

2. 社区法官助理的行为具有准司法性质

社区法官助理受聘后从事的工作仍然是在社区进行纠纷调处,但其身份的准司法性使其行为不再仅仅是民间的调解行为。社区法官助理调处纠纷的行为通过与社区法官的联结而具有司法性质。一些较难的民事纠纷调处是在社区法官的指导下进行的,可以由社区法官出具民事调解书,而使调解结果具有法律效力。社区法官助理也可以引导当事人将调解协议申请司法确认,从而使案件调解协议获得可强制执行的效力。

3. 社区法官助理是诉调对接机制的新形式

社区法官助理机制作为诉调对接的重要形式,其在纠纷解决方面又有新的特点。目前在东莞市各基层人民法院设立的诉前联调对接室以诉前调解为主,即在当事人诉诸法院时,由立案人员引导当事人进行立案前调解。而社区法官助理机制的模式更为全面,可主动介入案件调解,在纠纷发生地进行调处,由此分流了社区法官的调解压力,也可对已诉至法院的简单案件进行调解。法院在立案时通过审批将适合社区法官调解的案件交其承办,社区法官视案件难易程度将部分案件委托社区法官助理进行调解,将简单易调的案件最大限度地解决在社区。若社区法官助理调解失败,则由社区法官介入,由社区法官和社区法官助理协同解决。更重要的是,社区法官助理对纠纷的处理模式会对社会公众形成积极的引导示范作用,使正确的纠纷解决理念深入人心。

(二)社区法官助理制度的实践成效

2010年5月,东莞第一法院分别在辖区内的中堂镇、石龙镇举行了"社区法官延伸纵深推进启动仪式",由法院牵头与镇政府签署联合文件,在每个社区成立社区法官工作室,正式启动村(居)调解干部或后备干部到法院进行为期三个月的跟班学习与培训活动,让其直接协助法官参与案件调处,增强法律素养,提升调解能力。随后,"社区法官助理制度"在东莞第一法院辖区各镇街逐步展开。12月初,东莞第一法院举行了"社区法官助理"聘任仪式,对部分考核合格的"社区法官助理"统一颁发聘书,确认其司法身份。

东莞市石龙镇作为社区法官助理制度的试点镇区,积极发挥社区法官助理的职能,细化社区法官负责的区域并制定详细的联络表,保证社区法官对社区法官助理的指导。为明确社区法官助理的职能及工作内容,加深公众的认识与了解,石龙法庭制作了社区法官助理的工作流程图,如图1所示。

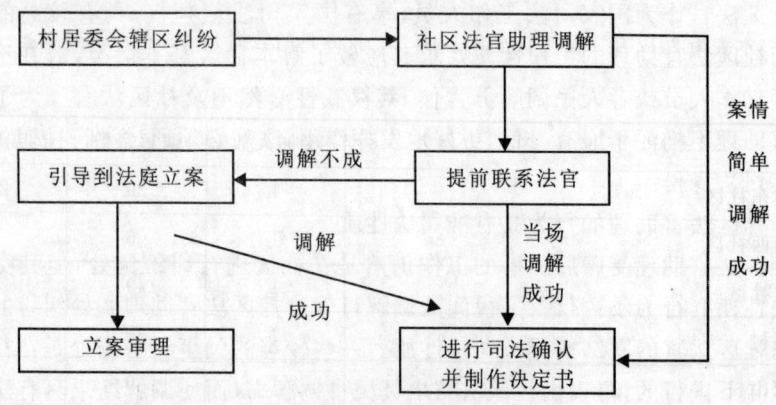

图1 石龙镇社区法官助理工作流程

根据石龙司法分局的统计,2012年,石龙镇社区法官助理调解案件数300件,调解成功225件,成功率达75%;2013年1月至5月,调解案件数137件,成功调解89件。(情况详见表1和表2)

表1

社 区	参加人数	调解宗数	成功调解数	咨询案件数
中山东社区	1	30	30	9
中山西社区	1	11	9	10
兴龙社区	1	70	59	12
西湖村	1	6	6	0
黄家山村	1	2	2	6
新维村	1	16	6	9
王屋洲村	1	1	0	1
忠维村	1	10	8	2
林屋村	1	3	3	3
蒲溪村	1	9	9	0
人力资源局	2	140	92	560
东莞石龙津威饮料食品有限公司	1	0	0	0
东莞市二轻粤龙工业有限公司	1	2	1	2
合计	14	300	225	614

注:本表为2012年1月1日至2012年12月30日的数据

表2

社 区	参加人数	调解宗数	成功调解数
中山东社区	1	29	29
中山西社区	1	6	5
兴龙社区	1	49	20
西湖村	1	39	28
黄家山村	1	0	0
新维村	1	24	13

续表

社区	参加人数	调解宗数	成功调解数
王屋洲村	1	5	5
忠维村	1	12	11
林屋村	1	8	7
蒲溪村	1	6	5
人力资源局	1	168	95
东莞石龙津威饮料食品有限公司	1	0	0
东莞市二轻粤龙工业有限公司	1	1	1
合计	13	347	219

注：本表为2013年1月1日至2013年10月30日的数据

由表1和表2的数据可以看出，部分纠纷较少的社区，如中山东社区等，调解率甚至可以达到百分之百，而在纠纷较多的社区，人力资源局调解成功率也较高，在2012年达到65.6%，2013年前10个月达到56.5%，这表明在实践中，社区法官助理调解的成功率是很高的，能将大部分纠纷解决在社区，该制度的实践取得了很好的成效。

同时，石龙法庭也在实践中不断完善这一制度，如：制定了社区法官助理工作规程，使社区法官助理制度的实践有章可循，基本形成了制度化、规范化的运行机制；组织社区法官助理跟班法律培训，[1]增强社区法官助理的法律素养；成立社区法官工作室，并建立了台账制度，[2]对社区法官助理的调解工作进行定期的检查，了解并发现其工作中遇到的问题，法院再给予相应的指导。

社区法官助理制度在石龙法庭的实践中不断成熟，有了长足的进步，其在进行社区纠纷调解工作也已有了制度上的规范与保障。

三、社区法官助理制度存在的主要问题

东莞第一法院石龙法庭推行社区法官助理制度，将矛盾化解窗口前移，在一

---

[1] 跟班法律培训是将社区法官助理分配到法院各业务部门学习，学习内容主要是基础法律知识、法律程序和调解技能，培训的时间一般为3个月。

[2] 台账制度即社区法官助理工作日志，是社区法官助理调处纠纷、化解矛盾的忠实记录。能够直接反应社区法官助理工作的数量和质量情况，同时也是社区法官助理制度研究的基本素材。台账内容包括纠纷调处的时间、纠纷当事人基本情况、案情简要介绍、调解工作步骤以及社区法官助理在调解工作中的心得、感悟等。

定程度上减轻了人民法庭的办案压力。但在调研中我们发现,这一机制在实际运行过程中仍存在一些比较突出的问题,具体表现为以下几个方面。

(一)社区法官助理权限界定不明

《东莞市第一人民法院社区法官助理工作规程(试行)》(以下简称《工作规程》)第11条将社区法官助理的工作职责主要归纳为五个方面:(1)充分发挥其熟悉当地社情民意的优势,独立开展调解工作,化解社区纠纷;(2)协助社区法官调解社区内的复杂、疑难纠纷;(3)协助法院开展法律咨询、法治宣传工作;(4)协助法院开展执行及送达工作;(5)充当法院与社区沟通的桥梁等。可见社区法官助理的工作多为协助性的,其在具体调解工作中无法准确地把握自身的权力界限。多数社区法官助理为人民调解员,①在任职之前已在社区担负调解工作,虽然相关规程规定社区法官助理可以独立开展调解工作,但其所从事的工作本质上与之前并无太大区别,因此社区法官助理对自身职能价值的认识并不明确。

此外,社区法官助理的身份使其很难在群众中树立权威,在一些具体的纠纷案件中较为被动。例如,石龙镇中山东社区内两户居民因楼层渗水产生纠纷,楼上渗水居民仅依靠低保生活,房屋受损一方是退休工人,每月只有一千多元退休金。社区法官助理介入调解后,请装修工人估算了楼层防水处理的价格为1200元。根据两户居民的收入状况和楼层渗水的实际情况,社区法官助理提出由楼上漏水居民出资700元,楼下被渗水损坏墙面居民出500元对楼层进行维修的调解方案。纠纷双方均认为调解人员只是社区工作人员,调解方案没有权威,于己不公,不接受调解方案。此后纠纷当事人到司法所咨询,司法所工作人员在介绍了相关法律规定之后,提出与社区法官助理一样的调解方案,双方当事人当场同意调解并签订了调解协议。由此看出,只有准确定位社区法官助理的工作职能与权限,使纠纷双方对其作出的调解方案产生信任,才能使这一机制发挥其应有的作用。

(二)社区法官助理与法院沟通不足

社区法官助理机制旨在缓解社区法官的工作压力,更好地利用社会资源解决纠纷。社区法官助理的调解范围多为婚姻家庭关系、邻里关系、小额钱债等简单矛盾纠纷,他们在很多问题上不能把握相关法律规定,此时法官的指导尤为重要。目前,社区法官助理与法院尚未形成十分畅通的沟通机制,在实践中难免出现有了问题但无法得到及时答复的情况,无法确保社区法官助理高效地开展工作。

《工作规程》第14条规定,各人民法庭应每月至少举办一次本辖区内社区法

---

① 例如中山东社区、兴龙社区、西湖村等的社区法官助理原工作单位皆为相应社区或村镇的人民调解委员会。

官助理联席会议,及时掌握社区法官助理制度在本辖区的运行情况。这一规定对于总结工作,加强社区法官助理与法院的联系有很大的促进作用。但是社区法官助理的部分工作内容,如协助送达法律文书、寻找社区内当事人、协助执行等,都建立在平时与法院能够畅通沟通的基础上。社区纠纷的烦琐性、即时性要求法院应该采取更多举措与社区法官助理形成良好的沟通机制。

(三)社区法官助理积极性不高

社区法官助理不是一种专职职务,法院目前对社区法官助理的奖惩考核机制还不健全,无法激发其工作的积极性,即使是规范社区法官助理制度的《工作规程》也未专门设置奖惩考核的内容,仅在规程第9条、第10条部分提及考核问题。[①]

尽管法院通过一定的仪式授予社区调解干部"社区法官助理"的称号,但社区法官助理自身的荣誉感和责任感并不强。同时,由于没有相应的社区法官助理薪酬管理制度,使得社区法官助理在增加工作量的同时并没有额外的经济收入,这就使得他们的积极性难以调动。调解工作的效率也没有与社区法官助理的经济收入或个人荣誉挂钩,易使社区法官助理产生"干好干坏都一样"的想法。由此可见,没有一套有效的奖惩考核制度,很难调动社区法官助理的工作积极性。

(四)社区法官助理培训方案欠缺合理性

社区法官助理调解的纠纷经常会涉及婚姻、财产、劳动争议等方面,这些纠纷的解决都要求社区法官助理具有相应的法律素养。但社区法官助理是从基层人民调解组织中选任的,多数缺乏法律知识。石龙法庭的调查结果显示,石龙镇14名社区法官助理中,大专及以下学历8人,本科学历6人,而其中法学专业出身的仅1人。社区法官助理在实际工作中也意识到,由于法律知识面窄,对一些案件的定性问题存在疑惑,给纠纷调解工作带来很大的困难。

根据《工作规程》的要求,社区法官助理候选人必须到法院业务庭室或人民法庭累计跟班学习3个月以上。学习内容包括参与立案,了解立案流程;参与调解,提升法律知识及调解技巧;旁听审判,熟悉审判流程;参与执行和送达,加深对司法工作的认识等。

这一培训方案旨在全面提升社区法官助理的法律水平,但是在实际操作中存在一些缺陷。首先,社区法官助理不是专职,担任法官助理的人员一般身兼他

---

① 《工作规程》第9条规定,社区法官助理候选人跟班学习期满后,经本院考核合格的,由本院颁发任命书,正式任命其为本院的社区法官助理。第10条规定,社区法官助理的任期为一年。任期届满后,经本院考核合格的,可继续留任。可见规程虽规定了社区法官助理的考核,却未具体制定奖惩制度。

职,本身工作量就大,法院经常性的培训会对其造成一定的压力。其次,根据社区情况的不同,不同社区的法官助理面对的主要纠纷类型也不尽相同,培训内容应该更具针对性和适时性,方式也应更加多元化。例如,石龙镇兴龙社区年久失修的老房子较多,2013年8月,受台风"尤特"的影响,兴龙社区的一部分老房子的外墙脱落导致车辆毁损、行人被砸伤等事件发生。在这种情况下,法院组织对该社区的法官助理进行侵权赔偿等方面法律知识的培训,使其能更专业地解决这些事件引发的社区纠纷。

总之,法院在集中、短期的培训时间内安排涵盖多方内容的培训对提高社区法官助理的法律水平帮助甚微,社区法官助理掌握的法律知识相对片面。法院应该优化社区法官助理的培训模式。

四、完善社区法官助理制度的几点建议

社区法官助理制度的目的是整合社区资源,培养一批覆盖面广、调解能力强的社区调解队伍。为此,有必要针对实践中出现的问题从以下几个方面完善该制度:

（一）加强宣传,明确社区法官助理角色地位

为了社区法官助理更好地展开工作,应该由法院牵头,通过电视、网络、杂志报纸等媒体对这一制度进行全面的宣传推广。在社区向居民普及社区法官助理的具体工作内容,明确其与法院的工作联系,同时通过塑造社区法官助理优秀代表人物,介绍社区法官助理调解纠纷的经典案例,改变群众对社区法官助理的不全面认知,增强社区法官助理的权威性。

社区法官助理也应树立角色转变的意识,自觉承担应尽的责任,增强内心荣誉感。应在法院的指导下,协助社区法官将纠纷解决在基层。同时法院也应建立健全相应的制度配套建设,完善表彰奖惩机制,重视社区法官助理的调解作用。

（二）畅通渠道,促进社区法官助理多方交流

在继续推进法官挂片主管社区,社区法官助理定期联系法官,由法官对社区法官助理调解工作进行一对一指导的同时,还需构建更为畅通的"绿色通道",使直线式的交流沟通方式网络化。

社区法官助理在加强与法院沟通的同时,还应该通过信息共享、定期交流等方式增进与公安、劳动部门及综合执法部门的协作关系。目前石龙镇部分劳动部门分设机构(社区劳动站)已经纳入社区法官助理培训体系。此外应积极协调社区法官助理与其他基层组织的调解工作,优化资源配置,全面调动社区基层力量解决纠纷。

此外,社区法官助理还应意识到与公众沟通的重要性,可以通过微博平台、

网络主页等方式及时公开社区相关信息,多渠道地了解社情民意,积极采纳公众意见,更好地开展调解工作。

(三)多元化培训,增强社区法官助理调解水平

在培训方面,法院应意识到将所有社区法官助理集中起来进行经常性培训是不现实的,而应采取多元化的培训形式。除了常规培训外,法院还可以定期提供庭审信息,特别是关于婚姻继承、财产、劳动争议、相邻权等方面的纠纷案件。社区法官助理根据个人时间安排,旁听对解决本社区常见纠纷有借鉴意义的案件庭审,学习专业法律知识,以提升业务水平。

除此之外,法院可以整理典型案例、最新的法律法规等材料分发到各社区作为学习参考的素材,针对实际工作中常见纠纷涉及的法律问题开展相关专题讲座。可以将培训内容与奖惩机制挂钩,通过定期考核选拔优秀社区法官助理进行奖励,调动其工作的积极性。各社区之间的法官助理也应该加强沟通交流,分享相似案件的调解经验。

在我国文化传统中,调解不但表现为一种解决纠纷的方式,同时体现了一种社会秩序的安排,反映了传统文化追求自然秩序和谐的理想。[①] 社区法官助理制度正是基于这样的理念产生的,它作为一种司法实践创新,为开拓多元化纠纷解决机制提供了新思路。东莞第一法院石龙法庭充分调动社区力量,积极推广这一制度并取得了良好的成效。

[①] 齐树洁主编:《纠纷解决与和谐社会》,厦门大学出版社 2010 年版,第 94 页。

葡萄牙仲裁司法监督机制述评

谢广汉[*]

引　言

在当今世界,争议解决方法的多样性已经成为时代潮流,非诉讼解决方式(又称替代式纠纷解决方式,英文为 Alternative Dispute Resolution,简称 ADR)日益受到重视。其中,仲裁在国际争端解决实践中应用最广、最有实效、影响最大。相对于诉讼而言,仲裁具有以下特征:普遍的国际认可、高度意思自治、程序上的简便快捷、裁决的可执行性以及程序的低成本。仲裁权是一种权力,仲裁员以当事人的授权为基础,以法律为依据取得该权力来解决当事人的纠纷。但由于各种主、客观因素的影响,仲裁员在独立仲裁案件的过程中难以避免出现错误。在一些国家,由于仲裁制度的不完善,导致一些专业性不足、不道德或不负责任的仲裁员利用仲裁法律所赋予的权力作出一些不当裁决,损害当事人的合法权益。事实上,凡拥有权力的人都容易滥用权力,因此有必要防止权力被滥用。孟德斯鸠曾说:"从事物的性质来说,要防止滥用权力,就必须以权力制约权力。"[①]"权力相互制约"已成为现今法治国家所普遍遵循的重要原则。

仲裁司法监督(Judicial Supervision on Arbitration),是指法院以国家公权力制约仲裁权的一项法律制度。仲裁不是一个完全独立的自在物,它在一定程度上还要受到法院的约束,必须接受法院的监督。仲裁司法监督的目的在于防止仲裁权的滥用,保障当事人的合法权益,维护仲裁裁决的公正性。仲裁机构与法院之间的权力配置对于仲裁事业的发展至关重要:适度的监督有助于维护仲裁的权威性,但如果监督过度,仲裁制度无法保持其民间性,最终将失去其赖以

---

[*] 作者系澳门谢广汉法律翻译事务所所长,法学博士。
[①] [法]孟德斯鸠:《论法的精神》,张雁深译,商务印书馆 2005 年版,第 154 页。

存在的根基。①

新的《葡萄牙自愿仲裁法》(第 63/2011 号法律,以下简称《葡萄牙仲裁法》)于 2011 年 12 月 14 日公布并于 2012 年 3 月 15 日起施行。新法取代 1986 年制定的旧《葡萄牙自愿仲裁法》(第 31/86 号法律),引入了一些新的理念,规定了一些新的制度。本文旨在通过阐述和分析这部目前世界上最新的仲裁法,研究其有关仲裁司法监督制度的规定及其合理性,进而了解国际上尤其是欧盟对仲裁司法监督制度的态度,借鉴其优点,为我国仲裁司法监督制度的完善提供参考。

一、葡萄牙仲裁司法监督制度的内容

根据《葡萄牙仲裁法》的相关规定,仲裁司法监督主要是通过诉讼手段来实施的。仲裁与诉讼是两种不同的解决争议的方法,但两者之间又存在着密切的联系,为了防止仲裁权的滥用,保障当事人的合法权益和维护仲裁裁决的公正性,法院可以通过由当事人提起的诉讼对仲裁作出司法监督。

葡萄牙现行仲裁司法监督机制的主要内容可以归纳为三个方面:一是撤销裁决,二是不予执行,三是接受上诉。具体说来,现行《葡萄牙仲裁法》中对于仲裁司法监督的相关规定体现在以下四个方面:

第一,法院可以根据仲裁法的相关规定,有条件地审查仲裁协议的效力,但无权对仲裁的管辖权予以干预。《葡萄牙仲裁法》第 5 条第 1 款规定:"当事人就仲裁协议所涉问题向法院提起诉讼,除非发现仲裁协议是明显无效的,或已失去效力或者是不可执行的,否则法院应在被告呈交第一次答辩陈述书前,在其提出请求下驳回起诉。"

第二,法院有权通过由当事人所提起的诉讼请求或依职权对仲裁裁决予以撤销和发回重审。根据《葡萄牙仲裁法》第 46 条第 2 款的规定,不仅当事人可以申请撤销裁决,法院亦可依职权撤销裁决。

由当事人提出证据证明裁决有下列情形之一的,可以向具有管辖权的法院申请撤销裁决:(1)仲裁协议的一方当事人无行为能力或仲裁协议无效;(2)在仲裁程序中违反了《葡萄牙仲裁法》第 30 条第 1 款所规定,并对争议的解决具有决定性影响的某些基本原则;②(3)裁决的事宜不属于仲裁协议的范围,或者包含

---

① Marilia Scriboni, *Arbitragem precisa de intervenção mínima do Judiciário*, Consultor Jurídico, http://www.conjur.com.br,下载日期:2013 年 10 月 5 日。

② 《葡萄牙仲裁法》第 30 条第 1 款规定:"在任何情况下,仲裁程序应遵守下列基本原则:(1)被申请人应被传唤以便作出答辩;(2)当事人应受到平等的对待,在最终裁决作出前,双方当事人应有机会口头或以书面陈述案情;(3)除本法规定的抗辩权外,在仲裁的整个过程中应奉行辩论制。"

超出仲裁协议范围的决定;(4)仲裁庭的组成或者仲裁程序并非按双方的协议执行;(5)仲裁庭判处超出请求的数量或与请求不符的标的,已知问题为不可知悉的或没有就应审议的问题作出裁定;(6)作出的裁决违反《葡萄牙仲裁法》第42条第1款、第2款规定的要件要求;①(7)裁决是在第43条所规定的期限届满后才通知双方当事人的。

当法院发现以下情况,得依职权对仲裁裁决予以撤销和发回重审:(1)根据葡萄牙法律规定,争议的标的不能以仲裁解决的;(2)裁决内容违背葡萄牙社会公共秩序的原则。

第三,法院有权拒绝执行仲裁裁决。《葡萄牙仲裁法》第48条第3款规定:"尽管已超出第46条第6款所规定的期间,法官仍可以根据《民事诉讼法典》第820条的规定,依职权审理本法第3条第2款所规定的撤销原因,如果发现被强制执行的裁决是无效的,应以该理由拒绝执行。"

第四,双方当事人合意,得就仲裁裁决向法院提出上诉。根据《葡萄牙仲裁法》第48条第3款的规定,只要当事人在仲裁协议中明确规定了上诉的可能性及案件并非依据衡平法或通过友好仲裁作出裁决的,则有权向具有管辖权的国家法院提起上诉。

二、仲裁司法监督制度的合理性

仲裁司法监督的发展历程经过司法不干预和司法过度干预两个阶段后,逐渐进展到今天的以支持为主导的干预阶段。1958年《纽约公约》及《国际商事仲裁示范法》(以下简称《示范法》)均就仲裁司法监督问题作出了规定。《示范法》第5条规定:"由本法管辖的事情,任何法院均不得干预,除非本法有此规定。"此外,该法就关于法院承认、执行和重审、撤销仲裁裁决等事宜亦有规定,基本上采纳了1958年《纽约公约》的相关规定。撤销仲裁裁决的理由限于以下四种情况:(1)仲裁协议无效;(2)仲裁程序不当;(3)仲裁越权;(4)仲裁庭的组成或仲裁程序与仲裁协议或应适用的法律不符。

《葡萄牙仲裁法》在其立法实践上,已充分考虑和参考国际条约和国内立法中的相关规定,仲裁司法监督方面的规定基本上与《示范法》的相关规定非常接近。除了法院裁定撤销仲裁裁决及法院裁定不予执行仲裁裁决这两种国际上普

---

① 《葡萄牙仲裁法》第42条第1款规定:"裁决应以书面作出并由单一仲裁员或多名仲裁员签署。在多名仲裁员的仲裁程序中,由仲裁庭多数成员或者首席仲裁员签名即可,在这种情况下,作出裁决时,必须在裁决内说明欠缺其余签名的原因。"第2款规定:"裁决应具有理由依据,除非当事人已放弃有关要求或裁决是按照第41条的规定,在双方合意的基础上作出的。"

遍采用的形式外,《葡萄牙仲裁法》还容许双方当事人在仲裁协议中预先明确订明的情况下,就仲裁裁决向法院提起上诉。

仲裁作为一种民间性的解决民商事纠纷的手段,是指双方当事人自愿达成协议,将争议交由第三方仲裁解决。因此,仲裁的本质属性是契约性,但同时亦具有司法性,然而司法性仅处于从属地位。司法对仲裁的监督是基于仲裁具有的契约性和司法性所决定的,是对仲裁决定机制形成制衡的必然要求。① 仲裁协议是基于当事人的意思自治订立的。"商事仲裁法中的首要原则是当事人意思自治原则"②,因此当事人意思自治原则是仲裁立法与仲裁实践的基础。

《葡萄牙仲裁法》在法院对仲裁裁决的撤销与不予执行方面的规定着重于程序审查,支持与保护仲裁裁决的性质相对较为明确,干涉仲裁裁决的性质较少。事实上,目前国际社会的立法通例,包括世界主要国家的国内法、国际条约和国际惯例中通行的监督范围,都偏向于对非实体内容进行广泛的监督,对于仲裁裁决的实体内容的监督则仅以公共政策审查为限。缩小司法审查的范围,弱化法院对仲裁的监督和干预,是国际仲裁立法必然的发展趋势;加大法院对仲裁的支持力度是当今世界的潮流。③《葡萄牙仲裁法》关于可向法院上诉从而对仲裁裁决进行司法监督的规定,似乎违背当事人选择仲裁的本来意图,④但实质上并非如此。该法对上诉的标的作出了明确的限制,且规定仅限当事人在仲裁协议中明确规定了上诉的可能性及案件并非依据衡平法或通过友好仲裁作出裁决的情况下,方可向具有管辖权的国家法院提起上诉。该规定不仅可以维护"当事人意思自治原则",且在充分保证仲裁自主发展的基础上,容许法院对仲裁作出有限度的控制和保护,使仲裁能够得到更好的发展空间。

三、仲裁管辖权和仲裁协议的司法监督

仲裁协议的司法监督属于仲裁前的司法审查程序,主要发生在确认仲裁协议的效力及强制实施仲裁协议等情况中。仲裁协议的效力关系到管辖权的确定,一个有效的仲裁协议将案件的管辖权赋予仲裁机构,从而排除法院的司法管辖。⑤ 目前国际虽然承认仲裁协议具有排除法院管辖权的效力,但基于仲裁制度的司法性,各国的仲裁法律大多数仍然规定法院具有对仲裁协议效力的审查

---

① 齐树洁主编:《纠纷解决与和谐社会》,厦门大学出版社 2010 年版,第 172 页。
② [英]施米托夫:《国际贸易法文选》,赵秀文译,中国大百科全书出版社 1993 年版,第 611 页。
③ 齐树洁主编:《英国民事司法改革》,北京大学出版社 2004 年版,第 212 页。
④ 当事人选择仲裁的意图通常是希望以仲裁排斥诉讼,并达到一裁终决的目的。
⑤ 杜新丽:《国际民事诉讼和商事仲裁》,中国政法大学出版社 2005 年版,第 289~300 页。

权,法院对仲裁协议的司法监督权在许多国家的仲裁立法和国际公约中均有体现。法院对仲裁协议的订立和实施作出司法审查前,必须先从以下三方面确认本身的权力:首先,必须确定法院是否依法有权对仲裁协议的效力作出认定,若有的话,应以何种条件认定;其次,如果双方当事人均未提出执行仲裁协议的请求,法院是否有权受理该争议,或有义务让当事人将争议提交仲裁;最后,法院是否有权直接命令强制当事人将争议提交仲裁。1958年《承认与执行外国仲裁裁决公约》第2条第3款规定:"当事人就诉讼事项订有本条所称之协定者,缔约国法院受理诉讼,应当依一方当事人的请求,命当事人提交仲裁,但前述协定法院认定无效、失效或不能实行者不在此限。"从该公约的相关规定可以理解仲裁协议排除法院管辖权的效力是相对的而非绝对的,即在特定条件下,法院依法仍保留对于仲裁争议进行审查和审判的管辖权。

仲裁管辖权(Jurisdiction of Arbitration)是指仲裁机构或者仲裁庭对某一商事争议从事审理活动,对该案进行仲裁的法律权。[①] 管辖权的确定在商事仲裁中有十分重要的现实意义,它是仲裁机构或仲裁庭有权对特定的商事法律争议进行审理并作出具有法律约束力的裁决的依据。"仲裁庭缺乏管辖权"是法院拒绝承认和执行仲裁裁决的重要理由之一,因此管辖权问题是仲裁程序开始前就必须解决的问题。[②]

《葡萄牙仲裁法》容许仲裁庭拥有自裁管辖权,仲裁庭自裁管辖权原则的实质作用,很大程度上是为了避免法院过分干预或过早介入仲裁庭管辖权争议,提高仲裁的效率。《葡萄牙仲裁法》第18条不仅对仲裁庭自裁管辖权原则作出了明确的规定,对仲裁协议效力提出异议的问题亦有十分清晰的规定:"仲裁庭可以对自己的管辖权作出裁决。为了这个目的,即使需要对仲裁协议或包含仲裁协议的合同的存在、效力或有效性,或对上述协议的适用性作出审查。仲裁庭无管辖权的抗辩只能在就争议的实质问题提出答辩之前提出,或者与答辩一起提出。仲裁庭可以通过中间裁决或在就争议的实质问题作出的裁决中裁定本身是否具有管辖权。"该法容许仲裁庭对自己的管辖权作出决定,但这并不表明仲裁庭对自身的管辖权作出的裁决是终局性的。根据该法的规定,法院在一定条件下有权对仲裁庭就自身的管辖权作出的裁决进行司法复审。

《葡萄牙仲裁法》在这方面的规定符合大多学者的主张,即应将仲裁协议效力的认定权赋予仲裁庭,在关于争议实质的裁决作出之前,法院无权对仲裁协议或包含仲裁协议的合同的存在、效力或有效性作出决定。但是,仲裁协议排除法

---

① 刘晓红:《国际商事仲裁协议的法理与实证》,商务印书馆2006年版,第92页。
② Gotanda, An Efficient Method for Determining Jurisdiction in International Arbitration, *Columbia Journal of Transnational Law*, 2002. Vol. 40, No. 1.

院管辖权的效力是相对的而非绝对的。从该法的相关规定中可以看出,在特定条件下,法院保留对仲裁争议进行审查和审判的管辖权。具体表现在如果当事人所订立的仲裁协议存在缺陷,或双方对其效力发生歧义,法院有权依法作出干预。事实上,处理存在缺陷的仲裁协议之最有效方法就是要求法院提供协助。学者施米托夫对此提出了精辟的论点:"在仲裁条款的起草中,完善只是一个相对的概念。为此,重要的是所有对仲裁条款进行解释的有关人员,特别是法官,应该牢牢记住,仲裁条款是合同中的一个特殊种类的条款,应该首先考虑的总是实施当事人关于通过仲裁解决他们之间争议的意思。"①

四、仲裁裁决的司法监督

为了可以确保仲裁得以顺利进行和仲裁裁决得以最终实现,就必须取得司法权的支持,法院的支持体现在以下两方面:(1)在仲裁程序中,当遇到必须采取财产保全或证据保全措施的情况,由于仲裁机构是民间组织,无权对当事人采取强制措施,因此,只能向具有管辖权的法院提起财产保全或证据保全之诉,由法院裁定并采取保全措施来保证仲裁程序的顺利进行和有利于仲裁裁决的执行;(2)当仲裁裁决作出后,若当事人一方拒绝履行裁决所规定的义务时,在仲裁机构无权采取强制措施的情况下,权利人只能向具有管辖权的法院提起执行之诉,由法院裁定并采取强制执行措施。

仲裁裁决的司法监督其实是透过诉讼对仲裁裁决作出的监督。仲裁裁决的司法监督具体可分为两种制度,一种是申请撤销仲裁裁决制度,另一种是申请不予执行裁决制度。《葡萄牙仲裁法》第46条对申请撤销仲裁裁决作了规定,第48条则对不予执行仲裁裁决作了规定。

有关仲裁裁决的承认问题,《葡萄牙仲裁法》第55条规定:"除非在1958年的纽约公约及约束葡萄牙政府之其他条约或公约中有关于外国仲裁裁决的承认和执行的强制规定,否则,外国作出的仲裁裁决,不论当事人的国籍如何,必须根据该法第十章所规定的条件,经过具有管辖权的葡萄牙国家法院承认才能在葡萄牙生效。"国内仲裁裁决与外国仲裁裁决在执行程序上有一定的差异。《葡萄牙民事诉讼法典》第48条第2款及第49条规定:"由仲裁庭作出的裁决与普通法院作出的判决根据同样的规定强制执行。""由外国法院作出的判决或由外国仲裁庭作出的裁决经具有管辖权的葡萄牙法院审查和确认后,仅可作为执行的依据。然而,由外国发出的票据不需要经审查即可申请执行。"被申请人住所地审判区的上诉法院有权进行复审和认可。如果向法院提交外国仲裁裁决仅作为

---

① [英]施米托夫:《国际贸易法文集》,赵秀文译,中国大百科全书出版社1993年版,第626页。

待决诉讼中的证据,只要经主管法官的审查确认即可,而不需要复审承认。第1096条规定,外国仲裁裁决必须具备以下条件方可请求法院作出认可:(1)裁决的真确性和可理解性无异议;(2)根据裁决作出地国家的法律裁决具有既判力;(3)裁决除了首次提交外国法院之外,同一案件在葡萄牙法院未被提出或尚未经葡萄牙法院审理的;(4)不得以影响葡萄牙法院的依据提起诉讼已系属的抗辩或对裁判已确定的案件的抗辩,除非外国法院阻止管辖权;(5)根据仲裁作出地的法律规定,被执行的当事人已及时获得传唤,同时在程序中已遵守当事人平等原则;(6)裁决不含有与葡萄牙国际公告政策原则相抵触的决定。

外国裁决经葡萄牙法院依法宣告认可后即可成为执行依据,可根据《葡萄牙仲裁法》及《葡萄牙民事诉讼法典》的相关规定向标的物所在地或被执行人居住地法院提起执行之诉。

《葡萄牙民事诉讼法典》第95条规定,初级法院对外国裁决的承认和执行具有管辖权。然而《葡萄牙仲裁法》在确定仲裁裁决是否具有涉外因素方面的规定则比较笼统,规定仲裁中只要包含国际贸易的利害关系,即可被视为国际仲裁,由仲裁庭作出的相关裁决被视为国际(涉外)裁决。根据《葡萄牙仲裁法》第53条规定:"除当事人明确约定可以向另一仲裁庭提出上诉以及上诉的条件外,对国际仲裁中的裁决不可上诉。"据此,法院对仲裁裁决是否具有国际(涉外)因素的确定非常重要,但亦仅限于上诉问题。就承认与执行涉外裁决问题,葡萄牙在界定仲裁裁决方面所采取的主要标准是地域标准,《葡萄牙民事诉讼法典》第90条明确规定:"凡在葡萄牙领土内作出的裁决,由仲裁地的一审法院执行。"即使该裁决具有国际因素且被视为国际裁决,由于是在葡萄牙领土内作出的而被视为国内裁决,依法由仲裁地的一审法院直接执行,且不像对外国裁决那样需要进行复审和须经法院认可后方可执行。

有关承认和执行外国仲裁裁决的法律基础方面,葡萄牙主要依据《纽约公约》和该国的《民事诉讼法》的规定对外国仲裁裁决作出承认和执行。

在特定情况下,仲裁裁决会被阻止执行。在葡萄牙仲裁实践中,仲裁裁决可于以下情形下被阻止执行:

1.对于本国仲裁裁决,凡有《葡萄牙仲裁法》第46条第2款规定的7种情形之一者,法院得依当事人申请撤销仲裁裁决,但如果对仲裁裁决可以提起上诉,则法院只能在上诉中对上述撤销仲裁裁决的理由进行审查,即使请求撤销仲裁裁决的期间已过,在拒绝强制执行的申请中申请人仍可以引用撤销裁决的理由。7种情形如下:(1)仲裁协议的一方当事人无行为能力;或根据各方当事人同意遵守的法律,或在未指明法律的情况下根据本法,该协议是无效的;(2)在仲裁程序中有违反第30条第1款所述的对解决争端具有决定性影响的基本原则;(3)裁决的事宜不属于仲裁协议的范围,或者包含超出仲裁协议范围的决定;(4)仲裁庭的组成或仲裁程序不按双方的协议执行,除非该协议违反本法规定,当事人不能排除适用,或者没有这样的协议,是不符合本法规定,在任何情况下,这种分歧对解决争议具有决定性的影响;(5)仲裁庭判处超出请求的数量或与请求不符的标的,已知问题为不可知悉的或没有就应审议的问题作出裁定;(6)作出的裁决违反第42条第1款及第3款规定的要件要求;(7)裁决是在第43条所规定的最后期限届满后才通知双方当事人的。

此外,法院如认定有下列任何情形,亦应当依职权撤销裁决:(1)根据葡萄牙法律规定,争议的标的不能以仲裁解决的;(2)裁决内容违背葡萄牙国际社会公共秩序的原则。

2.对于外国仲裁裁决,如不能满足《葡萄牙民事诉讼法典》第1096条规定的6项条件或有法典所规定的情形之一的,法院应驳回确认申请。

五、有关仲裁司法监督的最新案例

2011年1月27日,莫斯科的B公司与葡萄牙的C公司在莫斯科签订一项购销大理石石板合同。此外,合同中还约定了出现争议提交莫斯科市联合顾问仲裁中心仲裁的条款。合同签订后,B公司预付货款89285.64美元给C公司。后来,因C公司无法如期交货而与B公司产生争议。经过多次协商,双方仍无法达成共识,最终B公司依照合同中的仲裁条款,向莫斯科市联合顾问仲裁中心申请仲裁。2011年11月21日,仲裁庭作出裁决:C公司于2012年2月1日前退回给予B公司货款89285.64美元,逾期加计年利率8.5%的利息,此外,根据B公司的请求撤销双方于2011年1月27日签订的购销大理石石板合同。由于C公司未按仲裁裁决履行,B公司于2013年1月23日依据《葡萄牙仲裁法》(第63/2011号法律)的规定,向C公司所在地的葡萄牙波尔图市上诉法院提起特别承认之诉(卷宗编号29/13.9YRPRT),请求承认莫斯科仲裁庭于2011年11月21日作出的裁决并申请执行该裁决。

波尔图市上诉法院收到B公司的诉状及申请执行书后,即传唤C公司。C公司在15日内提出抗辩,指出相关合同是在《葡萄牙仲裁法》实施前签订的,有关争议的仲裁裁决亦是在该法实施前作出的,根据《葡萄牙仲裁法》第59条第1款的规定,应适用旧《葡萄牙仲裁法》。同时,根据1958年《纽约公约》第3条的规定,波尔图市上诉法院对该案没有管辖权。此外,C公司还提出,由于代表B公司签署该合同的经理从2010年3月10日开始已经没有在B公司任职,因此双方于2011年1月27日签订的附带仲裁条款的购销大理石石板合同无效。合同既然无效,相关仲裁条款不发生效力,莫斯科仲裁庭依此作出的仲裁裁决亦相对无效。

经审查,波尔图市上诉法院合议庭认为双方于2011年1月27日签订附带仲裁条款的购销大理石石板合同有效,B公司的申请符合《葡萄牙仲裁法》第59条第1款的规定。据此,判决B公司所提起的特别承认之诉理由成立,决定承认莫斯科仲裁庭于2011年11月21日作出的裁决并予以执行,判处C公司必须向B公司退回已收取的货款89285.64美元及逾期利息。

本案是因负有给付义务的一方当事人不履行莫斯科市联合顾问仲裁中心的裁决,对方当事人根据《葡萄牙仲裁法》第59条第1款的规定,向被申请人住所地的上诉法院申请承认该仲裁裁决和强制执行的案件。被申请人以"该仲裁裁决是在相关《葡萄牙仲裁法》实施前作出的"作为抗辩理由,并指出上诉法院没有管辖权,同时以引起争议的合同无效为由提出抗辩,要求法院判申请人的理由不成立。上诉法院经审理,判决申请人胜诉,理由如下:(1)俄罗斯与葡萄牙均为《纽约公约》的缔约国,根据该公约第3条的规定,葡萄牙必须承认在莫斯科仲裁中心作出的仲裁裁决;(2)根据12月14日之第63/2011号法律第4条第1款的规定,新《葡萄牙仲裁法》适用于在其正式生效前已开始的仲裁程序。申请人根据《葡萄牙仲裁法》第59条第1款的规定,向上诉法院提出申请,由于被申请人引用同一法条作出抗辩,即表明其同意适用新《葡萄牙仲裁法》;(3)被申请人辩称所签合同并非由申请人的法定代表人签署,因此不发生效力。法院认为,合同虽然并非由申请人的法定代表人签署,但由于被申请人要求原告预付货款,同时收取了申请人所支付的货款,已经足以表示其认同合同的合法性。

从上述案例中可以看出司法监督对仲裁的重要性;没有司法权的支持,无法确保仲裁得以顺利进行和仲裁裁决得以最终实现。

六、上诉

上诉是诉讼制度的救济途径,是指当事人不服法院第一审作出的尚未发生效力的判决或裁定,依法请求上一级法院予以审理,以求撤销或变更该判决、裁定,保护其民事权益。

在国际商事仲裁实践中,世界各国一般采取"一裁终局"原则,即仲裁裁决一经作出就具有法律效力,当事人不得上诉。一裁终局制度虽然可以体现仲裁程序快捷、高效的优点,但亦存在因仲裁员枉法裁决或裁断不公而导致当事人申诉无门的风险。为了尽可能避免或及时纠正仲裁活动中可能出现的错误,有必要以司法监督作为救济措施。① 上诉亦是法院对仲裁程序实行的一项司法监督,法院对仲裁进行监督在一定程度上促进了仲裁的发展。②

1986年《葡萄牙自愿仲裁法》赋予当事人对仲裁裁决提起上诉的权利,该法

---

① 张斌生主编:《仲裁法新论》,厦门大学出版社2010年第4版,第271页。
② 赵健:《国际商事仲裁的司法监督》,法律出版社2000年版,第8~9页。

第 29 条规定:"除非当事人已放弃上诉的权利,否则如同对于一审法院的判决的上诉一样,可以对仲裁裁决向上诉法院提起上诉,但若当事人允许仲裁员根据衡平法进行裁决即构成上诉权的放弃。"1986 年《葡萄牙自愿仲裁法》允许本国仲裁当事人不服仲裁裁决的,可以向上诉法院提起上诉的做法与目前世界各国在仲裁实践中一般采用的"一裁终局"原则大相径庭,有别于中国以至世界多数国家仲裁法所实行的一裁终局的习惯,显然是不符合现代国际仲裁的潮流。此种做法虽然符合当事人意思自治原则,但却有反历史潮流的倾向。然而,新的《葡萄牙仲裁法》并没有完全否定仲裁裁决可以上诉的可能性,该法第 39 条第 4 款规定:"就争议的实质问题作出的裁决或未经审理该问题即终止仲裁的裁决,仅当事人在仲裁协议中明确规定了上诉的可能性及案件并非依据衡平法或通过友好仲裁作出裁决的情况下,方可向具有管辖权的国家法院提起上诉。"此规定虽然仍然充分体现了当事人意思自治原则,容许当事人自由决定仲裁裁决是否可以上诉,但并非没有任何限制。即使当事人在仲裁协议中明确规定了上诉的可能性,但亦只有那些并非依据衡平法或通过友好仲裁作出裁决的案件、就争议的实质问题作出的裁决或未经审理该问题即终止仲裁的裁决,有权向具有管辖权的国家法院提起上诉。对于国际仲裁裁决能否上诉的问题,《葡萄牙仲裁法》第 53 条规定:"除当事人明确约定可以向另一仲裁庭提出上诉以及上诉的条件外,对国际仲裁中的裁决不可上诉。"这项规定显示葡萄牙国际仲裁在充分尊重当事人意思自治的原则下,仍倾向于追随国际仲裁普遍采用的"一裁终局"原则,不赞同法院的干预政策。因此,即使允许当事人自由决定是否可以上诉,也只能向另一仲裁庭提起。

在上诉问题方面,葡萄牙对国内仲裁和国际仲裁采取不同的规定。对于国内仲裁,当事人约定上诉及案件并非依据衡平法或通过友好仲裁作出的,可向具有管辖权的国家法院提起上诉;对于国际仲裁,除当事人明确约定可以向另一仲裁庭提出上诉以及上诉的条件外,对国际仲裁的裁决不可上诉。这种立法取向是由于受到国内选民的政治压力而作出的让步。为了满足国内选民的诉求,同时又要追随国际仲裁习惯的前提下,国会采取了上述国内仲裁与国际仲裁不一样规定的变通方法。

《葡萄牙仲裁法》赋予当事人就其认为不公的裁决向另一仲裁庭提起上诉的权力,是一项创新的概念和做法。该方法既体现了当事人的意思自治,亦可以在消除法院干预的情况下,使当事人有机会就仲裁员枉法裁决或裁断不公提出申诉,不至于纠错无方、申诉无门,实为一举两得之规定。

波兰调解制度的发展与启示

欧 丹[*]

在波兰,调解立法经历了一个独特的发展道路。立法者并未制定一部统一的调解法,而是在各单行法中分别规定调解程序。2005 年,波兰通过《民事诉讼法修正案》在民事诉讼程序中引入新的调解程序。2011 年 7 月,欧盟委员会确认波兰属于已经执行《欧盟调解指令(2008/52/EC)》[①]的 17 个成员国之一。尽管目前波兰调解制度仍处于发展的初级阶段,但是其发展方式及路径仍值得我们研究和借鉴。

一、波兰调解制度发展的背景

(一)诉讼延迟与解纷文化的转变

东欧剧变之后,波兰在政治、经济、文化乃至社会的方方面面都发生了巨大的变化。随着私人商业活动的日益活跃,民商事案件开始出现激增的趋势。但是,转型后的波兰司法体系并未能为民众提供有效的司法救济途径。由于程序烦琐,通过诉讼强制履行合同的时间相当长。从向法院起诉到申请法院强制执行完毕,2005 年波兰强制履行一份合同大约需要 1000 天;2011 年仍然需要 830 天。可见,波兰诉讼延迟现象十分严重。事实上,诉讼延迟对法院的公信力产生较大的负面影响。据调查,波兰仅有 1.8% 的公众认为法院诉讼快速高效,仅有 5% 的公众认为法院有能力执行相关判决。[②]

与此同时,波兰政府也在积极进行司法改革,努力应对诉讼延迟等"司法危机"。随着 ADR 运动的兴起,欧盟已经意识到调解在处理各类纠纷中的优势。早在 2002 年,欧盟一份关于 ADR 的绿皮书就已经开始倡议欧盟各国实践

---

[*] 作者系厦门大学法学院诉讼法博士研究生,波兰华沙大学法学院访问学者。

[①] 该指令的具体内容参见《欧洲议会及欧盟理事会关于民商事调解若干问题的 2008/52/EC 指令》,陈洪杰译,齐树洁校,载张卫平、齐树洁主编:《司法改革论评》(第 8 辑),厦门大学出版社 2008 年版。

[②] Joanna Wasik, Court Delays in Poland: Mediation as a Way forward in Commercial Disputes, *Georgetown Journal of International Law*, 2012, Vol. 43, No. 3.

ADR。2004 年,欧盟委员会就此还发布一份民商事调解若干问题的倡议性指示①,建议在 2007 年之前各成员国(丹麦除外)能够具体实施。日后,波兰调解立法的时候充分考虑该份调解指示。ADR 尤其是调解制度在部分欧洲国家已成为一种有效的纠纷解决机制引起波兰司法改革者的高度重视。

(二)调解立法的迂回与出路

1991 年,波兰劳动法在解决集体劳动争议纠纷中首次引入调解程序。1997 年,刑事程序法中开始引入调解程序。波兰先在成人刑事司法程序中引入调解程序,而后在未成年人刑事司法程序中引入调解程序。2004 年,调解程序也开始成为行政诉讼程序中的一部分。调解程序先后在劳动法、刑事诉讼法、行政法、家事法等法律中得到确认之后,民事诉讼法才引入一般民商事调解程序。

早在 2002 年,司法部民事法律修改委员会便会同民商事法律专家(法学学者、最高法院大法官、高级检察官)开始着手起草调解法。经过两年的起草和征求意见,波兰调解法于 2004 年 8 月提交议会审议,并最终于 2005 年 6 月 28 日审议通过。至此,波兰在民事诉讼程序中引入新的调解程序。《波兰民事诉讼法》(以下简称波兰民诉法)还通过修订诉讼费用规则,鼓励当事人使用调解程序,并对调解员收费作出明确规定,鼓励更多的专业人士参与调解服务。

二、波兰调解制度的架构

2005 年,波兰民诉法首次明确规定一般民商事案件都可以适用调解程序。调解程序不再仅限于某几种特定纠纷类型,除特别程序之外所有民商事案件都可以适用调解程序。民诉法从基本原则、程序、费用、效力与执行等方面对调解程序予以规范。

(一)基本原则与调解类型

1. 基本原则

波兰民诉法明确规定当事人自愿参加调解。就法院外调解而言,调解开始之前当事人应当达成启动调解程序的协议。调解启动协议可以由当事人在纠纷发生之前签订,也可以在纠纷发生之后达成。就附设调解而言,调解程序启动之前当事人双方也必须同意接受法院的调解提议。民诉法规定,一方当事人在收到调解提议之后的 7 日内可以通过拒绝参加调解停止调解程序。波兰采用辅助

---

① 2008 年 5 月 21 日,欧盟颁布《关于民商事调解若干问题的指令》。该指令督促各成员国在 2011 年 5 月 21 日前遵照指令施行必要的法律、规章和行政规定,最迟 2016 年 5 月 21 日欧盟委员会将发布指令实施情况及各国调解制度发展情况。

型调解模式,①即一名中立调解员协助各方进行协商,通过谈判解决纠纷。立法者认为,目前波兰缺乏相应的调解实践经验,所以民诉法采用辅助型调解模式是合理的。

保密性也是波兰调解制度的一个突出原则。调解员不得披露调解过程中所知悉的有关案件的所有事实,除非各方当事人同意。当事人在调解程序中提到的调解方案、妥协陈述等声明都不能在日后的诉讼程序中使用。另外,民诉法还明确规定调解员享有就相关事实出庭作证的豁免权。尽管民诉法并没有对当事人的保密义务作出规定,但是民法规定当事人也必须遵守相应的保密义务,任何有违保密义务的行为都可能承担民事责任。

2. 调解类型

波兰民诉法规定了两种调解类型:法院外调解与法院附设调解。早在民诉法新增法院外调解程序之前,民法就从合同法角度对和解作出规范。法院外调解是指当事人基于调解启动协议,自主聘请调解员组织当事人就争诉案件进行协商解决纠纷。法院外调解程序的启动基于当事人之间的协议。当事人可以自主决定是否参加,决定调解员人选,协商有关调解的形式和内容。

法院附设调解程序是一种新增的调解类型,与法院外调解适用基本相同的程序规范,仅有若干例外情形。在法院附设调解程序中,法院需要承担部分职责。法院不直接委托调解员主持调解,而是确认并提供调解员名册让当事人选择。法院不对附设调解进行任何形式的资助。法院仅负责提议转介调解及审核调解协议。法院指示转介调解时应确定一个最多不超过1个月的调解期限,双方当事人可以共同要求调解期限超过1个月。在调解过程中,双方当事人也可以共同要求延长调解期限。任何一方当事人在调解期限内不同意继续调解,法院应当及时排期审理案件。

2005年民诉法修改之前,法官可以主持和解程序,也有学者将其视为司法调解。② 案件正式审理之前,一方当事人申请法官主持和解程序解决纠纷,另一方可自愿选择参与这一程序。如果当事人达成和解协议,其效力等同于法院的判决效力。如果未能达成和解协议,法律并未限制主持该程序的法官继续审理争诉案件。无论案件标的额多大,法院主持该和解程序只收取50兹(罗提)(1兹罗提大约相当于2元人民币)。根据最高法院的判例,启动该和解程序将中断争诉案件的诉讼时效。民诉法并未就该和解程序的保密性作出明确规定。实践

---

① [美]齐娜·祖米塔:《调解的模式:辅助型·评估型·转化型》,赵昕译,载《人民法院报》2010年8月6日第6版。

② Klaus J. Hopt & Felix Teffek (eds.), *Mediation: Principles and Regulation in Comparative Perspective*, Oxford University Press, 2012, p. 781.

中,法官很少使用该程序促成当事人达成和解。一方面法官缺少相关的职业训练,另一方面法官对该程序的功能仍有顾虑。[①] 因此,这一程序的效果并不十分理想。

(二)调解的程序

波兰民诉法并没明确规定调解程序如何进行,仅对调解的启动、调解员选任、调解会议、调解报告等问题作出较为粗略的规定。

1. 程序的启动

启动调解源于当事人之间的协议或法院的转介调解指示。调解启动协议的签订时间没有严格限制,可以是当事人在纠纷发生之前签订也可以在纠纷发生之后达成。民诉法并没有规定任何强制启动调解的情形。

一方当事人向另一方提出调解请求时调解程序正式启动,相关证据也须一并提交。如果存在以下几种情形,调解程序则不会启动:(1)专任(permanent)及非专任调解员在收到调解请求之日起 7 天内拒绝调解;(2)新任调解员人选收到调解请求之后 1 周内决定调解或当事人 1 周内未同意调解员人选;(3)未达成调解启动协议或拒绝调解请求。调解请求应包括当事人的详细情况、具体争议事项及有关材料。

在附设调解程序中,法院可根据一方当事人申请或自主决定发布指令将案件转介调解。提起诉讼之前当事人已签订调解启动协议,法院受理案件之后则应当根据被告答辩内容指示双方进行调解。[②] 法院仅提议当事人参加调解,不强制要求当事人参加调解。一般而言,法院在首次听审结束之前作出调解指示。首次听审结束之后,法院可在双方当事人共同要求下作出调解指示。但是,家事调解中法院可在诉讼程序的任何阶段提议当事人调解。法院可在闭门会议期间向当事人发出调解指示。法院也可在未通知当事人的前提下作出调解指示。最终是否接受法院调解指示由双方当事人自主决定。

2. 调解员的任命

波兰民诉法并未规定调解员任命的程序,仅对调解员资格作出规定。具有完全民事行为能力的自然人可成为调解员人选。但是,现任法官不能作为调解员人选,退休法官仍可成为调解员人选。收到调解请求之后,一般专任调解员不

[①] 具体内容详见 2012 年 2 月 3 日 Tadeusz Ereciński 大法官在意大利举行的"调解与审判之间的适当平衡:欧盟调解指令实施前后(The Right Balance Between Trial and Mediation: Before and After the European Directive)"会议上的发言,http://www.adrcenter.com,下载日期:2013 年 10 月 30 日。

[②] W. Dajczak, A. J. Szwarc & P. Wiliński (eds.), *Handbook of Polish Law*, Park Prawo, 2011, p. 658.

能拒绝当事人的调解请求,仅在利益冲突等特殊情况下才能拒绝。

无论法院外调解还是附设调解程序,当事人都有权选择调解员人选。这充分体现波兰调解制度对当事人自主权的尊重。然而,为保障附设调解程序的效率,在闭门会议期间作出转介调解指示或调解员人选协商未果的情况下,法院可提出调解员人选。一般而言,当事人可根据法院提供的调解员名册选择调解员人选,人选范围并不受法院限制。不满意法院拟提出的调解员人选,当事人可共同再选择其他调解员人选。为提高调解员遴选的效率,任命调解员之前法院都会询问当事人的意见。如果调解启动协议特别规定了调解员人选,法院应当尊重当事人的意见。

为方便当事人参加调解,民诉法并没有对调解员的教育程度作出明确规定。立法者认为,调解员的业务能力不取决于是专业知识而是良好品行。[①] 民诉法仅对家事纠纷调解员的任职资格作出规定,要求调解员一般应具有教育学、心理学、社会学或法学方面的教育背景。刑事案件或未成年人案件调解员的任命也有类似的教育背景要求,但并不要求调解员必须获得相应的学位。社会组织或专业机构可以设立调解员名册,该名册应提交给地区法院院长备案。

3. 调解会议及调解报告

调解员应确定适当的调解会议时间和地点。双方当事人共同认为无须专门召开调解会议进行调解,调解员则不必安排调解会议可直接调解。为控制调解会议费用减轻当事人的负担,法律还明确规定调解会议的开销不得超过 50 兹。民诉法规定调解员应就相关调解事项向争诉案件的管辖法院提交调解报告并署名。该报告应当载明调解的具体时间和地点及当事人姓名、地址、调解员等相关信息。当事人最终达成调解协议,调解员则须将调解协议内容一并附上,并且当事人也须署名。未就争诉案件达成调解协议,调解员应在调解报告中记录当事人拒绝达成调解协议的原因。附设调解程序中,调解员则将相应调解报告提交给转介调解的法院。

(三)调解的费用

调解费用问题是影响当事人调解积极性的一个重要素因。调解也因费用低廉甚至免费具有优势。波兰调解制度并没有采用免费调解形式。新民诉法规定调解员获得调解服务报酬的权利,除非调解员同意免费调解。当事人应当承担调解的相关费用。即便已获得法院诉费豁免权或相关机构法律援助,当事人也应承担相应费用。法院外调解费用由当事人与调解员之间协商决定。

---

① Sylwester Pieckowski, Using Mediation in Poland to Resolve Civil Disputes: A Short Assessment of Mediation Usage From 2005—2008, *Disputes Resolution Journal*, 2009, Vol. 61, No. 4.

2005年11月30日,波兰司法部颁布新的诉讼费用条例,明确规定附设调解程序的费用。争议案件标的额确定的案件,调解费为争议案件标的额的1%。但是,调解费总额最低不低于30兹,最高不高于1000兹。若标的额难以确定,调解费则根据实际调解会议次数计算。首次调解会议调解员可以收取60兹,此后每次可收取25兹。法律规定的调解员费用较低,这一点常受到业界的批评。

调解费用问题不仅涉及调解员费用的分担,而且涉及诉讼费用的承担。当事人之间最终达成调解协议,法院则向当事人退还3/4的诉讼费用。如果未能达成调解协议,法院在日后诉讼程序中则需考虑调解程序的相关费用。[1] 当事人存在不当行为,则可能需要在最终诉讼费用中承担部分额外调解费用。

(四)诉讼时效及调解协议的效力

1. 诉讼时效

波兰民法对当事人参加调解之后的纠纷的诉讼时效作出明确规定,"当事人启动调解程序将中断争诉案件的诉讼时效"。在附设调解程序中,争诉案件的诉讼时效在法院转介调解的同时就已经重新计算。

民诉法并未对调解有关的诉讼时效作出具体规定。但是,法院外调解及附设调解程序中调解员都有义务向当事人提交参加调解程序的相关报告,其必须载明调解的具体起止时间。调解程序启动会中断争议案件的诉讼时效,所以启动调解程序的时间必须明确。为保障当事人的诉权,波兰民法还明确规定,调解启动协议中排除当事人诉讼权利的条款无效。调解启动协议并不能成为当事人提起诉讼的障碍。

2. 调解协议的确认与效力

当事人可要求法院对其达成的调解协议进行确认。根据审查结果,法院可以对调解协议的部分乃至全部内容予以确认。法院审查的重点在于调解协议是否存在违背法律强制规定、公序良俗以及内容前后冲突的情况。

民诉法明确规定当事人在调解程序中达成的调解协议与在诉讼程序中达成的和解协议具有同等效力。也就是说,调解协议不仅具有实体法意义上的合同效力,还具有程序法意义上的执行效力。调解协议在程序上最重要的效力就是强制执行效力。一旦当事人之间达成的调解协议得到法院的确认,该调解协议将获得与法院执行令同等的效力。根据相关实体法要求,部分案件的调解协议还须符合一定形式要求,比如附有公证书。这样严格的形式要求可能会增加当事人的调解成本,最终可能影响当事人参加调解的积极性。

---

[1] Pablo Cortésl, A Comparative Review of Offers to Settle—Would an Emerging Settlement Culture Pave the Way for their Adoption in Continental Europe? *Civil Justice Quarterly*, 2012, Vol. 32, No. 1.

（五）调解员的基本职责

尽管波兰民诉法没有对一般民商案件调解员的基本职责及职业规范作出具体要求，但是司法部为推动调解制度发展设立了一个委员会专门负责推广替代性解决机制。该委员会还负责制定相关的调解行为规范与标准，起草有关法律条文。

波兰司法部 ADR 公民委员会（The Civic Council for Alternative Methods of Conflict and Dispute Resolution）通过发布调解员行为标准（Standards for Conducting Mediation）及道德守则（Code of Ethics of Polish Mediators）对调解员的职责作出较为具体的指示，这些规范在很大程度上弥补了民事诉讼法在调解立法方面的局限。

2006 年 6 月 26 日，ADR 公民委员会发布调解员行为规范。该行为规范要求：调解员应当确保当事人能够自主地参加调解及达成调解协议；必须保持中立与公正；应当确保调解的保密性；准确告知当事人调解的性质及进程；恰当辅助当事人、合理晓谕当事人自己的调解服务等。与此同时，该委员会还向司法部提交了一份修改调解立法的提议，其中就包括调解员的资格、选任与认证。①

2008 年 5 月 19 日，ADR 公民委员会发布了调解员道德守则。该道德守则提出如下要求：(1)主持调解程序时，调解员必须遵守独立、自主的基本原则；(2)调解员应就各方当事人的利益进行调解；(3)调解员应当保证当事人自由参与调解；(4)调解过程当中，调解员应当确保当事人了解调解程序的基本步骤、最终目标、调解员角色及调解协议的性质；(5)调解员应当仅在一定业务能力范围内提供适当的调解服务，避免提供超出自己能力范围的调解服务；(6)在无法确认自身是否能够在某一具体案件的调解过程中保持中立时，调解员应当提出回避；(7)调解员应当保证调解程序的绝对保密性；(8)调解员应该确保自身与涉案当事人不存在任何利益冲突；(9)调解员不能收取除调解费之外当事人馈赠的任何直接或间接利益；(10)调解员应当合理宣传自己的调解服务，避免误导当事人对其资历、调解能力、实践经验、服务范围及服务费用做出错误评估；(11)调解员应当就调解程序设计的服务费用及其他相关费用问题向当事人做出明确的说明；(12)为更好地提供调解服务，调解员应当提高、扩展自己的调解专业技能。

从 ADR 公民委员会发布的调解员行为规范及道德守则的内容来看，调解员主要应承担注意义务、保密义务、忠实义务、告知与晓谕义务等。调解员的保密义务主要是指禁止调解员未经允许向他人披露调解的相关信息。忠实义务主要是指调解员应当基于当事人的利益履行职责，不偏不倚提供公正的调解服务。

---

① Sylwester Pieckowski, How the New Polish Civil Mediation Law Compares with the Proposed EU Directive, *Dispute Resolution Journal*, 2006, Vol. 61, No. 3.

告知与晓谕义务主要是指调解员应当向当事人披露自身调解服务的相关信息以及调解程序的相关信息。

（六）调解员的教育与培训

调解程序能否高效、顺利地进行，与调解员的专业水平密切相关。波兰调解制度的发展起步较晚，调解员的职业培训并没有统一的准则与规范。各类调解培训机构都可以根据内部规范对调解员进行培训认证，对此也没有相关的监管体系来确保其培训质量。为此，司法部 ADR 公民委员会于 2007 年 10 月 29 日发布了调解员职业培训标准（Standards for Mediators' Training），以保证调解员具有一定的专业水准。该标准设定了调解员从业的基本职业技能与学识的要求，对调解员培训机构与内容作出详细规定。因此，这一培训标准不仅可以帮助调解组织及机构合理培训调解员，而且可以帮助调解员选择恰当的调解技能培训。另外，其也可以通过确保调解制度的专业化提高公众对调解程序化解纠纷的信心。一般而言，一名合格的调解员应当接受不少于 40 小时调解理论与实践的培训，并且应获得相应的培训认证。

1. 培训的内容

ADR 公民委员会发布的调解员培训标准主要从调解基础理论知识及调解实际技能两个方面规定了调解员培训的内容。其中，调解基础理论知识包括调解的基本原则及形式，纠纷形成的过程及解决方式，相关的心理学知识以及调解的程序。

就基础理论知识而言，调解员应当熟悉调解过程及形式；调解的基本原则（自愿、公正、中立、保密），调解员的角色、权利及义务；调解的优势与局限；调解员的职业道德；调解员的行为规范。调解员还必须掌握纠纷的形成过程及化解纠纷的方法；调解程序与谈判、仲裁、判决之间的异同，谈判理论知识；等等。此外，调解员还应当具备一定法律知识，包括调解程序的法律依据，与调解程序相关的实践知识，与司法行政部门合作的原则，信息记录，各类纠纷的调解实践情况等。

就实践技能知识而言，调解员必须掌握以下几个方面的技能：（1）主持前期会议引导当事人达成调解启动协议；（2）遵守规则的同时能够采用恰当的调解技巧驾驭调解会议；（3）善于运用良好的沟通技巧（尤其是积极倾听与提问的技巧）的同时能注意保持自身的言辞中立；（4）善于分析判断，能够正确评估调解程序的价值；（5）辅助当事人提出化解纠纷方案；（6）协助起草调解协议的能力；（7）同其他专业人士协作。

2. 培训机构及人员的要求

该调解员培训标准还对从事调解培训的机构及人员作出相应规定。首先，从培训人员的从业资格来看，培训人员应当具有高等学历或同等学力文凭；不少于2年的调解服务经验;具备与调解相关培训或教学经验;具备从事调解服务的专业知识、调解相关法律知识、调解员行为规范知识。其次,培训机构设置的培训计划也须符合一定标准:合理设置相关的培训方案(不少于40课时);规范培训费用;严格考核调解员培训成绩;依据培训的内容、时间、机构及人员严控培训认证。最后,从培训的形式来看,相关的知识与技能主要通过互动式教学模式传授,比如模拟调解、案例分析、调解演示、角色扮演等等。

三、波兰调解制度的启示

(一)波兰调解的制度化路径

各国、各地区在发展调解中面临同样一个问题,我们都必须在调解制度化和非制度化,调解职业化和非职业化,调解的程序化和非程序化之间作出价值上的取舍。① 当然,波兰调解制度的发展也不例外。截至2011年,波兰民事调解立法通过几次微调之后已经符合《欧盟调解指令》的基本目标。波兰民事调解立法在形式和内容上与《欧盟调解指令》的具体措施略有不同,但是调解的自主性、保密性与中立性等基本原则在新民诉法都得到具体的保障。

新引入的调解程序首次从调解的基本原则、程序、费用、效力等方面对调解进行较为全面的规制,当事人在调解程序中的自主权逐渐得到保障。从调解程序的启动、调解员的选任、调解会议的召开、调解费用的确定、调解协议的确认等方面,波兰民诉法都给予当事人充分的选择权。

自从民诉法引入调解程序以来,越来越多的纠纷通过调解程序得以解决。法院外调解已经有了一定程度的发展,例如波兰商业检查机构(Trade Inspection)平均每年大概为9000至10000宗消费者纠纷案件提供调解服务,其中60%的案件能够最终达成调解协议。2006至2012年,波兰基层法院(District Courts)与地区法院(Regional Courts)转介调解分别为1864、1886、1988、2974、3678、4479、6041件,共计22910件民商事案件(包括家事及劳动案件),其中达成调解协议的案件有13846件(和解率为60%),向法院申请确认调解协议的案件有3168件。② 两级法院转介调解的数量逐年增加,可见法院转介调解逐渐得到各方的认同。相比法院和解程序而言,法院转介调解得到越来越多的关注与支持,其也是法院调解的发展趋势。

值得注意的是,民诉法并未对调解员专业资格标准进行规范,仅规定具有完全民事行为能力的自然人就可被选任为调解员。波兰调解制度由于缺乏调解质

---

① [澳]娜嘉·亚历山大主编:《全球调解趋势》,王福华等译,中国法制出版社2011年版,译者序第4页。

② 相关数据均来自波兰司法部网站,http://ms.gov.pl,下载日期:2013年10月30日。

量监管体系而受到各方批评。为此,ADR公民委员会通过发布调解员行为标准、道德守则及职业培训标准来指导调解制度的良性发展。这对民诉法中的调解立法是一个有力补充,对推动调解的专业化与职业化的发展更具有重要意义。

(二)我国法院调解与法院外调解的改进

相比而言,我国调解文化源远流长,并且在现今社会仍然得到继承与发展。在处理各类纠纷案件中,法院调解确实扮演着重要角色。但是,在业绩考核模式的刺激下法院调解可能更容易偏离调解本来的文化内涵。① 这主要体现在:由于调解员和裁判者双重身份的重叠,裁判者的身份使法官的言行具有潜在的强制力;当他以裁判者的身份进行调解时,或明或暗的强制便会在调解中占主导地位,在强制力的作用下,自愿原则不得不变形、虚化。② 这一现象说明我国民事诉讼法对法院调解自愿原则的界定比较模糊,缺乏可操作的评价标准。笔者认为,法院调解应该对自愿原则进一步细化,明确当事人有权选择调解。具体而言,我国可以借鉴波兰的调解立法,明确当事人具有启动法院调解的选择权,明确规定法院依职权启动调解的情形及其限制。

在调解优先司法政策引导下,我国法院调解与纠纷解决之间的关系被扭曲,甚至片面夸大调解的优先性,使其与其他纠纷解决机制之间的关联变得模糊。最终,法院调解无法促使民事纠纷得以和平解决,反倒使得当事人"不堪重负",这也在一定程度上造成了司法资源的浪费。③ 有学者认为,调解优先政策指导下的司法结构呈现"调解—判决"二元化特征,且存在内在紧张与流动性,存在寻租空间。④ 笔者认为,在推行调解优先司法政策的形势下,适当的调审分离显得尤为重要。从波兰调解立法的经验来看,民诉法既规定了法官主持的和解程序又规定了法院转介调解,当事人可以自主选择相应程序。可见,调审分离并不是否定法院调解而是强调赋予当事人选择调解程序的权利。波兰通过立法发展法院附设调解的经验值得借鉴。立法可以通过明确界定委托调解的范围、形式及效力,保障当事人相应的程序选择权。⑤

波兰法院外调解的发展方向表现为专业化与职业化。调解的专业化与职业

---

① 龙柯宇:《祛魅与赋值:德国调解制度的路径选择与反思》,载《法治研究》2013年第4期。

② 齐树洁:《调解优先与诉权保障》,载台湾《法令月刊》2012年第1期。

③ 潘剑锋、刘哲玮:《论法院调解与纠纷解决之关系:从构建和谐社会的角度展开》,载《比较法研究》2010年第4期。

④ 吴英姿:《"调解优先":改革范式与法律解读——以O市法院改革为样本》,载《中外法学》2013年第3期。

⑤ 有关程序选择权的具体内容详见邱联恭:《程序选择权论》,台湾三民书局2000年版。

化不仅可以充分保障调解的保密性与中立性,而且有助于保证调解服务的质量。目前,我国法院外调解主要是强调调解员品行要求,对于专业技能的要求重视不够。随着纠纷类型日益多样化、复杂化,调解员的专业知识以及调解技能在调解过程中显得越来越重要。与此同时,"手工作坊式"①的人民调解可能会面临更大的挑战。为此,应当适时制定统一的调解员行为规范以及职业规范,吸引更多专业人士参与调解服务,进而提高调解的质量。

---

① 王书娟:《论我国农村纠纷行政调解的制度构建》,载《福建行政学院学报》2009年第2期。

英国家事诉讼程序的发展及其借鉴意义

黄丹翔[*]

家事纠纷因"感情因素浓厚,兼涉财产和人身关系,兼具私益性和公益性"而区别于一般民事纠纷。[①] 为满足当事人的特殊利益需要,促进家事纠纷的妥善解决,英国建立了颇具特色的家事诉讼程序,实现了家事审判的专业化与诉讼程序的独立化。其通过创设统一的家事法院系统,配备专业的家事法官,适用专门的家事诉讼规则,构建"可接近的、公正的、有效的"[②]的家事审判制度,使纠纷解决获得了较为理想的法律效果和社会效果。

一、英国家事诉讼程序

鉴于家事纠纷的特殊性,英国建立了独立的家事诉讼程序,为纠纷解决的专业化奠定了基础。基于婚姻家庭关系所具有的伦理性特征,立法者将促成当事人之间恢复感情、实现和解、稳定家庭关系作为主要目标,并鼓励调解、和解等劝导型纠纷解决方式的适用。同时,在福利国家之介入主义(Interventionism)的影响下,家事法逐渐呈现出"身份法公法化"的趋势。在价值取向上,立法者强调对弱者利益的倾斜性保护,以兼顾家事诉讼的私益性与公益性。具体而言,英国的家事诉讼程序包括以下几个阶段:

(一)申请与声明

家事诉讼依当事人的申请而启动。在离婚诉讼中,还须由申请人或相对方或双方共同提交一份婚姻关系破裂的声明。该声明是启动离婚诉讼的必要条件,法院收到声明即视为诉讼开始。原告在提出离婚请求时,须对子女安排问题做出附带说明,并阐明其对子女监护、抚养及教育等方面的意见。在做出声明前,当事人须参加案件评估会议。会议内容包括案件管理、评估案件是否适合进

---

[*] 作者系厦门大学法学院诉讼法硕士研究生。
[①] Stephen Michael Cretney et al., *Principles of Family Law*, 8th edition, Sweet & Maxwell, 2008, p. 38.
[②] Article 75(5)(a) of Courts Act 2003, http://www.legislation.gov.uk,下载日期:2013年8月7日。

入调解程序等。如果调解人认为案件适合调解,经当事人同意,案件则正式进入调解程序。

(二)反省与考虑

自收到声明之日起的两周内,法院将为当事人指定9个月的反省与考虑期,要求双方当事人就能否挽救婚姻、达成和解以及如何安排未来生活等问题进行谨慎考虑。在特定情况下,经法院允许,反省期可延长6个月。在此期间,法律鼓励当事人采取包括婚姻咨询等在内的一切措施来挽救可能破裂的婚姻。①

(三)聆讯

在反省与考虑期间,家事法院还应积极地采取措施,为当事人提供咨询意见和协助。聆讯由法院指定人员主持,双方当事人都应参加。在特定情况下,法院也可组织仅由一方当事人参加的单方聆讯。其主要目的是向当事人提供信息服务,主要内容包括:(1)婚姻指导和其他婚姻服务;(2)如何更好地维护子女的利益、愿望和感情;(3)如何帮助子女处理父母婚姻破裂后产生的问题;(4)当事人申请离婚或司法别居后,可能面对的财产问题以及可获得的法律帮助;(5)家庭暴力的受害者可能获得的帮助;(6)调解;(7)双方如何获得法律咨询意见及聘请法律代表;(8)法律援助的原则以及当事人如何获得法律援助;(9)离婚或司法别居案件具体的诉讼过程。聆讯体现了英国家事法院对调解、和解以及子女合法权益保护等问题的重视。

(四)婚姻指导服务

在反省与考虑期间,首席大法官(Lord Chancellor)或其委托人在合适的情形下,还会为符合条件的当事人提供婚姻指导服务。具体而言,其主要向当事人提供以下几方面的咨询意见:导致双方婚姻破裂的具体原因,防止婚姻彻底破裂的具体措施以及在双方婚姻关系彻底破裂后,维持双方及其与子女之间良好关系的方法。婚姻指导的经费来源于国家财政,体现了英国政府对解决家事纠纷,维护社会稳定的重视。

(五)附生效条件的判决与绝对判决

离婚判决需经过附生效条件的离婚判决(Decree Nisi)和绝对判决(Decree Absolute)两个阶段。附生效条件的离婚判决仅表明离婚的理由成立,但并不当然解除当事人之间的婚姻关系。在法院作出该判决后的六周内,倘若当事人未提出关于不应给予绝对判决的申请,或政府律师(Queen's Proctor)未向法院发

---

① Jane Sendall, *Family Law Handbook* 2013, Oxford University Press, 2013, p.12.

出不应给予绝对判决的通知,①且案件所涉子女的生活已获得妥善安排,则法院将作出绝对离婚判决。离婚判决所遵循的特别程序,体现了法院希望"通过谨慎的诉讼程序引导当事人尊重既存的婚姻关系"。②

二、英国家事审判实践

(一)家事法院的设置

英国家事案件由治安法院的家事诉讼法庭、郡法院、高等法院的家事法庭管辖。治安法院的家事诉讼法庭由 3 名法官组成,通常包括一名女性法官。其主要负责子女监护、收养、给付赡养费等案件的审理,但不能对离婚或财产分割等重大家事事项,作出最终裁决。郡法院设有郡离婚法庭、郡非离婚法庭、郡法院家事审理中心、郡法院照护中心。郡离婚法庭主要审理离婚、婚姻无效、司法别居及财政救济等申请,并有权发布家庭暴力禁令,宣告所有权收益分配;郡非离婚法庭审理除离婚、婚姻无效及司法别居外的其他家事纠纷;家事审理中心审理有争议的私法案件;郡法院照护中心可以审理所有类型家事案件。③ 自 1970 年起,高等法院内正式设置了家事分院,以负责复杂的家事案件的一审和案件的上诉审。

实践中,绝大多数家事案件的一审由治安法院的家事诉讼法庭或郡法院受理。随着家事诉讼的不断增加,为节约司法成本,"以使高等法院能腾出时间来处理更为棘手的案件",越来越多的案件由地方法院审理。④

(二)家事法官的职权

在英国,家事法庭的法官都经过特别挑选,且须接受有关儿童发展和社会工作实践等方面的专门训练,"以保证他们对家事诉讼法案的原理具有清晰的认识,从而在审理中发挥更为积极的作用,而不仅仅是裁决者"。⑤

---

① 若政府律师发现当事人通过隐匿或伪造证据等非法手段获取判决,则应向法院和当事人发出通知,表明其反对将附生效条件的离婚判决改为绝对判决。在发出通知后的 21 日内,他应向法院和当事人提交答辩理由。若当事人无法在限定时间内给出合理答复,则政府律师可立即向法院提出动议,请求法院作出离婚判决无效的指令。参见张晓茹:《家事裁判制度研究》,中国法制出版社 2011 年版,第 306 页。

② Gillian Douglas et al., Enduring Love? Attitudes to Family and Inheritance Law in England and Wales, *Journal of Law and Society*, 2011, Vol. 38, No. 2.

③ 蒋月:《家事审判制:家事诉讼程序与家事法庭》,载《甘肃政法学院学报》2008 年第 1 期。

④ 齐树洁主编:《英国民事司法制度》,厦门大学出版社 2011 年版,第 64 页。

⑤ John Caldwell, Common Law Judges and Judicial Interviewing, *Child and Family Law Quarterly*, 2011, Vol. 23, No. 1.

在尊重当事人自主权的前提下,法官在诉讼中扮演了较为积极的角色。其通过组织聆讯、提供婚姻指导服务及鼓励当事人和解等方式,促使当事人尽可能地维系既存婚姻。总之,面对具有个别性、社会性、公益性及前瞻性等特征的家事纠纷,法官需要更多地行使自由裁量权。其代表公权力介入婚姻家庭生活,通过作出合目的性的、妥当的裁判,以更好地保护弱者权益,维护社会公共利益。

(三)家事法院的辅助机构

家事法院"不仅仅是一个法律问题的裁判机关"。[①] 它除了具有解决纠纷的司法机能外,还兼具调整、修复家庭关系的社会机能。家事案件的审理不仅要求法官具备相应的法律知识,还涉及心理学、社会学及社会福利等多方面的知识和经验。在治疗性司法理念的主导下,英国家事法院通过与社会服务机构建立合作关系,鼓励法院外的专业机构和人员介入家事案件,以使家事纠纷得到合法、合情、合理的解决。

儿童和家事法庭咨询支持服务署(CAFCASS)是英国家事法院的辅助机构之一。该机构的工作人员多为在儿童和家庭领域具有丰富经验的社工。作为法院的家事顾问,他们"主要关注儿童福利,可在父母无法就子女问题达成协议帮助法院"。"CAFCASS在纠纷调解、法庭报告、监督法令实施以及家庭暴力案件中保护儿童安全等方面扮演了重要角色。"[②]

另外,英国许多家事法院均会提供心理咨询服务。相较于其他民事纠纷,家事纠纷往往夹杂着复杂的感情、心理等非经济因素。一纸判决仅是分清了法律上的是非,却难以令当事人平息愤怒和纾解伤痛。[③] 因此,在案件的审理过程中,法官视个案需要,经当事人同意,会邀请心理学家或经注册的社区义工介入其中。他们根据当事人的心理特质、家庭环境和社会背景,对当事人进行疏导,为其治疗情感上的创伤,使之更为理性地对待婚姻破裂的结果。这也有利于减少双方情绪上的对立,以使他们在审判或调解中以更有效的互动方式解决问题。

(四)小结

基于家事案件的特点、价值追求及解决方式等方面的考量,实现家事诉讼程序的独立化与审判的专业化,有充分的法理依据和法律意义。

第一,家事案件标的特殊,所涉的权利义务争议不同于一般财产法上的利益争议,其审理程序应有别于通常的诉讼程序。家事纠纷作为一种人格型纠纷,其不仅具有权利义务性,还有亲属性、血缘性。因此,家事纠纷的解决需要一种与

---

① Jane Sendall, *Family Law Handbook* 2013, Oxford University Press, 2013, p.26.
② 石雷:《现代英国家事案件审判体制的变迁及其启示》,载《时代法学》2012年第5期。
③ [日]棚濑孝雄:《纠纷的解决与审判制度》,王亚新译,中国政法大学出版社2004年版,第37页。

之相符的有别于契约型关系的纠纷解决方式,这是设立家事裁判制度最基本的依据所在。①

第二,家庭是社会的基本构成要素,家庭体制的安全是社会安定的基础。因此,家事纠纷涉及社会利益,家事诉讼具有公益性、社会性和连带责任等特点。家事诉讼的法律政策定位和解决结果往往长久地影响社会生活。② 从程序法角度而言,基于保护社会公益、家庭利益及家庭中弱者的需要,家事裁判须兼采干涉主义限制当事人处分权。③ 这样的公权干预在其他民事诉讼中较为罕见。因此,设立单独的家事裁判制度以维护社会公益具有必要性。

第三,家事纠纷的增加及复杂化,要求纠纷解决的专业化与独立化,以保障司法效率和质量。通过设立专门化的固定审判机构,配备具有丰富专业经验的法官,能更好地适应家事案件的审理需要,提高司法效率。同时,实现家事诉讼程序独立化,有利于更好地配置相关资源,以适应争议解决的特殊需求。除了法律知识外,家事案件还牵涉心理学、教育学及社会学等多方面的知识和经验。通过有机地整合相关资源,配备相应的专业机构或人员,为案件的审理提供专业辅助,能够使家事纠纷得到更为妥善的解决。

三、英国家事诉讼制度的特点

(一)重视家事调解的运用

英国家事调解的历史源远流长,且较为完善,在实践中得到广泛运用。1971年颁行的《实践注意(离婚:调解)》[*Practice Note*(*divorce*:*mediation*)]首次将调解程序引入离婚诉讼。《1973年婚姻诉讼法》(*Matrimonial Causes Act* 1973)则规定法院在作出离婚准许前,必须要求当事人进行调解,以防止轻率离婚。随着家事法"逐渐偏离查究权利和争取公平的传统对抗概念而走向福利概念",④以及"无过错离婚"这一法律概念的引入,家事调解获得了进一步发展。根据《2010年家事诉讼规则》(*The Family Procedure Rules* 2010)第3.2条的规定,在诉讼的任何阶段,法官都必须考虑调解等其他替代性纠纷解决方式的适用。第3.3条则规定,在审理过程中,一旦法官认为具有适用调解的合理性和可能

---

① 刘敏:《论家事诉讼程序的构建》,载《南京大学法律评论》2009年第2期。

② Brubacher Michael Ranmond et al., Procedural Justice in Resolving Family Disputes: Implications for Childhood Bullying, *Psychology Public Policy and Law*, 2009, Vol. 15, No. 3.

③ 王洪:《家庭自治与法律干预》,载王文杰主编:《月旦民商法研究——新时代新家事法》,清华大学出版社2006年版。

④ Stephen Michael Cretney et al., *Principles of Family Law*, 8th edition, Sweet & Maxwell, 2008, p.575.

性,或当事人双方同意适用调解,则法官可以行使休庭权,为双方提供关于家事调解的咨询意见,促成调解方案的达成。可见,法院在诉讼的各个阶段均会引导、鼓励当事人采用家事调解,并为调解的适用创造条件。对法院而言,其在纠纷解决中的功能定位,不应仅限于通过裁决定分止争。"我们所关心的是,将利益综合组织化,让法院转变方向,开始寻求代替法庭程序对单个纠纷的解决方法"。① 同时,家事法官充分尊重当事人合意,并不强制进行调解。法院对调解的总体态度是大力提倡和谨慎介入。

家事调解的广泛应用既是基于家事纠纷的特性,也是由于调解自身的独特价值和优势秉性。家事纠纷不同于其他民事纠纷,其特征表现为"财产关系的合理性和身份关系的非理性"。② 家事纠纷的基础是身份关系,纠纷的实质多是夫妻间、亲族间情感上、心理上的纠葛,即埋藏着非理性因素。同时,由于当事人具有相当的感情基础,相互间的血缘关系或情感因素使之并不期待关系的彻底破裂,和平解决纠纷的愿望较普通民事纠纷更为强烈。所以,不应以权利义务型的"非黑即白"的判决来解决家事纠纷,而应在权利义务较清楚的前提下,通过对利益关系的微妙调整,消除误会,重建和谐的家庭关系。总之,家事纠纷既不宜简单地用契约关系及其调整方式来解决,也不能单纯地以权威性的裁判来分辨是非,而必须把促成当事人之间恢复感情、消除对立、实现和解作为纠纷解决的根本目标和价值取向。

鉴于家事纠纷的特质,家事调解的非对抗性与灵活性恰恰契合了纠纷解决的需要。家事调解的非对抗性能够避免夫妻或亲属间的紧张对立,使之理性地面对现实。其通过对当事人之间的感情整合和心理治疗,促使双方心平气和地沟通;同时,家事调解的灵活性有利于纠纷的妥善解决,实现实质正义。对于婚姻家庭争议,很难用物质利益、逻辑等财产关系的构成要素加以公式化地衡量。所以此类纠纷的处理,应按照该个人个性,作具体的、个别的处理,才能符合亲属的身份关系之实质。③ 相对于诉讼的形式性、法定性、程序性而言,调解具有较大的灵活性,它无须完全遵循条条框框的规定和严格的证明规则。调解员往往针对不同的案件采用不同的策略,以期妥善解决家事纠纷。

在英国,包括调解在内的 ADR 机制的发展,植根于民事司法改革的总目标,即减少纠纷解决的花费与成本,建立案件司法管理机制,尽可能快速地解决

---

① [意]莫诺·卡佩莱蒂:《福利国家与接近正义》,刘俊祥等译,法律出版社 2000 年版,第 14 页。

② 邱璿如:《离婚事件成立调解及诉讼上和解之容许性》,载台湾《月旦法学杂志》2004 年第 6 期。

③ 林秀雄:《婚姻家庭法之研究》,中国政法大学出版社 2001 年版,第 37 页。

纠纷。ADR 被视为"降低诉讼成本、缓解诉讼压力的主要途径之一"。① 概言之,在社会关系转型、家庭内部关系面临冲击的背景下,离婚率的上升和家事纠纷的复杂化导致单一的审判程序难以满足人们的需要。家事调解作为一种替代性纠纷解决机制,以其灵活性、简易性,成为保障公民接近和利用司法,实现个案正义的有效工具。并且,在有效司法的前提下,其通过合理配置司法资源,缓解法院系统的紧张状况,契合了"节省司法开支和减轻法院负担"等诉讼效率的政策性考量。

(二)关注子女利益的保护

对子女利益给予特殊保护,是英国家事法规定的一项基本原则。在涉及子女利益的事项上,家事法由过去强调父母的权利改为强调父母对子女的共同责任。通过引入"父母责任"的概念,确立"子女利益最大化"原则,立法者旨在传递如下观念:子女是父母履行义务的对象而非父母行使权利的承受者。

"子女利益最大化"是英国家事诉讼的立法与实践的一项基本原则。立法机关十分注重对子女程序性权利的维护,尊重和强调子女是独立享有权利的主体,既看到未成年子女不成熟的事实,又承认其成长能力。通过改变父母作为未成年子女的当然代理的做法,为子女自由表述意见、参与家事诉讼提供制度性通道,进一步完善了未成年子女利益的监督、保障机制。首先,为未成年子女设立诉讼监护人(Guardian Ad Litem)。② 该做法改变了传统离婚诉讼中监护问题及子女利益的附带属性,既是对子女独立人格的尊重,也有利于子女实体权利的实现。其次,要求法官根据子女的年龄和成熟程度听取其意愿。Gillick v. West Norfolk & Wisbech Area Health Authority③ 一案确立了"子女在与其自身相关的判决中应当拥有适宜的发言权"的原则,承认了子女有自我决定的权利。在司法实践中,法院对子女利益的维护问题也格外关注,并以判例的形式确立了一系列原则。在 LTF v. LMF④ 一案中,法官认为,"法院应尽可能平衡父母与子女间的利益。但如果二者发生冲突,当以子女的幸福和权利为先"。有的判例甚至突破了法律的一般规定。法律规定,在上诉审期间,一审法院作出的裁决停止执行。然而,2012 年欧洲法院审理的 Health Service Executive v. SC and AC⑤ 一案确立了这样的原则:"案件上诉期间,若停止指令的执行将危及子女的利益,且

---

① 齐树洁主编:《英国民事司法改革》,北京大学出版社 2004 年版,第 168 页。
② 根据《2010 年家事诉讼规则》的规定,一旦诉讼牵涉未成年子女的利益,法院须单独为未成年子女设立诉讼代理人或监护人,并要求其为被代理人或被监护人的最佳利益行事。
③ Gillick v. West Norfolk & Wisbech Area Health Authority [1985] UKHL 7.
④ LTF v. LMF [2006] EWCA Civ 1179.
⑤ Health Service Executive v. SC and AC [C-92/12 PPU]. 该原则后被纳入《2012 年家事诉讼规则》[The Family Procedure (Amendment) (No. 2) Rules 2012]。

情况紧急,必要时上诉法院有权要求继续执行一审法院作出的指令。"

自联合国人权委员会将"子女的首要利益"作为解决婚姻案件的准则以来,国际社会普遍将之作为家事法律的立法依据。家事纠纷往往涉及未成年人、非婚生子女利益的维护,这属于社会利益和弱者权益保护的范畴。国家必须在法律上,以特殊方式对其进行倾斜性保护。子女利益最大化原则的确立,"体现了一种重要的社会价值。儿童的脆弱性和依赖性,使这个群体及其每个人必须受到保护……父母有责任管教子女,而身为国家家长的政府,要适时干预不适当履行责任的父母之行为"。① 同时,在纠纷中,父母与子女有各自独立的利益,二者并不完全一致,且父母常常以子女的抚养权作为谈判的筹码,实难信赖其能完全以子女利益作出安排决定。那么,法律应当如何对待子女与父母之间的利益冲突?对这个问题的回答,是检验法律政策价值取向的捷径。不同价值取向的立法,可能产生不同的答案。英国法强调儿童福利至上,以制度化、法律化的手段保障子女利益。随着福利国家和儿童人权观念的兴起,"法院不再使父母对其孩子们的自然权利成为他们决定的主要基础。过去常常被放在首位的父母的个人利益,今天同孩子和社会的利益相比,几乎已放到了末位"。②

(三)赋予法官较大的自由裁量权

法官在共同财产的分割、赡养费的给付及父母对子女权利义务的行使负担等方面均享有较大的自由裁量权。以赡养费的给付为例。在一方提出申请后,法官需针对具体个案的情况,以公平公正为原则,参照双方现在及在可预见的将来的经济情况、诉讼行为及意愿态度等多方面因素,决定是否要求相对方支付赡养费及具体支付的金额。同时,在支付方式(定期支付或一次性支付)、是否提供保证等问题上,法官均有裁量权。

家事诉讼法在多数问题上并未予以定型、划一的规定。之所以立法上多采用不确定的法律概念,强调法官的自由裁量权,是因为家事纠纷与当事人的人身关系密切相关,受到个人情感、生活环境、社会伦理观等多重因素的影响。法官除了遵循诉讼规则外,还应参照当事人的身份地位、经济情况、意愿及态度等,针对个案情况进行最适当的裁判。同时,家事纠纷不仅涉及当事人之间的权益之争和感情纠葛,还牵涉子女的抚养、监护乃至社会公益的维护。因此,法官不得不考虑或斟酌直接当事人之外的群体的利益,而不仅仅是就事论事。③ 一旦法律通过事先格式化的规定,要求法官在不同的案件中僵硬地适用固定化的标准,

---

① Jane Fortin, *Children's Rights and the Developing Law*, 2nd edition, Butterworths, 2003, p.240.
② 张晓茹:《家事裁判制度研究》,中国法制出版社 2011 年版,第 24 页。
③ 陈爱武:《家事法院制度研究》,北京大学出版社 2010 年版,第 3 页。

则不利于其发挥司法的救济功能。其实质是以形式上的正义掩盖实质上的非正义。正如尼古勒斯大法官(Lord Nicholls)所言:"不同的案件牵涉的是不同的家庭……法官应在法条的指引下,于个案中综合考虑夫妻双方的所有情况,谨慎地行使裁量权,作出公正的裁决。"①

总之,立法者希望通过法官的灵活裁量而使得诉讼各方获得更为实质性的公平对待。为此,赋予法官在程序中的能动职权以回应司法过程的复杂情形,是诉讼程序规则的应有内容,也是实现实质公正和高效的司法制度的保障。法官不能仅以文本上的法律为限,关键是要意识到法律所涉及的利益和目的,在公正的天平上对它们进行衡量。② 毕竟,任何法律价值的实质性实现都不可能依靠简单、生硬的规则。③

四、启示与借鉴

(一)我国家事诉讼现状

目前,我国部分地区已就家事纠纷案件的专业化审理进行了探索实践。2010年3月,广州市黄埔区人民法院、珠海市香洲区人民法院等六个基层法院及中山市中级人民法院设立了家事审判合议庭,专门负责家事纠纷案件的审理。2011年3月,江苏省徐州市贾汪区人民法院成立了全省首个家事审判合议庭。这是家事诉讼制度改革的一个重要进步。

然而,我国尚未设置单独的家事诉讼程序,家事纠纷仍依照普通民事程序进行审理。关于家事诉讼程序的规定散见于《民事诉讼法》《婚姻法》以及司法解释等。与英国家事诉讼制度相比,我国家事案件的审判实践仍存在许多不足。

第一,缺乏配套的专业咨询和辅导服务。由于缺乏咨询及辅导服务等法定配套措施,加之法官往往追求短期化、简单化、程序化的案件审理模式,家事纠纷的情感色彩和人伦特点常常受到忽视。此外,当事人争议的虽是法律问题,但这仅仅是婚姻家庭危机的结果表现,其实际遇到的问题往往涉及心理学、社会学等领域。法官并非万能的全才,即便其有一定的处理相关问题的经验,遇到跨专业的问题仍有些力不从心。

第二,缺乏独立的家事调解程序。我国尚未建立独立的家事调解制度,缺乏

---

① John Caldwell, Common Law Judges and Judicial Interviewing, *Child and Family Law Quarterly*, 2011, Vol. 23, No. 1.
② 陈馨:《美国司法能动主义历史发展述评》,载齐树洁主编:《东南司法评论》(2012年卷),厦门大学出版社2012年版。
③ 齐树洁:《香港地区民事司法改革及其启示》,载《河南省政法管理干部学院学报》2010年第4期。

一套完整的"家事调解规程"。目前家事案件的调解基本由法官自由操作,而许多法官由于阅历浅、生活经验少,对婚姻家庭纠纷的理解和判断存在简单化倾向,调解工作缺乏耐心和技巧。其调解的目标在于简单地平息纠纷,而未考虑如何促成当事人间的有效沟通,如何满足未成年子女的心理需求等深层次的功能目标。① 在调解协议达成后,法官为了尽快结案,往往仅是粗略地审查协议的合法性,而对于该协议对当事人及其子女是否公平则不够关注。

第三,忽视子女利益的保护。目前我国法律并未明确规定"子女利益最大化"原则。相关立法往往以父母的权利为中心;在涉及离婚后对子女抚养、监护的案件上,法律的规定又过于笼统。② 在司法实践中,对子女利益的保护问题并未得到法官和当事人的重视,法官往往忽视子女意见的表达。离婚诉讼涉及夫妻婚姻关系的存续与否,财产分割以及子女抚养等多个法律问题。在审理离婚案件时,法官更侧重于审查夫妻感情是否破裂,确定双方在分割财产时的权利,往往忽视了父母对子女的责任。

（二）我国家事诉讼程序的完善

为了更好地构建我国的家事诉讼程序,下文借鉴英国家事诉讼制度,从配套辅导服务的提供、家事调解制度的构建以及子女利益的保护等方面提出几点建议。

1. 提供家事法庭的辅导服务

婚姻家庭以感情为核心。当事人从亲密无间到对簿公堂,大多经历了剧烈的内心煎熬。对此,设置家事辅导会议,并配备相应专业机构或人员为当事人提供专业辅助,有助于纠纷的妥善解决,避免当事人"仅仅是在法律上、经济上离婚,却未在感情上离婚"的情况。

法院在解决纠纷时,宜借鉴外国经验,即"有效地利用其他社会资源促成争议的解决"。③ 家事法院可与心理辅导机构、社区服务中心及其他公益组织建立长效合作机制,以便为当事人提供心理疏导等专业服务。

英国家事法庭以强制性的讲座或聆讯的方式为当事人提供婚姻指导服务,使案件的和解、调解和裁判更具效益。鉴于此,我国可引入家事辅导会议这一做法,将其作为诉讼程序中的必经阶段。法院可邀请曾受特别培训的社工或心理

---

① 高其才、周伟平:《法官调解的"术"与"观"——以南村法庭为对象》,载《法制与社会发展》2006年第1期。

② 林芳雅:《澳大利亚家事法院调解制度初探》,载齐树洁主编:《东南司法评论》(2013年卷),厦门大学出版社2013年版。

③ Howard H. Irving, *Family Mediation: Theory and Practice with Chinese Family*, Hong Kong University Press, 2002, p. 23.

学家作为辅导员参加辅导会议。会议为当事人提供一个宣泄情感的场所,使他们感到自己的心声得到了倾听和理解。① 其关注的重点不是利益的分配,而是当事人的情绪和彼此关系的良性互动。辅导会议有助于弥补一般诉讼程序在当事人情绪支持上的缺位,这对于解决复杂的个案尤为重要。

2. 构建独立的家事调解程序

我国缺乏独立完善的家事调解程序。法律除了对离婚诉讼的调解有所规定外,其他家事案件均适用一般的法院调解。鉴于家事纠纷的特殊性,我国宜设置独立的家事调解制度。

其一,确立调解前置制度及其例外。根据现有的法律规定,②离婚案件应先行调解。而其他类型的家事纠纷是否适用先行调解,法律并未有明确规定。对此,立法应明确规定适用调解前置的家事案件的范围,由现在的离婚案件发展为多种家事讼争案件。同时,还应借鉴英国家事调解案件的甄别机制,规定调解前置制度的例外,以排除明显不应适用调解或不适宜调解的家事案件。既包括性质上禁止调解的案件,如婚姻无效案件;也包括实践中不适宜调解的案件,如涉及家庭暴力或虐待儿童的案件。

其二,组建家事调解委员会。为了更好地发挥家事调解的功能,既要进行严密的程序设计与制度构建,还需要专业的调解主体的执行与推动。因此,有必要在家事法庭内设立家事调解委员会,专门负责调解。法院可选任一名法官专司家事调解之职,其不参与审判,但对于调解达成协议的,有权制作调解书。③ 同时,配置相对固定的家事调解员,实现调解主体的专业化。在西方社会,调解人通常是被训练过的、具有权威的专业人士,他们具有能力证书并遵守从业规则。④ 我国的家事调解员应当从具有教育学、心理学等专业知识背景的专业人士中聘任。

其三,加强法院对调解协议的审查。家事诉讼的裁判结果"不仅影响诉讼当

---

① [美]斯蒂芬·B.戈尔德堡等:《纠纷解决——谈判、调解和其他机制》,蔡彦敏等译,中国政法大学出版社 2004 年版,第 117 页。

② 《婚姻法》第 32 条规定:"人民法院审理离婚案件,应当进行调解;如感情确已破裂,调解无效,应准予离婚。"最高人民法院《关于适用简易程序审理民事案件的若干规定》第 14 条规定:"下列民事案件,人民法院在开庭审理时应当先行调解:(一)婚姻家庭纠纷和继承纠纷……"

③ 陈爱武:《论家事审判机构之专门化——以家事法院(庭)为中心的比较分析》,载《法律科学》2012 年第 1 期。

④ [澳]娜嘉·亚历山大主编:《全球调解趋势》,王福华等译,中国法制出版社 2011 年版,第 412 页。

事人个人之权益,更及于社会之秩序与国家之公益。"①在调解中,妇女与儿童作为弱势的一方,法官须确保其利益在调解协议中得到合理体现与维护。因此,家事调解应适度强化法院职权主义,加强法院对调解协议的审查。双方初步达成的协议须经过法院的审查批准才能最终生效。

3. 贯彻"子女最佳利益"原则

为了更好地保护子女的利益,家事诉讼法应引入"子女最佳利益"原则。在处理纠纷时,法官应由偏重父母的权利改为强调父母对子女的责任。在实践中,应赋予子女表达意见的权利,完善法官获取子女意见的途径。同时,应要求当事人对子女未来生活做出详尽的安排。主要有以下两方面的要求:

第一,注重听取子女的意见。《1995年苏格兰儿童法》[*Children*(*Scotland*) *Act* 1995]第11.7条规定:法官"在顾及该子女的年龄和成熟程度的情况下,须在切实可行的范围内尽量做到:(1)询问他是否希望表达自己的意见;(2)如他表明希望如此,便给他机会表达意见;(3)对他所表达的意见加以考虑。"在调解或诉讼程序中,调解员或法官应重视子女意见的表达,根据子女的年龄及成熟程度听取其意见。在裁决时,结合子女的利益,对该意见予以考虑。

第二,合理安排子女未来的生活。在家事案件的裁判中,法官通常将抚养权判给一方,而为另一方设置含糊的"合理探视"条款。如此笼统的裁判并不利于当事人履行抚养与探视义务,更不利于子女的福利与成长。在英国,当事人提出离婚诉讼时,还需提交关于子女安排的陈述书。我国可借鉴此种做法,要求当事人在调解员或法官的引导下,拟定一份具体的子女教养计划。该计划应详尽地记录双方关于子女抚养、探视、教育等事宜的安排。教养计划制定后须提交法庭登记备案,以确保其获得广泛应用。

---

① 陈计男:《民事诉讼法论》,台湾三民书局2009年版,第412页。

俄罗斯调解制度新发展述评

方 俊[*]

自从调解在西方各国复兴后,无论在普通法国家还是大陆法国家,它都走过了一条曲折且充满挑战的发展之路。[①] 俄罗斯调解制度的流变历程亦不例外。长期以来,囿于立法支持的缺失,调解制度在俄罗斯步履蹒跚。近年来,在"接近正义"理念的推动下,俄罗斯在司法改革中日益重视调解制度的改革与完善。2011年,俄罗斯杜马颁布了《俄罗斯联邦调解法》(以下简称《俄罗斯调解法》)。该法的实施必将极大地促进俄罗斯调解制度的发展。

一、俄罗斯调解制度发展的背景

(一)社会背景

苏联解体后,俄罗斯推行了一系列经济自由化与政治民主化的改革,并由此对法律发展的理念产生了深刻的影响,国家对社会生活和私人事务的干预程度不断降低。反映到民事司法领域,就是诉讼不再为单一的纠纷解决机制,因为诉讼在较大程度上限制了当事人的自治性,并不符合冲突解决理想性状的要求。[②] 冲突解决的自治性是公正性与效率性实现的重要前提。冲突解决的自治性要求当事人对冲突解决方式的自主选择,诉讼外纠纷解决机制可被看作通过第三方的介入提供了一个恢复当事人自治的机会。恢复当事人自治有助于发展这样一种司法理念,即一个人应当全力依靠自己来解决冲突,而非仅依靠国家权力。《俄罗斯调解法》的制定正好契合这一司法理念,而调解制度不断发展又强化了民事司法自治的理念。

(二)经济背景

苏联解体初期,俄罗斯经济大幅度衰退。在经过艰辛的改革后,其经济发展

---

[*] 作者系厦门大学法学院诉讼法硕士研究生。
[①] [澳]娜嘉·亚历山大主编:《全球调解趋势》,王福华等译,中国法制出版社2011年版,第2页。
[②] 冲突解决的公正性、效率性、确定性和自治性构成了冲突解决的理想性状,参见李琦:《冲突解决的理想性状和目标——对司法正义的一种理解》,载《法律科学》2005年第1期。

终于走上正轨。1999 至 2008 年,俄罗斯经济总量年均增长率达 7.3%(其中 2000 年的增长率高达 10%),①在 2012 年位居世界第 9 位。经济高速发展的背后是社会经济关系的复杂化与私人价值追求的多元化,并由此产生了"诉讼爆炸"(Litigation Explosion)现象。据官方统计,俄罗斯仲裁法院②2010 年的总受案数为 1208737 宗;2011 年的法官人均月办案数为 47 宗。③ 纠纷与诉讼数量不断增多,而法院系统则不可能无限扩张。于是,民事司法在"真实维度"、"时间维度"、"成本维度"陷入正义与效率的两难困境,减负与分流成为俄罗斯法院系统的强烈要求。因此,发展诉讼外纠纷解决机制是俄罗斯民事司法应对"诉讼爆炸"的必然选择。

(三)法律背景

俄罗斯社会经济制度的剧变使得新法律环境的营造与新法律规范体系的构建迫在眉睫。为此,作为国家机器重要组成部分的司法体制改革成为当务之急。改革者以立法的方式重构了实行 70 余年的法院组织制度、法官制度和诉讼制度。1991 年《俄罗斯联邦司法改革构想》、④2002 年至 2006 年《俄罗斯联邦司法体系发展总体规划》⑤都将改革重心放在以法院为代表的司法系统上。在民事司法领域,俄罗斯相继制定了《法官地位法》、《仲裁法院法》、《执行程序法》、《民事诉讼法典》等一系列法律,构建起以法院为中心的民事司法制度。俄罗斯司法改革极大地塑造了法院的独立性与权威性,⑥一时间,诉讼被民众认为是纠纷解决第一甚至唯一的选择。

然而,当诉讼被过度使用于纠纷解决,法院将不堪重负,从而导致诉讼延迟、诉讼成本过高以及投入司法的资源无法与诉讼量增长的速度相适应等问题的产

---

① 周延丽:《对未来几年俄罗斯经济增长速度的分析及依据》,http://www.crc.mofcom.gov.cn,下载日期:2013 年 10 月 16 日。

② 经济纠纷案件以及其他与进行经营性活动和经济活动有关的案件属于俄罗斯仲裁法院管辖。关于俄罗斯仲裁法院的性质与普通管辖法院的不同,参见周广俊:《俄罗斯联邦司法制度》,http://www.chinaruslaw.com,下载日期:2013 年 11 月 5 日。

③ 数据来源:俄罗斯联邦仲裁法院网站,http://www.arbitr.ru,下载日期:2013 年 10 月 22 日。

④ 王圭宇:《俄罗斯司法改革的三维解读》,http://www.legaldaily.com.cn,下载日期:2013 年 11 月 7 日。

⑤ 关于俄罗斯联邦司法体系发展总体规划的具体规定,参见[俄]尤·克·克拉斯诺夫:《2002 至 2006 年俄罗斯联邦司法体系发展总体规划:实施联邦总体规划的总结》,於海梅译,载吴康宁主编:《金陵法律评论》(2010 年春季卷),法律出版社 2010 年版。

⑥ 关于俄罗斯司法改革的成果,参见范纯:《论俄罗斯的司法改革》,载《俄罗斯中亚东欧研究》2007 年第 2 期。

生。① 改革者充分认识到诉讼裁判的弊端,并清醒地意识到,"愈来愈多地运用调解和仲裁裁决方式,会减少因法律僵化而导致的一些弊端,如典型对抗制诉讼的'要么全胜,要么全败'以及'胜诉方全得'的哲学"。② 在深刻反思近20年来的司法改革理念与路径选择后,改革者不约而同地转向发展多元化纠纷解决机制的改革路径。俄罗斯调解制度自此开始获得立法的支持。

(四)域外 ADR 制度的影响

ADR(Alternative Dispute Resolution)概念起源于美国,原来是指20世纪逐步发展起来的各种诉讼外纠纷解决方式,现在已引申为对世界各国普遍存在着的非诉讼纠纷解决程序或机制的总称。③ 为应对处于危机中的民事司法,绝大多数西方国家纷纷开启了本国的民事司法改革,ADR 制度得到了普遍关注并成为全球司法改革的浪潮。从世界各国的法律实践和立法层面看,调解是发展最为迅速的一种 ADR 形式。④

处于转型中的俄罗斯注重向西方国家学习与借鉴法治经验。在这一进程中,域外 ADR 制度的发展必将潜移默化地影响着俄罗斯民事司法改革。受多元化纠纷解决思潮的影响,包括俄罗斯总统、总理、参议员和大法官在内的高级官员都已明确表示支持调解等诉讼外纠纷解决机制的发展。近年来,圣彼得堡、莫斯科、乌拉尔、罗斯托夫和西伯利亚等地区都大力推行调解制度。

二、俄罗斯调解样式的多元化

《俄罗斯调解法》规定,调解是建立在当事人合意的基础上,在调解员协助下,由当事人达成双方能接受的协议的一种纠纷解决程序。现代调解要求发展多元化的调解样式,唯此才能充分满足当事人不同的调解需求。在俄罗斯,调解制度包括民间调解、法院附设调解、法院调解、仲裁调解等多种样式。

(一)民间调解

民间调解,主要指在非司法性和非行政性的民间组织、团体或个人主持下进行的调解。⑤ 俄罗斯法律明确允许民间调解的存在。《俄罗斯调解法》规定,调解应当在当事人有书面协议的基础上进行。在通常情况下,俄罗斯民间调解的开展是没有公权力介入的。此外,即使成功调解的信息见诸媒体,调解员亦不会

---

① 齐树洁、王建源:《民事司法改革:一个比较法的考察》,载《中外法学》2000年第6期。
② [美]E.博登海默:《法理学——法哲学及其方法》,邓正来、姬敬武译,华夏出版社1987年版,第392页。
③ 范愉:《非诉讼程序(ADR)教程》,中国人民大学出版社2012年第2版,第15页。
④ [澳]娜嘉·亚历山大主编:《全球调解趋势》,王福华等译,中国法制出版社2011年版,第5页。
⑤ 齐树洁主编:《纠纷解决与和谐社会》,厦门大学出版社2010年版,第98页。

被提及。该调解模式最具保密性,公众难以获取与此相关的信息,能够最大限度地满足当事人的隐秘需求。

(二)法院附设调解

法院附设调解是指调解组织设立在法院的一种调解制度。法院附设调解不同于法院调解,它与诉讼程序严格区别开来,并按自身的运作规律和特有的方式进行,因此在本质上仍然是一种替代性纠纷解决方式。[①] 在俄罗斯,法院附设调解尚属调解的新样式,仅在法院和调解中心合作水准较高的地区存在,例如圣彼得堡、叶卡捷琳堡等地区。在司法实践中,仲裁法院和普通管辖法院不仅会告知当事人可以选择调解,也会提供给当事人有关调解中心选择的建议。

根据当事人的调解意愿,法官一般会指引当事人选择法院所认可的调解员以便利调解的进行。法院认可的调解员名单通常会公布在法院网站,当事人可浏览查阅。例如,罗斯托夫地区的仲裁法院在其官网上列出经俄罗斯联邦工商调解小组认证的专业调解员。[②]

(三)法院调解

法院调解,是指在法官调解下,双方当事人自愿达成调解协议,终结诉讼程序的活动。目前,俄罗斯只存在非常有限的法院调解,且只有少数法官会为促成诉讼中调解做出真诚的努力。此外,该调解样式的启动在很大程度上取决于法院院长对调解的态度。

法官在调解过程中的任何不谨慎行为都可能会招致当事人极大的质疑与不满。除了询问当事人是否愿意友好解决争议外,绝大多数法官并不采取其他实质性措施促成调解。针对法院调解的现状,俄罗斯推行了一些改革试点工作。其中,最高仲裁法院和最高联邦法院在乌拉尔地区进行了一项有关法院调解的试点改革。此改革的主要内容是对调解法官的培训。这一试点工作取得较好的效果,调解结案量在稳步增加。司法当局正在讨论将该试点改革延伸到其他区域的可能性。另外,最高仲裁法院还计划发起一项"法官助理调解当事人纠纷"的试点改革。但这一改革还在积极讨论中,尚未付诸实施。

(四)仲裁调解

仲裁调解,主要是指仲裁机构在仲裁中所进行的调解。[③] 在纠纷解决中,可能产生这样一种矛盾:如果当事人在其协议中不仅约定仲裁还约定调解,仲裁庭

---

① 邓春梅:《法院附设调解制度研究》,http://www.chinacourt.org,下载日期:2013年10月21日。

② 罗斯托夫仲裁法院列出专业调解员的详细名单,http://www.rostov.arbitr.ru,下载日期:2013年11月1日。

③ 范愉主编:《多元化纠纷解决机制》,厦门大学出版社2005年第2版,第327页。

该如何处理？根据俄罗斯现有的判例法采取的立场：出现上述情形时，仲裁庭有权决定或仲裁或调解。而《俄罗斯调解法》规定，如果当事人为了避免在特定期间内把争议提交于仲裁庭或法庭以便调解解决纠纷而达成一项协议，法庭和仲裁庭应当充分尊重这一协议直至调解条款被付诸实践。由此，俄罗斯实务做法是仲裁员充当双重角色，先行促成调解，若调解失败即转入仲裁程序，以便高效地解决纠纷。

三、俄罗斯调解法的主要内容

(一)调解促进机制

虽然调解具有及时解决纠纷、降低纠纷成本、缓和社会关系、高履行率等诉讼所不具备的制度优势，但并不意味着民众必然会使用调解。理论上，民众的调解积极性直接影响着调解边际效益。因此，如何调动调解参与主体的积极性来促进调解，是调解制度深入发展需解决的问题。[1]

1. 费用制裁与激励

《俄罗斯调解法》并未直接规定费用制裁与激励条款，但可援引《商事程序法》的相关规定。费用制裁指的是诉讼费罚则，即当事人一方违背协商或调解的义务将承担后续的诉讼费用。《商事程序法》规定，当诉讼一方未遵守联邦法律规定或者协议约定进行诉前纠纷解决程序，尤其是另一方发出诉前程序要约而没有回应的，法庭应当强制该当事方承担诉讼的一切费用，不论案件处理结果如何。上述费用包括国家司法费用和当事人诉讼成本。这种费用制裁措施是对"胜诉方全得"传统规则的必要调整，将有助于引导当事人回归调解。费用激励则是诉讼费的减免。《商事程序法》规定，如果当事各方能够在判决宣告前达成调解协议，诉讼费的一半可从联邦预算中返还。然而，费用激励对当事人程序选择有时并不产生决定性的影响，因为诉讼费可能仅是诉讼成本的一小部分。

2. 强制调解

基于调解自愿的特性，强制调解只能适用于某些类型的纠纷，并只表现为对调解程序启动的强制，不能涉及调解程序的进行和调解协议的达成。在俄罗斯，强制调解适用于集体劳资、离婚等法定纠纷。此外，只要当事人签订了调解条款，有关各方必须依约进行诉前调解，以便在尽可能早的阶段解决纠纷。因此，在某种程度上，诉前调解的适用范围取决于当事人间是否存在调解条款。

3. 法院辅助义务

俄罗斯法官在一般情况下无权强制当事人进行调解，但可充分建议当事人

---

[1] 卢正敏、李雪松：《论我国法治进程中的法院调解》，载齐树洁主编：《东南司法评论》(2013年卷)，厦门大学出版社2013年版。

选择调解。《民事诉讼法典》规定,法院应当采取必要措施促成当事人达致和解,尤其是以调解的方式。此条款可解读为调解辅助义务,即法院应为当事人适用调解程序创造必要条件。《商事程序法》亦有类似规定。在俄罗斯一些法官支持调解的地区,已经开始尝试建立调解司法指导制度。罗斯托夫地区的工商会制定了一份关于调解司法指导的备忘录,并被该区法院所采纳。该备忘录的主要内容是商事法院在处理案件时的调解程序适用规则。当事人在第一次庭前会议时会收到此备忘录。

4.法律援助

出于对国家司法成本的考量,《俄罗斯调解法》并未规定调解的国家法律援助制度,但积极鼓励与支持社会法律援助的发展。因此,众多志愿者组织活跃于调解一线,积极开展法律援助工作。例如,莫斯科大学、莫斯科法律学院与莫斯科调解中心合作设立了调解培训班。受调解中心良好培训的法科学生与当事人商议有关调解的事宜,并为当事人提供法律援助。①

(二)调解保密制度

调解保密不仅满足了当事人的隐秘需求又保护了当事人的隐私信息,这既是当事人选择调解的初因,又是调解成功的前提之一。鉴于保密制度在调解中的重要作用,俄罗斯以立法方式建立了完善、科学的调解保密制度。

1.保密义务主体。《俄罗斯调解法》规定,在调解不成功的纠纷诉诸诉讼或仲裁时,除当事人同意外,当事人、调解员和其他调解参与人不得披露任何有关调解程序的信息。该条款设定了全面的保密义务主体,所有的调解参与人都负担保密义务,须依法拒绝披露信息资料。

2.保密信息的范围及例外。《俄罗斯调解法》规定,所有涉及调解程序的信息都被视为机密,除非联邦法律或调解协议另有规定。然而,任何保密都是有边界的,即非一切调解信息都要受到保密保护。该法明确了调解保密的例外情形:(1)当事人明确同意披露信息;(2)联邦法律规定在保密信息被用于策划、实施刑事犯罪等特别情形下,调解信息应被披露。

3.保密方式。《俄罗斯调解法》规定了"庭内保密",即调解参与人在后续纠纷解决程序中不得披露信息资料。若调解参与人在庭内违背保密义务披露信息,法庭与仲裁庭会将该信息认定为非法证据。基于调解员的特殊身份,《民事诉讼法典》规定其享有免证特权。此外,《俄罗斯调解法》规定,调解涉及的信息不仅应在庭内保密还要在庭外保密。调解参与人在未征得当事人明确同意的情况下不得将保密信息公之于众,否则将承担侵权责任。

---

① Klaus J. Hopt & Felix Steffek, *Mediation: Principles and Regulation in Comparative Perspective*, Oxford University Press, 2013, p.1176.

(三)调解员制度

1. 调解员的选任

调解具有高灵活性和简捷性的特点,而作为其中重要一环的调解员选任也理所当然应是便利与灵活的。《俄罗斯调解法》规定,调解员是在当事人合意的基础上,指导其进行调解的独立、中立、无强制权限的人员。调解员的选任是当事人的程序性权利。调解员人选一般由当事人与调解组织进行协商确定,既可以自主选任亦可由授权调解组织指定。当事人还可在调解过程中基于特定事由拒绝某人担任调解员。

2. 调解员的责任与义务

调解强调当事人的合作与调解员的协助,诉讼则强调当事人的对抗和法官的裁判。因此,不同于法官,调解员不是纠纷的裁判者,没有强制决定权,其主要功能是协助当事人理解各自的诉求,指导他们进行妥协与合作,促成双方达成自愿、合法的协议。

(1)谨慎义务。未经双方当事人同意,调解员不得披露关于调解的一般信息以及可能使当事人暴露于社会的隐私信息。对于接触一方当事人时所获得的相关信息,调解员同样不得未经该当事人同意而向对方当事人披露。

(2)忠诚义务。调解立足于调解员的中立与独立,犹如大厦与地基一般。因此,调解员应当主动向当事人和调解组织披露任何影响调解中立性与独立性的事宜。《俄罗斯调解法》规定,调解员不能是一方当事人的代表;不能为一方当事人提供法律服务、咨询或其他援助;不能与调解结果有直接或间接的利害关系;不能擅自公开论及有关调解的事项。此外,应当事人要求,调解员有必要将专业素养、培训情况及其业务经验告知当事人。

(3)调解权限。当事人合意授权是调解员权限的来源。若未预先授权,各方当事人都可对调解员权限提出异议,但是必须以正式的方式及时提出。如果异议未能及时提出,这可视为默示合意授权,异议当事人应禁止反言。

(4)调解程序终结义务。当事人在调解任意阶段都享有绝对的决定权,可自由终结调解。但为保障当事人利益,调解员在必要时应履行调解程序终结义务。在调解时限结束或当事人无望达成协议等特定情形下,调解员应及时终结调解程序,以尽可能地减少由调解不成功产生的额外费用和延迟。

3. 调解员的素养与培训

有别于法官在诉讼中所进行的事实认定与法律适用,调解员在调解中不仅要对事实和法律问题加以分析,还要有效地促成沟通与合作。因此,调解员需要具备法律以外的技巧与经验。鉴于调解员的作用至关重要,调解员的构成和素质一般由法律加以规定。参加系统学习与培训是调解员的法定职责。

《俄罗斯调解法》规定,25岁以上具有大学学历并经过专门培训的人才能成为专任调解员。俄罗斯教育与科学部在2011年2月批准了关于调解员示范性培训管理办法,各调解培训中心应依据此办法开展调解员培训。这一示范性培训由三个层级组成,包括基础培训、特殊培训与培训师培训。每一个层级的培训都需考核,完成规定的培训内容并考核通过的,方可获得调解员认证证书。完成基础培训的人员只能调解简易纠纷。完成特殊培训的人员则可调解民事、商事、家事、劳动、涉及多方当事人等复杂纠纷。完成培训师培训的人员除能调解复杂纠纷外,还可从事调解员基础培训。此外,上述培训组织必须获得教育部门的许可证,并每3年复审一次,以保证调解员培训的高质量。

(四)调解的法律效力

首先,调解对诉讼时效的中断效力。《民法典》规定,若当事人依据调解法达致调解意愿时,诉讼时效中断。诉讼时效的中断从当事人达成调解意向时开始,直至调解程序终结。尽管《俄罗斯调解法》并未明文规定调解对诉讼时效的影响,但实务中可直接援引上述规定。

其次,调解对诉讼与仲裁的影响。《民事诉讼法典》规定,在当事人请求对案件进行调解时,法院应当中止案件审查,但中止期限不得超过60天。《商事程序法》亦阐明类似规定,但其未规定中止期限。《仲裁法院法》规定,当一方或双方向仲裁庭提交调解请求,仲裁法院应当暂缓案件仲裁。

最后,调解最终达成协议的效力。调解最终达成的协议区别于由法官在审判中所作出的有拘束力的判决,但调解协议也具有严肃的法律效力。① 调解达成的协议(除经法院调解达成的调解协议)属于民事契约,具有间接强制执行效力,当事人应当受其约束。若调解协议经由法院裁定确认就具有直接强制执行的效力,等同于法院判决的效力。另外,调解协议也可由仲裁法庭以裁决形式予以确认,由此调解协议等同于仲裁裁决的效力。调解协议还可由公证处加以确认,但根据《执行程序法》的规定,这一确认不会使得协议具有直接强制执行的效力。

四、俄罗斯调解制度的实际运作

(一)俄罗斯调解制度运作现状

近年来,在《俄罗斯调解法》的支持下,调解制度已发展成为纠纷解决的一股不可忽视的力量。各部门法或多或少都涉及调解制度。

1. 消费法中的调解

为调解解决银行与顾客间的争议,俄罗斯特别创设了"监察专员"制度。金

---

① 蔡惠霞:《德国调解制度新发展评析》,载齐树洁主编:《东南司法评论》(2013年卷),厦门大学出版社2013年版。

融监察专员由俄罗斯银行联合会设立,通常担任调解员的角色。当与银行产生纠纷时,顾客既可选择由监察员调解,亦可向法院诉讼。因俄罗斯消费者保护的法律大多由强制性规则组成,消费调解通常是评估性的而不是辅助性的。

2. 家事法中的调解

对于家事纠纷,引入中立、专业的第三方对纠纷进行调解早已有先例,例如苏联时期就设立了家庭咨询机构。《俄罗斯调解法》扩展适用于家事纠纷,从而形成家事调解机制。家事调解是基于家事纠纷的身份伦理、血缘亲情、公益社会性等特殊因素的考量,在中立的第三方参与下,通过说服、斡旋等方式使当事人达成合意,以自主、妥当地解决家事纠纷为目标的纠纷解决机制。[①] 然而,俄罗斯家事调解缺乏具体规则加以规范。涉及离婚纠纷的调解,仅有《家事法》的规定,一方配偶不同意离婚的,审理该离婚纠纷的法官有权采取措施来调解夫妻关系,并决定延期开庭和暂缓案件审查。离婚调解的期限不得超过三个月。倘若期满后,夫妻一方仍坚持离婚,法庭应及时恢复庭审。但是,法律并没有明确规定法院如何进行离婚纠纷的调解。

3. 劳动法中的调解

在俄罗斯,涉及个体的劳动纠纷调解由调解法规制,而集体的劳动纠纷调解则由劳动法调整。[②] 劳动调解委员会调解、劳动仲裁调解和常规调解构成集体性劳动纠纷的三大调解形式,并要在特定期限内进行。当事人不得逃避参与调解以便高效、友好地解决劳动争议。当劳动调解委员会调解不成功时,当事人应在3个工作日内签订争议解决备忘录,转入常规调解或劳动仲裁调解。当事人及其代表和调解员必须用尽一切法律允许的措施促成调解协议的达成。此类调解应当在7个工作日内启动。为使调解更有成效,调解员有权要求当事人提供有关纠纷的必要文书和信息。

4. 专利法与商标法中的调解

俄罗斯《民法典》规定,专利权在内的知识产权纠纷应当诉诸法院解决。并且有关知识产权纠纷的调解也没有具体的法律规定。然而,这并不意味着当事人不能调解解决这类纠纷。事实上,这类纠纷在实践中有时会以调解方式达成协议。例如,当事方可通过调解达成联合使用和商标推广的协议加以妥善解决商标使用权争议。这一结果充分显现了调解的制度优势,从整体上解决纠纷。

---

① 林芳雅:《澳大利亚家事法院调解制度初探》,载齐树洁主编:《东南司法评论》(2013年卷),厦门大学出版社2013年版。

② 关于俄罗斯联邦劳动法的具体条文,参见蒋璐宇译:《俄罗斯联邦劳动法典》,北京大学出版社2009年版。

5. 公法中的调解

在俄罗斯,涉及行政法律关系和其他公共性质法律关系中产生的经济纠纷可否进行调解在法律适用上存在冲突。《商事程序法》规定,当事人可以调解方式解决由行政法及其他公法引起的经济纠纷,联邦法律另有规定的除外。这隐含着公法上的经济纠纷可在特定条件下协商解决。由于《民事诉讼法典》没有关于以调解方式解决上述纠纷的条款,这就造成调解此类纠纷在法律适用上的冲突。仅就调解法的具体规定而言,行政、税务或其他公法纠纷不属于调解的适用范围。然而,司法实践中,政府部门又不可避免地运用调解来解决纠纷。在一个税务争议案件中,法院便指出这一争议可由高级税务监察组加以调解解决。①

6. 公司法中的调解

属于民事法律领域的公司纠纷,当然可适用调解这一纠纷解决方式。在实务中,有如下的公司纠纷经由调解得到了成功解决:(1)董事会决策程序争议;(2)公司股东间的争议;(3)股东进入或退出公司争议;(4)股东对公司决议的异议;(5)股东对公司管理权的异议。② 然而,在最近的一个司法案件中,③法官扩张解释《商事程序法》的规定,认为公司纠纷属于仲裁法院的专属领域,并已排除了此类纠纷的可仲裁性。如果前述判决成为判例法,这必将影响到调解制度能否适用于公司纠纷解决的问题。

(二)运作效果的评析

毋庸置疑,在《俄罗斯调解法》的支持下,调解在俄罗斯民事司法中的地位获得极大的提升。但该法规定较为粗线条,原则性规定居多,制度构建尚处于初始阶段。只有全面、客观、理性地分析调解制度运作效果,才能对制度构建提出建设性意见。因调解的自主性、保密性、灵活性等制度优势,俄罗斯调解制度在实践中取得了一定绩效,主要表现为调解成功率比较高,而显现的不足之处也不少。本节着重讨论制度运作存在的一些问题。

1. 调解法与其他部门法有效衔接有待加强

在实践中,《俄罗斯调解法》与《民法典》、《民事诉讼法典》、《商事程序法》等部门法存在如何有效衔接的问题。例如,根据《执行程序法》的规定,调解协议经由公证处确认却不能具有直接强制执行力,这明显不利于保障调解协议的严肃性。作为特别法与新法的调解法,与其他部门法存在立法冲突是在所难免的。

---

① 俄罗斯联邦乌拉尔区仲裁法院[2005]case No. A76-659/04 裁决。
② 数据来源:圣彼得堡调解中心的负责人在2011年6月的报告,http://www.tpprf-med.ru,下载日期:2013年11月1日;乌拉尔调解中心2010年的分析报告,http://www.ekaterinburg.arbitr.ru,下载日期:2013年11月1日。
③ 俄罗斯联邦最高仲裁法院[2012]case No. BAC-15384/11 裁决。

为了促进调解制度的发展,有关部门应当及时修订其他部门法的相关规定,加强与调解法的有效衔接。

2. 调解率低

由于俄罗斯民众对调解制度及其优势不甚了解,导致调解率在俄罗斯比较低下,具体表现为:(1)适用范围较窄,多适用于家庭事务、劳资纠纷或涉及中小型企业间的争议;(2)调解组织的稀缺,全国性或区域性的调解组织比较少,并多集中于莫斯科、圣彼得堡等大城市;(3)调解受理案件量非常少。从两组数据可见俄罗斯调解率的真实情况:圣彼得堡调解中心 1996 年至 2010 年的案件受理量仅为 1000 多件;乌拉尔调解中心 2009 年至 2011 年的案件受理量只有 77 件。①

3. 调解延迟与费用较高

在俄罗斯,调解花费的时间比较长,一般要历经几周到数月不等的时间。②一次调解会议通常要花费几个小时,而成功的调解一般需要两到三次的调解会议。圣彼得堡调解中心的负责人指出,商事调解往往要花费十多天到一个月不等的时间。此外,调解费用由案件争议金额决定。有些调解组织建立按小时收费的制度,另一些组织则设置固定的收费标准。调解每小时的收费最高可达几百欧元,而俄罗斯的诉讼费则相对较低。据估算,商事纠纷的调解费用是诉讼费的 1.5 倍。③ 延迟与费用较高与调解的制度优势背道而驰,不利于调解制度的良性发展。

4. 调解激励不足

《俄罗斯调解法》关于调解激励的规定比较少。上文论述的关于促进调解的部分措施并非该法直接规定,而是援引其他法律规定。此外,这些措施对于促进调解亦是远远不够的。这需要通过进一步的立法来确定更多的激励措施,引导民众逐渐回归协商与调解,以形成"先行调解、调诉结合"的纠纷解决模式。

结　　语

"社会在不断地变动和发展,反映并用以调整社会关系的法制也必然要相应地改变自身,从实用主义的视角来看,旧的法律手段如果已不能够解决当前的社

---

① Klaus J. Hopt & Felix Steffek, *Mediation*：*Principles and Regulation in Comparative Perspective*, Oxford University Press, 2013, p. 1189.

② 资料来源:*Dmitry Davydeko* 对乌拉尔调解中心负责人 Svetlana Kalashnikova 的采访稿。

③ Klaus J. Hopt & Felix Steffek, *Mediation*：*Principles and Regulation in Comparative Perspective*, Oxford University Press, 2013, p. 1190.

会课题,就应该摸索新的方法。"①在应对民事司法危机时,发展多元化纠纷解决机制无疑是有效的方法之一。而调解则是 ADR 制度中不可或缺、最为重要的部分。在此背景下,《俄罗斯调解法》正式确立了调解制度的法律架构,为制度发展提供了坚实、统一的法律基础。尽管调解制度目前的运作效果不尽如意,在实践中显现出较多的不足之处,但在立法支持与司法危机的双重作用下,这一制度必将逐渐成长为纠纷解决的重要力量。

"他山之石,可以攻玉。"俄罗斯调解制度法律化的经验对我国具有重要的启示意义。调解的制度化与法律化是现代调解的发展趋势。从现代调解发展趋势来看,我国现行的调解制度在纠纷解决实践中存在着不少缺陷。为促进我国调解制度的发展与完善,调解激励、调解保密、调解员选任等机制亟须通过立法予以明确。

---

① [美]诺内特·塞尔兹尼克:《转变中的法律与社会:迈向回应型的法》,张志铭译,中国政法大学出版社 2004 年版,第 1 页。

法国调解人制度探微

林芳雅[*]

调解在法国民间生存多年。相较于判决而言,它以一种更为灵活柔和的姿态、更为便捷经济的方式促使纠纷双方达成谅解,力求达到共赢或尽可能减少可预期损失的目标。法国立法者逐渐意识到调解作为替代性纠纷解决方式的重要性,于1995年正式将其纳入司法程序。从1995年2月8日法律到1996年2月22日法律,再到《法国新民事诉讼法典》,[①]调解在法国的纠纷解决机制中占据着愈发重要的地位。2011年11月16日法律[②]进一步完善了调解的内涵:"本章所规定的调解,是指一种结构化过程,双方或多方当事人在第三方的帮助下试图达成协议,以实现纠纷的友好解决。调解人由当事人选择或者经当事人同意,由审理此案的法官指定。"调解人是法国调解制度发展过程中不可或缺的角色。[③]本文试图在法国语境下,梳理调解人制度的若干问题,并探究其制度设计及发展脉络。

一、调解人的资质认定

根据1995年2月8日法律的规定,为了保证调解的公正性,法官不得作为

---

[*] 作者系厦门大学法学院诉讼法硕士研究生。

[①] 《法国新民事诉讼法典》第131条第1款明确界定了"médiation"的定义,调解是指通过第三人的介入行为,听取利益冲突的各方当事人的意见并使得各自之主张得以比较,旨在帮助促成各方寻求冲突的解决措施之制度。

[②] 根据《欧洲议会及欧盟理事会关于民商事调解若干问题的2008/52/EC指令》第12条的规定,法国立法机构将该指令转化为2011年11月16日法律的相关条款。第12条规定的具体内容详见陈洪杰译、齐树洁校:《欧洲议会及欧盟理事会关于民商事调解若干问题的2008/52/EC指令》,载张卫平、齐树洁主编:《司法改革论评》(第8辑),厦门大学出版社2008年版。

[③] 在法国调解语境下,"médiation"有着比英语 mediation 更为宽泛的使用,任何从事政府或私人产业中介的专业人士均可自称为调解人。但本文中的调解人仅指通识意义上的调解人,即受过培训、独立的第三方中立者,其通过操作调解程序尽力促成当事人之间纠纷的解决,但无权对案件作出裁决。

仲裁员或者自我任命为调解人。在此前提下,可从以下几方面来认识法国调解人的资质。

(一)调解人的属性:专业化因素的考量

随着社会发展的多元化及纠纷的复杂化,众多领域分工愈发细致,以自然人为属性的调解个体似乎难以应对愈发专业、盘根错节的诉求。同时,社会分工与社会专业化两大"马车"也为法人属性的调解协会或调解中心的发展开辟了一条道路。由此,调解人的选择或任命不再是选择哪个自然人的单选题,而成为与专业化组织密切相关的多选题。《法国新民事诉讼法典》对此作出了回应:自然人及法人均可成为调解人,法官可将调解事务赋予一个自然人或者一个协会。[①]在实践中,无论自然人是否来自于协会,法官似乎更倾向于选择一个知名的协会。根据《法国新民事诉讼法典》第131条第4款的规定,在法院附设调解中,如果被指定的调解人是一个协会,那么该协会的法人代表必须提供经法官同意的一个或几个该协会的自然人成员的名单,并以该协会的名义执行调解使命。[②]可见,无论是自然人还是法人,最终仍是由自然人履行调解义务。法官之所以更青睐协会,是考虑到协会中的调解人可能更具专业优势,且拥有协会各方面的支持。

与此相关的是,多位调解人在共同调解中的协作性以及当事人对调解人的信任程度。比较该法典第131条第4款与第5款、第9款的表述,前者表明法官有权选择数个自然人来履行调解职能,后两款则使用单数"自然人"用语。由此我们可以推知,法国立法机关在赋予法官享有任命调解人的自由裁量权的同时,更偏向单个调解人的选择。实践亦表明,除非特殊情况,法官通常只任命单个调解人。

(二)调解人的准入条件:因调解领域的不同而有所差异

无论是法院附设调解还是合意调解,调解人为了满足法官的任命条件或者获得刑事调解中公诉人的委托授权,均需有所"表现",如具备较好的调解技能,满足公平正义的基本要求。同时,应满足相关法律的规定。《法国新民事诉讼法典》第131条第5款规定了调解人的一般形式要件:第一,他不能是曾经受过刑事司法处罚的人、被宣告为无行为能力的人,或者是法国司法档案第二号文书所列举的人。第二,他不得因曾经伤害他人荣誉而受过纪律处分或行政处分,或被

[①] 如法国的消费者协会。法国共有18个国家级的消费者组织,其遍布全国,通过履行调解职能,避免消费者与企业对簿公堂,解决民众在互联网、住房等领域出现的消费纠纷。另外,相较于法人,协会是个范畴更小的概念。如,行业协会是一种具有法人资格的经济社团。

[②] 程春明:《法国调解制度的语义辨析和法律框架》,http://adr.ccpit.org/index.aspx,下载日期:2013年11月1日。

禁止从事调解活动,或因行政处分、行业纪律处分被除名、开除、撤销某些权能。第三,他现在或过去从事某项活动的经历使其具备调解特定事项的相关技能。第四,他能够证明自己拥有适合调解的教育背景或经历,并具有在特定事项中调解的资格。第五,他需保证其能独立地行使调解职能,尊重当事人及纠纷的性质。其中,第三、四项规定应视具体调解事务的性质而定。换言之,调解人的资质应视调解领域而定。若涉及大众化的争议,更强调的是调解人对民众普遍共识的熟知以及对事物的敏感度;若属于专门性领域,则侧重调解人的教育背景、专业或经历,要求其擅长从其领域观察、分析当事人的心理,寻求当事人和解的契合点。例如,商事调解中,法官更偏向于选择谙熟劳动法的调解人,不乏企业家被任命为调解人的情形。即便合意调解比法院附设调解的条件宽松,法律仍要求调解人拥有调解经历,且未被任何专业取消资格;① 家事调解中,调解人必须拥有国家颁发的家事调解文凭,学生们必须参加两年社会工作或获得法律、心理学、社会学方面的本科或硕士学位才能参加培训。

除了商事领域及家事领域,2001年6月29日法律亦明确规定了受害人与犯罪人之间纠纷调解人的条件:调解人任职期间不得从事律师活动,未曾被判处有期徒刑,并确保其能独立、公正地胜任工作。此外,在涉及儿童的调解中,公诉调解人②必须关注儿童的利益。

(三)调解人名册:多样化与统一化的博弈

除了调解人的属性及调解领域,调解人名册亦与调解人的资质认定及选择息息相关。在法院附设调解中,法官通过调解人名册获悉调解人信息,对比、评估后选任特定的调解人并将结果告知当事人,当事人直接将是否接受的信息反馈给法官。然而,各调解组织资质认定标准的不同导致其认证的调解人名册的多元化。如"全国家事调解联合会"、"全国被害人救助和调解学会"、"商事调解员网络"、"全国法律和调解网络"、"调解中心联合会"等大型专业化调解组织,③以及全国调解工会、全国调解员协会等一些影响力较小的调解人组织均设立了各自的调解人资质认证标准。④ 因此,各调解组织汇总至法院的调解人名册也存在着差异,而且名册一旦确定,就不会轻易变动。

随之而来的问题是,由谁决定哪些人或哪些调解中心有资格名列于册,由谁

---

① Art. 1533 C. pr. civ. & bulletin no. 3 of the criminal record.

② 2001年6月29日法律规定,以"公诉调解人"取代"刑事调解人"的用语。为保证全文统一,本文均使用"公诉调解人"。

③ "全国法律和调解网络"主要涉及邻里纠纷,"调解中心联合会"主要以律师、公证员和审计师为成员。

④ 对于自然人调解人而言,其有权选择是否加入调解人组织(在符合组织准入标准的前提下),一旦加入,即需恪守组织的规定。但如果选择不加入,也不会影响其执业。

审查名单上人员的资格和技能。对此,法国调解实践尚未作出圆满的回答,法官只能依靠审判经验、判例、社会对特定调解人的评价以及调解组织的教育、培训项目[1]来衡量调解人的可选性。

二、调解人的培训与任命

(一)调解人的培训

随着法律法规的日益完善及调解组织的蓬勃发展,法国的调解也在变迁中日益成长。其中,调解人的教育培训尤为关键。满足资质认证条件并不意味着调解人能够持续拥有调解人的身份。调解人的培训不仅是合法性要件,亦对调解人的能力、信誉以及调解的纠纷替代作用至关重要。为了契合调解职业化的发展趋势,保证调解人的调解技能及素养,完善而持续的教育培训是必不可少的。

实践中,由调解组织提供调解人的培训,其培训项目因培训内容、持续时间、完成指标及成本的不同而呈多样化。多数项目提供40~50个小时的基本培训,并在调解人通过测试、完成实习任务后,提供更为深入、专业的培训。培训主要以角色扮演或个案分析的模式进行,融合了心理学(如情感管理)、法律(如法律研究、法律介绍)和社会学(如战略性、系统性分析)等多种学科的思维方式及处理技巧,包括主持商讨、倾听艺术、复述能力、情态捕捉、谈判心理以及总结分析技巧等培训内容。

各个调解组织培训项目的日益完善,有效提高了调解人的专业素养,但由于缺乏统一的培训项目标准,导致各调解组织对于何谓适格调解人、何为合理的调解尺度等问题的认识各异,甚至导致滥用调解、损害当事人利益现象的频发。为了抑制这种风险,各方开始探寻培训项目的标准化进程,特别是共同标准的建立。部分调解组织联合制定了调解培训章程,国家调解中心等全国性机构及调解员网络也试图推动建立普遍适用的调解行为准则、执业标准。[2] 许多调解中心、协会在增加培训时间的同时,也加强与法院、大学或律师协会的联系,借助其教育力量及实践平台,拓宽培训渠道,拓展培训项目。立法机构则在特定领域作出了相关规定。如刑事调解领域,法国司法部于1996年10月18日发出的通函明确指出,公诉调解人必须完成司法部批准的培训。在家事调解领域,立法机关于2003年12月2日创设了国家家事调解文凭,并通过2012年3月19日的决定进一步完善了家事调解人的培训。首先,家事调解文凭的申请者需拥有社会、

---

[1] 包含培训导员的资质、调解人的行为准则、初步培训方案以及后续培训计划。

[2] 〔法〕皮埃特·斯密特:《调解培训和资质认证的全球化趋势——以法国为例》,龙飞译,载《人民法院报》2011年6月10日第6版。

健康或法律等领域的相关文凭或专业经验,并参与、通过初始遴选程序。其次,要完成规定的培训内容:490个学时的理论课程,105个学时的实践课程。理论课程囊括315个学时的调解技巧培训课程,63个学时的法律课程,63个学时的心理学模块训练,35个学时的社会学模块训练以及14个学时的报告写作方法模块训练。① 培训时间可达3年以上。最后,由地方行政长官颁发家事调解人文凭。此外,该决定亦详列了考试规则及文凭颁发条件。②

通过对法国调解人教育培训发展脉络的梳理,我们可以看出,法国尚未形成较为完善、统一的调解人培训标准,即便有较为详细的规定,也局限于家事调解、刑事调解领域。

(二)调解人的任命

在一定程度上,法国立法机关将调解人的资质认定及任命留给法院附设调解中的法官、刑事调解中的公诉人,或者合意调解中的当事人。但在特定领域,法律仍作出了相应规定。

例如,在刑事调解中,由公诉人或首席检察官负责审查公诉调解人,决定是否试用,试用期为1年。此后,由法官和公诉人共同作出正式任命的决定,聘期为5年。公诉调解人经正式任命后,可依据其调解情况进一步延长任期,时间与此前任期相同。公诉人需将任命后的调解人名单送至首席检察官,调解人应当在法庭前宣誓。如果调解人违反相关规定或者不能胜任调解活动,那么公诉人可以撤销任命。

又如,在劳动争议领域,当事人受邀在特定的期限内指定或推荐一名调解人。如果双方无法达成统一意见,则由行政当局从名册中选择具备道德权威及经济、社会能力的个人作为调解人。劳工部长也有权在部分劳资纠纷案件中指定、任命调解人。③

三、调解人的义务与责任

(一)调解人的义务

1. 披露与释明义务

调解人一旦介入当事人纠纷,即应向纠纷双方以及所有涉及调解的相关人员释明保密义务,要求其严格遵守并签订相应的承诺书。必要的话,还应向当事

---

① Art. 2 of the Decree of 2 December 2003 & Arts. 2-6 of the Order of 19 March 2012. 2012年3月19日的决定将2003年第1166号法令规定的70个学时的实践课程扩展至105个学时,加强了实践培训力度,对家事调解人的执业水平提出了更高的要求。

② Arts. 10-13 of the Order of 19 March 2012.

③ Art. R. 2523-5 C. trav.

人释明调解形式以及诚信、良好执行协议的原则,确保其正确理解。调解人有义务告知当事人,其有权在调解的任何阶段咨询顾问(通常是律师)。在不违反现行调解规则的前提下,如果获得调解人及当事人的认可,顾问可进入调解程序。

2. 保密义务

根据1995年2月8日法律及《法国新民事诉讼法典》的规定,调解人必须遵守保密义务:与调解有关的信息,即调解人在调解过程中的意见、调查结果以及当事人的陈述、交换的所有信息,未经当事人同意,既不能透露给第三方,也不能在仲裁、诉讼以及同一个司法程序的后续阶段使用或披露。在法院附设调解中,进入司法程序前已经存在的材料及信息,则不属于调解人的保密范畴。除非这些材料和信息可能会导致当事人无法行使其权利,并极有可能导致调解的失败。对当事人而言,保密义务并非强制性义务,无论是在法院附设调解还是合意调解中,当事人均可通过协议排除该原则的适用。

(1) 法庭中的保密与法庭外的保密

如前所述,未经当事人一致同意,调解人不得将其在调解过程获取的各种材料作为后续阶段或其他司法程序的材料使用。那么,该项规定可否因具体调解领域的不同而有所变通呢?比如,公诉调解人可否将调解阶段的观察结果和获取的相关材料递交法官,作为刑事审判的证据或裁判依据?虽然刑事诉讼不适用1995年2月8日法律第21条等相关规定,但并不意味着刑事中的保密原则不受保护。职业保密法[①]及法国最高法院刑事审判庭于2001年2月28日作出的判例均认为,除非当事人一致同意,公诉调解人不得因调解领域的特殊性而免除保密义务。不可否认,相较于民商事调解,将犯罪行为人和受害人召集在同一谈判桌上并非易事。因此,需要更多的法律保障。公诉调解人与公诉人之间的保密条款即是保障举措之一。若违反保密原则,可被处以监禁、罚款等刑法制裁。《法国新民事诉讼法典》则规定,调解人不得在调解过程中基于与调解同一的事项被传唤至法院进行司法调查。

此外,法律亦规定了法庭外的保密义务,同样适用于所有类型的调解。较为特殊的是,在劳动纠纷领域,调解人应当在调解失败后48小时内向劳工部长呈交报告,列明调解人的建议方案以及争议双方拒绝建议的原因。劳工部长将于3个月后公布调解人的结论以及当事人拒绝的理由。如果当事人无故缺席会议

---

① 法国涉及职业保密的法律非常严格,适用于调解员、律师、医生等广泛的自由职业行为,未经当事人明示许可,任何与当事人相关的服务与咨询内容都属于保密范围,一旦发现泄漏,将受到严厉的处罚。这也是为什么我们很难看到法国有关调解案件案例、司法审判案例等例证的原因之一。详见程春明:《法国调解制度的语义辨析和法律框架》,http://adr.ccpit.org/index.aspx,下载日期:2013年11月1日。

或者拒绝透露相关文件,那么调解人可向法庭提交其对调解进程管理的报告①。

(2)初级保密范畴与高级保密范畴

结合《联合国贸易法委员会国际调解示范法》及法国有关法律的规定,可将保密内容划分为初级保密范畴与高级保密范畴。首先将调解程序中披露的信息、调解程序的进展和结果以及在调解协议达成前所有涉及调解的信息纳入初级保密范畴。其中,关于调解可能性的讨论(如调解人提出的方案或陈述的观点)、当事人对调解人或对方看法的接受或者拒绝的意思表示、专门为调解产生的文件等信息进一步被纳入高级保密范畴,调解人未经当事人的同意不得披露。需明确的是,关于调解的存在和结果的信息在任何情况下均允许披露。

(3)保密义务的例外

法国1995年2月8日法律及《欧洲议会及欧盟理事会关于民商事调解若干问题的2008/52/EC指令》均规定了保密义务的两项例外情形:其一,确有必要维护公共利益及儿童最佳利益,或者出于保护个人身体或心理完整性的考虑;其二,为了实施或执行该协议,确有必要披露调解协议的内容。

3. 坚持公正、中立及独立

根据1995年2月8日法律及欧洲调解指令的规定,调解人应当公正、勤勉,具备相应资历。许多调解中心(如巴黎仲裁与调解中心,以下简称CMAP)也明确要求调解人应保持公正、中立及独立。对此,调解人应签署相关声明。但是,无论是2011年11月16日法律还是欧盟调解指令都舍弃了独立性的用语。②主要原因在于,立法机关认为公正性的术语已涵盖了独立性的意蕴。

调解人无论从主观还是客观上均应保持公正性,合理控制协议平衡,不得因当事人的职业有所偏好。中立性与独立性要求调解人克制价值判断;不得依赖于某方当事人;不得为己谋利,或者与调解结果具有直接或间接的财产上或其他方面的利害关系;不得与当事人存在或建立私人关系。因此,在劳动争议中,一般不可能由雇员和雇主作为共同调解人进行联合调解。③ 无论调解进行与否,只要调解人无法达到上述要求,就有责任告知当事人,并向法官或公诉人披露相关情况。在此情况下,调解人应当退出调解,即便调解已经开始,也应当中断或终止,除非当事人协议约定调解持续进行,但前提是调解人已经全面告知当事人

---

① 调解人通过提交调解进程管理的报告,证明其充分履职的事实,而不涉及调解的具体内容。

② Conseil d'État, Développer la médiation dans le cadre de l'Union européenne, Study adopted by the General Assembly of the Conseil'dEtat on 29 July, 2010, *La Documentation Francaise*, 2010.

③ 在当事人众多且存在不同利益时,可作为联合调解的特别考虑因素。

条件的不可兼容性。

在刑事调解中,对于调解人的独立性仍存有争议。法国司法部于2004年3月16日发布的通函将公诉人委托的调解人视为公诉人的助理(或合作者),而法律为了保证调解人的独立性亦设置了专门的标准。例如,在司法部或司法办公室任职的人员不得担任公诉人委托的调解人;调解人不得与法官或者法院民事代理存在亲属关系。

(二)调解人的责任

实践中,对于调解人的责任可适用民法中关于责任的一般规定,但目前为止,法国尚无法律明文规定调解人(无论是法院附设调解还是合意调解)的责任。在2008年的一起案件中,原告要求公诉调解人[1]与财政部的司法人员、刑事调解协会进行联合调解。调解人被指控在分配时疏忽大意,特别是未对双方是否同意调解进行确认。然而,无论是调解人、司法人员还是刑事调解协会都未被追究责任,且调解人的不当行为也未被指出。[2]

在当事人与调解人签订的调解人合同中,调解人的责任具有契约性质。一旦调解人拒绝完成分配的任务,或者违反中立性、保密性义务,则很有可能承担责任。固然,调解人没有义务确保调解的成功,但仍需利用其所掌握的所有技能尽力实现预期目标。如果调解人对显失公平的调解协议予以认可,是否应对此承担责任,或者调解人是否享有类似法官在司法活动中的豁免权等问题,对此尚无定论。

实践中,调解人可投保责任险。如果调解由调解中心、调解协会或者律师负责,又或者调解人是上述机构的成员,那么责任保险甚至是必不可少的。调解人投保个人职业责任险,调解中心或协会则投保集体责任险。除非存在故意欺诈或者故意违规行为,调解人的责任也可以通过调解协议或调解中心的调解规则加以排除。

四、调解人的报酬给付

(一)调解人的报酬

刑事调解组织以及受公诉人委托或指派的公诉调解人的费用由法院负担,当事人无须支付。除此之外,其他调解费用均由当事人承担,且无明确的法律费用规则。为了防止法院附设调解费用的无端增加,侵害当事人的合法权益,妨碍法院附设调解的发展,立法机关规定了调解人报酬的支付程序,并置于法官的控制之下。

---

[1] 该名调解人是刑事调解协会的成员,且由公诉人选定。
[2] Cour'dappel, CA Rennes, 10 June 2008,n°07/00460.

1. 如何确定报酬

法律仅规定了调解人费用的支付程序,而对如何确定调解人的费用语焉不详。对于家事纠纷案件,费用往往成为家事调解的主要问题,不仅仅因为纠纷双方需支付调解人报酬,更在于纠纷往往涉及离婚、夫妻共有财产等问题。各地法院对此实践有所差异。部分法院依人数及会议次数确定最低报酬。如果一个家事调解协会被任命为调解人,那么法官可能根据当事人的收入调整最低报酬。部分法院则不愿依据纯粹的数量标准确定数额,也不以"调解成功率"作为衡量标准,而是根据调解持续的平均时间(如8小时),由当事人一次性预付调解人的报酬或者按每次会议单独支付,待调解结束,再根据会议的实际次数核实费用。不过,家事调解人与当事人的会议通常是免费的。

实践中,调解人的费用因司法领域及纠纷性质的不同而不同。以涉及劳动纠纷的法院附设调解为例,需综合考虑案件的复杂程度以及当事人的经济收入,依据500欧元至1000欧元的固定比率或者按税后每小时110欧元至150欧元计算调解人的报酬。法官会根据当事人的经济能力确定费用分摊比率,但通常情况下由公司负担较大份额的费用。①

2. 报酬给付程序

根据《法国新民事诉讼法典》的规定,由法官预先确定调解人的报酬。尽管影响调解费用的因素无法完全量化,仍应尽可能地接近可预测的费用。法官在决定中会明确当事人之间的分配比例,并要求其在规定的时间内预存确定的数额作为支付报酬的担保。否则,调解将被搁置,诉讼程序继续进行。如果当事人对于费用的分配存在分歧,则由各方均等承担。除非法官认为,从一方当事人的经济立场考量是不公允的。通常而言,法官的介入仅在当事人无约定时才发生。双方往往会在首次调解会议上即认同调解人的报酬。② 调解完成时,法官会确定调解人的最终报酬以及费用分配比例。而这基于调解人的最终报告中所列明的确切费用,且以双方无异议为前提。

然而实践中,该程序较为烦琐累赘,尤其是对于小额纠纷。这不仅无法彰显调解的灵活性与快速性,更不利于司法效率的提高。因此,部分法院再度采用直接支付的方式,即当事人与调解人首次会谈时就将法官确定的数额直接支付给调解人,调解结束后多退少补,以提高程序运作效率。就费用分担而言,实践中

---

① CMAP于2011年公布的收费标准注明,家事纠纷的调解费用根据协会、调解人、法院有所区别,每次会谈从5欧元到1000欧元不等,平均成本为每人每次60欧元。劳动争议调解平均为500至1000欧元,大部分由企业承担。详见周建华:《法国的调解(médiation):比较与借鉴》,载《学习与探索》2012年第1期。

② 实践中,该报酬通常与调解前当事人预存的费用相对应。

存在着各种各样的做法,但法院通常将协商或调解的费用与律师协会或调解中心相挂钩。

(二)法律援助

根据 1995 年 2 月 8 日法律第 22 条的规定,当事人可申请法院援助,由法官作出决定。一旦启动法律援助程序,调解费用由国家负担,但仅限于法院附设调解,并不囊括合意调解的费用。

在家事领域,政府于 2000 年至 2003 年间向家事调解的 7 个联合会和 182 个协会提供了 114 万欧元的援助,避免其受到资金方面的制约。通过政府的资助,除了接受法律援助而无须支付费用的人们外,所有家庭只需支付实际费用的六分之一,便可以获得多达 7 次、每次 3 个小时的调解会议机会。[①]

为了更好地保障受害人的权利,保证其及时获得法律援助,自 1998 年起,司法与法律中心(MJDs)在法国各地相继诞生,并得到"司法触角"、"法律接触点"等规模较小的中心的支持。此外,根据法国司法部公布的近五年(2010 年至 2014 年)的司法预算草案,我们可以看出,援助受害人、为受害人拓宽司法渠道始终是资金项目的重要方面。[②]

五、调解人的实践成果

法院附设调解尚未在法国得到充分发展,调解人的实践相对有限。第一,调解理念尚未被民商事法律完全吸收,且部分大公司抵触调解的情形时有发生。实践中,商事法官宁可直接引导当事人达成协议,也很少适用法院附设调解。[③] 第二,法院附设调解因法院而异,特别是在商事领域。相较于其他地区,巴黎更经常适用法院附设调解。[④] 在家事领域,尽管有塔拉斯孔高等法院积极的调解作为,[⑤]调解案件总数仍处于较低水平。第三,集体劳动争议方面,当事人更愿意接受劳动监察部门或个人进行的非正式的调解。在个人劳动纠纷中,除了巴黎及里昂两个上诉法院外,尚未有一审劳动法院适用法院附设调解。由此可知,法官在法院附设调解中扮演着引擎的角色。即便调解人不断地往专业化、职业

[①] [澳]娜嘉·亚历山大主编:《全球调解趋势》,王福华等译,中国法制出版社 2011 年版,第 193 页。

[②] 法国司法部 2010 年至 2014 年司法预算草案,http://www.justice.gouv.fr/,下载日期:2013 年 11 月 8 日。

[③] 法国法官没有充分利用调解的原因之一,可能源于其享有的《法国新民事诉讼法典》第 21 条规定的调停当事人的权力。详见 Art. 21 C. pr. civ.

[④] 2005 年至 2007 年间,巴黎高等法院的调解案件从 47 件升至 282 件。

[⑤] 塔拉斯孔高等法院每年涉及家事调解的决定约 100 次。2003 年,适用的法院附设调解的案件达 103 件,运作了 1300 个程序。

化方向发展,持续提高调解技能,但在诉讼伊始,仍是由法官指定调解人,其态度是至关重要的。

据此,我们可以归结出法国调解人作用及实践相对有限的原因。其一,法律法规的过多"留白"。相较于详尽的规定,法国立法机关似乎更愿意将部分判断的权限留给法官,甚至将某些重要的具体事项交由社会组织自发掌控。例如,未明确规定调解人的责任,未制定统一的调解人培训标准及调解费用规则,未详细规定调解人的任命程序等。过度"留白"还造成了实践的混乱与冲突。以刑事调解领域为例,尽管职业保密法以及法国多个判例均强调,公诉调解人负有严格的保密义务,然而2004年5月12日的判例却反其道而行之:"公诉调解人收集和移交给公诉人的信息资料可以被用于另一个诉讼中。"[①]对于刑事调解失败后,调解人是否应向公诉人报告是谁导致调解失败等细节,尚无定论。此外,法律也未要求公诉调解人熟稔从业法规,实践中往往由公诉人以面试的方法判断其技能与动机。立法及司法解释的模糊与缺失使得公诉调解人的保密义务处于一个相对不稳定的状态,阻碍了刑事调解制度的完善与发展。其二,参与者尚未精准地把握自己的地位和功能。传统文化思维下当事人对调解的踌躇不定、律师的不配合与抵触,以及法官对调解的冷淡和陌生,均形成了阻碍因素。当事人似乎更偏向通过传统的和解来解决纠纷,[②]若和解未果,则诉诸法院,以期通过正规的司法途径实现利益诉求。律师作为理性经济人,在对成本及报酬的权衡后,难免更青睐法律框架内的纠纷解决方式。而法官个人对调解的态度亦极大地影响着调解的适用。以格勒诺布尔上诉法院为例,其曾是个人劳动纠纷调解的积极实践者;5年里,法院社会办公室开展了近1000起案件的调解工作,近70%的案件达成了调解协议,占纠纷总数的8%。然而,自2008年推动调解的法官离开法院后,适用调解的纠纷比例骤降至0.8%。其三,过于保护当事人的合意。尽管《法国新民事诉讼法典》赋予法官命令当事人与调解人先行会面的权力,[③]但实践中,法官往往不愿意通过强制性手段予以干预,当事人对调解的需求仍相对有限。目前,家事调解已得到较为完善的发展;商事领域、劳动争议领域适用调解的案件数量也在逐步增加,但对于法国民众而言,可能更愿意相信审判权威,其调解态度的转变注定是一个文化变迁的漫长过程。

---

① 王洪宇:《法国刑事调解制度的法律适用及其评析》,载《环球法律评论》2010年第2期。
② 和解在法国有着悠久的历史。1804年《法国民法典》的编纂者之一,佩阿马卢声称:"和解将是解决争议的最巧妙手段。"《法国民法典》第2044条至第2058条亦明文规定了和解合同。
③ 《法国新民事诉讼法典》第829条第3款规定,即便当事人尚未达成同意调解的合意,(小审法院)法官也可以命令当事人先行与指定的调解人进行会谈。该项权力旨在通过会谈,使当事人较为全面地了解调解的功能及意义,以便其明智地选择审判或者调解。

瑞士调解制度新发展简述

牛子文[*]

瑞士民事调解制度的发展历程并不长,在很大程度上还是一个新兴事物。受加拿大家事调解传统的影响,瑞士调解制度首先萌芽于家事法律领域。随着调解制度在瑞士诸多法律领域的蓬勃发展以及调解自身重要性的日益增强,通过民事程序法对调解制度加以规制逐渐提上议事日程。2011年1月1号生效的《联邦民事诉讼法》(Federal Code on Civil Procedure,以下简称CCP[①])对瑞士民事程序中的调解制度进行统一规范,并鼓励各州积极适用调解来解决民事纠纷,由此揭开调解在瑞士发展的新篇章。

一、瑞士调解制度发展的背景

(一)瑞士法律文化传统的客观要求

在瑞士,通过仲裁以及其他类型的替代性纠纷解决方式来解决民事纠纷可谓历史悠久。瑞士民事程序的主要目标之一便是鼓励人们自愿达成争议解决方案,从而避免诉讼程序的启动,这一目标在民事诉讼程序的诸多方面都得以体现。比如,在审判程序开始之前,法院会强制当事人参加和解听审。在听审过程中,法院通常会促成当事人双方的和解。此外,法律还规定诸多纠纷可以通过庭外程序加以解决。比如,在法庭外设立巡察员[②]制度。正是这种重和解轻诉讼的法律传统,为瑞士调解制度的发展积淀了深厚的文化底蕴。

(二)ADR全球化发展趋势的必然结果

自20世纪末以来,大多数国家都经历了民事"司法危机"。国家与公民在民事诉讼制度方面存在着供需矛盾,作为非营利性公众产品的民事诉讼制度的供

---

[*] 作者系厦门大学法学院诉讼法硕士研究生。

[①] Federal Code on Civil Procedure, http://www.admin.ch,下载日期:2013年10月29日。

[②] [英]阿德里安、A. S.朱克曼:《危机中的民事司法》,傅郁林等译,中国政法大学出版社2005年版,第456~457页。

给增幅无法跟上公民的需求增幅,从而客观上导致或加剧了诉讼拖延和积压。①为缓解诉讼爆炸与有限司法资源之间的矛盾,ADR 获得了更多的制度支持和资源投入,在各国民事纠纷的解决中广为应用。② 在瑞士,诉讼拖延并不是一个普遍的问题,只有少数案件不能在合理的期间内解决,但是,高额诉讼成本却阻碍当事人获得公正的判决。

(三)瑞士《联邦民事诉讼法》的影响

2011 年 1 月 1 号生效的 CCP,是瑞士第一部关于民事诉讼程序的联邦法律,开创性地规定了调解制度的基本框架,鼓励当事人使用调解来解决民事纠纷。在 2007 年 7 月 14 号的第八次讨论会上,瑞士联邦委员会的大多数成员支持在 CCP 草案中设专章对调解制度进行规定。尽管负责起草 CCP 的专家委员会在立法过程中承受着巨大压力,③最终的立法结果也表明 CCP 采取了一种相对谨慎的态度,仅在第 213 条至第 218 条中规定了调解的基本制度。但是,CCP 通过对瑞士民事诉讼程序中调解制度的规定,将调解制度推广至各州,有助于坚定当事人选择调解来解决纠纷的信心。

二、瑞士调解制度的模式

(一)和解程序④

瑞士民事程序的一个主要特点是治安法官发挥着非常重要的作用。⑤ 几乎每个案件的当事人在向法院起诉之前,都应当参加治安法官组织的强制性和解会议。这一法律传统以及它在促使当事人双方达成和解协议方面的成功,解释了瑞士调解制度起步较晚以及发展缓慢的原因,同时这也是在讨论瑞士调解制度发展时所不可回避的。CCP 也遵循这一先例,要求民事纠纷双方当事人在诉前必须参加治安法官组织的和解会议。在和解过程中,当事人双方可尝试通过友好协商的方式来解决他们的纠纷,如协商不成,当事人可向法院起诉。

和解程序与调解程序存在如下共同点:首先,与调解相类似,和解程序不公

---

① 齐树洁:《程序正义与司法改革》,厦门大学出版社 2010 年第 2 版,第 83 页。
② ADR 概念起源于美国,最初是指 20 世纪逐步发展起来的各种诉讼外纠纷解决方式,现已引申为对世界各国普遍存在着的、民事诉讼制度之外的非诉讼纠纷解决程序或机制的总称。
③ 在 CCP 的起草过程中,瑞士法学界对于是否应该对调解制度进行法律规定争议很大。
④ 瑞士传统的和解程序并不属于调解模式的范畴,因其具有悠久传统且在司法实践中影响巨大,故本文在此对和解程序加以介绍。
⑤ 在瑞士的程序法中,由治安法官在诉前组织和解会议是一个历史悠久的传统,但人们对这一制度到底有没有意义尚无统一意见。

开进行,且当事人各方在和解过程中所作的陈述是保密的;其次,两者均旨在鼓励当事人通过友好协商的方式来解决纠纷,这是最重要的一点;最后,和解程序中治安法官的角色类似于调解中的调解员,而不是诉讼中的法官。因此,许多学者把和解程序看成是瑞士的强制调解制度。①

但总体而言,和解程序与调解程序还是存在较大差别。与调解不同,和解程序的参与者、时间以及程序规则都由法律明文规定。而且,瑞士各州享有通知治安法官组织当事人参与和解程序的权利,当事人不可自由选择是否参与和解。

此外,CCP还赋予和解程序的治安法官有限的司法权力,比如取证以及确定纠纷类型的权利。对于违反《瑞士平等待遇法》(Swiss Equal Treatment Act)的纠纷以及标的额在5000瑞士法郎以下的租赁和财产纠纷,和解程序的治安法官可向法院及当事人提供一份意见书。如果当事人无异议,那么这份意见书就等同于法院的生效判决,当事人可向法院申请执行。对于2000瑞士法郎以下的财产纠纷,治安法官可直接针对当事人的索赔申请作出决定。

(二)诉前调解

根据CCP第213条的规定,如果双方当事人均同意适用调解程序,上述的和解程序将会中止。治安法官并无程序选择的自由裁量权,只能遵循当事人双方的合意。当事人可自行组织并参与调解程序,但如果他们在调解员的选择或者调解程序的框架等方面无法达成合意,和解程序将会自行恢复。

因调解程序是当事人自愿选择的结果,所以当事人可由一方无条件终止调解,也可双方共同决定终止。如果当事人放弃调解,则视为调解失败,当事人应当通知治安法官调解失败,并获得采取法律行动的许可。因治安法官并不能决定调解何时发生,所以调解有可能在当事人参加和解程序之前就已经失败。如果调解失败,当事人可不必再参加和解程序,这是因为和解程序与调解程序具有同等的法律地位。②

根据CCP第198条的规定,离婚纠纷或涉及儿童利益的纠纷不适用和解程序。在上述纠纷中,调解程序将会发挥更大的作用。

(三)诉中调解③

根据CCP第214条的规定,法官享有自由裁量权,可在诉讼过程中建议当事人进行调解,即便处于上诉程序中。根据调解自愿原则的规定,当事人在大多

---

① 瑞士大多数州的和解程序是强制性的,而在包括弗莱堡、日内瓦和汝拉州在内的其他地区,原告可以选择直接到法院或要求治安法官邀请各方当事人举行和解会议。

② 当事人需向治安法官提供证明调解失败的证据,当事人双方的声明或者是调解员提供的证明材料。

③ 在本文中仅指法院附设调解。

数情形下①不应当被强制分配调解。与治安法官相类似,法官原则上应当支持当事人的调解请求。唯一的例外是在适用司法调查原则的纠纷中,特别是在涉及第三方利益时,法官可驳回当事人的调解申请。在调解进行过程中,法庭程序中止,民事诉讼依然处在未决状态。因此,诉讼时效中断(如同普通法庭程序一样),法院无权对调解中的案件采取任何实质性行动。

法官在处理涉及儿童权利的纠纷时,将会被授予更大的权利,可以要求当事人双方参加调解。

三、瑞士调解制度的具体内容

(一)调解保密制度

根据 CCP 第 216 条的规定,调解的过程应当保密,这是调解最重要的特征。一个成功的调解程序需要当事人开诚布公地讨论所有问题。大多数情形下,当事人更倾向于在私密、自由的环境下吐露内心的真正想法,坦诚的交流对调解协议的达成具有决定性的作用。② CCP 同时规定,当事人在调解程序中所作的陈述不可作为诉讼过程中的证据使用。这一规定,既可避免调解员充当法官,也不会阻碍当事人引用先前已经存在的事实。但是,因法律并未明文规定保密原则和调查原则的优先适用问题,所以法院在受理离婚纠纷这类需要适用法院调查权的案件时,就不可避免地会引发矛盾。在这种情形下,其通常会运用自由裁量权来确定是否可以把当事人的陈述作为证据使用。

相应的,调解员也享有拒绝作证以及拒绝提供任何与调解程序相关的资料的权利。只要调解员足以证明其已经按照法律要求完成调解,那么也不应过于严格地适用 CCP 关于调解员拒绝作证的规定。此外,调解员对在调解程序中所获得的所有信息保密还受到合同的约束,这与律师不同。并且,在律师充当调解员的情形下,其将不会继续享有拒绝作证的律师特权,因为调解并不是律师的主要活动。

CCP 的相关规定禁止当事人将其在调解程序中所作的陈述作为证据使用,但却并未对禁止调解员作证作出类似规定。因此,如果调解员违反合同规定的保密义务,那么当事人将无法对其在保密信息中所享有的利益进行救济。但是,若因此违反了调解员职业规范,调解员将面临被吊销其职业资格认证的危险。

经当事人合意,可解除对调解员作证的禁止。许多学者认为,调解员应当享

---

① 如 CCP 第 297 条规定,法院在审理涉及孩子抚养权的离婚案件时,应要求当事人先行调解。

② 陶南颖:《诉讼调解保密制度的域外经验述评》,载齐树洁主编:《东南司法评论》(2013 年卷),厦门大学出版社 2013 年版。

有完全拒绝作证的权利,而不论当事人是否同意。其争议在于,与CCP第166条第1款第2项(关于当事人双方信任的人)的规定不同,CCP第166条第1款第4项(关于调解员)并未包含如下条件:纵使调解员违反相关规定,披露当事人的保密信息,仍负有作证义务(《瑞士刑法典》第321条)。在此,调解员并不受《瑞士刑法典》第321条规定的约束,亦无须设定一个调解员仍需作证的复杂例外情形。此外,如果在当事人同意的情形下,法律允许当事人信任的第三方向法院提供证据,那么其他人当然负有作证义务。

CCP并未明确表示,上述相关规定是否适用于当事人起诉之前的调解或是法官建议调解的情形。根据联邦委员会的解释,CCP并未详尽地对调解制度加以规定,言下之意是反对将调解保密规则适用到民间调解领域。但是,CCP第166条并未明确区分由CCP管辖的调解和其他调解。从立法原意以及CCP"促进诉前和解"的目标来说,将调解保密原则适用到其他调解甚至是所有形式的调解,具有相当程度的可行性。

(二)调解员的任命

1. 调解协议

调解在本质上是由当事人双方主导的,在调解过程中当事人的自决权必须始终得到保障。[①] 在法院附设调解中,法院并未对调解协议的内容加以规定。但是,相当多的社会组织都会提供调解协议的范本甚至是具体条款,如调解员的职责、调解的公平公正以及调解的保密性。此外,还明确规定,当事人在参加调解时应遵守诚信原则。原则上,不论争议解决与否,当事人都需支付调解费用,以此督促其尽最大努力解决纠纷。

2. 调解员的选择

在法庭附设调解中,调解员的选择、调解程序的设置以及调解协议的签署都是当事人的义务。根据瑞士立法机关对CCP所作的解释,任何具有民事行为能力的公民都可被选为调解员。当事人可根据法院提供的经过认证的调解员名单来选择调解员,[②]但原则上,当事人可以选择任何人担任调解员。联邦法院并未设立调解员认证登记处,也没有针对调解员的考核制度。目前,只有少数州建立了调解员认证制度。但是,由于瑞士各州保留了法院的组织权,他们可以在法院内自设调解中心,以帮助当事人组织和实施调解。

调解程序的独立意味着组织独立,即当事人对调解程序的开始和组织自行负责,人员独立即调解员独立于法院、治安法官以及任何国家机构。此外,不论

[①] [澳]娜嘉·亚历山大主编:《全球调解趋势》,王福华等译,中国法制出版社2011年版,第355页。

[②] 在诉中调解程序中,法院要求当事人从认证名单中选择调解员。

是治安法官还是法院都不可以在同一纠纷中,既充当调解员组织调解程序,又参加随后的和解程序和诉讼程序。

3. 调解员的角色和共同调解

关于调解员的角色和共同调解,并未有具体的法律规定。许多调解员都可以提供共同调解的服务,通常在共同调解的调解员中会包括一个有法律背景或者是经过系统法律训练的调解员。瑞士法律学者们提议在对分居、离婚纠纷以及家庭暴力纠纷进行调解时,成立性别比例合理的调解员团队,以尽量减小因性别比例不合理而造成调解不公正的可能性。

(三)法律援助制度

1. 瑞士联邦的法律援助

当事人需负担调解程序所产生的相关费用,这是CCP关于调解费用负担的一般规定,但CCP第218条规定的不涉及财产利益①的儿童法纠纷不适用前述规定。如果当事人不能负担调解费用,在法院的建议之下,上述调解程序是免费的。

减免调解费用的申请应当在调解开始之前提交。只有在双方当事人都不能负担调解费用的情形下,才能免交调解费用。换言之,当事人在申请调解之际,已无法负担个人基本生活费用。但是,根据CCP第123条的规定,在当事人将来具备缴纳调解费用的条件时,应当补缴。

由于法院也可在诉讼过程中建议适用调解程序,所以,在诉讼开始之前,经济陷入困难的当事人不可申请免费调解。法院只有在评估之后,才可出具建议免除当事人调解费用的证明。但是,如果法院无法证明调解程序比诉讼程序更适当且更有效地解决纠纷,就不能适用免费调解。同时,调解程序的成功与否并不会影响调解费用的缴纳。如果法院驳回当事人免费调解的申请,承担不利后果的一方当事人享有上诉的权利。

2. 瑞士各州的法律援助

CCP第218条明确规定,瑞士各州可向当事人提供进一步的法律援助,并且未限制免费调解的适用范围。截至目前,阿尔高(Aargau)、阿彭策尔外罗德(Appenzell-Outer Rhodes)、巴塞尔市(Basel-City)、弗莱堡(Fribourg)、格劳宾登(Grisons)、苏黎世(Zurich)等州的法律都规定,法院可自由裁量当事人是否有能力缴纳调解费用,如当事人确无相应的经济能力,则可免交调解费用。同时,还有个别州设定了其他条件,如应当选择宣誓过的调解员(阿尔高州和格劳

---

① 无财产利益纠纷是指当事人争议的标的不能用金钱来衡量,在纠纷同时包括财产因素和非财产因素的情形下,如果当事人争议的焦点是非财产因素,那么这一纠纷就将被视为非财产纠纷。

宾登州)、只有业务能力强的法官和治安法官才享有建议适用免费调解的权利(巴塞尔市和弗里堡州)。

汝拉州(Jura)支持当事人适用调解制度来解决纠纷的积极性最高。根据该州的法律规定,诉中调解原则上是免费的。只有在一方当事人无理由拖延调解程序或者阻碍调解的情形下,法院才会判令不合作的一方当事人缴纳部分或全部调解费用。

上述的所有关于法律援助之规定,仅仅约束诉讼程序中的调解,法律未对诉讼外申请免费调解的情形加以规定。

(四)调解协议的执行

当事人之间达成合意之后,通常都会在调解员的指导下达成一份调解协议。如果当事人达成调解协议,那么其可共同向有权机关请求对这份协议进行司法确认。经过司法确认后的调解协议,具有同法院生效判决相同的法律效力。由哪个机关来对调解协议进行司法确认取决于调解程序发生在哪个阶段,如果调解协议是在和解程序之前达成的,就由治安法官进行司法确认;如果是在法庭程序中达成的,便由法院来进行司法确认。当事人在申请调解协议的司法确认时,有权机关将会从以下几个方面审查调解协议的合法性:是否是在完全独立于法庭程序的情形下作出的、是否与法律的强制规定相冲突、是否足以解决冲突。在法律强制要求有权机关调查的情形下,①有权机关应当对调解协议作进一步的评估,将调解程序的目标考虑在内,尤其是在涉及第三方利益的情形下,比如在离婚诉讼中未成年子女的利益。

当有权机关发现调解协议与法律相关规定冲突时该如何处理,在这一点上存在争议。如果是格式上的错误,如缺少当事人的署名,有权机关一般会设置一个宽限期,以便于当事人修改调解协议。但是在调解协议存在实质性错误情形下是否应该设立宽限期或者法院是否可以直接拒绝司法确认,②在这两点上颇受争议。理论上应设立调解协议修正程序,以实现程序的快捷、有效,允许当事人在法院的协助下,在规定期限内修改调解协议。但是,如果法院参与调解协议的修改,又会被认为是对调解程序的不当参与。因此,为保证调解的独立性,应当竭力促成当事人重新回到调解桌上,在相关法律准则的指引下,解决争议。

调解协议司法确认的范围涵盖整个协议,包含虽不属于法庭程序,却被当事人在调解程序中引入调解协议的事项。如果协议未获授权,和解程序机关将会授予当事人重新采取法律行动的权利,或者是在法庭诉讼开始的情形下,继续案件的审理。

---

① CCP 第 55 条规定的官方调查权。
② 在此情形下当事人没有机会更正调解协议。

调解协议一旦获得司法确认,将获得与生效判决相同的法律效力,当事人可向法院申请强制执行,同样也可以上诉(CCP 第 328 条的规定)。一旦决定上诉,应当向法院提供证明其调解协议无效的证据,例如其违背当事人的合意或者是违背公序良俗。

四、瑞士调解制度未来发展趋势之分析

2006 年,一篇介绍瑞士调解制度的文章将其现状总结为"供过于求"。在 CCP 实施之后,当事人是否会更多地选择调解,还有待进一步的观察。相较于调解制度,当事人更青睐为公众所知悉、更为健全的传统和解程序。通过和解程序友好地解决纠纷,这一优良法律传统使得瑞士民众在接受调解制度时会相对困难。但是,尽管现在预言还为时尚早,调解制度也可能会成为一种普遍的纠纷解决方式。原因在于瑞士法学界对调解制度的普遍重视,以及调解制度具有作为一种潜在预审程序的属性。瑞士各州关于调解制度的立法倡议,将会进一步推动调解制度的发展,并深化瑞士民众对这一替代性纠纷解决方式的认识。但 2011 年生效的 CCP 对于调解制度的规定还比较简略,制度的建立不能一蹴而就,只有让调解在实践中接受经验的洗礼,在发展中吸取民众的审视,逐渐贴切本国的司法文化,方能锤炼出真正完善的制度。①

(一)扩大调解的适用范围

到目前为止,瑞士的调解制度仅在家事法律领域得到普遍适用。② 早在起草 CCP 时,立法者就已经意识到调解制度在涉及儿童权益的纠纷中对于儿童权益保护的优势。当事人和儿童福祉之间的紧密联系,使以达成纠纷双方合意为目标的调解制度颇具优势。CCP 第 297 条规定,允许法院在审理涉及孩子抚养权的离婚案件时,要求当事人先行调解。这是自愿调解原则的例外情形。但是在下述三个法律领域,还需要扩大调解的适用范围。

1. 劳动法领域

调解在瑞士的劳动法领域仍是一种较新的纠纷解决方式。为解决劳动法纠纷,瑞士设立了民间和州立的附设仲裁程序,前者仲裁范围涵盖了整个劳动合同,而后者仅包含法律规定的条款。CCP 未对劳动调解予以特别规定。但是,在纠纷双方合意选择调解的前提下,不论劳动纠纷是否已经起诉到法院,都应准

---

① 蔡惠霞:《德国调解制度新发展评析》,载齐树洁主编:《东南司法评论》(2013 年卷),厦门大学出版社 2013 年版。

② 2000 年通过的《离婚法》明确支持和促进调解的使用,如果当事人能够进行谈判并能在所有法律问题上——包括财产分割、子女抚养和孩子的监护权方面达成协议,他们便可仅经历一个短暂的程序就达到离婚目的。

许当事人调解的请求。

2. 行政法领域

2007年通过的《联邦行政诉讼法》(Federal Administrative Procedure Act) 规定了行政诉讼中的调解制度。在双方同意的情形下,行政诉讼程序可暂时中止,当事人可自行协商达成调解协议,作为行政裁决的补充,但调解协议本身不具有法律效力。如果双方成功达成调解协议,行政机关将会把调解协议作为相关行政裁决的基础。但是如果调解协议违反联邦法律,当事人滥用行政机关赋予的自由裁量权,或者据以达成协议的证据错误、不充分,调解协议将不被采用。为鼓励调解,行政机关不会对调解成功的当事人收取任何费用,在调解失败的情形下,也仅是象征性地向当事人收取少量费用。此外,在行政机关根据调解协议作出行政裁决之后,当事人不再享有上诉权。

3、刑法领域

将调解制度引入瑞士刑事诉讼法的建议,在CCP的起草阶段被否决。但是在瑞士《青少年刑事诉讼法》(The Code of Juvenile Criminal Procedure,以下简称CJCP)中却采用了刑事调解制度。根据CJCP第17条的规定,控方和法院可以决定中止诉讼程序,授权有资格的个人或组织就刑事诉讼的相关问题开展调解。调解的开始并不限于当事人之间的合意,法官若认为案件可以调解,也可以开展调解。一旦调解成功,控方和法院将会撤销对犯罪嫌疑人的起诉,刑事诉讼程序也因此结束。

(二)提高调解员的素质

瑞士联邦并未对调解员的职业准则进行统一规定,对于调解员的职业法律准则的规定散见于瑞士诸州的相关法律中,同时还包括调解组织和机构所认可的相关准则。在瑞士,主要是由大学、职业学校以及调解组织负责调解员的教育、培训以及授予相关证书。一项由SDM-FSM[①]开展的调查表明,在瑞士共有23家不同的调解员培训机构。由于缺乏瑞士联邦的统一认证,大多数调解员都依赖于民间调解组织的认证体系。这也在很大程度上解释了瑞士的大多数调解员将调解视为第二职业的原因,因为瑞士的调解制度还远未能达到一个能确保所有全职调解员待遇的临界点。为促进调解制度的良性发展,应尽快考虑设立统一的联邦调解员认证体系,并致力于提高调解员的素质。

为尽快达成上述目标,瑞士应借鉴相关民间调解机构在认证调解员方面的经验,[②]建立对调解员以及调解过程的认证与监督体系。首先,由瑞士联邦授权的调解员培训组织,必须保证其学员在不少于18个月的时间内接受至少200个

---

① The Swiss Federation of Mediation Associations,译为瑞士联邦调解协会。
② 此处指瑞士联邦调解协会的调解员认证规则(SDM-FSM Recognition Regulation)。

小时的学习。其次,培训的内容需包含对调解方式的监督、调解活动的开展以及调解员在调解中扮演的角色,且不少于40个小时。再次,培训须采用案例教学的方式。最后,只有具备下列条件才可被授予调解员的资质:(1)必须是年满25周岁的瑞士公民;(2)必须具有大学本科文凭;(3)必须具有两年的调解实务经验或者是已经完成至少3年的调解培训。调解员在取得资质之后应当在接下来的3年时间完成至少60个小时的调解工作,以保证"足够的继续深造"。

(三)完善对法院附设调解以及其他调解方式的法律规定

CCP仅对法院附设调解加以规定,并明确了法院附设调解与普通法律程序之间的主要关系:首先,根据CCP第213条的规定,在当事人均同意的情形下,调解程序可以代替和解程序(和解程序一般在诉讼程序之前)。这一规定与法学界的要求相吻合,其呼吁平等对待调解程序和传统的诉前和解程序。其次,根据CCP第214条的规定,在普通庭审程序中,法院可随时建议,当事人也可随时要求进行调解。上述法律规定的适用范围是由CCP决定的,即它们适用于所有的法院受理之前的私法纠纷。因瑞士法院组织体系的决定权掌握在各州手中,所以CCP并未对如何整合法院程序中的调解制度进行规定,也未明确规定谁应该对调解的各项工作负责。这在调解制度的运行中难免会产生矛盾,因此应尽快完善对法院附设调解制度的相关规定。

由于CCP未对法院附设调解之外的民间调解加以规定,诸如民间调解程序中的诉讼时效中断等问题,在实践中可能面临与法院附设调解不同的处理方式。民间调解与诉讼程序之间的关系是瑞士法学界讨论的重点,他们普遍认为,当事人同意调解的意思表示并不会限制当事人采取法律行动的权利。但是,在一定程度上,一旦决定调解,在调解结束之前当事人就享有请求法庭程序中止的权利。

此外,当事人决定进行民间调解的协议并不具有与法院附设调解相同的法律效力。因此,如果当事人意图达到诉讼时效中断的效果,在进行民间调解的同时,还需向法院起诉。法院在受理当事人起诉时,无须考虑当事人之间是否有调解条款。CCP第61条规定,当事人双方在合同中约定仲裁条款的,法院无权管辖。因此,如果当事人希望确保调解协议的顺利执行,理论上需要首先向法院起诉,而后选择法院附设调解。

瑞士《联邦民事诉讼法》对调解保密制度、法律援助制度、调解员的选任等调解制度的基本问题加以规定,意味着瑞士调解制度的运作有了相当程度的司法保障,预示着调解将在民事纠纷的解决方面发挥更大的作用。但瑞士的调解制度起步较晚,发展缓慢,双方当事人更倾向于选择传统的和解程序来化解争议。因此,调解制度的发展应契合本国的国情和民众的心理,循序渐进。

图书在版编目(CIP)数据

司法改革论评.第17辑/张卫平,齐树洁主编.—厦门:厦门大学出版社,2014.4
ISBN 978-7-5615-5005-2

Ⅰ.①司… Ⅱ.①张…②齐… Ⅲ.①司法制度-体制改革-文集 Ⅳ.①D916-53

中国版本图书馆 CIP 数据核字(2014)第 046352 号

厦门大学出版社出版发行
(地址:厦门市软件园二期望海路 39 号 邮编:361008)
http://www.xmupress.com
xmup @ xmupress.com

三明市华光印务有限公司印刷

2014 年 4 月第 1 版 2014 年 4 月第 1 次印刷
开本:787×1092 1/16 印张:24.75 插页:2
字数:473 千字 印数:1~2 000 册
定价:54.00 元

如有印装质量问题请与承印厂调换